AF707547

TILLMANN BENDIKOWSKI

1870/71
Der Mythos von der deutschen Einheit

Pantheon

Sollte diese Publikation Links auf Webseiten Dritter enthalten, so übernehmen wir für deren Inhalte keine Haftung, da wir uns diese nicht zu eigen machen, sondern lediglich auf deren Stand zum Zeitpunkt der Erstveröffentlichung verweisen.

MIX
Papier aus verantwortungsvollen Quellen
FSC® C083411
www.fsc.org

Klimaneutral
Druckprodukt
ClimatePartner.com/14044-1912-1001

Penguin Random House Verlagsgruppe FSC® N001967

1. Auflage 2021
Copyright © 2020 by C. Bertelsmann Verlag, München
Copyright © dieser Ausgabe 2021 by Pantheon Verlag, München,
in der Verlagsgruppe Penguin Random House GmbH,
Neumarkter Str. 28, 81673 München
Umschlaggestaltung: Büro Jorge Schmidt, München
Umschlagabbildung: Christian Sell,
Beginn der Verfolgung bei Königgrätz, 1872,
Nationalgalerie, Staatliche Museen zu Berlin.
© bpk/Nationalgalerie, SMB/Jochen Remmer
Satz: Leingärtner, Nabburg
Druck und Bindung: CPI books GmbH, Leck
Printed in Germany
ISBN 978-3-570-55457-9

www.pantheon-verlag.de

Inhalt

»Das Land, in dem unsere Geschichte anhob, sich entfaltete und zu Ende ging, ist, muß man wohl sagen, verschwunden. Denn zu jener guten Zeit war es noch ein schönes, freies und blühendes kleines Fürstentum im alten Deutschland, und sein Souverän war niemandem verantwortlich als Gott, dem Herrn. Später jedoch, als Zeiten und Menschen sich verhärteten, wurde es still-traurig vom großen neuen deutschen Reich verschluckt.«

Tania Blixen in ihrer Erzählung *Ehrengard* (1963)[1]

Vorwort: Das Echo der Reichsgründung

Die Geschichte, die die Deutschen bis heute über sich selbst und ihr Land erzählen, geht ungefähr so: Lange hatten sie es nicht leicht mit ihrer Nation, denn anders als die meisten ihrer Nachbarn hatten sie keinen Nationalstaat vorzuweisen, kein einiges Reich mit einem mächtigen König an der Spitze, kein geschlossenes Territorium mit einer überall in gleichem Maße funktionierenden Herrschaft. Ihr Deutschland hatte zwar von vielen anderen Errungenschaften mehr als genug, allen voran ein reiches kulturelles Leben mit angesehenen Dichtern, Denkern und Künstlern, einen Wissenschaftsbetrieb samt weltweit geschätzten Forschern und Gelehrten sowie eine Volkswirtschaft, die vom florierenden Handel mit der Welt profitierte und zudem mit zahlreichen technischen Innovationen kluger Tüftler reich gesegnet war. Aber das reichte nicht, um die Menschen glücklich zu machen. Denn *ein* Land, *ein* Deutschland gab es eben lange nicht, sondern stattdessen eine Vielzahl großer, mittlerer und noch viel mehr kleinerer Länder, die nicht oder nur lose miteinander verbunden waren. Kein einiges Deutschland? Das bedauerten viele Deutsche und empfanden es zugleich als ungerecht, oft sahen sie die Schuld bei den anderen Ländern, von denen sie sich schlecht behandelt, sogar regelrecht gedemütigt fühlten. Zudem ärgerten sie sich immer auch über sich selbst, weil sie es augenscheinlich partout nicht schafften, ein einiges Vaterland aufzubauen.

Und was man schmerzlich entbehren muss, steigt bekanntermaßen umso stärker im Wert, je länger das Warten dauert. So war es auch in der Beziehung der Deutschen zu ihrer nationalen Einheit. Mit Beginn des 19. Jahrhunderts wurde der Ruf nach einer geeinten deutschen Nation immer lauter – doch weiterhin gab es keine praktischen Fortschritte in dieser Richtung. Viele Versuche scheiterten, besonders spektakulär in der Revolution von 1848/49, als das Verlangen nach einem einigen Deutschland mit ersten mutigen parlamentarisch-demokratischen Ansätzen verknüpft wurde. Das Ergebnis war ernüchternd: Die alten Herrschaftsstrukturen blieben weitgehend intakt, und auch die zahlreichen großen, mittleren und kleinen Staaten im Land bestanden fort – der berühmte »Flickenteppich«. Erst 1871, so jedenfalls das vorherrschende Verständnis in der kollektiven Erinnerung, gelang dann unter lautem Jubel der Deutschen die Gründung des Deutschen Reiches mit Kaiser Wilhelm I. an der Spitze. In die Geschichtsbücher ging diese Reichsgründung folglich als die Krönung aller deutschen Einheitsbestrebungen ein. Endlich, so die bis heute gängige Vorstellung, sei Wirklichkeit geworden, wovon Generationen von Deutschen so sehnlich geträumt hatten. So weit also diese Geschichte.

Aber stimmt sie eigentlich? Oder trügt unsere kollektive Erinnerung, wenn es um die »deutsche Einheit« geht? Bis heute ist sie ein politischer Koloss, ein Schwergewicht unter den politischen Argumenten, wenn es um das Wohl und Wehe der Nation geht. Ohne Einheit und Einigkeit scheint es nicht zu gehen, sie gelten als »des Glückes Unterpfand« – auch deshalb wird die Einigkeit in unserer Nationalhymne stets vor dem Recht und der Freiheit besungen (wenn denn noch gesungen wird). Haben sich unsere Ahnen bei der Reichsgründung 1871 die Einheit wirklich so gewünscht, wie sie schließlich kam? Haben sie sie überhaupt gewünscht? Und wie hoch war eigentlich der Preis, den sie dafür zu zahlen bereit waren – und jener, den sie schließlich dafür zahlen mussten? Wie konnte es geschehen, dass der Mythos von der deutschen Einheit politisch so wirkungsmächtig wurde, dass er in unserer Erinnerung nahezu uneingeschränkt positiv erscheint?

Im Rückblick drängt sich die Vermutung auf, dass die Einheitsidee den Deutschen zuweilen die Gedanken vernebelt hat. Geradezu rauschhaft verfielen sie bereits im 19. Jahrhundert der Vorstellung, wonach sie allen politischen Stürmen trotzen könnten, wenn sie nur fest – eben vereint – zusammenstehen. Die politische Quittung dafür erhielten sie im 20. Jahrhundert, spektakulär zunächst einmal nach 1914, als das Deutsche Reich und sein Kaiser glaubten, vereint gegen »eine ganze Welt von Feinden« antreten zu müssen. Im Zweiten Weltkrieg wiederholte sich die Hybris dann noch auf sehr viel dramatischerem Niveau, ehe die anschließende deutsche Teilung der Einheitsfrage eine neue, tragische Dimension verlieh und dann nach 1990 eine regelrechte Sentimentalisierung der Einheit einsetzte: Der Zustand der »inneren Einheit« scheint heute das Maß der Zufriedenheit der Deutschen mit ihrer Welt schlechthin zu sein. Das mag übertrieben klingen, aber es zeigt zugleich, dass die Wucht, die der Glaube an die Kraft einer vereinten Nation so lange freigesetzt hat, kaum überschätzt werden kann. Diese Geschichte wirkt nach, und ihren zentralen Ausgangspunkt hat sie in den Ereignissen der Jahre 1870 und 1871, in denen in einem spektakulären Krieg zunächst das benachbarte Frankreich niedergeworfen und anschließend das Deutsche Reich gegründet wurde.

Doch so zentral »1870/71« für die deutsche Nationalgeschichte ist, so wenig sind die tatsächlichen Ereignisse dieser beiden Jahre in der deutschen Erinnerung präsent. Der Krieg selbst scheint weitgehend vergessen zu sein, jedenfalls hierzulande. Die Annexion Elsass-Lothringens ist womöglich noch bekannt, aber kaum hingegen die wochenlange Beschießung der eingekesselten Stadt

Paris. Zwar gibt es in unseren Städten und Dörfern noch immer Denkmäler und Straßennamen, mit denen an die gefallenen Soldaten der Schlachten bei Spichern oder Mars-la-Tour erinnert wird. Aber wer weiß denn noch, wo diese Orte liegen und welche Schlachten dort wirklich geschlagen wurden? Und wie ist eigentlich die folgende Reichsgründung in der deutschen Erinnerung verankert? Das bekannte Gemälde des Malers Anton von Werner von der Kaiserproklamation im Spiegelsaal von Versailles ziert so ziemlich jedes Geschichtsbuch, es zeigt die bunte Pracht der Fahnenträger und Militärs sowie den stolzen Kaiser Wilhelm. Doch wird durch dieses farbenprächtige Stück wilhelminischer Geschichtspropaganda nicht das spektakuläre Ringen innerhalb Deutschlands verdrängt – die Angst vieler kleiner Staaten vor dem angeblich kriegslüsternen Preußen, die Ohnmacht selbst großer Königreiche wie Bayern oder Württemberg? Auch die nicht erst im Rückblick geradezu skandalöse Auslöschung des Königreichs Hannover im Jahr 1866, die ebenfalls der Reichsgründung vorausging, wird kaum noch als die politische Erschütterung wahrgenommen, die sie damals fraglos war.

Hinter »1870/71« verbergen sich zahlreiche unterschiedliche und zuweilen widersprüchliche Geschichten, die in ihrer Gesamtschau nicht nur einen anderen Blick auf das Geschehen der Reichsgründung ermöglichen, sondern im Detail auch den Aufstieg und die politische Instrumentalisierung des Mythos von der deutschen Einheit aufzeigen. Es gab schon damals Gegner eines preußisch dominierten Einheitsstaates, es gab Nachfragen und Alternativen. Zugleich existierten aber auch große Hoffnungen und es machte sich eine entfesselte Begeisterung über die Weichenstellungen für eine Zukunft breit, von der sich auch die Mehrheit der Menschen, und keineswegs nur die politischen oder militärischen Eliten, eine bessere Zeit erhofften. Dass das Reich und die Einheit 1871 so gekommen sind, war nicht von vornherein klar, und es war auch keineswegs selbstverständlich. Zuweilen, und dies nicht nur im Ausland, hatte man sogar regelrecht Angst vor diesem neuen

Gebilde – und die »deutsche Einheit« erschien eher als ein Teil des Problems als ein Teil der Lösung.

Dieses Buch geht zurück zu den Ereignissen. Es lenkt den Blick auf die Zeit des Geschehens selbst, es stellt sich an die Seite der Handelnden und erzählt »1870/71« nicht von seinem Ende her, sondern in seinem Verlauf. Und es beherzigt die Einsicht, dass die Reichsgründung mehr beinhaltete als »Bismarck«: Der preußische Ministerpräsident und spätere erste Kanzler des Deutschen Reiches spielte zwar fraglos eine gewichtige Rolle, aber er war beileibe nicht der einzige Akteur – auch wenn sich dieser Eindruck aufgrund der späteren Geschichtsschreibung heute zuweilen einstellt. Deshalb kommen im Folgenden Minister und Könige ebenso zu Wort wie Landtagsabgeordnete aus Württemberg, Bayern oder Preußen, einfache Soldaten, die in diesem Krieg ihr Leben riskierten, oder Journalisten, die tagesaktuell über die Ereignisse berichteten. Welches Bild machten sie sich von der deutschen Vergangenheit, und mit welchen Hoffnungen und Erwartungen schauten sie in die Zukunft?

Das Thema »deutsche Einheit« ist aber keineswegs nur ein historisches. Wenn sich Deutschland regelmäßig an den Mauerfall von 1989 und die Vereinigung ein Jahr später erinnert und wenn im Sinne eines innenpolitisch befriedeten Landes das Gelingen einer »inneren Einheit« beschworen wird, so knüpft dies an den historischen Mythos an. Und heute wie damals ist die Kehrseite des Einheitsappells offensichtlich: Wie stark war und ist die Abneigung gegen abweichende Standpunkte, gegen Kritiker und Einheits-»Feinde«? Müssen sie mit ihrer Ablehnung einer bestimmten Einheitsidee zwangsläufig als »Vaterlandsverräter«, zumindest als patriotisch unzuverlässige Zeitgenossen abgewertet werden? War und ist die »Einheit« als Denkfigur wirklich das geeignete politische Mittel, eine Pluralität zu einem großen Ganzen zusammenzuführen – oder dient sie vielmehr als aggressives innenpolitisches Mittel dem Zweck, diese Pluralität zu beseitigen, so wie sie womöglich außenpolitisch auch als Drohung gegenüber den Nachbarn verstanden werden könnte?

Wie schwer es angesichts der deutschen Nationalgeschichte weiterhin ist, auch einzelne Länderinteressen und regionale Bedürfnisse bundesweit zu akzeptieren, zeigt der Umstand, dass »Partikularismus« hierzulande zuweilen immer noch als politisches Schimpfwort verwendet wird – und auch der »Föderalismus« kommt oft nicht viel besser weg. Wie ist es heute um unsere Fähigkeit bestellt, eine Einheit im Blick zu haben, die Einzelinteressen nicht als einheitsgefährdend oder egoistisch denunziert? Solche Überlegungen sind in unserer Gegenwart über nationale Belange hinaus von Bedeutung, denn auch das anstehende große Friedenswerk der europäischen Einigung ist darauf angewiesen, dass die beteiligten Völker und ihre Staats- und Regierungschefs dieses Zusammenwachsen in Respekt vor der Vielfalt und der Mehrdeutigkeit des europäischen Lebens und seiner Traditionen vorantreiben. Für dieses Vorhaben lässt sich mit Blick auf die deutsche Geschichte tatsächlich einmal etwas aus der Vergangenheit lernen, und dies vor allem in einer Zeit, in der auch in Deutschland politische Gruppierungen sich als EU-Feinde positionieren, die den demokratischen Ideen und Werten der Europäischen Union feindlich gegenüberstehen und die ganz offen das Ende einiger ihrer Institutionen fordern.

Dieses Buch greift zur Beschreibung der Reichsgründung auf neun ausgewählte Tage zwischen den Jahren 1866 und 1871 zurück, an denen wegweisende Entscheidungen gefällt wurden oder wichtige Ereignisse stattfanden. Dabei geht es beispielsweise um den Anlass für einen Krieg, um den eine geschickte Legende gestrickt wurde, oder um eine höchst eigentümliche Kaiserkrönung in einem beschlagnahmten Palast eines fremden Königs, bei der übrigens der eingeschnappte Monarch kein Wort mit seinem Reichskanzler sprach. Auch wird verschiedenen Parlamenten ein Besuch abgestattet, in denen sich die anwesenden Männer eine politisch wie emotional denkbar intensive Debatte um ihre Heimat, ihren König und Deutschlands Zukunft lieferten. Den Anfang macht allerdings ein Tag im Jahr 1866, an dem sich ein König aus Deutschland vor seinen Feinden in ein kleines Jagdschloss seines Schwiegervaters flüchten musste. Zusammengenommen sollen die Beschreibungen dieser neun Tage ein Gesamtbild des Einigungsprozesses ergeben und zugleich deutlich machen, dass das »Echo« von 1870/71 im Grunde immer noch nachklingt – ob wir wollen oder nicht. Es ist also angebracht, genauer hinzuhören.

»So ist nun das Schlimmste geschehen! Unser schönes, theures Land, es ist uns geraubt! All die treuen lieben Menschen, die so rührend die schweren Schicksalsschläge der 3 letzten Monate mit uns getragen, wir sollen sie vielleicht auf immer verlassen! Ich kann es noch nicht glauben!«

Königin Marie von Hannover in einem Brief an ihren Mann im August 1866[2]

I

30. Juni 1866

Ein deutscher König auf der Flucht

Endlich kommt König Georg V. von Hannover dazu, es sich auf dem Bett bequem zu machen und für seine Frau einige Zeilen zu diktieren, um sie über sein Schicksal zu unterrichten. Dass er unverletzt geblieben und nicht in Gefangenschaft geraten ist und dass er hier in diesem »wundervollen Jagdschloss« in Sicherheit ist. Es liegt auf einer Insel mitten in einem kleinen See nahe des kleinen thüringischen Stadtroda, weit genug entfernt von all dem Unglück der zurückliegenden Tage. Als der König den Brief diktiert, ist es Sonntagabend, doch schon am Tag zuvor, am 30. Juni 1866, hat er mit seinen Begleitern diesen Ort erreicht. Das kleine, aber feine Schloss gehört seinem Schwiegervater, dem ehemaligen Herzog von Sachsen-Altenburg, und trägt seit Jahrhunderten einen Namen, der gerade jetzt für den König vielversprechender denn je klingt: »Schloss Fröhliche Wiederkunft«. Das muss doch ein gutes Omen sein, oder? Der königliche Brief endet jedenfalls genau mit dieser Hoffnung:[3]

> »Gott gebe, daß es eine frohe Vorbedeutung für uns ist, daß ich nach allen wichtigen Ereignissen, die ich seit vierzehn Tagen erlebt, zuerst meine Füße in Fröhlich

> Wiederkunft setze, dieses geschichtlich interessante Schloß, dessen Name auch für uns jetzt so bezeichnend ist.«

Glaubt Georg V. tatsächlich, dass es für ihn einst eine »fröhliche Wiederkunft« geben kann? Das ist in diesem Moment nur eine bloße Hoffnung, denn er befindet sich jetzt auf der Flucht, im Ausland, er kann nicht mehr nach Hause. Der Monarch hat alles gewagt, und er hat alles verloren. Er ist jetzt ein König ohne Land, womöglich nicht einmal mehr ein König …

Nur auf den ersten Blick ist dieser Mann ein König in den besten Jahren: Erst vor einem Monat hat er seinen 47. Geburtstag begangen, und im November steht eigentlich sein 15. Thronjubiläum an. Aber dass es in ein paar Monaten in seinem Königreich noch etwas zu feiern gibt, glaubt in seinem Umfeld längst niemand mehr. Schon das ganze Jahr hindurch haben sich in politischer Hinsicht dunkle Wolken über seinem Königreich Hannover zusammengezogen. Und jetzt, nach dem großen »Gewitter«, scheint dieser König als der große Verlierer dazustehen. Ist das seine Schuld? Fraglos hat Georg V. in den zurückliegenden Wochen oft genug die politische Lage falsch eingeschätzt, er hat gravierende Fehler gemacht im diplomatischen und militärischen Spiel der deutschen Dynastien und Staaten. Jetzt steht sein Königreich Hannover ebenso vor dem Aus wie er selbst: Er hat einen Krieg gegen das mächtige Preußen verloren, und dies obendrein ziemlich schmählich nach nur wenigen Tagen Kampf. Er selbst, der sich stets als stolzer und standesbewusster Regent gegeben hat, wird wohl auf die Gnade des Siegers angewiesen sein. Der ist wenigstens so nett, ihm freien Abzug zuzusichern. Immerhin.

Georg V. hat es nie leicht gehabt, auch weil er seit seiner Kindheit erblindet ist. Einige Zeit war sogar darüber gestritten worden, ob er damit überhaupt König werden konnte, bis sein Vater diese Diskussion beendete und an ihm als Thronfolger festhielt. Es ist eine traditionsbewusste Familie, in die der Junge am 27. Mai 1819 hineingeboren wird: Die Welfen gelten als ein stolzes Adelsgeschlecht, das seit dem frühen Mittelalter das Geschehen im Heiligen Römischen Reich deutscher Nation mitbestimmt hat, das mächtige Herrscher wie im 12. Jahrhundert Heinrich den Löwen hervorgebracht hat und das damals zum Konkurrenten der Staufer um die Kaiserkrone wurde. Der norddeutschen Linie gelang im Jahr 1692 der Aufstieg zum Kurfürstentum, damit zählte die Familie fortan zum erlauchten Kreis der deutschen Königswähler. Europäische Bedeutung erlangten die Welfen nach 1714, als das Haus Hannover für 123 Jahre in Personalunion zugleich den König von Großbritannien stellte. Erst der Vater des blinden Georg V. war dann »nur« noch König von Hannover, während über Großbritannien fortan Königin Victoria herrschte, eine Cousine von Georg. Auch wenn die frühere britische Herrschaft vergangen ist: Die guten Verbindungen der Hannoveraner in den europäischen Hochadel und vor allem nach London sind intakt. Der König von Hannover ist in dynastischer Hinsicht nicht irgendwer.

Freundlich formuliert ist Georg V. ein Mann von Grundsätzen und Tradition. Das kann zuweilen seine Vorteile haben, für seine Untertanen heißt das im konkreten Fall aber auch, dass er sich den politischen Entwicklungen der Zeit samt ihren Forderungen nach Reformen und Neuerungen jeglicher Art geradezu halsstarrig widersetzt. Der Monarch tut fast so, als habe es den politischen Aufbruch im Vormärz und während der Revolution von 1848/49 gar nicht gegeben. Stattdessen träumt Georg V. unverdrossen weiter von einem absolutistischen Königtum. Innenpolitische Zugeständnisse seines Vaters lässt er nach seiner Thronbesteigung sogar wieder kassieren, und er umgibt sich lieber mit traditionsbewussten adeligen Beratern als mit klugen, »modernen« Reformern, die es auch in seinem Königreich gibt. Darüber hinaus vertraut der Regent in seiner tiefen protestantischen Frömmigkeit stets auf den lieben Gott und seine lutherische Landeskirche, als deren oberster Bischof er als König zugleich fungiert. So findet der König noch wenige Monate vorher eigentlich alles gut bestellt in seinem Leben, aber eben nur bis zu diesem Sommer 1866. In diesem kann ihm auch sein Gott nicht mehr helfen, erst recht keine Soldaten und Verbündeten, und nicht einmal seine mächtige Cousine Victoria auf dem britischen Thron. Wie konnte das geschehen?

Es ist Preußen, das Hannover in den Abgrund treibt. Der Nachbar, der im Osten und im Süden an das Königreich grenzt, ist auf Expansionskurs. Wieder einmal, sagen die Kritiker Preußens. Tatsächlich lässt sich behaupten, dass die Hohenzollern-Dynastie seit den Tagen Friedrichs des Großen versucht, durch Eroberungen permanent und rücksichtslos die eigene Macht zu erweitern. Was mehr als 100 Jahre zuvor im Ersten Schlesischen Krieg (1740–1742) mit der Einverleibung der österreichischen Provinz Schlesien begann, scheint sich bis jetzt fortzusetzen. Die Gefahr durch den immer mächtiger werdenden preußischen Nachbarn wurde auch im Königreich Hannover schon im 17. und 18. Jahrhundert gesehen: 1850 prophezeite ein führender Minister geradezu resigniert, eines Tages »werden wir preußisch werden«. Und 14 Jahre später, 1864, hat Preußen an der Seite Österreichs die seit Langem schwelende Krise um die Herzogtümer Schleswig und Holstein geschickt für einen Krieg gegen Dänemark und eine weitere Eroberung genutzt: Schleswig wird preußisches Hoheitsgebiet, während Österreich zunächst Holstein verwaltet. Doch bald kommt es zwischen den eben noch Verbündeten zum erbitterten Streit, und in ganz Deutschland fürchten die Menschen, dass dieser in einen Krieg münden könnte. Es ist der preußische Ministerpräsident Otto von Bismarck, der geschickt die alten liberalen Träume von einem deutschen Nationalstaat bedient: Er schwenkt die politische Fahne der Einheit und erntet dafür reichlich Zuspruch sogar über die Grenzen Preußens hinaus, obwohl er tatsächlich nur das Ziel preußischer Vorherrschaft verfolgt.

Was sich zwei Jahre zuvor im Krieg gegen Dänemark gezeigt hat, scheint sich 1866 gegen andere Staaten zu wiederholen: Preußen schreckt erkennbar vor einem Krieg nicht zurück, wenn es um die Erweiterung der eigenen Macht geht. In Hannover nimmt auch Georg V. die zunehmende Bedrohung wahr, denkt aber nicht daran, dem preußischen Streben nach deutschlandweiter Vorherrschaft nachzugeben. Beharrlich setzt er auf die Sicherung des Status quo in Form des Deutschen Bundes, der nach dem Wiener Kongress 1815 gegründet worden war und dem die deutschen Einzelstaaten angehören. Der Zusammenschluss befriedigt zwar weder den liberalen Wunsch nach einer deutschen Einheit noch die Etablierung demokratischer Strukturen, denn die an diesem Bund beteiligten Staaten können Teile ihrer Souveränität abgeben, bleiben jedoch in erster Linie autonome Staaten. Aber immerhin soll der Deutsche Bund die innere und äußere Sicherheit seiner Mitglieder garantieren, und das ist nach den Erfahrungen der Kriege gegen Napoleon zu Beginn des Jahrhunderts auch weiterhin ein wichtiges gemeinsames Anliegen. Als zentrales Gremium dieses Staatenbundes fungiert die Bundesversammlung mit Sitz in Frankfurt am Main. Hier laufen bis zu diesem Zeitpunkt alle wichtigen Fäden einer deutschen Einheit zusammen. Wenn diese konkreter ausgestaltet werden soll, muss das auch hier entschieden werden.

Doch Preußen unter Führung von Otto von Bismarck ist dieser Bund ein Hindernis. Eine preußische Vorherrschaft in einem deutschen Reich wird so nicht gelingen, weiß der machtbewusste und diplomatisch überdurchschnittlich versierte Ministerpräsident. Er fordert wiederholt Reformen an dem Zusammenschluss, aber die anderen Staaten fürchten, dass mit Veränderungen am Bund der zunehmende Verlust eigener Souveränität im Zuge preußischen Machtgewinns drohe.[4] Auch Hannovers König Georg V. wittert die Absicht, die deutschen Mittel- und Kleinstaaten zu schwächen. Er schätzt weiterhin den Deutschen Bund als das einzig legitime und brauchbare Mittel einer deutschen »Einheit«, wie er 1861 in einer Notiz festhalten lässt:[5]

> »Die Bundesverfassung und der Bundestag sind meiner innigen Überzeugung nach die einzig wünschenswerten und einzig möglichen Bindemittel und das einzig wünschenswerte und einzig mögliche Centralorgan für Deutschland.«

Das ist weit mehr als eine strategische Äußerung: Georg V. kann der Einheitspropaganda dieser Zeit tatsächlich auch inhaltlich nichts abgewinnen. Er und seine Untertanen haben doch das Königreich Hannover und die Herrschaft seiner Familie, etwas anderes erscheint dem Monarchen weder wünschenswert noch denkbar. In diesem Sinne versucht er dem Herzog von Sachsen-Coburg bei anderer Gelegenheit einmal grundsätzlich klarzumachen, dass es eine einheitliche deutsche Nation doch im Grunde gar nicht gebe: In Wirklichkeit setze diese sich doch aus verschiedenen Stämmen mit jeweils besonderen Eigentümlichkeiten und Gesetzen zusammen, die schon seit 1000 Jahren nur in lockerer Form miteinander verbunden gewesen seien. So etwas könne man doch jetzt nicht einfach aneinanderketten.[6] Keine Frage: Der König von Hannover sieht keinerlei Bedarf für einen weiteren Ausbau einer wie auch immer gearteten »deutschen Einheit«.

Aber Preußen, allen voran der Ministerpräsident Otto von Bismarck, setzt sich zunehmend an die Spitze jener bunt gemischten Gruppe von Einheitsfreunden, die es nicht nur in seinem Land gibt. Aber Georg V. lässt sich damit nicht als Partner gewinnen. Er ist zwar nahe mit der Hohenzollern-Familie verwandt, aber seine persönlichen Sympathien gelten den österreichischen Habsburgern. Als Regent, dessen Reich zwischen zwei rivalisierenden Großmächten eingeklemmt ist, zielt er allerdings politisch auf ein Gleichgewicht zwischen Berlin und Wien. Das ist alles andere als einfach, vor allem, da sich im Jahr 1866 tatsächlich ein Krieg zwischen Preußen und Österreich anbahnt. Otto von Bismarck hat aus dem Krieg gegen Dänemark gelernt, dass die Großmächte Russland, Großbritannien und Frankreich sich in einen Konflikt nicht einschalten, solange dieser nur außenpolitisch und propagandistisch geschickt vorbereitet ist. Für den klugen Strategen ist das kein Problem, und so erhöht er nach und nach den Druck auf Österreich, endlich den Konditionen für ein preußisches Holstein zuzustimmen und damit diesen Teil der Kriegsbeute endgültig Berlin zu überlassen. Schließlich verlangt er von Österreich dermaßen vehement, sich endlich den preußischen Forderungen zu beugen, dass das Nachbarland nicht mehr ohne Gesichtsverlust nachgeben kann. Großdeutsch-antipreußische Stimmen werden in Österreich laut, und Bismarck stellt Wien vor die Wahl, »entweder aufrichtige Allianz oder Krieg, bis aufs Messer«.[7]

Ein solcher Krieg ist fraglos ein Wagnis. Einen Kampf Deutscher gegen Deutsche will selbst in Preußen im Grunde kaum jemand. König Wilhelm und sein Ministerpräsident werden mit Bittschriften überhäuft, in denen die Verfasser dafür plädieren, doch unbedingt den Frieden zu wahren. Otto von Bismarck bekommt wegen seiner aggressiven Politik zunehmend ein Imageproblem. Allzu offensichtlich erscheint seine Absicht, einen Krieg gegen Österreich um die Vorherrschaft über Deutschland bewusst herbeiführen zu wollen. Der Gießener Professor Rudolf von Ihering empört sich am 1. Mai 1866 in einem Schreiben an einen österreichischen Kollegen und Freund, dass er »meinem Gefühl über die öffentlichen Dinge Luft machen« muss:[8]

> »Es ist das Gefühl der tiefsten Entrüstung, dem ich Worte leihen muß! Mit einer solchen Schamlosigkeit, einer solchen grauenhaften Frivolität ist vielleicht nie ein Krieg angezettelt wie der, den Bismarck gegenwärtig gegen Österreich zu erheben sucht. Das innerste Gefühl empört sich über einen solchen Frevel an allen Grundsätzen des Rechts und der Moral.«

Der Rechtswissenschaftler, der im Großherzogtum Hessen-Darmstadt seiner Professur nachgeht, kann für das gegenwärtige preußische System keine Sympathien entwickeln, aber er will auch keine österreichische Herrschaft über Deutschland. So wünscht er sich für den nahenden »Bürgerkrieg« von Deutschen gegen Deutsche notgedrungen einen preußischen Sieg. Für den Rechtsgelehrten bedeutet diese Situation eine moralische wie intellektuelle Zwickmühle: Österreich ist im Recht, aber aus nationalen Erwägungen müsse man Preußen den Erfolg wünschen, denn »ein Sieg Bismarcks ist trotz Junkertum und Absolutismus ein gewaltiger Schritt vorwärts auf der Bahn der deutschen Entwicklung«.[9] Der Krieg wird kommen, und er wird viel Leid bringen, ist sich der Professor sicher, und er beklagt jetzt schon die verwundeten Soldaten, denn die »wird es durch ganz Deutschland geben wie noch nie«.[10] Die meisten Menschen rechnen für diesen Fall mit einem sehr langen Krieg, womöglich mit einem neuen Siebenjährigen Krieg.

Otto von Bismarck bekommt schließlich seinen Krieg, indem er sich geschickt außenpolitisch die Neutralität Frankreichs sichert und zugleich Italien für den Krieg gegen Österreich als Verbündeten gewinnt. Innenpolitisch eskaliert der Streit zwischen Berlin und Wien im Deutschen Bund, als Österreich die strittige Stellung der Herzogtümer Schleswig und Holstein dem Bundestag zur Entscheidung anträgt. Preußen reagiert am 9. Juni 1866 mit dem bundeswidrigen Einmarsch seiner Truppen in Holstein, woraufhin Österreich im Bund erfolgreich die Mobilisierung der nichtpreußischen Teile des Bundesheeres gegen den Aggressor beantragt. Am 14. Juni 1866 stimmen Bayern, Württemberg, Kurhessen und das Großherzogtum Hessen-Darmstadt, Sachsen, Hannover und einige kleinere Staaten in der Bundesversammlung für den österreichischen Antrag (Baden enthält sich), die Mehrheit der nord- und mitteldeutschen Staaten schlägt sich auf die preußische Seite. Berlin erklärt angesichts seiner Abstimmungsniederlage den Deutschen Bund kurzerhand für erloschen und sieht sich endgültig an bisherige Vereinbarungen nicht mehr gebunden. Die preußische Armee beginnt am 15. Juni 1866 mit dem Marsch auf Sachsen, Hannover und Kurhessen, am 16. Juni beschließt der Bundestag – nun auch mit Unterstützung Badens – die sogenannte

Bundesexekution gegen Preußen.[11] Der Krieg, der von so vielen seit Wochen erwartet wurde, ist im Juni 1866 Wirklichkeit.

Allerdings scheint ein preußischer Sieg nicht notwendigerweise ausgemacht, denn das militärische Kräfteverhältnis ist keineswegs eindeutig. In Berlin spekuliert die Börse sogar auf einen Erfolg Wiens und löst damit in Preußen eine wirtschaftliche Flaute aus. Keine Frage: Otto von Bismarck geht in diesen Tagen ein unkalkulierbares Risiko ein.[12] Außerdem hat Berlin ein Problem mit der öffentlichen Meinung: Eine Kriegsbegeisterung gibt es im Land nicht, stattdessen Volksversammlungen und Proklamationen gegen einen Waffengang. Auch die Konservativen sind zurückhaltend, weil sie auch für die österreichische Seite Verständnis haben. Viele Liberale misstrauen dem König und viel mehr noch Bismarck, weil beide bisher alle liberalen Hoffnung enttäuscht haben – aber ausgerechnet der Allgemeine Deutsche Arbeiterverein von Ferdinand Lassalle, ansonsten ein verlässlicher Gegner der preußischen Politik, unterstützt den Krieg Bismarcks, weil dieser sich doch zugleich für das allgemeine Wahlrecht eingesetzt hat.[13] Als ob das schon einen Bruderkrieg rechtfertigen würde …

Andere Zeitgenossen wie der erwähnte Gießener Rechtsgelehrte Rudolf von Ihering sind trotz aller Bedenken gegen einen Krieg aber letztlich froh, dass es endlich losgeht. Den Kriegsbeginn empfindet Ihering als ein Gewitter, das sich nach unerträglicher Schwüle und Ungewissheit endlich entlädt und nach Wochen der Anspannung die willkommene Erleichterung bringt.[14] Wie viele andere erlebt der Gelehrte diese Wochen als »zusammengedrängt«, als eine Zeit, in der so vieles in so kurzer Zeit geschehen ist, was die Zeitgenossen zuvor noch kaum für möglich gehalten haben.

Preußen geht offiziell mit dem Anspruch in diesen Krieg, Sachwalter der deutschen Sache zu sein und mit einem Waffengang doch nur dem Wunsch nach einer deutschen Einheit zu entsprechen.[15] So heißt es in einer offiziellen telegrafischen Depesche, die in zahlreichen Tageszeitungen abgedruckt wird:[16]

> »Verleiht Gott den Sieg, so werden wir stark genug sein, das lose Band zwischen den deutschen Landen fester und heilvoller zu erneuern.«

In diesem Sinne soll nach preußischer Lesart auch das Ende des Deutschen Bundes verstanden werden. Der nun beginnende Krieg sei schlicht nötig für die Sache der nationalen Einheit, denn »Feinde oder zweifelhafte Freunde« könne Preußen an seinen Grenzen nicht brauchen, lässt die preußische Regierung verlauten. Die Menschen in Deutschland bräuchten keine Angst zu haben, denn was jetzt geschehe, sei nur zu ihrem Besten. Sie mögen Preußen nur vertrauen, heißt es:[17]

> »Indem die preußischen Truppen die Grenze überschreiten, kommen sie nicht als Feinde der Bevölkerung, deren Unabhängigkeit Preußen achtet, und mit deren Vertretern es in der deutschen National-Versammlung gemeinsam die künftigen Geschicke des deutschen Vaterlandes zu berathen hofft. Möge das deutsche Volk, im Hinblick auf dieses hohe Ziel, Preußen mit Vertrauen entgegenkommen und die friedliche Entwicklung des gemeinsamen Vaterlandes fördern und sichern helfen!«

Das ist im besten Falle gut gelogen: Preußen wird die Unabhängigkeit der Länder, deren Grenzen seine Soldaten jetzt übertreten, keineswegs achten. Das haben die preußische Führung und vor allem Otto von Bismarck überhaupt nicht vor. Und auch »Vertrauen« seitens des deutschen Volkes kann Preußen nicht erwarten. Stattdessen regen sich vor allem bei süddeutschen Liberalen massive Vorbehalte gegen Preußen. Sie durchschauen Bismarcks Einheitsrhetorik und sehen die bisherigen friedlichen Bemühungen um eine deutsche Einheit am Ende. In der *Heidelberger Zeitung* heißt es Anfang Juli des Jahres 1866:[18]

»Annexion bis zur Mainlinie oder Anschluß der norddeutschen Staaten an Preußen in einer Form, die von der Annexion politisch wenig verschieden ist, das heißt die definitive Theilung Deutschlands. Deutlicher als jemals betonen die Organe des Hrn. v. Bismarck die Schaffung eines preußischen Großstaates als das Kampfziel.«

Für die Gegner Preußens ist es offensichtlich, dass es den Angreifern nicht um die Einheit geht, sondern im Grunde um die Teilung Deutschlands, um das Ende der bisherigen deutschen Zusammenarbeit. Zugleich nehmen auch die militärischen Gegner Preußens für sich in Anspruch, das Vaterland aller Deutschen zu verteidigen, indem sie es vor der Raublust der Hohenzollern in Schutz nehmen. So heißt es in einer Proklamation des bayerischen Königs Ludwigs II.:[19]

»Unser Ziel, es ist der höchsten Opfer werth – die Erhaltung Gesammtdeutschlands als eines freien und mächtigen Ganzen, gekräftigt durch den Bund seiner Fürsten und die nationale Vertretung seiner Stämme, die Erhaltung Bayerns als eines selbständigen würdigen Gliedes des großen deutschen Vaterlandes.«

Was nun der »höchsten Opfer« in diesem Krieg wirklich wert ist, darüber gehen außerhalb Preußens die Meinungen dann aber doch deutlich auseinander. Im Königreich Hannover jedenfalls ist die Angst vor der militärischen Übermacht Preußens so groß, dass liberale Politiker das Abstimmungsverhalten ihres Königsreichs in der Bundesversammlung heftig kritisieren, denn das habe für Hannover »eine unabsehbare Last und die Gefährdung der Unabhängigkeit des Landes« mit sich gebracht. Deshalb fordern sie von ihrem König die Nichtausführung des Beschlusses einer Bundesexekution gegen Preußen.[20]

Doch Georg V. bleibt bei seiner Position: Sein Hannover will nicht mit Preußen paktieren, sondern das Recht auf eine eigenständige Rolle behalten, sowohl in politischer als auch in militärischer Hinsicht. Seine Anordnung, bereits im Mai 1866 die hannoverschen Reservisten zu Wehrübungen einzuberufen, dürfen die Preußen getrost als gegen sie gerichtete Maßnahme verstehen, auch wenn es sich keineswegs um eine Mobilmachung handelt. Anschließend stellt Bismarck den Welfenkönig vor die Alternative, sich förmlich zu einer unbewaffneten Neutralität zu verpflichten oder aber in Kauf zu nehmen, dass Preußen seine Pläne sonst eben mit Gewalt und ohne Rücksicht auf Hannover und seinen König durchsetzen werde. Georg V. pocht als souveräner Herrscher auf seine Militärhoheit. Er lässt sich von Preußen nicht sagen, was er zu tun hat. Er wolle lieber »mit Ehren untergehen«, erklärt er, als sein weiteres Schicksal von der Gnade Preußens abhängig zu machen.[21]

Preußen erfüllt dem blinden Monarchen diesen Wunsch umgehend: Er geht mit seinem Reich unter, weil er dem preußischen Kurs und den militärischen Notwendigkeiten eines Kriegs gegen Österreich schlicht im Weg ist. Hannover lehnt die von Preußen verlangte unbewaffnete Neutralität ab und unterstützt den österreichischen Antrag auf Mobilisierung der Bundesarmee gegen Preußen. Eine letzte ultimative Forderung, doch noch ein Bündnis mit Preußen zu schließen, weist Georg V. am 15. Juni 1866 zurück. Dann geht es militärisch sehr schnell: Noch am selben Tag überschreiten preußische Truppen die Elbe, andere preußische Einheiten dringen von der Garnison Minden aus in hannoversche Gebiete vor, und schon am 17. Juni ist die Residenzstadt Hannover besetzt.[22] Die Empörung über das preußische Vorgehen ist groß, die Wortwahl unmissverständlich. Dafür steht eine Proklamation des hannoverschen Generals von Arnschildt Ende des Monats:[23]

> »Ein trauriger Act verwerflicher brudermörderischer Politik hat Preußen zum Feinde Hannovers gemacht, Länder, die das innigste Band verknüpften, die seit Jahrhunderten nur gewußt

> haben, daß ihre Krieger Schulter an Schulter dem Feinde entgegenzutreten berufen seien. Fluch treffe die Urheber dieses Bruderkrieges, den wir verabscheuen.«

Das sind starke Worte, aber sie helfen nicht: Die hannoversche Armee ist für einen Krieg, erst recht für einen längeren Krieg, nicht ausreichend gerüstet. Der König zieht mit seiner Armee in den Süden des Landes, um noch eine Vereinigung mit den verbündeten österreichischen oder bayerischen Truppen zu versuchen. Doch das gelingt nicht. Und nur ein Etappensieg ist die Schlacht bei Langensalza, bei der die hannoversche Armee am 27. Juni 1866 mit über 20000 Soldaten über rund 8400 Preußen siegt. Doch schon am nächsten Tag wird deutlich, dass die nachrückende preußische Verstärkung jede weitere Kampfhandlung aussichtslos macht. Am 29. Juni kapitulieren die Welfen; der preußisch-hannoversche Krieg hat gerade einmal zwei Wochen gedauert. Die Soldaten werden aus dem Dienst entlassen, ihrem Feldherrn und König wird mit seinem engsten Gefolge freier Abzug gewährt, das Land Hannover der preußischen Militäradministration unterstellt.[24] König Georg V. scheint erkennbar Schwierigkeiten damit zu haben, die Realität dieser Niederlage und ihre Bedeutung zu erfassen. In einem Brief an seine Frau gibt er nur wenige Tage später einen Wortwechsel zwischen ihm und seinem kommandierenden General wieder, der ihn nach der Schlacht von Langensalza mit dieser Botschaft konfrontiert:[25]

> »›Ich darf Ew. Majestät zu diesem glänzenden Sieg Glück wünschen; es ist indeß der Todestag unserer Armee.‹ Ich antwortete ihm: ›Gott sey ewig gepriesen, daß dieser Sieg unser ist. Wie Sie aber behaupten können, daß dieser Tag zugleich der Todestag meiner Armee seyn soll, verstehe ich nicht. Ich betrachte ihn wie unsern Auferstehungstag.‹«

Am 30. Juni 1866, als sich längst herausgestellt hat, dass die Schlacht von Langensalza nicht die Wende gebracht hat, Hannover bereits kapituliert hat und Georg V. im Jagdschloss »Fröhliche Wiederkunft« Zuflucht findet, wartet man im restlichen Deutschland noch auf verlässliche Informationen über die Vorgänge. »Über das Schicksal der Hannoveraner«, so heißt es etwa in der *Heidelberger Zeitung*, »ist man leider noch immer nicht im Klaren.«[26] Dabei ist die Kapitulation bereits unterzeichnet, und die Niederlage ist für Hannover umfassend, dokumentiert in den Bedingungen der Sieger:[27]

> »Der König, der Kronprinz und ihr Gefolge dürfen beliebigen Aufenthalt außerhalb Hannovers nehmen. Des Königs Privatvermögen bleibt zu seiner Verfügung. Die Officiere und Beamten versprechen auf Ehrenwort, gegen Preußen nicht zu dienen, behalten Waffen, Pferde und Gepäck, sowie ihr Gehalt und ihre Competenzen. Die Unterofficiere und Gemeinen liefern Waffen, Pferde und Munition ab, begeben sich in … ihre Heimath unter dem Versprechen, gegen Preußen nicht zu dienen.«

Auch wenn König Georg V. sich dafür nun politisch nichts mehr kaufen kann, so erntet er doch zuweilen eine gewisse Anerkennung für seine Haltung: Das Organ der Arbeiterbildungsvereine, die *Allgemeine deutsche Arbeiter-Zeitung*, attestiert ihm, dass er mit dem Zug seiner Armee »wenigstens durch Muth und Festigkeit zum erstenmal in seinem Leben sich einige Sympathie erwirbt«.[28] Viele Hannoveraner verübeln Georg V. zwar weiterhin seine Regentschaft, manche denken wie der liberale Politiker Rudolf von Bennigsen erst recht im Moment der Niederlage, dass dieser König »besser nie zur Regierung gekommen wäre«, weil er mit seiner »an Wahnsinn grenzenden Verstocktheit« so großes Unglück über das Land gebracht habe. Auch in der Bevölkerung ist die Meinung verbreitet, dass der König ihr Land durch seinen persönlichen Eigensinn erst in diesen Krieg geführt habe.[29] Doch die überwiegende Mehrheit der Menschen lehnt die Annexion durch Preußen ab, auch wenn sie deshalb keineswegs der Meinung ist, dass Georg V. unbedingt auf den Thron zurückkehren müsse. Und doch verändert sich mit der Niederlage das Bild von diesem König: Seine Starrheit wird von einigen jetzt als Prinzipientreue gewürdigt, sein unverkennbarer monarchischer Dünkel als echter königlicher Stolz gewertet.

Doch Georg V. hat in dem thüringischen Jagdschlösschen jetzt andere Sorgen, als sich über sein öffentliches Image Gedanken zu machen. Langsam wird er gewahr, dass »die Schufte von Preußen« nicht nur sein Land vollständig besetzt halten, sondern dass er es nicht mehr wiederbekommen könnte. Derweil ziehen die preußischen Armeen weiter – und sie siegen weiter. Kampflos waren sie in das Königsreich Sachsen eingezogen, sie greifen Länder wie das Kurfürstentum Hessen-Kassel und die Stadt Frankfurt am Main an, weitere Truppen ziehen nach Böhmen, wo sie auf österreichische Einheiten treffen. Dass württembergische Truppen zu Beginn des Krieges in die hohenzollernschen Lande einmarschiert sind, das alte Stammgebiet der preußischen Herrscherdynastie, und bayerische Soldaten den Kreis Schleusingen sowie Bundestruppen unter Prinz Alexander von Hessen Wetzlar besetzt haben,[30] kann Preußen bei seinem militärischen Siegeszug nicht aufhalten.

Aber gerade die ersten Erfolge lassen vor allem im deutschen Süden die Frage nach den tatsächlichen Kriegszielen und den politischen Zukunftsvorstellungen vor allem der Preußen immer brennender erscheinen. Wenn diesen der Ausschluss Österreichs aus einem deutschen Staatengebilde gelinge, und das scheine ja das wichtigste Motiv für den Krieg zu sein, »fängt die eigentliche Aufgabe mit ihren Schwierigkeiten erst an«, kommentiert beispielsweise die *Freiburger Zeitung* im Juli 1866. Gerade nach den ersten erfolgreichen Schlachten müsse den Preußen doch gerade jetzt die Grenzen ihres Machtstrebens aufgezeigt werden:[31]

»Deutschland ist kein herrenloses Gut, über das der glückliche Sieger ohne Weiteres verfügt … Preußen muß gezwungen werden, sich wieder als ein Glied des Ganzen anzuerkennen, und muß ausreichende Sicherheit geben, daß es nicht noch einmal den Versuch machen kann, Deutschland zu trennen, um es zu beherrschen. Das ist das eigentliche Ziel des Krieges.«

Doch solche Aufrufe kommen im Prinzip schon zu spät. Niemand scheint in der Lage zu sein, den preußischen Sieg noch zu verhindern. Am 3. Juli 1866 treffen im Nordosten Böhmens rund 200 000 preußische Soldaten auf ebenso viele österreichische und sächsische Soldaten. Bei dieser Schlacht von Königgrätz siegen die Preußen, die daraufhin weiter auf österreichisches Gebiet vorstoßen. Diese Schlacht ist die letzte große Kampfhandlung des preußisch-österreichischen Kriegs, gut drei Wochen später werden ein Waffenstillstand und ein Vorfrieden geschlossen, ehe am 23. August in Prag ein Friedensvertrag unterzeichnet wird. Der Krieg endet mit einer Niederlage Österreichs, allerdings resultiert dieses Ende keineswegs nur aus der militärischen Lage, sondern ist auch das Ergebnis einer politischen Entscheidung Wiens: Die Fortsetzung des Kampfes gegen Preußen birgt offensichtlich das Risiko, dass die Monarchie eine weitere Niederlage erleiden und diese wohl nicht verkraften würde. Auch wenn es die Militärs später immer wieder behaupten sollten, so war die Schlacht von Königgrätz doch keine Entscheidungsschlacht in einem militärischen Sinn; das Ereignis selbst hat den Krieg lediglich beendet, aber nicht entschieden. Doch die österreichische Seite wird die preußische Leistung bei diesem Aufeinandertreffen bewusst überhöhen, um die eigenen politischen und militärischen Fehler kleinerzureden. Und die preußischen Chronisten nehmen das Angebot gern an: Sie arbeiten eifrig am Mythos Königgrätz, von der Überlegenheit des modernen Preußens und seiner Waffen.[32]

Aber noch herrscht Krieg – mit all seinen Facetten. Leidtragende sind die Soldaten. Eines von vielen Schicksalen, der Tod des preußischen Majors Cäsar Rüstow, wird am 22. September 1866 in der *Allgemeinen Militär-Zeitung* beschrieben. Der 40-Jährige kämpft nach der Okkupation Hannovers mit seinem Bataillon gegen die Bayern. Am 4. Juli 1866 kommt es bei Dermbach zum Gefecht.[33]

> »Da traf ihn ein bayerisches Musketen-Geschoß in den Unterleib, und er sank vom Pferde. Die Wunde war wohl, wie die meisten Unterleibswunden, tödtlich, doch hätte er noch Tage lang in Leiden fortleben können. Dieß sollte ihm erspart werden. Auf dem Verbandsplatze, wohin ihn einige seiner Leute trugen, und während er verbunden ward, traf ihn ein zweites Geschoß in den Hinterkopf und machte seinem Leben augenblicklich ein Ende.«

Nach dem Gefecht bei Kissingen am 10. Juli 1866 sind die ohnehin erst in Ansätzen vorhandenen Sanitätsdienste der Armeen mit der Versorgung der vielen Verwundeten rasch überfordert. Rund 700 preußische und 570 bayerische Soldaten müssen anschließend betreut werden. Da in den wenigen Lazaretten nicht genug Platz vorhanden ist, werden die Verwundeten unter anderem im Kurgarten von Kissingen notdürftig versorgt.[34] Abseits der Städte ist die Versorgung noch dürftiger: Aus Böhmen berichtet ein Sanitäter, dass die Verwundeten zunächst auf den Schlachtfeldern geborgen, dann auf einfache Bauernwagen geladen und in Lazarette gebracht werden, die behelfsmäßig in Kirchen, Gasthäusern oder Bürgerhäusern eingerichtet worden sind. Diese sind indes zuweilen überfüllt, weshalb auch Scheunen und Ställe als Unterbringung genutzt werden. Oft fehlt es nicht nur an medizinischer Versorgung, selbst Trinkwasser ist für die verletzten Soldaten nur schwer zu beschaffen. »Das Schreien der Verwundeten nach Wasser«, so berichtet ein Krankenpfleger, sei für ihn nur schwer zu ertragen, weil er keine schnelle Abhilfe schaffen könne.[35]

Der Transport der Verwundeten geschieht mit denkbar einfachsten Mitteln: Ein Teilnehmer des Krieges berichtet aus dem niederschlesischen Löbau, »wo ein sehr grosser Zug mit lauter Verwundeten ankam, ein jämmerlicher Anblick, die armen Menschen liegen in den Wagons auf Stroh, wie das Schlachtvieh«.[36] Zudem bricht im preußischen Heer die Cholera aus; im Juli 1866 berichtet ein freiwilliger Krankenpfleger aus der niederösterreichischen Ortschaft Poisdorf von der Lage der Erkrankten. Bis zu 300 Soldaten seien betroffen, aber an eine geregelte Versorgung sei nicht zu denken: »nur ein Arzt, kein Gehülfe, kein Wärter, kein Essen, keine Betten, keine Medizin, gar nichts mehr in der Apotheke«.[37] Auch die Schändung toter Soldaten durch andere Deutsche gehört zu den Realitäten dieser Wochen. Die *Heidelberger Zeitung* berichtet im August 1866 aus Frankfurt am Main:[38]

> »Der gestern Morgen um 9 Uhr 15 Min. anlangende Zug der Hanauer Bahn brachte außer einer Anzahl Kriegsgefangener auch zwei verhaftete Civilisten mit. Dieselben haben auf dem Schlachtfelde bei Tauberbischofsheim Todte und Verwundete ausgeplündert und sich dabei die gräßlichsten Verstümmelungen erlaubt, indem sie Finger und Ohren nebst der Beute abschnitten.«

Wie in jedem Krieg lastet die Versorgung der Soldaten schwer auf der Zivilbevölkerung. Ein Beispiel dafür liefert ein Zeitungsbericht, dem zufolge die kleinen sächsischen Amtsbezirke Ostritz, Reichenau und Herrnhut alle drei Tage folgende Kriegskontributionen an die Preußen zahlen müssen:[39]

> »15 000 Pfund Brod, 16 875 Pfund Fleisch, 11 250 Pfund Bohnen, ebensoviel Erbsen, 5625 Pfund Graupen, 1500 Pfund Reis, 67 000 Pfund Kartoffeln, 33 750 Pfund Salz, 7070 Pfund Kaffee, 22 500 Kannen (à 2 Seidel) Bier, 225 000 Cigarren, 33 500 Rationen Hafer, 8000 Rationen Heu, 9750 Pfund Stroh.«

Für die Menschen in Berlin ist dieser Krieg hingegen zunächst einmal weit weg; sie lesen in den Zeitungen von den Geschehnissen, erfahren auf Straßen und Plätzen von den Ereignissen. Erzählt wird viel, doch was ist wahr, was nur ein Gerücht? Der Schriftsteller und Maler Ludwig Pietsch notiert Ende Juni 1866, wie abends in einigen Straßen der Innenstadt Menschenmassen zusammenfanden, denn »Gerüchte der abenteuerlichsten Art von ungeheuren Verlusten, von unverantwortlichen Versäumnissen, durch welche das Unheil verschuldet sei, schwirrten von Gruppe zu Gruppe«. Als am 29. Juni 1866 Meldungen über die preußischen Siege bei Nachrod und Münchengrätz aus Böhmen eintreffen, ziehen nach seiner Beobachtung »dichte Scharen enthusiastisch aufgeregter Menschen« über die Friedrichstraße und schließlich in die Wilhelmstraße zu Bismarcks Quartier. Sie lassen den preußischen Ministerpräsidenten hochleben, und der anhaltende Jubel bringt diesen tatsächlich dazu, ein Fenster zu öffnen und zu der Menge zu sprechen – allerdings gehen seine Worte im Lärm nahezu vollständig unter. Der »Bestgehaßte«, so notiert Ludwig Pietsch, ist »mit einem Schlage der am glühendsten Verehrte und Bewunderte geworden«.[40]

Ein besonderes Schauspiel für einige Menschen der preußischen Hauptstadt ist das Eintreffen von Kriegsgefangenen, ihr Anblick macht das Kriegsgeschehen auf spektakuläre Weise greifbar. Auch Ludwig Pietsch macht sich neugierig auf den Weg zu den Bahnhöfen, wenn wieder einmal tagsüber oder auch abends die fremden Soldaten zu sehen sind, die mit Eisenbahnzügen ankommen und anschließend weitertransportiert werden. Es sind gleichermaßen sächsische wie österreichische Gefangene:[41]

> »Unter den letzteren zumal eine überreiche Fülle prachtvoller, höchst malerischer Charakterfiguren, Italiener, Kroaten, Ungarn in ihren, alle Spuren des Krieges, der Märsche, der Biwaks der Schlachten tragenden, verstaubten, zerfetzten, blutbesudelten, vielfarbigen Uniformen.«

Solche Momente sind ein regelrechtes Spektakel für die Berliner: Hier an den Bahnhöfen können sie die Siege ihrer preußischen Soldaten sozusagen mit eigenen Augen bestaunen. Dabei kann es allerdings ungewollt auch geschehen, dass die Kehrseite des Krieges erkennbar wird. Denn zugleich treffen auch andere Züge in der Hauptstadt ein, die »eine für uns desto traurigere Last« befördern, so Ludwig Pietsch, nämlich »die Verwundeten, die mit ihrem Blut diese Siege erkauft hatten und von den Schlachtfeldern zu den Berliner Lazaretten transportiert wurden«.[42]

Doch Ende Juli 1866 ist das Kämpfen beendet; am 26. Juli sowie am 28. Juli willigen zunächst Österreich und dann Bayern in einen Waffenstillstand ein. Wenige Tage später tun dies auch das Königreich Württemberg, das Großherzogtum Hessen-Darmstadt sowie das Großherzogtum Baden. Jetzt schlägt die Stunde des Siegers, und in den folgenden Friedensverträgen werden die fälligen Kriegsentschädigungen sowie mögliche Gebietsabtretungen festgelegt. Wer nicht an der Seite Preußens gekämpft hat, wird zur Rechenschaft gezogen. Einige scheinen vergleichsweise glimpflich davonzukommen, indem sie eine Strafzahlung leisten müssen, anderen droht ganz offensichtlich der Verlust ihrer Souveränität. Württemberg beispielsweise hat durchaus Glück im Unglück; aus der Sicht der württembergischen Politik notiert die Frau des späteren württembergischen Gesandten in Preußen, welche Erfahrungen die Delegierten aus Stuttgart in Berlin machen:[43]

> »Sie sind von Bismarck sehr gut empfangen worden und waren gleich im reinen; Württemberg zahlt 8 Millionen Gulden Kriegssteuer und bleibt im übrigen ganz unbeschränkt und unangetastet. Von einem Eintritt in den Norddeutschen Bund konnte jetzt Frankreichs wegen noch nicht die Rede sein. Nach geschehenem Friedensschluß empfing der König unsere Herren und hielt eine lange, sehr dumme Anrede an sie, d.h. schalt sie tüchtig aus, daß sie mit Österreich es gehalten haben.«

Diese »sehr dumme« Rede des preußischen Königs können die Herren Diplomaten mehr oder weniger entspannt über sich ergehen lassen. Denn auf diese Weise erntet Württemberg zwar königlich-preußischen Tadel, aber kommt damit deutlich besser weg als andere Staaten.[44] Vor allem in Bayern ist man besorgt, was die Forderungen des siegreichen Preußens angeht. König Ludwig II. erklärt anfangs gegenüber dem französischen Gesandten noch: »Herr von Bismarck will aus meinem Königreich eine preußische Provinz machen.« Doch Mitte August kann er schon seiner Mutter erleichtert schreiben, dass die Friedensbedingungen glücklicherweise besser sind, »als zu erwarten stand«. Zwar muss das Königreich eine Kriegsentschädigung von 30 Millionen Gulden zahlen, doch bis auf drei sehr kleine Gebiete, die es an Preußen abtreten muss, bleibt Bayern territorial nahezu vollständig unangetastet.[45] Das ist im Sommer 1866 für einen deutschen Regenten schon ein Grund zur Freude.

Ludwig II. darf also sein Reich behalten. Anders als etwa Friedrich Wilhelm I., der Kurfürst von Hessen-Kassel, der zunächst in Kassel festgehalten und dann als Gefangener ins preußische Stettin gebracht wird. Der stolze Fürst ist selbstredend erbost über die in seinen Augen entwürdigende Behandlung. In den Zeitungen finden sich Auszüge aus angeblich geführten Gesprächen des abgesetzten Kurfürsten mit dem preußischen Gesandten General Heinrich von Roeder, mit dem er in Streit darüber gerät, inwieweit Preußen auch die Herrschaft seines »Bruders« zerschlagen wolle, des Großherzogs von Hessen-Darmstadt. Der Kurfürst wird folgendermaßen zitiert:[46]

> »Mein Bruder in Darmstadt ist ebenso gut ein legitimer deutscher Fürst als Ihr König von Preußen, ja er ist noch zehnmal legitimer, denn als die deutsche Geschichte schon von hessischen Fürsten erzählte, da kannte man nur Brandenburg und keinen König von Preußen.«

Das klingt wie dynastische Überheblichkeit eines kleinen Fürsten, verweist aber doch auf den Stolz jener deutschen Fürsten, die fraglos nicht über die Macht und den Einfluss von Preußen, Österreich oder Bayern verfügen, die aber doch aufgrund ihrer Geschichte und ihrer traditionellen Souveränität über ihre Herrschaftsgebiete als Regenten respektiert werden wollen. Doch auf solche Empfindsamkeiten wird in diesem Sommer 1866 noch weniger Rücksicht genommen als zuvor. Wer nicht für Preußen war, muss nun schlicht die Konsequenzen tragen. Am 16. August 1866 zeichnet der preußische König den entsprechenden Text, in dem die wichtigsten Annexionen verkündet werden:[47]

> »Nicht in dem Verlangen nach Ländererwerb, sondern in der Pflicht, Unsere ererbten Staaten vor wiederkehrender Gefahr zu schützen, der nationalen Neugestaltung Deutschlands eine breitere und festere Grundlage zu geben, liegt für Uns die Nöthigung, das Königreich Hannover, das Kurfürstenthum Hessen, das Herzogthum Nassau und die freie Stadt Frankfurt auf immer mit Unserer Monarchie zu vereinigen.«

Das ist majestätisch formuliert, doch die Grobheit des Vorgehens kann damit auch nicht überdeckt werden. Die genannten Gebiete hatten ja durchaus eine eigenständige Idee von einer deutschen Einheit, sie war aber nicht identisch mit der Vorstellung, die man sich in Berlin davon macht, nämlich ein geeintes Reich unter Ausschluss Österreichs und mit dem Königreich Preußen als mächtigem Mittelpunkt. Der Umgang mit den betroffenen deutschen Ländern, deren Regenten anderer Meinung sind, ist ein atemberaubender diplomatischer Vorgang, und Otto von Bismarck stößt mit diesen Annexionen beim preußischen König Wilhelm zunächst auf Unbehagen. Nun gut, Preußens Herrscher waren seit den Tagen Friedrichs des Großen nie zimperlich mit ihren Gegnern umgegangen, da will sich auch Wilhelm nicht unnötig sensibel zeigen. Aber eine andere deutsche Dynastie einfach entthronen? Dazu noch eine solch traditionsreiche Herrscherfamilie wie die der Welfen? Das widerspricht seinem Rechtsempfinden und seinem Gefühl von einem nach Möglichkeit zu bewahrenden Respekt vor anderen Monarchien. Wenn man sie in einem Krieg besiegt, dann ist es für Wilhelm legitim, nach einen solchen Sieg Gebietsabtretungen zu verlangen. So will er es jetzt auch von Österreich – auch hier ist die Erinnerung an Friedrich den Großen eine Bestärkung, schließlich eroberte er einst die wertvolle Provinz Schlesien in seinem ersten von später drei Schlesischen Kriegen und nach seinem Sieg über Wien. Aber sich ganze Länder einfach einverleiben? Das geht nur mit dem Argument, dass man dies nicht für sich selbst, sondern für die deutsche »Einheit« mache. Sie wird damit zur politischen Ausrede für die preußische Expansion.

Das wird auch deutlich an dem spektakulären Raub der Stadt Frankfurt am Main. Als sei dieser legitim und zudem politisch alternativlos, lässt der preußische König Wilhelm am 3. Oktober 1866 verkünden:[48]

> »Wir Wilhelm, von Gottes Gnaden König von Preußen, thun gegen Jedermann hiermit kund: Nachdem in Folge eines von Oesterreich und seinen Bundesgenossen begonnenen, von Uns in gerechter Abwehr siegreich geführten Krieges die freie Stadt Frankfurt a. M. von Uns besetzt worden ist, so haben Wir beschlossen, dieselbe mit Unserer Monarchie zu vereinigen … Wir werden Unserem Königlichen Titel den entsprechenden Titel hinzufügen.«

Das dreiste Vorgehen wird in feierliche Worte gekleidet, und die alte Reichsstadt ist nun eine »fette Beute« für Preußen. 30 Millionen Gulden verlangt der Sieger von Frankfurt, wo noch vor wenigen Wochen die Bundesversammlung des Deutschen Bundes tagte, welche die Bundesexekution gegen Preußen verhängte. So gesehen ist die Annexion der Stadt auch ein großer symbolischer

Sieg Preußens über das »alte« Deutschland. Frankfurt verliert seine Unabhängigkeit und wird in die preußische Provinz Hessen-Nassau eingegliedert. Die Zahlung der Kriegskontribution ist für die Stadt leistbar, und bald fließen erste Gelder. Doch als die Forderung nach möglichen Ratenzahlungen aus der Bürgerschaft laut wird, gerät der Bürgermeister Karl Fellner in einen unauflösbaren Konflikt mit den Preußen, die keinerlei Diskussionen um Erleichterungen akzeptieren. Die preußische Stadtkommandantur ordnet schließlich die Auflösung von Senat, Bürgerrepräsentation und der gesetzgebenden Versammlung an.[49] Zudem werden zahlreiche Zwangsmaßnahmen angedroht für den Fall, dass es bei den Zahlungen zu Verzögerungen kommen sollte. In dieser Lage begeht Bürgermeister Fellner am Morgen seines 59. Geburtstages, dem 24. Juli 1866, in seinem Wohnhaus Selbstmord. Das Entsetzen in der Stadt ist verständlicherweise groß, und umgehend wird Fellner zum Märtyrer gegen die preußische Fremdherrschaft stilisiert. Im folgenden Jahr erscheint aus der Feder eines anonymen Autors sogar ein Drama mit dem Titel »Der letzte Bürgermeister der freien Stadt Frankfurt a.M.«. Darin wird die vermeintliche Auflehnung Fellners mit den Worten zitiert: »Eh' zieh' ich's vor, als freier Mann zu sterben, als um die Gunst der Tyrannei zu werben.«[50]

Die Nachricht vom Freitod des Bürgermeisters dringt kaum aus Frankfurt heraus, denn zu den ersten Opfern des Krieges gehört auch jetzt die freie Meinungsäußerung: Der Druck von freien Zeitungen wird in den preußisch besetzten Ländern umgehend verboten. Gerüchte ersetzen jetzt häufig verlässliche Nachrichten, ganz gleich, ob es um die große Politik oder um lokale Vorgänge geht. Die Situation ist unübersichtlich. So wird der Gelehrte von Ihering als gebürtiger Preuße mit anderen Professoren an der im Großherzogtum Hessen-Darmstadt liegenden Universität Gießen in diesem Sommer irrtümlich für einen preußischen Spion gehalten, wie er einem Freund schreibt, »doch sind wider Erwarten unsere Fenster noch verschont geblieben«.[51] Überhaupt habe ihm

»in der bewegten Zeit niemand etwas zuleide getan«, schreibt der »Hauptpreußenfreund« durchaus anerkennend über die gesellschaftliche Achtung, die er augenscheinlich an der Universität und in der Stadt Gießen genießt.[52]

Die Schlachten des Krieges sind also geschlagen, und zumindest aus preußischer Sicht hat die deutsche Einheit einen Sieg errungen. Dies bedeutet auch den offiziellen Verzicht des Kaisers von Österreich, sich weiterhin als Teil eines deutschen Reiches zu verstehen. Wien muss schon am 26. Juli im Vorfrieden von Nikolsburg nicht nur seine Niederlage eingestehen, sondern auch von einer Zukunft in einem deutschen Staatsgebilde Abstand nehmen:[53]

> »Seine Majestät der Kaiser von Oesterreich erkennt die Auflösung des bisherigen Deutschen Bundes an und gibt seine Zustimmung zu einer neuen Gestaltung Deutschlands ohne Betheiligung des Oesterreichischen Kaiserstaates.«

Der Deutsche Bund, der mit seinen Beschlüssen Otto von Bismarck den willkommenen Grund für diesen Krieg geliefert hatte, ist endgültig am Ende. Vor den vorrückenden preußischen Truppen musste die Bundesversammlung mit einem Sonderzug in das vorerst sichere bayerische Augsburg flüchten, wo ein Großteil der Delegierten im Hotel »Zu den drei Mohren« Quartier bezieht. Doch die Versammlung ist ohnehin nur noch ein Torso; Preußen ist früh aus dem Bund ausgetreten, andere Länder sind dem Beispiel gefolgt. So verwaltet die Bundesversammlung in Augsburg nur noch das eigene Ende und beschließt am 24. August 1866, »ihre Thätigkeit mit der heutigen Sitzung zu beendigen«, weil infolge »der Kriegsereignisse und der Friedensverhandlungen der Deutsche Bund als aufgelöst betrachtet werden« müsse.[54] Anwesend sind in diesem Moment neben den Vertretern Österreichs nur noch die Delegierten von Bayern, Württemberg, des Großherzogtums Hessen-Darmstadt und Kurhessens.[55] Viele Verdienste des

Deutschen Bundes werden schon sehr bald – vor allem von den folgenden Generationen und der Geschichtsschreibung – schlicht vergessen. Dabei profitiert das schließlich 1871 gegründete Deutsche Reich in vielerlei Hinsicht von diesem Bund: Von ihm wurden unter anderem das einheitliche Patentrecht, das Allgemeine Deutsche Handelsgesetzbuch, die Auswanderergesetzgebung oder die Vereinheitlichung von Münzen, Maßen und Gewichten entscheidend vorbereitet.[56] Die preußische Behauptung, dieser Deutsche Bund sei generell ein Hemmschuh für die Entwicklung einer deutschen Einheit gewesen, wird auch durch permanente Wiederholung nicht zutreffender.

Während die süddeutschen Länder in Augsburg die Organisationsplattform des alten Deutschlands auflösen, sehen sie sich zugleich gezwungen, sich den militärischen Bedingungen des neuen Deutschlands zu beugen: Bayern, Württemberg und Baden schließen mit Preußen weitgehend identische Schutz- und Trutzbündnisse ab, die einen unkündbaren »ewigen Militärbund« im Falle eines *casus foederis* begründen, worunter allerdings auch ein präventiver Verteidigungskrieg fallen könnte. Im Kriegsfall soll fortan der Oberbefehl der Truppen automatisch auf den preußischen König übergehen. Für Preußen bedeutet der Abschluss dieser Verträge nicht weniger als eine kleindeutsche, »militärische Reichsgründung«. Im August 1866 wird der Norddeutsche Bund gegründet, dem neben Preußen zunächst 17 norddeutsche Kleinstaaten angehören; später treten weitere Staaten wie etwa das Königreich Sachsen bei. Da der preußische König innerhalb dieses Bundes die Funktion des obersten Feldherrn einnimmt, ist mit den zu den Bündnisverträgen gezwungenen Kriegsverlierern Süddeutschlands im Kriegsfall die militärische Einheit des gesamten Deutschlands unter Ausschluss Österreichs vollzogen.[57] Was da an die Stelle des Deutschen Bundes tritt, ist für Preußen nach dem militärischen Erfolg der zweite, vielleicht der noch größere Sieg in Deutschland. Das wissen auch die süddeutschen Vertragspartner, weshalb in den Dokumenten zunächst strikte Geheimhaltung vereinbart wird. Damit wollen die neuen Partner nicht nur den Unmut Frankreichs vermeiden, das sich von dem neuen Bündnis bedroht fühlen könnte, sondern auch den heimischen Kritikern nicht zusätzlichen Anlass zu der Befürchtung liefern, hier werde die Eigenstaatlichkeit allzu leichtfertig für immer aus der Hand gegeben.

Doch auch wenn die Verträge noch nicht öffentlich werden, die Kritik an dem preußischen Modell der Einheit besteht fort. Die demokratischen Kräfte sehen mit dem preußischen Sieg ihre Idee der Freiheit durch die machtpolitische Instrumentalisierung der Einheit bedroht. Freiheit *und* Einheit wird es unter preußischer Vorherrschaft nicht geben, heißt es beispielsweise in der *Allgemeinen deutschen Arbeiter-Zeitung*, die sich auf die Schriften des Journalisten und Schriftstellers Ludwig Pfau bezieht, der ein scharfer Kritiker der Bismarck'schen Politik ist. König Wilhelm inszeniere sich gern als »Mehrer der Reiches«, so heißt es in dem Artikel, er sei jedoch vor allem »allzeit Verringerer der Freiheit«. Denn es sei ein Irrglaube, dass sich ein freies Deutschland unter einem preußischen, unfreien Regime entwickeln könne:[58]

> »Wie soll ein Königthum, das eben erst die gesamte Nation niedergeworfen hat, das unter dem Geklirr seiner Waffen eben erst sich eine ›conservative‹ Majorität zusammenmanövriert hat, so einfältig sein, sich selbst beschränken zu wollen, während es diese Beschränkung von sich wies, als es noch schwächer war?«

Preußen gewährte vor diesem Krieg keine politischen Freiheiten, so lautet die weitverbreitete Warnung, und es werde nach seinem Sieg über das übrige Deutschland diese den Bürgern erst recht nicht zugestehen. Schlimmer noch: Deutschland drohe in seiner Entwicklung um Hunderte von Jahren zurückgeworfen zu werden, heißt es in dem Zeitungsartikel weiter:[59]

»Wenn heute die deutschen Staaten unter preußischer oder österreichischer Herrschaft wieder vereinigt würden, so wäre die politische Entwicklung Deutschlands bis zur Reformationszeit zurückgeschraubt. Unsere Staatenbildung, die nach vielhundertjährigen Kämpfen endlich aus der Phase der Gewalt in die der Gerechtigkeit zu treten strebt, wäre mit der Herrschaft großmächtlichen Säbelregiments auf den Boden des Faustrechts zurückgeworfen. Wir hätten wieder ein heiliges römisches Reich, d.h. Junkerthum, Pfaffenherrschaft, Volksbedrückung, überhaupt Ausbeutung der Masse durch eine bevorrechtete Minderheit, und damit einen neuen dreißigjährigen Bürgerkrieg in Aussicht.«

Während die einen noch ihre Befürchtungen äußern, gehen die Sieger schon einmal zum Feiern über. Preußen hat einen Krieg gewonnen, und allen voran Berlin stürzt sich in den Jubel: Die Stadt wirft sich in ihr Festkleid, das Kriegsglück scheint viele Menschen in eine enthusiastische Stimmung versetzt zu haben, die zwischen Überschwang und Größenwahn oszilliert: Was Preußen sich vornimmt, das gelingt ihm auch! Und so beeindruckend die Siege der Armee waren, so rauschend soll auch dieses zweitägige Fest am 20. und 21. September 1866 werden. Pompös sind die Straßen für die große Parade geschmückt, allen voran das Brandenburger Tor, nach den Worten von Ludwig Pietsch eine »zu Triumphzügen« wie keine andere geschaffene »Eingangspforte«.[60] Entlang der Prachtstraße bis hin zum Schloss der Hohenzollern sind rund 300 feindliche Geschütze aufgereiht, präsentiert von jenen Einheiten, die sie erbeutet haben. Allenthalben wehen Fahnen, bunte Wimpel und Girlanden, und auch der Schriftzug mit den Worten, die der preußische König am 18. Juni bei Ausbruch des Krieges hatte proklamieren lassen, findet sich auf einer großen Tafel wieder: »An mein Volk: Das Vaterland ist in Gefahr! Gott mit uns!«

Zwischen diesem königlichen Aufruf und der Siegesfeier sind gerade einmal drei Monate vergangen, Preußen hat einen kurzen und siegreichen Krieg geführt, die führenden Männer werden als Helden umjubelt: Der Monarch, seine Generäle und die Soldaten ziehen unter dem Jubel der Schaulustigen, darunter eine ganz in Weiß gekleidete Gruppe von »Ehrenjungfrauen« der Stadt Berlin, bis zum Schloss. Otto von Bismarck ist leider wieder einmal erkrankt und kann nur mit Mühe an dem Spektakel teilnehmen. Aber der umjubelte Held der Feiern ist neben dem Ministerpräsidenten ohnehin der 69-jährige König, der, zumindest in der Wahrnehmung von Ludwig Pietsch, wie ein jugendlicher Held auf seinem Ross die Truppen anführt. Aktuelles Geschehen und patriotischer Mythos fließen in dieser Art von Berichterstattung willig ineinander:[61]

> »Es war 11 Uhr, der König selbst hatte sein Palais verlassen und ritt zur Stadt hinaus, um sich an seiner Truppen Spitze zu setzen und ihren Triumphzug zu führen, wie er sie dort im Kugelhagel von Königgrätz geführt. Mit geneigtem Degen grüßt er die jauchzende Masse, mit Hand und Mund die Verwundeten auf den beiden Tribünen, zu denen er dicht heransprengt.«

Der König wird gefeiert, doch politisch respektiert, zunehmend sogar bewundert wird vor allem sein Ministerpräsident. Unabhängig von der Einschätzung, welche Motive für die preußische Führung nun ausschlaggebend waren, in diesen Krieg gegen Österreich zu ziehen – Otto von Bismarck ist der große Gewinner in der öffentlichen Meinung. Befand sich sein Ansehen zu Beginn des Jahres noch auf einem Tiefpunkt, so überschütten ihn jetzt sogar frühere Kritiker mit Lob. Diese vollständige Verschiebung in der Wahrnehmung durch seine Zeitgenossen ist zu Recht als ein spektakulärer Vorgang bezeichnet worden, für den es in der neueren deutschen Geschichte kaum eine Parallele gibt.[62] Der Gießener Professor Rudolf von Ihering schwärmt von dem »Genie« Bismarck und dessen politischem »Meisterstück«:[63]

»Ich habe dem Mann alles, was er bisher getan hat, vergeben, ja mehr als das, ich habe mich überzeugt, daß es notwendig war, was uns Uneingeweihten als freventlicher Übermut erschien, es hat sich hinterher herausgestellt als unerläßliches Mittel zum Ziel.«

Während die Berliner feiern und die Führung der preußischen Politik bewundern, gibt man sich andernorts ein wenig zurückhaltender. Es gibt kleine Gruppen von Untertanen, denen nicht nach Jubel zumute ist. Zu ihnen zählen einige liberale Politiker in der Stadt Köln, die seit 1815 zu Preußen gehört. Hier steht man den neuen Herren noch immer durchaus skeptisch bis ablehnend gegenüber, und so überrascht es nicht, dass der offizielle Aufruf des Oberbürgermeisters, den preußischen Sieg mit einer »allgemeinen Illumination« zu feiern, auf geschickten Widerspruch trifft. Angesichts der furchtbaren Wunden, die dieser Krieg geschlagen habe, und angesichts der Not und der Kümmernisse Tausender Familien könne man einem solchen Aufruf nicht folgen. Lieber wolle man die Kosten für eine festliche Beleuchtung den Hinterbliebenen der gefallenen Soldaten zukommen lassen. Überdies, so lassen die zwei liberalen Stadtverordneten noch süffisant erklären, könne man dann ja noch später jubeln und feiern, nämlich wenn »dem Volke sein Recht und seine Freiheit, wenn ihm der innere und äußere Friede zu Teil wird«.[64] Dass dies unter der damaligen preußischen Herrschaft so schnell nicht der Fall sein dürfte, weiß in Köln jeder …

Erst langsam stellt sich in den vom Krieg betroffenen Ländern so etwas wie Normalität ein, und auch in Preußen und seinen verbündeten Staaten sind die Menschen zunächst einmal erleichtert, dass das Kämpfen beendet ist. In den annektierten Ländern bleibt die Stimmung aus nachvollziehbaren Gründen gedrückt. Im Herbst 1866 registriert Ludwig Pietsch auf dem Weg nach Baden-Baden, wie zumal am Mittelrhein und am Main die Spuren des »deutschen Bruderkriegs« noch deutlich erkennbar sind, am stärksten in der alten und stolzen Reichsstadt Frankfurt am Main. Dort »klirrt« sehr vernehmlich die »Kette des Eroberers«, womit Pietsch das harte Vorgehen der preußischen Obrigkeit gegen politische Kritiker meint.[65] Auch für die glühenden Befürworter des preußischen Kurses ist ganz offensichtlich, dass das Resultat des Krieges zunächst einmal ein »zweigespaltenes Deutschland« ist. Die Mainlinie zwischen dem Norden und dem Süden scheint Deutschland »für immer in zwei feindliche Hälften zerrissen zu haben«.[66]

Die bessere Gesellschaft freut sich in diesen Wochen, wenn sie doch noch ihre Sommerfrische genießen kann, auch wenn der Eisenbahnverkehr noch immer eingeschränkt ist durch die zahlreichen Transporte heimkehrender Truppen. Der Krieg habe leider auch die »gewohnten Ferienreisen der Norddeutschen nach dem deutschen Süden und Westen« behindert, in den Bädern und Sommerfrischen wie etwa in Kissingen oder Wiesbaden hätten Kurgäste zum Teil selbst Kämpfe miterleben müssen, notiert Ludwig Pietsch.[67] Er selbst steuert Baden-Baden an, wo er ausgelassene Tage verbringt. Die Stimmung bei reichen Bürgern und Adligen scheint nach dem Krieg bereits wieder bestens zu sein:[68]

> »Das ganze Leben in Baden-Baden während dieser Septembertage schien an heiterem Schwung und Glanz noch gewonnen zu haben. Die Kriegswochen mit ihrem furchtbaren blutigen Ernst lagen hinter uns. Nach dieser Zeit der bangen Sorge, des heißen Ringens, der ausschließlichen Herrschaft der politischen und kriegerischen Leidenschaften und Interessen, des Schmerzes, der Trauer, des Verzichts auf heitern Lebensgenuß brach der Durst nach ihm nur umso stärker hervor. Man verlangte begierig seine Befriedigung und ›von der Erde jede höchste Lust‹.«

Während die einen schon wieder ausgelassen das Leben genießen wollen, müssen andere noch ihre Niederlage verwinden. Für einen stolzen Monarchen wie Georg V. ist das nicht leicht. Eine Rückkehr zur Normalität wird es für ihn nicht geben, und entsprechend den Kapitulationsbestimmungen vom 29. Juni 1866 darf er sein Königsreich Hannover fortan nicht mehr betreten. Als König ohne Land ist er auf die Gastfreundschaft verwandter oder befreundeter Monarchen angewiesen.[69] Auch seine Tage im Jagdschloss »Fröhliche Wiederkehr« sind bald gezählt, im Juli 1866 verlässt er seine thüringische Zuflucht in Richtung Wien. Der König hofft, dass ihm womöglich Österreich oder weitere Verbündete helfen werden, sein Reich doch noch zu behalten. Schließlich sei es der Kaiser von Österreich gewesen, so schreibt er seiner Frau am 7. Juli 1866, der ihm unlängst versprochen habe, »wenn ich in dem Krieg Unglück hätte und mein Land verlassen müßte, er mich später mit Gottes Hülfe im Triumph in meine Staaten und Hauptstadt zurückführen würde«.[70] Aber Wien, selbst geschlagen, kann ihm jetzt auch nicht mehr helfen: Als Georg V. in der österreichischen Hauptstadt eintrifft, laufen bereits die Friedensverhandlungen zwischen Preußen und Österreich. Hannover war nie ein erklärter Bündnispartner von Wien, deshalb setzt man sich dort nicht so vehement für seine territoriale Unversehrtheit ein wie etwa für den engen Verbündeten Sachsen.[71]

Ein letzter Versuch, mit einem persönlichen Schreiben an seinen Vetter und preußischen König Wilhelm doch noch günstige Friedensbedingungen für sein Land zu erreichen, endet in einer demütigenden Zurückweisung: Sein Schreiben gelangt zwar von Wien nach Berlin, doch der preußische König will gar nicht lesen, was sein geflüchteter Verwandter ihm da schreibt: »Der König hat den Brief nicht einmal angenommen«, echauffiert sich Georg V. anschließend in einem Brief an seine Frau, vielmehr habe er durch seinen Flügeladjutanten dem Überbringer des Schreibens sein Bedauern darüber ausrichten lassen, dass er nicht in der Lage sei, »unter den gegenwärtigen Verhältnissen mein Schreiben annehmen zu können«.[72]

Angesichts einer solchen Demütigung ist es für den – ehemaligen – König von Hannover schon ein Erfolg, dass das siegreiche

Preußen ihn zumindest finanziell nicht auch noch abstrafen will. Da ist es sicherlich hilfreich, dass sich auch seine europäische Verwandtschaft für ihn einsetzt. Die britische Königin Victoria wendet sich unter anderem an ihre Tochter und ihren Schwiegersohn, das preußische Kronprinzenpaar, um eine angemessene Entschädigung möglich zu machen. Das Ergebnis dieser Bemühungen zeigt sich schließlich im Jahr nach dem Krieg: Im September 1867 werden Georg V. nicht nur eine Reihe von Schlössern und anderer privater Besitz garantiert, zugleich wird ihm auch eine Summe von 16 Millionen Talern zugesprochen, die der preußische Staat mit einer festgelegten Verzinsung in preußischen Wertpapieren anlegt; die Erträge sollen dem König im Exil zustehen.[73]

Aber auch bei dieser Frage der Entschädigung können sich Hannover und Berlin letztlich doch nicht einigen. Denn Preußen knüpft an die Freigabe der Mittel die Bedingung, dass sich in der neuen preußischen Provinz keine Opposition etabliert, die womöglich vom ehemaligen König unterstützt wird. Die Sorgen scheinen begründet zu sein, denn von einer wie auch immer gearteten Normalität ist das Leben in dem annektierten Königreich noch weit entfernt. Preußen fürchtet welfischen Widerstand, getragen von den Beamten und den Militärs. Sie haben schließlich auf ihren König Georg V. einen Fahneneid abgelegt, und der hat sie zum Ärger Preußens ganz bewusst noch nicht davon befreit. Vor allem Offiziere fühlen sich noch immer an diesen Eid gebunden. Aus der ehemals hannoverschen Stadt Stade wird berichtet, dass die dort stationierten hannoverschen Offiziere Ende 1866 zu einer Beratung zusammenkommen, um über ihre missliche Lage zu beraten. Ihr König ist außer Landes, doch solange der Fahneneid Gültigkeit besitzt, können sie kein neues Leben unter preußischer Herrschaft beginnen, wie sie es gern wollen. Für Georg V. grenzt allein schon der Wunsch an Verrat. Obwohl im Exil, erfährt er von diesem Treffen, und statt sich aus der Angelegenheit im nunmehr preußischen Stade herauszuhalten, reagiert er wie ein Regent, der noch in Amt und Würden ist: Er enthebt den Oberst, der diese Zusammenkunft organisiert hat, seines Amtes und ersetzt ihn durch einen loyalen Offizier.[74]

Angesichts solcher Vorgänge ist Preußen bemüht, die auch in der Öffentlichkeit so bezeichneten »annektierten Gebiete« rasch zu funktionierenden preußischen Territorien zu machen. Dazu zählt der Aufbau preußischer Staatlichkeit, vor allem die Beamten und Richter stehen im Mittelpunkt der Bemühungen. Berlin zieht die Daumenschrauben an: Im Dezember 1866 erhält der preußische Generalgouverneur für die Provinz Hannover, Konstantin Bernhard von Voigts-Rhetz, per königlichem Erlass die Ermächtigung, all jene Beamten umgehend zu suspendieren, wenn es ihm »im Interesse Meines Dienstes« erforderlich erscheint. Und alle Militärangehörigen, die sich in irgendeiner, auch mittelbaren Form an einer »Agitation« gegen die preußische Regierung beteiligen, kann er umgehend in die Festung Minden schaffen lassen, wo sie vor ein Kriegsgericht gestellt werden sollen. Dort werden übrigens auch alle Zivilisten eingesperrt, die einen Militärangehörigen beleidigen.[75] Die halbamtliche preußische *Provincial-Correspondenz* berichtet im Mai 1867 von zahlreichen Hausdurchsuchungen und Verhaftungen: Landesverräterische Pläne seien im Umlauf, sogar vom Aufbau regulärer Truppen im Ausland ist die Rede:[76]

> »König Georg hatte auf den anscheinenden drohenden Krieg zwischen Frankreich und Deutschland gerechnet, um gestützt auf die fremden Waffen Aufruhr und Bürgerkrieg in Hannover zu entzünden und die welfische Herrschaft wieder aufzurichten. Eine hannoversche Legion sollte sich in Holland sammeln, um bei Ausbruche des Kriegs in Hannover einzubrechen und die Feinde Preußens in der Provinz zum Aufstande zu ermuthigen.«

Tatsächlich gibt es einen bewaffneten Arm des Widerstands, und der geflüchtete Georg V. weiß nicht nur von dieser sogenannten »Welfenlegion«, sondern er unterstützt sie auch von Beginn an. Er denkt gar nicht daran, seine daran beteiligten Soldaten zu beschwichtigen. Nach der Niederlage Österreichs ist offensichtlich keine Militärmacht in Deutschland mehr in der Lage, Preußen mit Waffen erfolgreich entgegenzutreten. Einzig Frankreich, so spekuliert Georg V., könne einen Krieg gegen Preußen führen und damit seine Wiedereinsetzung als König von Hannover ermöglichen. Und für einen solchen Krieg erscheint es ihm durchaus sinnvoll, weiterhin heimlich hannoversche Freiwillige zu rekrutieren, die sich in Frankreich auf die entscheidende Stunde einer Schlacht um die Wiederkehr ihres Königs nach Hannover vorbereiten sollen. Er ist sogar bereit, die »Welfenlegion« finanziell zu unterstützen, und stellt dafür jährlich 350000 Taler in Aussicht.[77]

Doch mit diesem Schritt begeht der König einen folgenreichen Fehler. Zunächst einmal liefert er Preußen den willkommenen Vorwand, die ursprünglich zugesagte finanzielle Entschädigung des Hauses Hannover wieder zu kassieren: Mit einem Erlass des preußischen Königs vom 2. März 1868 wird das Vermögen nun zurückgehalten. Statt es wie vereinbart zurückzugeben, sollen die finanziellen Gewinne jetzt vielmehr gegen Georg V. und seine Anhänger genutzt werden, nämlich zur Bekämpfung der welfischen »Umtriebe«.[78] Der preußische Ministerpräsident Otto von Bismarck füllt sich mit diesen Mitteln einen Geheimfonds. Mit diesen Geldern will er seinen Kampf nicht nur gegen welfische Gegner seiner Politik finanzieren, um »bösartige Reptilien zu verfolgen bis in ihre Höhlen hinein«, wie er 1869 vor dem preußischen Abgeordnetenhaus erklärt.[79] Nach dieser Äußerung erhält die geheime Kasse die landläufige Bezeichnung »Reptilienfonds«, über dessen Verwendung auch nach kritischen Anfragen preußischer Abgeordneter keine Informationen vorgelegt werden.[80]

Für König Georg V. führt seine demonstrative Förderung der »Welfenlegion« aber nicht nur zum Verlust seiner finanziellen Entschädigung. Zugleich büßt er wegen der Unterstützung eines umstürzlerischen militärischen Vorhabens auch fast alle dynastische Unterstützung in Europa ein. So verscherzt er es sich endgültig mit den Mitgliedern der preußischen Königsfamilie, in der man noch immer auf einen irgendwie ehrenvollen Umgang mit dem geschlagenen Gegner setzt. Auch seine mächtige Cousine Königin Victoria distanziert sich jetzt deutlich von dem Vorgehen ihres Cousins: Für politische Umtriebe habe sie keinerlei Verständnis, lässt sie ihm mitteilen. Die britische Verwandtschaft geht sogar noch weiter und erhöht den Druck auf Georg V., sich möglichst offener Unterstützung der Opposition in der hannoverschen Heimat zu enthalten. Um ihren Argumenten spürbar Nachdruck zu verleihen, erinnern die britischen Verwandten den König im Exil daran, dass sie ja schließlich für sein finanzielles Überleben notwendig seien: Seitdem Preußen die Entschädigung kassiert hat, ist Georg mehr denn je auf ein Jahre zuvor bei einer Londoner Bank deponiertes Vermögen angewiesen, für dessen Freigabe allerdings auch die Zustimmung der britischen Verwandtschaft notwendig ist. So akzeptiert der ehemalige König von Hannover hilflos seine nächste Niederlage: Er entscheidet sich notgedrungen für das Geld und verzichtet dafür auf einen aktiven Kampf um die Rückkehr auf seinen Thron. Aus den in London nun frei werdenden Geldern kann er Residenzen in Wien sowie in Gmunden erwerben und ausbauen – aber er hat als König endgültig ausgedient. Fortan enthält sich Georg aller öffentlicher Erklärungen und Forderungen nach seiner Rückkehr; die »Welfenlegion« wird 1870 aufgelöst.[81]

Doch die preußische Sorge um möglichen Widerstand der Soldaten wird bleiben. Noch im Juli 1870 berichtet Otto von Bismarck in einer vertraulichen Besprechung des preußischen Staatsministeriums von Verhandlungen mit früheren Vertrauensmännern Georgs V., um insgesamt zwölf Offiziere und rund 200 Soldaten der sogenannten »Welfenlegion« vom regulären Beitritt zur französischen Armee abzuhalten. Bismarck hält dafür eine Amnestie der Männer für angeraten, damit sie straffrei in ihre (nunmehr allerdings preußische) Heimat zurückkehren können, außerdem will er ihre Pension aus dem »Welfenfonds« bezahlen lassen.[82]

Der abwesende König von Hannover bleibt zunächst noch eigentümlich präsent, und es ist zu einem guten Teil die preußische Annexion, die überhaupt so etwas wie eine welfische Opposition möglich macht. Vor allem der Adel schart sich jetzt um seinen Regenten, der erst in seiner Exilzeit zu einer Identifikationsfigur wird. Der welfische Adel konstituiert sich im Grunde erst nach der Flucht des Königs als eigene politische Gruppe.[83] Preußen hat durch sein Vorgehen diese Formierung erst möglich gemacht – und muss sich jetzt mit diesem Widerstand herumplagen. Doch die Lage im ehemaligen Königreich Hannover beruhigt sich augenscheinlich nur langsam. Ein Jahr nach der Niederlage und der Annexion werden im Alltag immer wieder Konflikte zwischen den Anhängern der alten und denen der neuen Regierung registriert. Am ersten Jahrestag der Schlacht von Langensalza kommt es im Juni 1867 nahe Hannover zu einer Prügelei zwischen 80 ehemaligen Soldaten des Königs von Hannover und einigen Bürgern, bei der es Verletzte gibt, auch weil dabei Forken und Mistgabeln im Spiel sind.[84] In Celle berichtet eine Tageszeitung über eine Gerichtsverhandlung, in der ein Zimmermeister, der in Uelzen »als das Haupt der dort stattgehabten preußenfeindlichen Demonstrationen« bekannt sei, gemeinsam mit seinem Mitarbeiter zu Geldstrafen verurteilt wurde. Sie hätten dienstpflichtige Soldaten aus dem ehemaligen Königreich Hannover mit Geld unterstützt, damit sie ins Ausland fliehen und sich möglicherweise der »Welfenlegion« anschließen könnten. Zeitgleich stoßen Zeitungsleser auf den Hinweis, dass ebenfalls in Celle ein Knecht wegen einer nicht genauer beschriebenen Beleidigung des preußischen Königs zu einer sechswöchigen Gefängnisstrafe verurteilt wurde.[85] Über solche Einzelfälle hinaus erlebt die neue Provinz gerade im ersten Jahr der Annexion eine drakonische Unterdrückung aller Unruhen und die Verhaftung prominenter Hannoveraner.[86]

Nachhaltig bleibt der politische Widerstand, der mit der 1869 erfolgten Gründung der »Deutsch-Hannoverschen Partei«, auch kurz als »Welfenpartei« bezeichnet, eine organisatorische Plattform findet. Während einflussreiche Nationalliberale wie Rudolf von Bennigsen oder Johannes Miquel sich mit der Annexion rasch abfinden und sie als Etappe auf dem Weg zur gewünschten kleindeutschen Einheit verstehen, sammelt sich in der Welfenpartei eine höchst heterogene Gruppe von Unzufriedenen: ein großer Teil des hannoverschen Adels, zahlreiche orthodoxe lutherische Geistliche ebenso wie Handwerker oder Angehörige der Landbevölkerung, aber auch eine Mehrheit der Katholiken, die nicht in einem preußisch-protestantischen Staat leben will. Sie alle eint keineswegs nur eine Anhänglichkeit an die alte Krone, sondern vor allem ihre Sorge um den Verlust ihres Einflusses und um wirtschaftliche Nachteile in einer neuen preußischen Provinz. So fürchten die Bauern die Konkurrenz der Großagrarier im preußischen Osten, Handwerker sehen in der Einführung der Gewerbefreiheit eine Gefahr für ihre Aufträge, während die lutherischen Geistlichen die zwangsweise Eingliederung ihrer bislang unabhängigen hannoverschen Landeskirche in die Kirche der preußischen Union ablehnen.[87]

Die Bilanz der Annexion fällt für Preußen dennoch positiv aus: Dem anfänglichen Widerstand stehen die erheblichen territorialen Landgewinne mit der Schaffung einer Landverbindung zwischen den östlichen und den westlichen preußischen Territorien sowie der durchaus beachtliche finanzielle Gewinn gegenüber. Es muss den hochzufriedenen Otto von Bismarck im Moment des Erfolgs nicht belasten, dass der Sozialist Friedrich Engels von London aus auf den »unheilvollen moralischen Schaden« verweist, den die preußische Krone von Gottes Gnaden nimmt, indem sie mit Hannover, dem Kurfürstentum Hessen-Kassel und dem Herzogtum Nassau »drei andere Kronen von Gottes Gnaden verschluckte«.[88]

Einen solchen »moralischen Schaden« kann sich die preußische Führung leisten, denn der strategische Erfolg ist riesig. Mit der Zerschlagung und Annexion vor allem des Königsreichs Hannover hat Preußen allen anderen deutschen Staaten eine denkbar unmissverständliche Warnung zukommen lassen: Wer sich dem erkennbaren, unter der Fahne der deutschen Einheit betriebenen Expansionsstreben der preußischen Führung in den Weg stellt, dem droht womöglich ein ähnliches Schicksal. Nicht nur kleinere Territorien sehen sich jetzt massivem politischen Druck aus Berlin gegenüber, auch für die größeren süddeutschen Staaten bleibt ein Angriff der Preußen eine reale Gefahr. Sogar im selbstbewussten Königreich Bayern konstatiert man nun, dass man bei allzu heftigem Widerstand gegen den preußischen Kurs selbst in Gefahr gerate – was dann aus Bayern werden würde, so König Ludwig II., »wissen wir aus den bisherigen Erfahrungen«.[89] Hannover ist eine solche – deutsche – Erfahrung.

Aber schon im Sommer 1866 stellen immer mehr Menschen die nationale Gretchenfrage: Wie hält es Preußen tatsächlich mit der Einheit? Ist das Land wirklich, wie offiziell behauptet wird, für dieses Ziel in den Krieg gezogen? In Leipzig setzt sich im Juni 1866 der Publizist Moritz Busch im Ratskeller an einen Tisch zu zwei preußischen Unteroffizieren, die mit den siegreichen Truppen in Sachsen eingezogen sind. Sie sind guter Stimmung, doch ohne jegliche Überheblichkeit eines Siegers, wie ihr Gesprächspartner später notiert. Rasch kommt man auf die große Politik zu sprechen, und einer der beiden Unteroffiziere entpuppt sich als politischer Anhänger der Fortschrittspartei, spricht sich gegen diesen Krieg aus und ebenso gegen Bismarcks Politik schlechthin. Die deutsche Frage lässt er nicht als guten Grund für einen Krieg gelten, das Budgetrecht in Preußen und die Freiheit seien ihm da viel wichtiger – er sei nur wegen seines Fahneneids in den Kampf gezogen und habe in diesem schlicht seine Schuldigkeit getan. Überrascht vernimmt Moritz Busch zudem, dass dieser Preuße in Sachen Vorherrschaft seines Landes augenscheinlich so gar nicht auf offiziellem Kurs ist: Die deutschen Kleinstaaten hätten doch »für die freiheitliche Entwicklung Deutschlands mehr getan als Preußen«, gibt der Mann zu bedenken.[90]

In Preußen dürfte das möglicherweise eine Minderheitsmeinung sein, aber es gibt sie. Sehr viel stärker vertreten ist und bleibt sie indes bei den Verlierern des Krieges in Süddeutschland, etwa in Baden, wo ein Sieg Preußens zuweilen als Sieg der Knechtschaft gewertet wird. Ein Kommentator in der *Freiburger Zeitung* schreibt im Juli 1866:[91]

> »Nicht darum wird gekämpft, ob das Haus Habsburg oder das Haus Hohenzollern über Deutschland gebiete, sondern ob das deutsche Volk dem Gange seiner Entwicklung folgen und in seiner Selbstbestimmung seine Glieder zu einem gemeinsamen Körper verbinden, oder ob ihm die preußische Uniform übergeworfen und es durch die Knechtschaft zur Einheit gebracht werden soll. Das deutsche Volk hat sich in verschiedener Mehrzahl gegen die zweite Alternative erklärt, und es wird, das hoffen wir, seinen Willen zur Ausführung bringen.«

Dieser Krieg hat nun ein anderes Ergebnis gebracht, womöglich ist es mit der Selbstbestimmung der deutschen Länder tatsächlich vorbei. Das befürchten manche, das hoffen aber jene, die ein preußisch dominiertes kleindeutsches Reich wünschen. Doch eine weitere Ausgestaltung der preußischen Zwangseinigung ist nicht das einzige Zukunftsthema in diesen Wochen und Monaten. Weit verbreitet ist die Sorge, dass dies nicht der letzte Krieg um die deutsche Einheit gewesen sein könnte. Ausgerechnet der jubelnde Ludwig Pietsch schreibt am Ende seines Berichts von der Berliner Siegesparade:[92]

> »Sollen wir fürchten, oder vielleicht gar wünschen, daß in nicht ferner Zukunft ein neues Siegesfest dies jetzt gefeierte in den Schatten stelle, neue glorreiche Namen auf diese Schilder schreibe und den klaffenden Spalt des deutschen Landes endlich so vollständig und glorreich schließe, wie dieses den deutschen Krieg von 1866?«

Krieg in Sicht? Tatsächlich gehen viele Menschen davon aus, dass es weitere militärische Auseinandersetzungen geben wird. Die Sorge – oder die Hoffnung –, es werde zu einer »Abrechnung« mit Frankreich kommen, steht dabei im Vordergrund.[93] Wer in der Lage ist, französische Reaktionen auf die Vorgänge in Deutschland wahrzunehmen, darf sich in dieser Furcht bestätigt sehen: Es sei ein Fehler gewesen, so verlautet es zuweilen aus dem Nachbarland, auf dem Wiener Kongress 1815 Preußen größere Macht einzuräumen, dies räche sich jetzt gut fünf Jahrzehnte später. Die richtige Lehre aus den preußischen Eroberungszügen sei die Einsicht, dass Europa nun Preußen »in Schranken halten« müsse, »keine französische Regierung könnte Preußen in Deutschland herrschend werden lassen«. Diese Gefahr sei für Frankreich viel zu groß.[94] Preußen ist für Frankreich und die europäischen Länder in diesem Sommer 1866 zu einer Macht aufgestiegen, und damit hat sich auch Deutschland grundlegend verändert. Deutschlands Zukunft, so scheint es jetzt vielen, liegt in preußischer Hand. »Mit diesem alten Preußen steht und fällt oder siegt wie 1813 das wahre Deutschland, der wahre deutsche Staat der Zukunft«, heißt es selbstbewusst in einer preußischen Zeitung.[95]

Doch während die einen preußisch stolz auf ein »neues« Deutschland hoffen, reiben sich die anderen noch verwundert die Augen und wollen nicht wahrhaben, dass ihr »altes« Deutschland am Ende ist. Wenngleich er durch eigene dynastische Interessen voreingenommen ist, so steht der nun im Exil weilende Georg V. nicht allein mit seiner Verwunderung über die geradezu »unnatürlich« wirkende Tatsache, dass »Österreich, welches seit Deutschlands Bestehen stets zu Deutschland gehört, nicht mehr einen Deutschen Staat bilden soll«. Noch immer hängt er nahezu trotzig seinem alten deutschen Einheitsmodell an, in dem die einzelnen Staaten, Völker, Herrscherhäuser und Kronen durch göttliche Fügung und unter Gottes Schutz durch »ein einiges und festes Band« miteinander verknüpft sein sollen.[96] Doch das alte einige Band ist mit dem Sommer 1866 durchschlagen.

Georg V. klammert sich fortan erfolglos an seine Hoffnung, dass der Raub seines Landes durch die Preußen »nie von Dauer sein kann«[97] und der Tag der Wiederkehr doch einst kommen werde. So ist es nur konsequent, dass der Welfe seine Ansprüche auf die Krone des Königreichs Hannover offiziell niemals aufgeben wird, weshalb er seine Heimat Hannover nicht mehr betreten kann. Auch nach seinem Tod am 12. Juni 1878 verbleibt sein Leichnam außer Landes – eine Beisetzung im nunmehr preußischen Hannover könnte aus Sicht der welfischen Opposition wie eine späte Anerkennung der Annexion interpretiert werden. Georg V. wird deshalb in der Schlosskapelle von Windsor beerdigt; es ist kein Staatsbegräbnis, sondern eine stilvolle, aber überschaubare Zeremonie.[98] Für Preußen ist, wie das *Berliner Tageblatt* schreibt, »der erbittertste Widersacher Kaiser Wilhelms I. von der irdischen Laufbahn abberufen« worden, ein blinder und »verblendeter« König, der 1866 mit seiner verhängnisvollen Entscheidung selbst sein Schicksal besiegelt habe.[99] Das ist schlicht eine nachträgliche wie unzutreffende Schuldzuweisung für den Raub seines eigenen Königreichs, und sie zeigt zugleich, dass – wie so oft in der Geschichte – auch in diesem Fall der Sieger das letzte Wort hat …

»Der strammen politischen und militärischen Executive in Berlin gibt man ein Zollparlament zur Seite, das, während Graf Bismarck auf dem hohen Roß der Eisen- und Blutpolitik über Europa dahinbraust, in unschuldigen Debatten über Handels- und Zollverträge der unvermeidlichen deutschen Redelust Genüge thut.«

Kommentar aus der badischen *Heidelberger Zeitung* im Juli 1866[100]

2

18. Mai 1868

Ein Parlament für Deutschland?

Der 18. Mai ist für Deutschland in politischer Hinsicht ein denkwürdiger Tag. Genau 20 Jahre zuvor, im Jahr 1848, erlebte das Land in Frankfurt am Main seine parlamentarische Geburtsstunde: Die frei gewählten Abgeordneten des deutschen Volkes zogen seinerzeit unter den Vivat-Rufen der Bürger in die Paulskirche ein, ihnen voran wurde stolz eine schwarz-rot-goldene Fahne getragen – es waren die Farben der bürgerlichen Revolution und seit wenigen Tagen die offiziellen Farben des Deutschen Bundes. Große Erwartungen begleiteten die Parlamentarier, damals schienen weitreichende politische Reformen, eine freiheitliche Verfassung und mit ihr die Einheit aller Deutschen in greifbarer Nähe zu sein. Doch alle Hoffnungen sollten schließlich enttäuscht werden: Es entstand kein deutscher Nationalstaat mit einer modernen Verfassung. Stattdessen wurde schon im Frühjahr 1849 das Scheitern des revolutionären Aufbegehrens offenbar, als der von den Parlamentariern zum »Kaiser der Deutschen« auserkorene preußische König Friedrich Wilhelm IV. dieses Angebot brüsk ablehnte. Das erste gesamtdeutsche Parlament war rasch wieder am Ende, und die Forderungen nach mehr Demokratie wurden von den alten Mächten zunächst weitgehend erfolgreich zurückgewiesen.

Ob die »Paulskirche« und ihr Scheitern von 1848/49 nun ein Glück oder ein Unglück für das Land waren – darüber gehen die Meinungen auch 20 Jahre später auseinander. Denn das historische Ereignis wird stets im Lichte der Gegenwart betrachtet, in der Bismarcks rigorose Politik auch viele alte Befürworter der deutschen Einheit verschreckt. Es gibt noch immer die liberalen Träume von der Freiheit und auch den Machtanspruch der alten Eliten, von Königen und Adel. Das alte Ringen um die deutsche Frage geht unter anderen Voraussetzungen weiter, auch an diesem 18. Mai 1868 in Berlin. Die Zeitungen in den deutschen Staaten berichten zwar nicht über das Jubiläum des historischen Parlaments in Frankfurt, aber sehr wohl von den aktuellen Debatten in einem neuen »deutschen« Parlament: dem sogenannten Zollparlament. Dieses tagt nun schon seit gut drei Wochen, die insgesamt 382 gewählten Männer – denn nur solche besitzen in Deutschland das aktive und passive Wahlrecht – haben sich bereits an die Arbeit gemacht.

Die Herrschaften tagen im Palais Hardenberg am Dönhoffplatz an der Leipziger Straße in Berlin, und damit mitten im politischen Zentrum Preußens, unweit des preußischen Herrenhauses, des Amtssitzes des preußischen Ministerpräsidenten und der Büros der preußischen Minister. Auch zum Hohenzollernschloss und zum Dom ist es nicht weit; wer einen der sonnigen Frühlingstage genießen will, kann auch zu Fuß den Boulevard »Unter den Linden« erreichen. Doch die meisten Abgeordneten brauchen die Stadt gar nicht mehr zu erkunden, denn sie kennen Berlin und die parlamentarische Arbeit dort als Reichstagsabgeordnete des Norddeutschen Bundes, dem alle deutschen Staaten nördlich des Mains angehören und der von Preußen politisch wie militärisch angeführt wird. Sie gehören zu den 297 Männern, die aufgrund dieses Mandats automatisch Mitglieder des Zollparlaments geworden sind. Zu ihnen gesellen sich 85 Abgeordnete aus jenen Ländern, die wie Hessen-Darmstadt (mit Ausnahme seiner Provinz Oberhessen), Baden, Württemberg oder Bayern nicht dem Norddeutschen Bund angehören. Sie sind neu in der Stadt, aber deshalb keineswegs politische Greenhorns: Die meisten von ihnen haben ebenfalls parlamentarische Erfahrung in ihren jeweiligen Länderkammern erworben. Sie sind im Februar und März dieses Jahres gewählt worden, um in diesem Parlament über Dinge abzustimmen, die ganz Deutschland betreffen – obwohl die Meinungen über das, was eigentlich »Deutschland« sein soll, ziemlich weit auseinandergehen. Denn gerade die »Süddeutschen«, wie die Abgeordneten aus den Gebieten südlich der Mainlinie verallgemeinernd bezeichnet werden, bringen aus ihrer Heimat eine gehörige Portion Skepsis mit in das Zentrum der preußischen Macht: Ein Einheitsstaat unter Berlins Führung, so wie jetzt im Norddeutschen Bund, ist für sie keine Option. Sie stellen sich eine deutsche Einheit anders vor – und so ist es kein Wunder, dass es in diesem neuen Parlament schon bald zu heftigen Debatten kommt.

Während der ersten Sitzungsperiode sitzen die 382 Männer dieses Gremiums fast vier Wochen zusammen, und in dieser Zeit müssen sich einige von ihnen kennenlernen, sich organisieren, debattieren und schließlich Beschlüsse fassen. Das ist ein durchaus ambitioniertes Vorhaben, denn dieses Parlament ist in vielerlei Hinsicht eine höchst ungewöhnliche Einrichtung. Schon seine Existenz verdankt es nicht einem Volksbegehren oder gar einer Revolution, es ist vielmehr ein Werk Otto von Bismarcks. Er hat mit massivem politischen Druck dafür gesorgt, dass sich Bayern, Württemberg, Baden und Hessen-Darmstadt mit dem Norddeutschen Bund auf die Gründung eines gemeinsamen Zollvereins geeinigt haben. Zu dessen Institutionen gehören der Bundesrat des Zollvereins (es mutet ironisch an, dass dieser seinen Sitz in Frankfurt am Main nimmt, wo einst der Bundestag des von Preußen zerschlagenen Deutschen Bundes tagte) sowie das Zollparlament.

Dieses Parlament hat zwar ausdrücklich begrenzte Kompetenzen: Es soll über Zölle sowie die Besteuerung etwa des im Lande produzierten Zuckers, Salzes und Tabaks entscheiden dürfen. Doch der norddeutsche Kanzler Bismarck ist sich sicher, dass die praktische Arbeit des Parlaments seinem Ziel einer kleindeutschen Union unter Preußens Führung in die Hände spielen wird. Die Debatten um praktische Fragen werden vor allem den kritischen Herrschaften aus Süddeutschland ihren »doktrinären Eigensinn« schon austreiben, so hofft er, und nach jeder Legislaturperiode des Zollparlaments würden schließlich die Stimmen für die Sache der deutschen Einheit zahlreicher.[101]

Doch da hat sich der politisch sonst so erfahrene Otto von Bismarck verkalkuliert. Schon seit Monaten kämpft er gegen den erheblichen süddeutschen Widerstand an und scheint dabei noch immer die öffentliche Stimmung außerhalb Preußens zu unterschätzen. Dafür erhält er bei den Wahlen zum Zollparlament die politische Quittung: In Bayern gewinnen mehrheitlich die patriotisch gesinnten Kandidaten, wohl auch, weil das Bekanntwerden der von Preußen nach dem Krieg von 1866 erzwungenen Schutz- und Trutzbündnisse wütende öffentliche Proteste in den süddeutschen Staaten provoziert hat. Und auch die katholische Kirche agitiert gegen Preußen, weil sie um ihre Rechte unter einem preußisch-protestantischen Regime fürchtet.[102] Selbst in Baden bringen die Wahlen ein überraschendes Ergebnis. Obwohl sich dort vom Großherzog bis zur politisch dominierenden Fortschrittspartei alle für die Einheit aussprechen und das Zollparlament offiziell als richtiger Schritt in diese Richtung bezeichnet wird, kann die Opposition – zu der auch hier die katholische Kirche zählt – immerhin sechs der 14 Mandate erringen. In Württemberg hatten die kleindeutschen Nationalisten ohnehin schlechte Karten, und tatsächlich gewinnen dort bei den Wahlen zum Zollparlament ausschließlich großdeutsche und antipreußisch gesinnte Kandidaten. Der Jubel ist groß, und so mancher politische Beobachter wertet dieses Ergebnis als Hoffnung, dass die Einheitsbestrebungen unter Preußens Führung jetzt endlich ein Ende haben. So heißt es beispielsweise in der *Demokratischen Correspondenz*:[103]

»Siegen – wir hatten's nötig. Ja wahrlich, offen gestehen wir's, wir hatten's nötig. Seit Königgrätz kein Sonnenblick. Verpreußung überall … Vaterland verloren, Freiheit verloren. Da tritt das Volk auf den Plan, und mit eins, als ginge ein Frühling durch die Lande, verändert sich das Schauspiel … So sind die Dinge denn zum Stehen gekommen durch das Königgrätz des Friedens.«

Eine Wahl als demokratische Rache für die Niederlage des Krieges zwei Jahre zuvor? Zumindest die Rhetorik des Wahlkampfes zeugt von der Fortführung des alten Konflikts mit anderen Waffen. In einigen Druckschriften wird der Wahlausgang als selbstbewusste württembergische Antwort auf »die Vergewaltigung Deutschlands durch Preußen« gefeiert.[104] Alle politischen Lager nutzen in dieser Auseinandersetzung ihre Schmäh- und Kampfbegriffe. Aufseiten der Kleindeutschen gehört die Bezeichnung »Partikularist« zu einer solchen Schmähung – sie zielt auf die mangelnde nationale Gesinnung vor allem der Süddeutschen.

Nach so viel Wahlkampfrhetorik muss die preußische Führung dafür sorgen, dass das neue Zollparlament vor der deutschen Öffentlichkeit angemessen würdig seine Arbeit beginnen kann. So nutzt der Gastgeber Berlin zunächst die Möglichkeit, den 382 Männern ihre Aufgaben noch einmal vor Augen zu führen: König Wilhelm lädt sie anlässlich der Eröffnung dieses Parlaments in sein Schloss ein. Die Abgeordneten, so erklärt ihnen der Monarch, sollten sich bei ihrer Arbeit daran erinnern, dass sich der Zollverein (wobei selbstredend nur der preußische Zollverein gemeint ist) seit vier Jahrzehnten über den größten Teil Deutschlands ausgebreitet und damit seinen Teil zur »Macht des nationalen Gedankens« beigetragen habe. Eine neue Gemeinsamkeit zwischen den Deutschen sei erforderlich, und das Zollparlament habe der »Beratung der gemeinsamen wirtschaftlichen Interessen Deutschlands« zu dienen.[105] Es ist eine klassische Sonntagsrede, obwohl der Empfang und die Parlamentseröffnung an einem Montag stattfinden, und Bismarck hat seinem König lauter wohlklingende Formeln für die große nationale Sache in den Mund gelegt. So auch diesen Appell:[106]

> »Halten Sie ... das gemeinsame deutsche Interesse fest im Auge, vermitteln Sie von diesem Gesichtspunkte aus die einzelnen Interessen und ein Erfolg, der Ihnen den Dank der Nation gewinnt, wird Ihre Anstrengungen krönen.«

Der König, oder besser gesagt: Bismarck, ist schlau genug, in diesem Moment nicht die preußischen Interessen herauszustellen, sondern die nationale, die »deutsche« Karte zu spielen. Doch ob das gegen die Furcht vor drohender »Verpreußung«[107] hilft? Diese speist sich nämlich nicht nur aus partikularistischem Eigensinn, wie es Bismarck wohl nennen würde, sondern in hohem Maße aus der Erinnerung an den Krieg, den die hier beteiligten Länder erst zwei Jahre zuvor gegeneinander ausgetragen haben. Dieser »Bruderkrieg« wirkt in den Köpfen nach, und die offene Frage ist, wie die Abgeordneten dieses Parlaments damit umgehen werden.

Einige gehen ohne große Hoffnung an die Arbeit, vor allem die Nicht-Preußen. Denn ihnen gilt das Zollparlament als Instrument preußischer Machtpolitik, als ein Parlament, das im Grunde diese Bezeichnung gar nicht so recht verdient. Manchen erscheint es schlicht als »eine politische Zangengeburt, ein Verlegenheitsprodukt, nicht Fisch, nicht Fleisch«,[108] ein Forum für wirtschaftspolitische Fragen, über dessen politische Kompetenzen Uneinigkeit herrscht. Ludwig Bamberger, einer der erfahrensten Politiker dieser Jahre und für den Wahlkreis Mainz-Oppenheim in das Zollparlament gewählt, erinnert sich später an einen »politisch höchst zweideutigen Freund«, der ihn allein schon für die Kandidatur für diese Institution verachtet:[109]

> »In ein Zollparlament sich wählen lassen? Pfui um das armselige Wesen: ja wenn es ein wirkliches Parlament wäre, à la bonne heure! Drum warte doch, bis ein solches an die Reihe kommt.«

Aber trotz solcher Kritik: Es finden sich neben den Mitgliedern des Norddeutschen Reichstags, die ohne ihr eigenes Zutun nun auch dem Zollparlament angehören, doch genügend Kandidaten und Abgeordnete für das neue Gremium. Es sind honorige Männer, Advokaten und Professoren, Kaufleute, Fabrikanten, Militärs oder Rittergutsbesitzer – und sogar eine königliche Hoheit, nämlich Albrecht Prinz von Preußen, sitzt für den Wahlkreis Gumbinnen-Insterburg mit im Parlament. Sie haben alle ihr Auskommen, weshalb sie es verschmerzen mögen, dass sie für ihre parlamentarische Arbeit keine Diäten beziehen, ebenso wenig wie die Abgeordneten des Norddeutschen Reichstags. Wer sich für diese politische Arbeit wählen lässt, der muss es sich eben auch leisten können …

Zu den wenigen politischen Paradiesvögeln im Palais Hardenberg gehört der Sozialistenführer August Bebel, der als Mitglied des Norddeutschen Reichstags im Zollparlament Platz nimmt. Obwohl das mit dem richtigen Platz auch erst einmal eingeübt werden muss, wie sich Bebel später selbst erinnert: Es ist wohl keine spöttische Absicht des Protokolls, dass neben Wilhelm Liebknecht, dem zweiten prominenten Sozialisten in diesen Reihen, ausgerechnet der Frankfurter Bankier Mayer Carl von Rothschild zu sitzen kommt. »Alles lachte«, erinnert sich später August Bebel an die Reaktion der Versammelten – und daran, dass sich der Weltbankier rasch einen anderen Platz anweisen lässt, weil er es »in der gefährlichen Nachbarschaft nicht lange« aushielt.[110]

Das Parlament richtet sich ein, wählt sich ein Präsidium und beginnt mit der Arbeit. Die erste Sitzungsperiode ist dicht gedrängt. Einschließlich der Eröffnungs- und der Schlusssitzung treffen die Abgeordneten zwischen dem 27. April und dem 23. Mai 1868 zu 18 Sitzungen zusammen. Die Debatten werden tagsüber geführt, in der Regel beginnen sie am Vormittag oder Mittag, zumeist enden sie gegen 15 Uhr. Wenn diese Zeit überzogen zu werden droht, verzeichnet das Protokoll auch schon einmal Zwischenrufe wie

»Es ist 3 Uhr! Vertagen!«[111] Doch nicht jeder dieser Männer hat die Kraft und das Temperament, sich derart lautstark zu engagieren. Denn die Herren unterscheiden sich nicht nur hinsichtlich Herkunft und politischer Haltung, auch als Redner hinterlassen sie bei den Beobachtern der Debatten gemischte Eindrücke. Da gibt es die Stillen im Rund, die sich nicht mit Reden an den Debatten beteiligen, wie etwa der schweigsame preußische Generalfeldmarschall Helmuth von Moltke, »der nie eine Miene verzieht und immer wie eine Statue ruhig sitzt oder steht«.[112] Einige Norddeutsche indes sprechen »logisch scharf« und rasch, wobei vor allem der Abgeordnete Eduard Lasker äußert gewandt und schneidig auftritt.[113] Wer laut spricht, wird wenigstens gehört, denn die schlechte Akustik und die unvorteilhafte Einrichtung des Saals sorgen dafür, dass die Redner von vielen Plätzen aus weder zu sehen noch zu verstehen sind.[114] Da die Abgeordneten zudem das Recht haben, wahlweise von ihrem Platz oder von der Rednertribüne aus zu sprechen, bleibt zuweilen das eine oder andere Detail einer Rede ungehört.

Allen Rednern sitzt ihr Präsident vor, der zuweilen geradezu feierlich und pathetisch zu dem Plenum spricht: Eduard Simson, ein Mann von großer politischer Reputation. Der 67-Jährige verfügt nicht nur über Erfahrungen im Preußischen Abgeordnetenhaus sowie im Norddeutschen Reichstag, dem Parlament des Norddeutschen Bundes, er wirkte auch schon 20 Jahre zuvor in der Frankfurter Paulskirche mit und fungierte dort schließlich sogar als Präsident der Nationalversammlung. Als solcher erlebte er aber auch die schmerzhafteste politische Niederlage seines Lebens: Unter seiner Führung machte sich damals eine Delegation zum preußischen König Friedrich Wilhelm IV. auf, um ihm namens der Nationalversammlung die Kaiserwürde anzutragen – die dieser dann ablehnte. An dieses Erlebnis mag sich Simson erinnern, als er sich nach der Wahl zum Präsidenten des Zollparlaments bei den Abgeordneten bedankt, weil sie »damit das Fortbestehen einer wohlwollenden Erinnerung für mich aus Tagen bekunden, die längst verflossen sind«. Jetzt sitze er glücklicherweise einer Versammlung vor, die schon durch ihre bloße Existenz »den vollgültigen Beweis von der Stärke und Untrennbarkeit des heiligen Bandes gibt, das bei aller Verschiedenheit seiner Stammesunterschiede unser Deutsches Volk umschlingt«.[115]

Womit der Präsident das zentrale Thema dieses Parlaments umrissen hat: Wie stark und wie untrennbar soll denn dieses »heilige Band« sein, das das deutsche Volk da umschlingen soll? Die Preußen und ihre Parteigänger haben da klare Vorstellungen: Möglichst rasch soll ein Anschluss der süddeutschen Länder an den Norddeutschen Bund und damit eine kleindeutsche Einheit unter Preußens Führung umgesetzt werden. Deshalb hegen gerade in Süddeutschland viele Menschen den bösen Verdacht, das Zollparlament sei allein zum Zweck der Ablenkung durch unnütze Debatten eingerichtet, damit »Graf Bismarck über Europa dahinbraust«.[116] Die »Großdeutschen« und »Partikularisten« wollen dagegen ihren Heimatländern eine größtmögliche Souveränität sichern, um nicht um den Preis einer deutschen Einheit in eine preußische Abhängigkeit zu geraten. Diese Spannung liegt über dem Zollparlament, und sie wird sich immer wieder in den Debatten darüber niederschlagen, welche Zuständigkeiten diese Institution eigentlich hat oder haben soll. Wer die eigentlich recht enge Aufgabenstellung erweitern will, steht unter dem Verdacht, der preußischen Sache Vorschub zu leisten – weshalb es vor allem den süddeutschen Patrioten darum geht, höchst sensibel jede Ausweitung der Kompetenzen dieses Parlaments sofort zu unterbinden.

Was lässt sich also von diesem Parlament erwarten? Der nationalliberale Ludwig Bamberger warnt seine Wähler in seiner Heimatstadt Mainz davor, zu hoffen, dass »wir in Berlin sofort ein grosses politisches Feuerwerk abbrennen und die Welt durch grosse Thaten in Erstaunen setzen« werden. Die Zeiten seien schließlich vorbei, in denen man »die Welt mit Reden aus den Angeln« heben könne.[117] Aber doch: Was im Zollparlament geschieht, wie dort debattiert wird, das findet in der politischen Öffentlichkeit sehr wohl ein Echo. Gerade deshalb nutzen viele diese neue parlamentarische Bühne ganz bewusst für ihre politischen Zwecke. Dazu gehört auch die Bayerische Patriotenpartei, die alles daransetzen möchte, den Ausbau des Zollparlaments von einer volkswirtschaftlichen Vertretung zu einem politischen Parlament für ganz Deutschland zu vereiteln. Diese 28 patriotischen Abgeordneten schließen sich auf bayerische Initiative mit ähnlich gesinnten württembergischen, badischen und sächsischen Abgeordneten zusammen, zu denen unter anderem auch die Sozialisten August Bebel und Wilhelm Liebknecht gehören; später gesellt sich auch der Hannoveraner Ludwig Windthorst dazu. Sie alle bilden die sogenannte Süddeutsche Fraktion, die zwar in ihrer wirtschaftspolitischen Zielsetzung durchaus uneinig ist, weil sie gleichermaßen Anhänger eines Freihandels wie Protektionisten umfasst. Doch zugleich eint sie das Ziel, jede Ausdehnung der Befugnisse dieses Parlaments zu durchkreuzen.[118]

Dass die süddeutschen Kräfte nicht zu unterschätzen sind, zeigt sich in der parlamentarischen Arbeit schneller als von den norddeutschen wohl erwartet. Denn als das Haus die durchaus übliche Grußadresse an den preußischen König verabschieden will, der ja das Parlament einberufen und deren Mitglieder offiziell begrüßt hat, stößt den Männern südlich des Mains die nationale Färbung des Textes unangenehm auf: Sie verstehen das Zollparlament eben nicht als »Vertretung der gesamten Deutschen Nation«, wie es darin heißt, und sie zielen mit ihrer Arbeit zu wirtschaftlichen Fragen auch nicht auf eine »vollständige Einigung« der Deutschen. Solche Formulierungen gehen dann manchen doch zu weit, und der Abgeordnete Wilhelm von Thüngen, zugleich Vorsitzender der »Süddeutschen Fraktion«, erinnert das Plenum daran, dass »die Majorität des süddeutschen Volkes, die eigentliche Volksmasse, offenbar jeder näheren Verbindung mit Preußen abhold ist«. Es bestehe eben die Furcht, dass »durch ein zu enges Anschließen unserer Institutionen unserer Selbständigkeit Nachtheil gebracht werden könnte«.[119] Aber schon die Formulierung »süddeutsches

Volk« ist im Plenum umstritten, weil diese wie eine politische Parole erscheine: »Ich kenne kein süddeutsches Volk«, erklärt der nationalliberale Abgeordnete und Staatsrechtsprofessor Johann Caspar Bluntschli unter Bravorufen, »ich kenne vier süddeutsche Staaten; es gibt kein süddeutsches Volk!« Wieder verzeichnet das Protokoll zustimmende Rufe, ehe der Redner noch ergänzt: »Ich kenne nur ein deutsches Volk.«[120]

Die Debatte um die Adresse für den preußischen König ist grundsätzlich, schließlich werden insgesamt drei Gegenanträge aus verschiedenen Lagern entworfen und debattiert. Das Ergebnis ist eine Abstimmung am 7. Mai 1868, ob man nicht lieber ohne Diskussion zur Tagesordnung übergehen wolle. Mit 186 zu 150 Stimmen wird so verfahren – der preußische König bekommt keinen offiziellen Gruß und Dank des Zollparlaments, und die »Süddeutsche Fraktion« erringt damit einen öffentlich-politischen Achtungserfolg. Während Letztere mehr oder weniger offen triumphiert, tröstet sich beispielsweise Ludwig Bamberger als einer der Verlierer dieser Debatte, dass die Anhänger Preußens in diesem Parlament schlicht noch nicht eingespielt gewesen seien: Die Mehrheit wollte sicherlich »so etwas wie eine Adresse«, aber sie war noch nicht organisiert genug, sodass »der gemeinsame Feind Zeit und Platz fand, alles in einen dummen Tumult aufzulösen«.[121] Also alles nur schlecht organisiert? Bamberger will sich damit trösten, dabei ist allen Beobachtern im Grunde klar, dass es mit dem Scheitern des nationalliberalen Adressantrags auch einen direkten Weg vom Zollparlament zu einem deutschen Vollparlament nicht geben wird.[122]

Keine Frage: Es läuft von Beginn an nicht gut für die Preußen, für Bismarck und die Kleindeutschen. So bestimmen eher nüchterne Debatten über wirtschaftspolitische Sachfragen die folgenden Tage, es geht um Zollordnungen und Zollstrafgesetzgebung, um einzelne Steuern oder den Zollvertrag zwischen dem Deutschen Zollverein und Österreich. Und mitten in diesen Debatten eröffnet sich dann für die Anhänger der kleindeutschen Reichsidee völlig unverhofft doch die Gelegenheit für eine eindrucksvolle

Revanche auf großer Bühne. Am Montag, dem 18. Mai 1868, erlebt das Zollparlament einen heftigen Schlagabtausch; mehr als 30 Jahre später wird sich der sächsische Rechtsanwalt und Schriftsteller Hans Blum in seinen Memoiren geradezu wehmütig an diesen Tag erinnern:[123]

> »Der 18. Mai kam heran, der größte Tag des Zollparlaments überhaupt.«

Was ist geschehen? Eigentlich geht es an diesem Vormittag zunächst um die Besteuerung von Wein. Das ist zwar für die Winzer und die Verbraucher an Rhein, Mosel oder Nahe durchaus ein wichtiges Thema, vor allem weil die Weinproduzenten im Großherzogtum Hessen-Darmstadt von jeglicher Weinsteuer befreit sind, während eine solche in benachbarten Gebieten wie selbstverständlich erhoben wird. Hier scheint mit Blick auf eine einheitliche Zoll- und Steuerpolitik eine Nachbesserung in der Tat notwendig. Allerdings stellt sich in der Debatte umgehend die Frage, ob das Zollparlament eigentlich befugt ist, sich der Angelegenheit der hessischen Winzer anzunehmen. Und damit steht sofort wieder die hochsensible Frage der Kompetenz dieses Parlaments im Raum. Der Sozialist Wilhelm Liebknecht erkennt sofort, dass hier eine grundsätzliche Debatte droht und die Verlierer der Diskussion um eine Adresse an den preußischen König wieder aufmarschieren könnten. Begleitet von heftigen Zwischenrufen und unterbrochen von einer Zurechtweisung durch den Präsidenten Simson erklärt er:[124]

> »Ich muß die Kompetenz des Zoll-Parlaments zu einem solchen Antrage bestreiten. Nachdem diejenige Partei, welche aus dem Zoll-Parlament ein Voll-Parlament machen wollte, am Donnerstag vor acht Tagen mit ihrer Adresse in etwas unceremoniöser Weise zur Thür herausgedrängt wurde, versucht sie jetzt durch ein Hinterpförtchen sich wieder hineinzuschleichen … Die

> Antragsteller wünschen eine Einmischung in die Verhältnisse Süddeutschlands, die dem Zoll-Parlament in keiner Beziehung zukommt.«

Die Fehler hessischer Steuergesetzgebung müssten in Hessen besprochen und gelöst werden, nicht in Berlin und nicht von diesem Parlament, so Wilhelm Liebknecht. Wie überhaupt die ganze deutsche Frage nicht vor das Zollparlament gehöre, sie werde »Gott sei Dank woanders gelöst«.[125] Damit ist die Debatte um den Wein und seine Besteuerung oder Nichtbesteuerung im Grunde zu einer Nebensache geworden. Der württembergische Abgeordnete Rudolf Probst schließt sich den Warnungen Liebknechts vor einer Ausweitung der Zuständigkeit des Zollparlaments an – sie zu verhindern sei schließlich von Anfang an die selbstgestellte Aufgabe der süddeutschen Abgeordneten gewesen, auch wenn er persönlich keinen Streit zwischen dem Norden und dem Süden wolle, der den Graben zwischen den Deutschen nur noch tiefer mache. Doch genau diesen Streit suchten diejenigen in diesem Parlament, die weiterhin unrechtmäßig die Kompetenzen des Parlaments ausweiten wollten. »Wir haben den Frieden in diesem Saale zu pflegen«, mahnt zwar Rudolf Probst seine Kollegen, und diesem Frieden sei am ehesten gedient, wenn man die großen Gegensätze zwischen den Anwesenden nicht zur Sprache bringt. »Sie können überzeugt sein, daß wir nicht etwa zu schüchtern dazu sind«, so Probst, um über die Gründe der Wahlergebnisse in Süddeutschland oder auch den angeblich in seiner Heimat grassierenden »Haß gegen Preußen« zu sprechen. Doch all das gehöre seiner Meinung nach nicht in diesen Saal. Aber es geht dem Württemberger nicht nur um den Frieden hier im Palais Hardenberg und nicht nur um den Frieden zwischen den Deutschen. Er sieht auch die Gefahr, dass die falschen Debatten in diesem Parlament den äußeren Frieden Deutschlands bedrohen. Die Zeiten erscheinen ihm eben als gefährlich.[126]

»Es scheint mir noch ein anderer Friede in Frage zu stehen – es ist der Friede im Gegensatz zu ganz andern Gegnern, als die sind, welche wir unter uns zu bekämpfen haben. Meine Herren, es schien mir immer und es scheint mir auch in der neuesten Zeit, daß irgendwo eine Lawine an einem Berge hängt, die eine geringe Erschütterung in den Abgrund stürzen kann.«

Damit ist fraglos das Verhältnis zu Frankreich gemeint. Sollten die Differenzen zwischen Nord- und Süddeutschen hier in diesem Parlament so offen zum Ausbruch kommen, wie sich das der Abgeordnete Probst niemals wünscht, könnte das nach seiner Einschätzung möglicherweise jene verhängnisvolle »Erschütterung« sein, die in die Katastrophe führt – weil sie wie eine Einladung zu einer französischen Intervention wirken könnte. Aber ist die Lage wirklich so dramatisch? Müssen die Abgeordneten aus Angst vor Frankreich tatsächlich offenen Streit vermeiden? Es scheint, als bemerke Probst am Ende seiner Rede selbst, dass er – ausgehend von der Debatte über die hessischen Winzer – doch ein wenig zu weit ausgeholt hat. »Es können das zu große Worte scheinen für eine so geringe Veranlassung«, fügt er abschließend hinzu, »aber ich habe geglaubt sagen zu müssen, was uns bei der Sache bewegt.«[127]

Aber das Gesagte ist nicht zurückzuholen, und Otto von Bismarck als Kanzler des Norddeutschen Bundes hält es nicht mehr auf seinem Sitz. Er hat jetzt seine politische Vorlage, und in seiner Funktion als Vorsitzender des Zollbundesrats ergreift er das Wort, oder, wie es Johann Caspar Bluntschli später notierte: »Wie ein Riese erhob sich Bismarck.«[128] Seine politischen Gegner haben gerade einen strategischen Fehler gemacht,[129] und den wird er jetzt gewohnt geistesgegenwärtig und geschickt für seine Zwecke ausnutzen. Er beginnt mit einer Beruhigung:[130]

»Sie alle, auch Sie aus Süddeutschland, werden mir das Zeugnis geben, daß ich, als Vertreter meiner Regierung, ebenso wie meine Kollegen vom Nordbunde, auf das Sorgfältigste Alles

> vermieden habe, was uns der Vermuthung aussetzen könnte, als wollten wir auf die süddeutschen Herren irgend eine Pression, auch nur die leiseste Ueberredung ausüben, damit sie sich dazu hergeben möchten, die Kompetenz des Zoll-Parlaments zu erweitern.«

Das ist nicht einmal richtig gelogen – auch wenn es so ganz richtig wiederum auch nicht ist. Zu gerne würde Otto von Bismarck es sehen, wenn dieses Zollparlament eine eigene Dynamik entwickelte, vor der die süddeutschen Abweichler kapitulieren müssten. Aber er ist politisch viel zu klug, um sich die Blöße zu geben, an dieser Stelle öffentlich Druck auszuüben. So tut er genau das Gegenteil und gibt sich demonstrativ großzügig, ja geradezu überheblich großmütig:[131]

> »Führen Sie Ihr Programm durch, solange es Ihr freier Wille ist; Sie werden von uns weder mit einer Ueberredung, noch mit einer Bitte, noch auch nur mit einem Wunsche aufgefordert werden, Ihr Programm aufzugeben. Es hängt das Aufgeben desselben lediglich an Ihrem freien Willen.«

Otto von Bismarck kommt in Fahrt und beginnt lustvoll zu spotten: Solange die Süddeutschen nicht zu der Einsicht kämen, dass es ihr Wille sei, »sich dem Norddeutschen Bunde anzuschließen«, so lange sollten sie in Ruhe über alle Fragen des Zollvereins beratschlagen. Nur lasse er es nicht zu, dass die Kompetenz des Zollvereins wie des Zollparlaments geschmälert würde – und den Appell von Rudolf Probst für eine Zurückhaltung in der Auseinandersetzung könne er nicht akzeptieren:[132]

> »Dem Herrn Vorredner aber und Allen, die dasselbe Thema mit ihm behandeln, gebe ich zu bedenken, daß ein Appell an die Furcht in Deutschen Herzen niemals ein Echo findet.«

Als Bismarck diese Worte spricht, geht »ein elektrischer Schlag durch die ganze Versammlung«, so notiert es zumindest Bluntschli später, und er verknappt dieses Zitat gleich zu der schneidigen Parole, die er wie andere auch nun Bismarck in den Mund legt: »Der Deutsche kennt die Furcht nicht!«[133] Dieser Auftritt zeigt einerseits, wie willkommen ein gemeinsamer Feind in der kleindeutschen Rhetorik Bismarcks ist. Andererseits fühlen sich andere nun auch ermutigt, noch schneidiger mit den vermeintlichen »Separatisten« aus dem Süden umzugehen. Voller Befriedigung notiert der Abgeordnete Ludwig Bamberger:[134]

> »Das Maass war voll! Wer immer noch das Gefühl der Verantwortlichkeit für die Zukunft Deutschlands in sich trug, der empfand, dass es Zeit war, diesen Theilungsseligen das Handwerk zu legen.«

Und mehr noch: Wohl nicht nur Bamberger hat die Worte von Bismarck offensiv und kämpferisch verstanden: Wenn der Kanzler des Norddeutschen Bundes erklärt, er wolle die Süddeutschen nicht »zwingen«, so sollten diese doch bitte bedenken, dass dies eine von Amts wegen zurückhaltende Formulierung gewesen sei. Schließlich ist Bismarck auch Minister der auswärtigen Angelegenheiten und müsse deshalb diplomatisch bleiben. Bamberger selbst fühlt sich nach dieser Debatte jedenfalls bestärkt, andere Töne anzuschlagen, um der vermeintlichen Selbstherrlichkeit der Bayern und anderer endlich ein Ende zu bereiten. Diese »Theilungsseligen« – Bamberger kennt und nennt sie beim Namen: Allen voran Moritz Mohl, »der rastlose Anführer der Schutzzöllner, Sonderbündler und Preussenfresser«, dann all jene aus Württemberg und Bayern, aus Baden, Sachsen und Hannover, kurzum: »Alles, was nur dem Zollparlament, dem Norddeutschen Bund Tod und Verdammung geschworen hatte.« Außerdem zählt er noch die Sozialisten Bebel und Liebknecht dazu und selbstverständlich die von ihm spöttisch so bezeichneten »katholischen Kirchenlichter«.[135] Die Frage der deutschen Einheit erlaube keine Sonderwünsche und Rücksichtnahmen:[136]

> »Wir müssen den Gedanken mit der Wurzel ausrotten, dass neben, ja über dem Willen der Mehrheit der Deutschen noch einige besondere süd- oder norddeutsche Willensherrlichkeiten stehen.«

Der Ton wird schärfer. Eduard Lasker, der unmittelbar nach Otto von Bismarck spricht, macht den Kollegen unmissverständlich klar, was Preußens Aufgabe bei der Schaffung der deutschen Einheit ist:[137]

> »Wir aus dem Norden, wir der größte Teil, verlangen nicht den geringsten Vorzug und nicht die geringsten Vorrechte. Ich fürchte beinahe, dass gerade unsere Liebe, in allen Punkten Ihnen entgegen zu kommen, dass selbst die höfliche Form, mit welcher Mancher von uns Ihnen wie Fremden begegnet, Sie zu dem Glauben veranlasst, wir warten nur auf Ihr Kopfnicken. Nein, wir handeln wie der Starke gegen den Schwachen, wissen aber, dass wir den Beruf haben, dass es uns obliegt, Deutschland zu einigen und uns nicht durch Ihre augenblickliche Laune und durch Resolutionen, die in Volksversammlungen gefasst werden, davon abbringen zu lassen.«

Das ist eine offene preußische Kampfansage: Es gibt eine Aufgabe vor der Geschichte, und der stärkste aller deutschen Staaten werde sie lösen. Leider, so Lasker weiter, gebe es aber immer noch Menschen in den süddeutschen Staaten, die dies einfach nicht verstehen wollten. Mit ihnen habe man allerdings Nachsicht und auch die notwendige Geduld, die man aber bitte nicht als norddeutsche Schwäche missverstehen solle. Preußen könne warten, erklärt Lasker süffisant, denn eines Tages werden die anderen schon zu Kreuze kriechen:[138]

> »Preußens Beruf geht dahin, den Deutschen Staat zu befestigen und diejenigen Söhne desselben, welche noch nicht zu der Einsicht gekommen sind, dass die kleineren Staaten, getrennt von dem großen Körper, nichts, absolut nichts sind, so lange warten zu lassen, bis die Noth und die Gefahr sie zu dieser Erkenntnis gebracht hat.«

Wer sich jetzt von den Süddeutschen angesprochen fühlt, findet sich in der Defensive wieder. Der Abgeordnete Ferdinand Bissing, Führer der katholischen Partei in Baden, macht seine Verletzung deutlich:[139]

> »Wir Süddeutschen, meine Herren, wir scheinen heute – gestatten Sie mir den Ausdruck – die Sündenböcke wieder zu sein; man hat uns von beiden Seiten des Hauses, von der konservativen Seite wie von der national-liberalen, sehr strenge Rügen, sehr ernste Vorlesungen über unser Verhalten zu Theil werden lassen.«

Persönlich getroffen zeigt sich Bissing über eine angebliche Äußerung Bismarcks, wonach die Süddeutschen »noch 30 Jahre hinter der politischen Bildung der Norddeutschen zurück« seien. In einem solchen Falle, so fügt er spöttisch hinzu, solle man den Süddeutschen doch ruhig diese 30 Jahre Zeit geben, ehe sie für eine Aufnahme in den Norddeutschen Bund schließlich würdig erscheinen.

Doch gerade diese Äußerung macht deutlich, dass die kollektive Zuschreibung der »Süddeutschen« ein wackeliges Gebilde ist. Der schwäbische liberale Abgeordnete Joseph Völk wiederspricht seinem Kollegen umgehend: Er könne nicht länger hinnehmen, dass unter der Bezeichnung »Wir Süddeutschen« in diesem Hause Gefühle und Meinungen kundgetan werden, die in Wahrheit vielen Süddeutschen widerstrebten. Es gebe selbstverständlich Unterschiede und Meinungsverschiedenheiten, wenngleich offener

Streit zwischen ihnen unbedingt vermieden werden müsse – denn die Männer aus dem Süden wollen schließlich nicht vor den Augen der anderen Abgeordneten »gleichsam ein süddeutsches Turnier aufführen und uns vor Ihren Augen gegenseitig zerfleischen«.[140]

Und in seiner Replik auf Otto von Bismarck, der ihnen großzügig genug Zeit einräumen will, um dem Norddeutschen Bund und dem preußisch geführten Einheitsstaat beizutreten, erinnert Joseph Völk an die eigentliche Aufgabe der süddeutschen Abgeordneten: Sie seien nicht nach Berlin gekommen und nicht in dieses Zollparlament eingezogen, um sich einfach einem bereits bestehenden Staat anzuschließen. Vielmehr seien sie vernünftigerweise davon ausgegangen, selbst an einem neuen Staat mitzuarbeiten und all jene Dinge mit einzubauen, die »die norddeutschen Baumeister, wenn sie nur für sich bauen, vielleicht doch womöglich vergessen« haben.[141]

Der Sozialist August Bebel greift diesen Gedanken auf und nutzt die Debatte, um die Frage der deutschen Einheit und den historischen Tag 20 Jahre zuvor in Erinnerung zu rufen: den 18. Mai 1848. Am heutigen Jahrestag der Paulskircheneröffnung sollten die Kollegen doch bitte bedenken, dass die damalige Nationalversammlung »hoch über dem Zoll-Parlament steht«, weil sie damals tatsächlich eine Vertretung des ganzen deutschen Volkes gewesen sei, was man von diesem Gremium im Palais Hardenberg beim besten Willen nicht behaupten könne:[142]

> »Es ist kein Deutsches Parlament, was wir haben, die Vertreter von 9½ Millionen Deutsch Österreichern und die Vertreter Luxemburgs, das nach dem Vertrage sogar zu dem Zollverein gehört, sind nicht in unserer Mitte.«

Die Strategie der Kleindeutschen ist es nach Bebels Ansicht, unbeirrt und wider besseres Wissen das Zollparlament als ein »Deutsches Parlament« zu bezeichnen, auch wenn es hinsichtlich seiner Kompetenz nicht im Entferntesten an die Versammlung von 1848 heranreicht. Man hoffe offensichtlich, dass das Volk schließlich »gegen seine bessere Überzeugung« tatsächlich zu diesem Glauben komme, wenn es ihm nur wieder und wieder erzählt werde. Bebels Rede wird nach dieser Bemerkung vom Gelächter seiner Gegner unterbrochen, aber auch vereinzelte Bravorufe sind zu hören. Zugleich zeigt sich in diesem Moment, was Ludwig Bamberger auch für seine Kollegen formuliert: dass es nämlich aus seiner Sicht im Schoße der deutschen Nation noch immer so viele »Feinde« derselben gibt.[143] Die Stimmung ist vergiftet.

Ein Parlament für Deutschland? Das war für die 1848er einst ein Traum, der nicht in Erfüllung ging. Einige von ihnen sitzen auch heute wieder in einem Plenum zusammen, doch sie wissen, dass Bebel mit seiner schneidenden Kritik im Grunde recht hat: Von der Begeisterung der Revolutionszeit für ein geeintes Deutschland ist nichts zu spüren. Vielmehr sind die Abgeordneten Zeugen und Akteure eines politischen Machtkampfes, den Preußen mit anderen gegen all jene führt, die zögern, sich dem norddeutschen Modell anzuschließen. Ihr Widerstand wirkt in diesen Debatten zumeist zurückhaltend, manchmal rührend – sie wissen selbst, dass sie in einer Position der Schwäche nach Berlin gereist sind. Und auch wenn es nicht offen ausgesprochen wird, so sind sie in diesem Hause im Zentrum des politischen Preußens noch immer die Kriegsverlierer. Die 85 Männer aus dem Süden sitzen schließlich auch hier, weil ihre Regierungen 1866 gegen Preußen eine militärische Niederlage hinnehmen mussten.

Aber auch wenn die Abgeordneten die Erfahrungen der vergangenen Jahre voneinander ebenso trennen wie die Perspektiven im Hinblick auf eine gelingende Zukunft, so verbindet doch alle der Wunsch nach einem barrierefreien Handel. Sie treffen sich hier in Berlin, um über Zölle und Steuern ein besseres Leben in ihren Ländern zu ermöglichen, um die Einnahmen der jeweiligen Staatskassen zu erhöhen und die Wirtschaft zu beleben. Die Idee eines Zollvereins hat eben doch etwas Verbindendes, und das ja nicht erst heute: Schon in den 1820er-Jahren fanden sich verschiedene

Staaten zu ersten regionalen Zollvereinen zusammen, etwa der bayerisch-württembergische oder der preußisch-hessische Zollverein, später ein Mitteldeutscher Handelsverein unter der Führung von Sachsen und Hannover. Manchem Staat ging es bei diesen Zusammenschlüssen nicht nur um Handelserleichterungen, sondern zugleich auch um eine mögliche Sicherung der eigenen Souveränität. Allerdings sind die Interessen der Länder durchaus verschieden: Die Nordstaaten profitieren vom Agrarexport und dem internationalen Handel und haben deshalb kein Interesse an der Schaffung gemeinsamer Zollgrenzen, während beispielsweise in Sachsen oder den thüringischen Kleinstaaten das Gewerbe und die noch schutzbedürftige junge Industrie von einem deutschen Binnenmarkt profitieren.[144]

Diese Zusammenschlüsse werden schon von den Zeitgenossen als ein wichtiger Schritt zu einer deutschen Einheit verstanden, fördern zugleich aber auch den Föderalismus in Deutschland, weil sie zunächst die Positionen der einzelnen Staaten stärken. Den größten Einfluss gewinnt schließlich der kleindeutsch-preußisch orientierte Zollverein, wenngleich ihm der Vorwurf gemacht wird, nicht die gesamte deutsche Nation zu vertreten. Zunächst ist der Beitritt vieler Mittel- und Kleinstaaten keineswegs national-kleindeutsch motiviert, sondern resultiert aus ökonomischen und fiskalischen Motiven.[145] Bis in die 1860er-Jahre hinein bestehen auch in Fragen der Zoll- und Handelspolitik durchaus konkurrierende Vorstellungen über die nationalökonomischen Räume.[146] In den deutschen Ländern ist der Zollverein in diesen Jahren ein Dauerthema; in den Landtagen werden die entsprechenden Fragen debattiert, weil sie anders als herkömmliche Fragen der Außenpolitik das Steuerbewilligungsrecht der Landtage berühren.[147] Damit bekommt die Frage einer deutschen Einheit zugleich eine permanente Bühne für parlamentarische Debatten.

So emotional zuweilen die Auseinandersetzungen sind, so sehr leistet das Zollparlament in Berlin 1868 durchaus erfolgreiche Arbeit. Es stimmt beispielsweise einem neuen Handelsvertrag mit

Österreich sowie mit Spanien und dem Kirchenstaat zu. Außerdem beschließen die Abgeordneten ein einheitliches Tabaksteuergesetz, wodurch die bisher notwendigen Ausgleichszahlungen zwischen den Ländern nun im Zollverein wegfallen, verhindern allerdings einen vorgeschlagenen Petroleumzoll.[148] Die Menschen in Deutschland registrieren sehr genau, wer von welchen Neuregelungen profitiert und wer nicht. Im *Dortmunder Anzeiger* beklagt ein Kommentator, dass zwar der Import von Schweinefleisch, »welches in größter Menge von der ärmeren Klasse gegessen wird«, mit einer Steuer belegt bleibt, während Rindfleisch und Wild, »die Nahrung der Wohlhabenden und Reichen«, zollfrei sein sollen:[149]

> »Wir sind gewiß keine Anhänger jenes Systems, welches die ganze Kostenlast der Staatsverwaltung auf die Reichen allein wälzen will, aber wir meinen, wenn es sich um die Aufhebung von Zöllen und Abgaben handelt, so sollte man doch zuerst fragen, welcher Zoll vertheuert die Bedürfnisse der Armen, und welcher die Bedürfnisse der Reichen, und man sollte nicht auf der einen Seite den Eingangszoll für Schweine bestehen lassen und auf der andern den für Edelsteine, Perlen und Korallen aufheben.«

Doch es sind keineswegs die Erleichterungen für die einfachen Menschen, die das Zollparlament zunächst möglich macht, sondern neue Steuern.[150] Ist das der Preis der deutschen Einheit? Umgehend gibt es Kritik, etwa aus Minden, wo eine der großen Zigarrenfabriken beheimatet ist. Dass Tabak nun wie ein Luxusgut besteuert wird, wird in einigen Zeitungen mit Spott quittiert:[151]

> »Wir … meinen, daß man herrschaftliche Livreébedienstete, Rathstitel, Orden u.s.w., u.s.f. eher besteuern sollte als: Brod, Fleisch, Salz, Tabak u. Bier.«

Doch weithin werden solcherlei Vereinheitlichungen als politischer Erfolg gewertet, es bewahrheitet sich nicht der Kommentar der *Heidelberger Zeitung*, in dem zwei Jahre vorher dem Gremium mehr oder weniger sinnlose Debatten angesichts »unvermeidlicher deutscher Redelust« prophezeit wurden.[152] Vielmehr zeigen sich vor allem jene durchaus zufrieden, die am Handel und dem Verkehr von Gütern beteiligt sind. So ist es naheliegend, dass am 21. Mai 1868 die Mitglieder des Berliner Handels- und Gewerbevereins die Abgeordneten zu einem Fest in die Börse einladen und ihnen damit ihren Dank dafür aussprechen wollen, dass aufgrund deren Arbeit »für Deutschlands Handel ein neues Morgenroth anbricht«.[153] Die Kaufmannschaft ist in Feierlaune; die Herrschaften stoßen an auf den König von Preußen, den Handel und die Industrie. Der ebenfalls anwesende Otto von Bismarck bringt sogar einen Toast auf die »süddeutschen Brüder« aus, andere wiederum in höflicher Erwiderung auf den Nord-Kanzler Bismarck und auf die »Vereinigung der deutschen Stämme«. Man ist sich weitgehend einig, in diesem Saal muss augenscheinlich niemand von der Einheit unter Preußens Führung überzeugt werden. Denn »wer war denn von den Süddeutschen dabei«?, fragt anschließend der *Bayerische Kurier* aus München und gibt selbst die Antwort: »Eben nur die Großpreußen und was ihnen nahe steht.«[154]

Jedenfalls ist die Berliner Kaufmannschaft an diesem Tag derart begeistert über die Chancen der Handelserleichterungen, dass am Rande der Veranstaltung die Idee zu einer politischen PR-Fahrt geboren wird: Vor allem die süddeutschen Abgeordneten sollten doch einmal den ihnen so fremden Norden Deutschlands kennenlernen. Eine Fahrt von Berlin über Kiel nach Hamburg und zurück scheint ein geeignetes Mittel zu sein, die Herren aus dem Süden für die kleindeutsche Sache zu gewinnen. Die Berlin-Hamburger Eisenbahn spendiert spontan einen Extrazug für die Hinfahrt gleich am nächsten Abend, und auch die Rückfahrt wird selbstverständlich umsonst angeboten. In Kiel soll nach der raschen Zustimmung der preußischen Regierung »die Admiralität den

Wirt machen«, noch am Abend des Treffens in der Berliner Börse macht sich ein Vizeadmiral mit ersten Anweisungen auf den Weg in die Ostseestadt.[155] Auch die Frauen der Abgeordneten sind zu diesem kostenlosen Wochenendausflug eingeladen, was bei der entsprechenden Verkündigung im Zollparlament von den Abgeordneten mit lebhaften Bravorufen quittiert wird.[156]

Am Samstagabend, 24. Mai 1868, geht es um 21 Uhr in Berlin los, gegen 7 Uhr früh trifft der Sonderzug in Kiel zur Besichtigung der norddeutschen Flotte ein. Beim Rückweg zeigt sich die Stadt Hamburg von ihrer gastfreundlichen Seite: Ein Empfang in der Börse steht ebenso auf dem Programm wie eine Hafenrundfahrt, eine Dampferfahrt auf der Elbe und ein Besuch im Zoologischen Garten. Die Stadt ist festlich geschmückt, das Musikkorps eines Infanterieregiments spielt auf, die Häuser rund um den Jungfernstieg werden abends festlich beleuchtet.[157] So nett der Empfang ist – die Hansestadt Hamburg ist ebenso wie Bremen nicht Mitglied des Deutschen Zollvereins, weil sie sich von einer völligen Zollfreiheit für Handel und Schifffahrt sehr viel größere Vorteile versprechen; erst 1888 sollten beide Städte in das deutsche Zollgebiet eingegliedert werden.[158]

Der Abgeordnete Ludwig Bamberger kann sich indes einiger spöttischer Bemerkungen über diesen parlamentarischen Familienausflug nicht enthalten. Das sei ja durchaus eine gelungene Veranstaltung gewesen, so notiert er anschließend, aber man solle daraus »nicht einen Eckstein zur deutschen Einheit oder zu Bismarcks Unsterblichkeit« machen. Glaubten die Preußen tatsächlich, die »Süddeutschen« mit einer Fahrt nach Hamburg und Kiel derart betören zu können, dass sie ihre Bedenken gegen Preußens Kleindeutschland einfach fallen lassen – weil sie wie Ureinwohner aus exotischen Ländern »überwältigt von den Wundern dieser Civilisation zu Boden sinken« würden? All jenen, die sich von diesem Ausflug eine entschiedene Überzeugungsleistung erwarten, ruft Bamberger spöttisch zu, dass man süddeutsche Skeptiker »auch durch die reichlichste Beschenkung mit Feuerwasser und

Glasperlen« auf die Dauer nicht an sich binden werde.[159] Doch mit Spott wird man solchen Veranstaltungen nur begrenzt gerecht: Die vielen Gesprächsmöglichkeiten während und am Rande dieser und anderer Unternehmungen, aber auch die Treffen mit Regierungsmitgliedern und sogar Otto von Bismarck selbst nutzen die Abgeordneten, um eigene Netzwerke aufzubauen. Hier werden durchaus die Grundlagen für die politische Fraktionsbildung der kommenden Jahre gelegt.[160]

Nicht nur der Ausflug in den deutschen Norden, auch die Einladungen in Berlin dienen zugleich dem gegenseitigen Kennenlernen. Denn die Herren sind sich zuweilen immer noch ziemlich fremd. August Bebel beobachtet den »besonders scharfen Gegensatz in der Volksgesinnung zwischen Süd und Nord«, weshalb »man in Süddeutschland besser Wien und Paris als Berlin kannte, das Süddeutsche zu jener Zeit selten besuchten«.[161] Da sitzen jetzt Männer aus Teilen Deutschlands zusammen, die sich zuvor so kaum wahrgenommen haben. Ludwig Bamberger, der offen für den Einheitsstaat unter preußischer Führung eintritt, weiß nur zu gut, dass seine politischen Gegner vor allem aus Süddeutschland nicht einmal die preußischen Zeitungen lesen, »ebenso wenig, wie wir ihre preussenfresserischen«.[162] Da ist es doch schon einmal ein Fortschritt, wenn man gemeinsam essen geht, oder? Noch besser ist es angesichts der diätenlosen Arbeit in diesem Parlament, wenn die Herren dafür nicht auch noch selbst zahlen müssen. Der Abgeordnete Hans Blum schreibt seiner Frau nach einem ereignisreichen Tag im Parlament:[163]

> »Dafür winkt uns nun als Lohn unseres tapferen Verhaltens eine Reihe kulinarischer Genüsse, wie sie die Welt noch nicht gesehen. Heute abend ½ 6 Uhr Fraktionsdiner im Hotel de Russie mit Simson und einigen Bundesräten als Gästen. Morgen mittag 12 Uhr aber Frühstück in der Börse, das die crème der nationalen Berliner Kaufmannschaft den sämtlichen Zollparlamentsabgeordneten giebt. Für gewöhnliche Sterbliche kostet das Kouvert 25 Rl. (sage und schreibe fünfundzwanzig Thaler).«

Berlin gibt sich Mühe mit den Abgeordneten. Die Berliner Feuerwehr demonstriert ihre Leistungsfähigkeit mit einer großen Übung, die sie eigens vor den Mitgliedern des Zollparlaments abhält,[164] und an die Berliner Theater ergeht die Anweisung, aus Rücksicht auf die Befindlichkeiten süddeutscher katholischer Abgeordneter möglicherweise anstößige Stücke entsprechend zu entschärfen oder ganz abzusetzen, was in Einzelfällen auch geschieht.[165] Und dann gibt es am 22. Mai ein eigenes Fest »zu Ehren der süddeutschen Zollparlaments-Mitglieder« im Tivoli. Dabei allerdings müssen die Herren, anders als am Tag zuvor bei den Kaufleuten in der Börse, die Kosten für ihre Teilnahme selbst tragen. Die Teilnehmer aus »den höheren Klassen« Berlins sind erschienen, unter ihnen zahlreiche Stadtverordnete, und sie alle eint der Wille, den Süddeutschen gute Gastgeber zu sein und das Trennende zu überwinden. »Die Kämpfe von 1866«, so der Rechtsprofessor Franz von Holtzendorff in einer kleinen Ansprache, »haben unsere Wertschätzung der Süddeutschen nicht vermindert«, und der liberale Politiker Benedikt Waldeck wirbt um das Vertrauen der Kollegen: »Und wenn Sie aus dem Süden zu uns kommen, so brauchen Sie uns nicht mit Furcht anzusehen: Berlin ist deutsch!«[166] Und nicht preußisch, muss dieser Satz in Gedanken vollendet werden.

Bei so viel Freundlichkeit vergessen allerdings weder Gäste noch Gastgeber, dass hinter jeder Einladung selbstredend eine politische Absicht steht. So wundert es nicht, dass so mancher süddeutsche Abgeordnete in dieser Liebenswürdigkeit »etwa Schalkhaftes und Pädagogisches finden kann, vor allem aber das Bewußtsein des Siegers, der dem noch grollenden Besiegten seine neue Lage in schönem Lichte zeigen und an ihm die vielgenannten moralischen Eroberungen machen will«.[167] Und wer sich unter den Berlinern allzu wohl fühlt, der mag auf die Stimmen hören, die es zu diesem Zeitpunkt in Preußen ja auch gibt. Zu den Gästen aus dem Süden freundlich sein? Die *Preußischen Jahrbücher* sehen das anders:[168]

> »Es wäre äußerst verkehrt, diese Leute mit der bei uns üblichen Höflichkeit zu behandeln.«

Schließlich, so heißt es weiter, würden diese Herrschaften ja nicht nur in ihrer Heimat permanent gegen Preußen polemisieren und kämpfen. Vielmehr bedienten sie sich fortgesetzt der »Unsitte einer pöbelhaften Straßendemagogie« und nutzten auch Schimpfworte wie »Bettelpreußen«, was aus preußischer Sicht nicht unbeantwortet bleiben dürfe. »Auf einen groben Klotz«, so heißt es ermunternd, »gehört ein großer Keil.«[169] Der Schriftsteller Gustav Freytag glaubt, dass die Südstaaten trotz der Arbeit im Zollverein »mit jedem Jahr fremder« werden, und Heinrich von Treitschke warnt davor, den »treuen deutschen Worten, die im Zollparlamente so oft herzerwärmend von den Bänken der wackeren süddeutschen Minderheit erklangen«, irgendeinen Glauben zu schenken.[170] Die preußische Skepsis scheint angemessen, denn das Zollparlament hat die Bedenken nicht zerstreuen können. Im *Mannheimer Anzeiger* ist zu lesen:[171]

> »Die föderalistisch gesinnte und gestimmte Bevölkerung in Süddeutschland kann sich für diese Staatsidee nicht begeistern. Daher ihre Abneigung gegen den preußisch-deutschen Staat, daher ihr Widerspruch gegen die Bismarcksche Gleichmacherei, gegen die Politik von ›Blut und Eisen‹, kurz, gegen die Kopie des Zäsarismus, der Frankreich an den Abgrund des Verderbens gebracht hat.«

Es geht weiterhin ein Riss durch die deutschen Staaten, und dieser trennt keineswegs nur Nord- und Süddeutsche. Es gibt auch noch andere Verlierer des Krieges von 1866, deren Stimmen und deren Warnungen zuweilen zu hören sind. So wartet etwa der zwei Jahre zuvor geflohene Kurfürst von Hessen-Kassel mit einer publizistischen Abrechnung mit dem damaligen Geschehen auf. In Prag wird seine Denkschrift gedruckt, in der er beklagt, wie Preußen zwei Jahre vorher »im Dienste dynastischer Selbstsucht das gemeinsame Vaterland zerriß« und »die organischen Triebe einer tausendjährigen Entwicklung abschnitt«.[172] Der vertriebene Kurfürst Friedrich Wilhelm I. lässt Preußen die angebliche Treue zur Idee einer deutschen Einheit als Motiv für das Vorgehen nicht durchgehen. Vielmehr konstatiert er, dass ganz Europa »schwer unter dem Druck des bewaffneten Friedens« leide und dass zusehends »die Quellen des Wohlstandes« versiegten.[173] Es gebe allen Anlass, mit Sorgen in die Zukunft zu schauen:[174]

> »Noch liegt die Zukunft hinter dunklem Schleier, und nur dessen ist jeder Denkende sich bewußt, daß noch unsägliches Elend, noch heillose Wirrniß Deutschland, ja ganz Europa bevorsteht, ehe die Saat von 1866 beseitigt, oder was Gott verhüten wolle, zu Blüthe und Frucht gedeihen sein wird.«

Auch die Annexion des Königreiches Hannover ist noch nicht vergessen; Berichte über den im Exil lebenden König Georg V., über angebliche Umtriebe der »Welfenlegion« oder über Widerstände von Beamten in der nun neuen preußischen Provinz Hannover sind regelmäßig in den Zeitungen zu lesen. Währenddessen feiert das offizielle Preußen weiterhin seinen Siegeszug gegen die Welfen. Der Publizist Moritz Busch, ein glühender Anhänger und späterer Mitarbeiter Bismarcks, schreibt vom gerechten göttlichen Zorn und preist den Untergang Hannovers hämisch als nationale Erlösung:[175]

> »Wer an eine Nemesis glaubt oder an ein dem ähnlich aufgefaßtes Christliches, der findet in neuester Geschichte kaum einen lauter und eindringlicher sprechenden Beleg für seinen Glauben, als die Folge von Ereignissen, welche im gesegneten Jahre 1866 dem Welfenthum in Hannover den Untergang brachte.«

Vor dem Hintergrund dieser nationalen Zerrissenheit geht die Arbeit des Zollparlaments zu Ende. Am 23. Mai 1868 trifft man sich zur feierlichen Schlusssitzung, wie schon bei der Eröffnung auch diesmal im Weißen Saal des königlichen Schlosses. Otto von Bismarck verliest die Thronrede des Königs, in der den Abgeordneten offiziell gedankt und die Hoffnung ausgedrückt wird, dass die gemeinsame Arbeit dazu gedient habe möge, »das gegenseitige Vertrauen der Deutschen Stämme und ihrer Regierungen zu kräftigen und manche Vorurtheile zu zerstören oder doch zu mindern, die der einmüthigen Bethätigung der Liebe zu dem gemeinsamen Vaterlande« im Wege gestanden haben sollten.[176]

Doch trotz aller schönen Worte: Otto von Bismarck kann nicht zufrieden sein. Nach dem 18. Mai und seinem kraftvollen Auftritt vor den Abgeordneten beschäftigt sich das Zollparlament zwar weiterhin mit Zoll- und Steuerfragen, doch es kommt zu keinen bedeutenden politischen Debatten mehr.[177] Und Bismarck verliert das Interesse an dieser Bühne und mithin an dem Parlament. In der Sitzungsperiode des folgenden Jahres 1869 wird er nur noch einmal zu einer kurzen Rede erscheinen und sich ansonsten vertreten lassen. In einem Fall lässt er sich aufgrund ärztlicher Verordnungen entschuldigen, obwohl er tatsächlich zu einer Inspektionsreise nach Westdeutschland aufbricht. Der Weg zur deutschen Einheit führt für den Kanzler des Norddeutschen Bundes offensichtlich nicht (mehr) durch das Zollparlament.[178] Aber Otto von Bismarck ist ja ohnehin kein Freund der Parlamente, und er muss sich hinsichtlich der Versammlung in Berlin sogar mit einem angeblich von ihm stammenden Ausspruch herumschlagen, der nun offiziell als Gerücht deklariert wird. In einer Zeitung heißt es:[179]

> »Die Nachricht eines Correspondenten der ›Zeitung für Norddeutschland‹, daß vom Bundeskanzler Grafen von Bismarck in Bezug auf das Zollparlament die Aeußerung

> gemacht wäre: ›Ich habe das Ei gelegt, entwickelt es sich nicht nach meinem Wunsche, so werde ich es wieder zertreten‹ ist begreiflich vollständig erdichtet.«

Vielmehr beruhe das Parlament auf der Grundlage des Vertrags über die Erneuerung des Zollvereins, lässt das Blatt weiter verlauten. Aber keine Frage: Am liebsten würde Bismarck dieses »Ei« Zollparlament wieder zertreten. Denn auf kleindeutscher Seite überwiegt die Enttäuschung. Dieses Parlament sei nichts Halbes und nichts Ganzes, so ließe sich diese Skepsis zusammenfassen. Ein Kommentator der *Berlinischen Nachrichten* nennt die bisherigen Verhandlungen unfruchtbar, nicht nur weil weder die Erhöhung der Tabaksteuern noch der Petroleumzoll bewilligt worden seien. Es sei vielmehr der innere Widerspruch, an dem das Zollparlament kranke: Es soll über Zölle und indirekte Steuern beschließen, kann aber nicht über die Verwendung der Einnahmen entscheiden und besitzt auch keinen Einfluss auf die Budgets in den einzelnen Ländern. So könne kein entscheidender Schritt in Richtung einer Einheit getan werden:[180]

> »Das Zollparlament ist ein Fortschritt, es ist ein nothwendiger Durchgangspunkt, aber es hat, wie es besteht, keine Zukunft … Das Zollparlament war der evidenteste Beweis, daß wir eine nationale Vertretung des deutschen Gesammtstaates haben müssen nicht bloß in Zollsachen. Das ist das allgemeine Gefühl, dem sich auch der Süden nicht lange wird entziehen können.«

Also doch ein Parlament für Deutschland? Bloß das nicht, heißt es jetzt deutlicher denn je aus dem Süden. Gerade die Erfahrung mit dem Zollparlament sei doch ein eindrücklicher Beleg dafür, welch »verderbliche Schöpfung das Zollparlament ist«, heißt es in einer bayerischen Zeitung, und welches Schicksal Süddeutschland ereilen wird, wenn es dem Norddeutschen Bund auch in anderen Dingen einverleibt würde.[181] Johann Nepomuk Sepp von der bayerischen Patriotenpartei schildert nach seiner Rückkehr aus Berlin vor dem Patriotischen Verein in München seine Erfahrungen als widerständige Kraft gegen den preußischen Kurs:[182]

> »Uns Süddeutschen waren in Berlin Alle willkommene Freunde, die das preußische Joch abwälzen wollten. Alle, die von den Preußen unterdrückt sind, von den Preußen Unrecht erlitten haben, waren auf unserer Seite, machten gemeinsame Sache mit uns. ›Laßt Euch mit den Preußen nicht ein‹, sagten sie, ›wir wollen auch nicht bismärkisch seyn …‹ So sprachen die Sachsen, die Schleswig-Holsteiner, die Hessen, die Nassauer zu uns.«

Die süddeutschen Abgeordneten hatten in Berlin ihre Arbeit aufgenommen, um eine Stärkung der kleindeutschen Position durch wirtschaftliche Debatten zu verhindern. Das ist ihnen tatsächlich weitgehend gelungen oder, wie es in der Abschlusserklärung der »Süddeutschen Fraktion« im Mai 1868 heißt, sie haben »die Annexionslokomotive am Main zu noch längerem Stehen gebracht«.[183] Einer dieser Abgeordneten hatte seiner Frau in einem Brief im Mai erklärt, dass »wir ein kleiner Haufen gegen die Masse der Norddeutschen« sind und »nur durch geschicktes Manövrieren etwas erreichen werden«.[184] Aber genau das ist ihnen ja schließlich gelungen. Viele dürften nach den knapp vier Wochen im Zollparlament deshalb zufrieden in ihre Heimat zurückgekehrt sein und weiter gehofft haben, dass es einen Automatismus des Anschlusses an den Nordbund doch nicht geben werde. Johann Nepomuk Sepp lästert über die Preußen, die sich so sehr um die Süddeutschen bemüht hätten:[185]

> »In Preußen haben sie während des Zollparlaments für die Einheit Deutschlands beten lassen. Ich glaube aber, der liebe Herrgott war da in schöner Verlegenheit, denn ich glaube nicht, daß er über die deutsche Einheit preußischer Ansicht sein kann.

> Wir sind in Preußen gewesen. Wir haben unsere Ansichten möglichst für uns behalten und durften ja Niemand dort beleidigen.«

Kritische Töne kommen erwartungsgemäß auch aus Österreich. Als die Mitglieder des Zollparlaments auseinandergehen und sich »den märkischen Sand von den Füßen« schütteln, sei zumindest im Norden eine weitverbreitete Verstimmung festzustellen. Die Anhänger der kleindeutschen Forderungen hätten demnach keinen Grund zum Jubeln, denn alle Versuche, aus dem Zollparlament ein nationales Vollparlament zu machen, scheinen sich bereits überlebt zu haben. Die in Wien erscheinende Zeitung *Das Vaterland* erklärt, dass das Zollparlament »die Pläne der preußischen Regierung mehr durchkreuzt als gefördert« habe, indem es die Petroleumsteuer verworfen, die Tabaksteuer auf die Hälfte reduziert und die Adresse an den König von Preußen abgelehnt habe. Doch der Schein trüge: Bismarck habe wegen der Adresse an den König keinen Konflikt für notwendig erachtet, und auch die niedrigere Tabaksteuer sei immer noch ein wichtiger Sieg über die Süddeutschen, weil sie von den Einnahmen weit mehr abführen müssten, als sie selbst einbehalten könnten. Sie zahlten unterm Strich kräftig in die Zollvereinskasse ein, »die für den Nordbund zugleich die Kriegscasse ist«. Im Grund sei Süddeutschland längst an den »Hohenzollernschen Militärstaat« verloren, weshalb sich Berlin ihnen gegenüber regelrecht generös zeigen könne:[186]

> »Den Süddeutschen aber hat Graf Bismarck leicht sagen, er brauche sie nicht, denn er hat sie schon; er verfügt über ihre Wehrkraft ganz und über ihre Geldkraft zum großen Theile.«

Derweil die publizistischen Gefechte über die Ergebnisse des Zollparlaments weitergehen, haben die Abgeordneten ihre Arbeit vorerst beendet. August Bebel hat Verständnis dafür, dass gerade die auswärtigen Herren froh sind, »nach vierwöchiger diätenloser

Anwesenheit in Berlin« wieder nach Hause fahren zu können. Ihre Anstrengungen werden zudem nicht allenthalben gewürdigt, vor allem weil die Sitzungen des Zollparlaments oft nur dürftig besucht waren. Der Berliner Volksmund habe dementsprechend schon die Formulierung geprägt: »Zollparlament bedeutet Leerparlament.«[187] Schon nach den ersten Sitzungen sah mancher Beobachter den anfänglichen Schwung wieder erlahmen. Das »jungfräuliche Institut«, so spottet eine Zeitung, gleiche längst dem Bild »einer schläfrigen Matrone«, denn die Bänke blieben großenteils leer, und auch auf den besetzten Plätzen »nimmt man fast nur Kundgaben der Langeweile oder der Gleichgültigkeit wahr«.[188] Und das satirische Blatt *Kladderadatsch* aus Berlin macht sich über die gelangweilten Abgeordneten lustig:[189]

»Ein Redner spricht. Da sitzt ein Kerl,
Der schnarcht, als ob er schliefe;
Dort Einer, der die Zeitung liest,
Zehn Andre schreiben Briefe.
Wohl Hundert haben heimlich sich
Zur Kneipe hin gestohlen;
Zum Stimmen – denken sie – wird uns
Schon Der und Jener holen!«

Das ist sicher wohlfeiler Spott über die parlamentarische Arbeit – aber tatsächlich sollten die Abgeordneten lieber hellwach sein. Denn neue Gefahren und Herausforderungen liegen in der Luft, genau genommen: die Besorgnis wegen eines Krieges gegen Frankreich. Wer von den Abgeordneten genau hingehört hat, konnte Otto von Bismarcks Rede vom 18. Mai durchaus als eine außenpolitische Drohgebärde verstehen. Der Abgeordnete Bluntschli jedenfalls kommt nach einem Gespräch mit seinem Kollegen Bennigsen zu der Einsicht, dass es Bismarck dabei nicht so sehr um die süddeutschen Herren im Zollparlament ging. Vielmehr wollte er »einen drohenden Finger gegen Paris erheben«, und fraglos lasse sich darin eine Kriegsgefahr erkennen.[190] Es gebe andere Männer in diesem Zollparlament, die auf das Reden auch mit Frankreich ohnehin nicht viel setzen, so etwa Generalfeldmarschall Helmuth von Moltke, »der Alles mit dem Degen machen will«, wie sich Bluntschli erinnert.[191] Und auch der Nationalliberale Bamberger nimmt während seiner Anwesenheit im Zollparlament das Misstrauen vieler Abgeordneter gegen Frankreich wahr, das viele von einer kriegslüsternen Führung regiert sehen. Bamberger selbst hält zwar an seiner »Friedensphantasie« fest, muss aber zugleich eine entgegengesetzte Stimmung konstatieren:[192]

> »Es gibt sogar viele Leute hier, die denken, ein Krieg mit Frankreich sei am Ende ein so grosses Unglück nicht, weil es das sicherste Mittel sei, die deutsche Einheit herzustellen.«

Wird Deutschland tatsächlich einen Krieg vom Zaun brechen, um den Prozess einer kleindeutschen Einheit zu beschleunigen? Ludwig Bamberger hat zwar diese Sorge, aber er tröstet sich ausgerechnet mit der Person Otto von Bismarcks: In ihm, so glaubt Bamberger, den mit dem acht Jahre älteren Bismarck eine eigentümliche Hassliebe verbindet,[193] fänden »solche Einheitsmacher um den Weltfriedenspreis auch einen ganz entschiedenen Gegner«. Das politische Berlin wisse ganz bestimmt, dass der Kanzler des Norddeutschen Bundes einen solchen Krieg nicht nur für eine »beklagenswerte Kulturzerstörung« halte, sondern auch nur zu genau wisse, »dass ein noch so glänzender Sieg doch nur mit den grössten Opfern erkauft werden könnte«.[194] Aber Bamberger irrt: Bismarck hat zu diesem Zeitpunkt schon längst die Hoffnung aufgegeben, die Einheit könne durch einen Prozess der friedlichen Verschmelzung erreicht werden.[195] Ein Krieg mit Frankreich käme dem Machtmenschen im Grunde sehr gelegen.

Aber wäre ein solcher Krieg für Preußen überhaupt zu gewinnen? Aus München erfährt der preußische Hof, dass sich in ganz Süddeutschland angeblich antipreußisch-katholische Kräfte offen profranzösisch gebärden und dass sie einen Sieg Frankreichs in dem kommenden Krieg gegen Preußen erwarten.[196] Auf Hilfe aus dem Süden scheint Bismarck jedenfalls nicht bauen zu können. Und was wäre ein militärischer Sieg denn gegebenenfalls auch schon wert? Ludwig Bamberger verweist darauf, »dass eine noch so harte Niederlage das französische Volk nur dahin führen könnte, eifersüchtiger als vorher auf Deutschland zu werden und nach einem ersten verlorenen Feldzug alsbald einen zweiten zu versuchen«.[197] Ein Krieg als Möglichkeit zur Schaffung einer Zukunft in einem deutschen Reich erscheint ihm also vollends kontraproduktiv. Aber wird die Vernunft siegen?

»Gleich in erster Minute der Geburt kam dieser Krieg als Lüge zur Welt.«

Der Publizist und Politiker Ludwig Bamberger 1870[198]

3

13. Juli 1870

Telegramm für Herrn Bismarck!

Die Geschichte dieses Tages ist einfach zu schön, um sie nicht zu erzählen – wenngleich sie den entscheidenden Nachteil hat, dass sie sich in wichtigen Passagen leider nicht so recht mit der historischen Wirklichkeit deckt. Das liegt maßgeblich an Otto von Bismarck: Dieser hat viele Jahre später in seinen autobiografischen *Gedanken und Erinnerungen* der Nachwelt seine höchst persönliche Sicht auf das Geschehen dieses Tages hinterlassen – mit erstaunlichem Erfolg. Es geht dabei um den Ausbruch des Deutsch-Französischen Krieg im Juli 1870, genau genommen um den konkreten Anlass dafür. Bismarck behauptet in seinen Erinnerungen, ihn habe am Abend des 13. Juli 1870 die später so bezeichnete »Emser Depesche« überrascht, ein Telegramm seines Königs Wilhelm aus dem Kuraufenthalt. Er habe diese Mitteilung zunächst im Kreise enger Vertrauter gelesen und dann ein wenig überarbeitet, um sie anschließend in dieser Form der Öffentlichkeit zukommen zu lassen – wohl wissend, dass er damit Frankreich einen Kriegsgrund liefern würde. Aber das, so erklärt Bismarck rückblickend, musste er schließlich in Kauf nehmen, denn es »zwang uns nach meiner Ansicht das nationale Ehrgefühl zum Kriege«.[199] So sei das damals mit dem Ausbruch des Krieges gewesen.

Woran sich Otto von Bismarck in seinen Memoiren nicht erinnert – oder was er bewusst anders darstellt: Die Entscheidung über Krieg und Frieden ist an diesem 13. Juli 1870 bereits gefallen, zwar auch durch ihn, aber eben doch schon am Abend zuvor. Aber die von Bismarck verbreitete Version, erst mit der »Emser Depesche« habe sich die preußische Führung für den Krieg entschieden, wurde von der Nachwelt geradezu begierig aufgegriffen und ging in die Geschichte ein als eine der wirksamsten Legenden, die es über den Politiker Bismarck überhaupt gibt. Über Generationen hinweg wurde diese Darstellung verbreitet, und auch die meisten Historiker schließen sich mit größeren oder kleineren Abstrichen bis heute dieser Sicht an.[200] Tatsächlich aber findet sich im Tagebuch des Historikers Leopold von Ranke, des ebenso einfluss- wie kenntnisreichen Geschichtsschreibers des preußischen Staates, der Hinweis auf das Geschehen am Tag zuvor, am Dienstag, dem 12. Juli 1870. Von einem Telegramm des Königs ist da nicht die Rede:[201]

> »Der Ausbruch [des Krieges] liegt doch noch anders, als man meint. Der Krieg wurde hier [in Berlin am 12. Juli] von B[ismarck] beschlossen.«

Den Entschluss, jetzt endlich gegen Frankreich in den Krieg zu ziehen, fällen am Abend dieses 12. Juli 1870 drei politische Schwergewichte des preußischen Staates: Otto von Bismarck, als preußischer Ministerpräsident und Bundeskanzler des Norddeutschen Bundes unumstrittener Lenker der preußischen Politik, Kriegsminister Albrecht von Roon sowie Helmuth von Moltke, Chef des Generalstabs. Bismarck ist mit seinen 55 Jahren der Jüngste in der kleinen Runde, Roon ist bereits 67, Moltke schon 69 Jahre alt. Dieses politisch-militärische Dreigestirn hatte schon in den Kriegen von 1864 und 1866 die preußische Sache siegreich betrieben, und von ihnen hängt es auch in diesen Tagen entscheidend ab, ob das Land erneut in einen Krieg ziehen wird. Dieser informelle

Kriegsrat trifft sich an diesem Tag ungeplant, denn eigentlich wollte sich Bismarck für einige Zeit auf seinem pommerschen Landgut in Varzin ausruhen. Denn der auch in leiblicher Hinsicht große und schwergewichtige Ministerpräsident muss sich mit körperlichen Problemen herumplagen. Wieder einmal ...

Otto von Bismarck lebt schon seit Jahren über seine Kräfte und nimmt viel zu wenig Rücksicht auf seine Gesundheit. Roon und Moltke wissen das, und vermutlich ist es auch an diesem Abend wieder der Fall: Wer im Hause Bismarck zum Essen eingeladen ist, sollte Hunger mitbringen. Hier wird stets reichlich und gut gegessen, böse Zungen könnten behaupten, der Hausherr sei eben nicht nur in politischer Hinsicht ein regelrechter Vielfraß. Tatsächlich kann der Regierungschef beim Essen und Trinken nicht recht Maß halten. Bismarck liebt es beispielsweise, große Mengen schwerer Speisen mit ein paar Flaschen Champagner oder Wein hinunterzuspülen.[202] Wer sich mit ihm an einen Tisch setzt, sollte das aushalten und möglichst auch mithalten können.

Kein Wunder, dass der Kanzler schon seit Jahren immer wieder an unterschiedlichen Krankheiten leidet: rheumatischen Entzündungen und Gichtanfällen, Gallenkoliken, Gelbsucht oder Gürtelrose. Hinzu kommen noch die wiederkehrenden Phasen, in denen ihn Schlaflosigkeit und Erschöpfung quälen. Schon seit geraumer Zeit drohen ihn seine Erkrankungen auch immer wieder an der Erfüllung seiner Amtspflichten zu hindern. Bereits an der Berliner Siegesparade für den gewonnenen Krieg im September 1866 konnte er nur mit Mühe teilnehmen, seine Unpässlichkeit ist zu diesem Zeitpunkt in politischen Kreisen längst so bekannt, dass selbst in Zeitungen offen darüber berichtet wird. Auch Ende 1869 und jetzt wieder im Frühjahr 1870 ereilen Bismarck erneut gesundheitliche Rückschläge. Seinen Leiden versucht er nun mit Morphium beizukommen, überdies zieht er sich zur Erholung auf sein pommersches Landgut in Varzin zurück. Als sich sein Gesundheitszustand Anfang Juni allerdings erneut verschlechtert, verschärft Bismarck seine ernst zu nehmende Erkrankung noch, weil er sich nach einem Streit mit seinem Arzt weiter mit dem Rauschgift Morphin zu kurieren versucht.[203]

Dass sich Bismarck mal wieder in schlechter Verfassung befindet, wird ihn wohl selbst am meisten ärgern. Denn just in diesem Moment brauen sich politische Krisen zusammen. Mehr als lästig und seit Langem kräfteraubend sind für Bismarck die Debatten um den preußischen Staatshaushalt, vor allem die hohen Militärausgaben werden im Abgeordnetenhaus und im Norddeutschen Reichstag kontrovers diskutiert, und für beide Häuser stehen im Herbst Neuwahlen an. Doch sehr viel gefährlicher scheint sich eine außenpolitische Krise zu entwickeln, die seit Anfang Juli 1870 schwelt. Diese beginnt mit einem Ereignis, das auf den ersten Blick nicht das Potenzial besitzt, später einmal ein Kriegsgrund zu sein. Es sei denn, die Beteiligten legen es unbedingt darauf an …

Im Sommer 1870 lässt sich zwar angesichts der seit 1866 latent bestehenden Spannungen zwischen Preußen und Frankreich sagen, dass ein Krieg gegen Frankreich schon lange erwartet wird. Aber wann wird er kommen? Liegt er tatsächlich schon in der Luft? »Der 1. Juli 1870 sah Europa in tiefem Frieden«, so schildert der Schriftsteller Theodor Fontane seine Wahrnehmung der Stimmung zu Beginn des Sommers,[204] als die Eliten des Kontinents, augenscheinlich kaum beunruhigt durch internationale Krisen, in die Sommerfrische oder zur Kur aufbrechen. Auch im politischen Berlin herrscht geradezu demonstrative Sommerruhe. Anfang Juli ist im Prinzip kein einziger leitender Beamter in der preußischen Hauptstadt anwesend, es ist die Zeit der Reisen und der Kuren. Auch der preußische König Wilhelm weilt fernab von Berlin und Potsdam in Ems, wo sich seit geraumer Zeit gern die Monarchen des Kontinents, aber auch viele Künstler zur Erholung aufhalten.[205] In diesem Jahr kommt der Hohenzollern-Regent sozusagen als frischgebackener Landesherr, schließlich hat sein Preußen auch das Herzogtum Nassau, in dem Ems liegt, 1866 annektiert. Am 20. Juni 1870 trifft der 73-jährige Monarch an der Lahn ein.

Theodor Fontane betrachtet ihn voller Bewunderung. Wilhelm überrage alle übrigen großen Berühmtheiten am Ort, schwärmt er, wenn seine »hohe Gestalt« ruhig und erhaben an ihnen vorbeischreite. Und überhaupt gehe es beeindruckend würdevoll zu in dieser heilen Welt in ihrem sommerlichen Frieden:[206]

> »Glückliche, stille, in ihren Bildern wechselnde Tage ... Nichts fröhlicher, nichts friedlicher als die Mittsommerzeit der 70er Saison im schönen Ems. Das Leben ein Idyll!«

Dieses Idyll ist indes eine Momentaufnahme, und zwar eine irreführende. Der Frieden in Europa ist keineswegs eine Selbstverständlichkeit, vor allem nicht für Preußen und die übrigen deutschen Länder. Vier Jahre ist der große Krieg zwischen den Deutschen her, das noch mächtiger gewordene Preußen dominiert das politische Geschehen mehr und mehr, und die süddeutschen Länder stehen in ihrem Widerstand gegen eine deutsche Einheit unter preußischer Führung unter massivem Druck. Die beiden letzten Schritte der preußischen Expansion 1864 und 1866 waren Feldzüge, in denen Preußen nicht nur gegenüber Süddeutschland, sondern gegenüber ganz Europa seine militärische Schlagkraft und seinen Machtwillen eindrucksvoll unter Beweis gestellt hat. Für Otto von Bismarck waren dies Etappen zu einer Einheit ganz im preußischen Sinne. Und von ihm ist bekannt, dass er auch einen Krieg gegen Frankreich nicht scheut, wenn es um den nächsten Schritt der Erweiterung geht. Dabei ist es ja nicht so, dass Bismarck nur aus Spaß an der Freude einen Krieg vom Zaun brechen will. Fraglos ist ihm eine Reichsgründung ohne Krieg lieber – aber einfacher zu erreichen ist sie womöglich durch einen solchen Waffengang. Schon zwei Jahre zuvor hat er in einem Brief erklärt:[207]

> »Auf einen Schlag eine homogene Gestaltung Deutschlands zu erreichen, ist nur möglich im Falle eines Krieges.«

Ein solcher Krieg scheint nicht nur dem preußischen Ministerpräsidenten der notwendige Preis für eine nationale Einheit zu sein. »Viele halten den Krieg mit Frankreich für unvermeidlich«, notiert Baronin Spitzemberg, die Frau des württembergischen Gesandten am preußischen Hof, schon am 3. April 1866 in ihr Tagebuch.[208] Und auch die Abgeordneten des Zollparlaments spekulieren im Jahr 1868 ja immer wieder über einen möglichen Waffengang, den einige von ihnen ganz offensichtlich sogar für wünschenswert halten. Dazu mag beitragen, dass die negativen Erfahrungen von 1866, womöglich auch noch die des im Vergleich eher begrenzten Krieges gegen Dänemark von 1864, politisch gute Dienste leisten: Ein Krieg bringt die deutsche Einheit immer ein Stück voran, so ließe sich das Geschehen der zurückliegenden Jahre interpretieren, und weshalb sollte ein solcher gegen Frankreich nicht den nächsten Schritt ermöglichen, den Schulterschluss der süddeutschen Staaten mit einem von äußeren Feinden angegriffenen Preußen? Theodor Fontane hat zwar einerseits recht: Anfang Juli 1870 erleben die Menschen eine friedliche Sommerzeit. Doch andererseits ist ein Krieg gegen Frankreich in diesen Monaten genauso wahrscheinlich wie schon in den zurückliegenden Jahren und Monaten. Es herrscht zwar Friede – aber es gibt keinen Grund zur Entwarnung. Das zeigt sich schon in den nächsten Tagen …

Die Krise, die im Juli 1870 bald ganz Europa in Atem halten wird, nimmt ihren Anfang weit weg von Ems und von Berlin, nämlich in Spanien, wo die bourbonische Königsherrschaft 1868 gestürzt wurde und die Übergangsregierung in Madrid sich auf die Suche nach einem neuen Monarchen machte. Die spanische Thronfolge ist zugleich immer auch ein internationales Thema, weil sie das europäische Mächteverhältnis berührt. Bald zwei Jahre zieht sich die Suche nach einem geeigneten Kandidaten schon hin, und in Preußen sieht Otto von Bismarck darin durchaus auch eine Chance für seine Politik: Solange Frankreich sich nicht sicher sein kann, welcher Regent den spanischen Thron besteigt und wie sich die politische Situation in seinem mächtigen

Nachbarland entwickelt, werde es nicht ernsthaft an einen Krieg mit Deutschland denken können.[209] Einen weiteren Vorteil für Preußen wittert er, als die Spanier einen Prinzen aus dem Hause Hohenzollern für die Kandidatur in den Blick nehmen: den 34-jährigen Leopold von Hohenzollern aus der katholischen Nebenlinie der Dynastie in Sigmaringen. Der portugiesische König – immerhin sein Schwiegervater – hat ihn als möglichen König ins Spiel gebracht, und dieser erklärt sich tatsächlich nach langem Überlegen zur Kandidatur bereit.

Einen wichtigen Beitrag zu dieser Entscheidung leistet auch Otto von Bismarck, weil er Leopolds Kandidatur ausdrücklich unterstützt. Auch sorgt er mit viel Geduld und Überzeugungsarbeit dafür, dass sowohl Leopolds Vater Karl Anton, der bis 1862 vier Jahre lang preußischer Ministerpräsident war, als auch der preußische König Wilhelm schließlich das Vorhaben unterstützen. Bismarck wittert einen außenpolitischen Glücksfall: Es sei »wünschenswert, jenseits Frankreich ein Land zu haben, auf dessen Sympathien wir rechnen können, und mit dessen Empfindungen zu rechnen Frankreich genötigt ist«.[210] Leopolds Kandidatur erscheint also zunächst einmal als höchst willkommenes Mittel der Friedenssicherung: Frankreich werde keinen Krieg mit Preußen riskieren, wenn es dann einen Zweifrontenkrieg fürchten muss. Eine Privatangelegenheit einer Dynastie ist die Frage der Kandidatur damit von Anfang an nicht.

Frankreich kann mit dieser Situation nicht zufrieden sein. Als dort bekannt wird, dass sich Leopold nun offiziell um die spanische Thronfolge bewirbt, kommt es zu einem Aufschrei in Politik und Öffentlichkeit. Zu den heftigen Reaktionen gehört eine regelrecht kriegshetzerische Rede des neuen, aber diplomatisch recht unerfahrenen französischen Außenministers Antoine Agénor de Gramont,[211] die auch in Deutschland mit einer Mischung aus Überraschung und Erschrecken wahrgenommen wird. Hier sieht man nun deutlich die Gefahr, dass die Kandidatur eines deutschen Erbprinzen für einen fernen Thron zu einem Krieg mit dem mächtigen Nachbarn führen könnte. Schon bald werden Forderungen nach einem raschen Verzicht auf die Kandidatur laut.

Die etwas zu durchsichtige Strategie Otto von Bismarcks sieht zunächst vor, sich als preußische Regierung in dieser Gelegenheit einfach für nicht zuständig zu erklären: Die ganze Kandidatur sei eine Sache der spanischen Regierung und mit Blick auf den erwählten Kandidaten die eines Privatmannes – Preußen sei also bei möglichen französischen Beschwerden schlicht der falsche Ansprechpartner.[212] So lesen denn die Deutschen in dieser ersten Juliwoche wiederholt Zeitungsberichte, wonach »man in den diesseitigen maßgebenden Kreisen an der Auffassung festhält, daß die ganze spanische Throncandidatur-Frage überhaupt ein preußisches Interesse gar nicht berührt« und deshalb für die preußische Regierung keinerlei Wichtigkeit besitzt.[213] Stattdessen, so der Vorwurf, mache Frankreich die ursprünglich »familiäre« Angelegenheit jetzt absichtlich zu einer politischen. Deshalb sei jedwede Eskalation der Krise eindeutig die Schuld der französischen Regierung. Gleichwohl – dieser Widerspruch ist allerdings offensichtlich – wird ein möglicher Verzicht Leopolds auf die Kandidatur nicht als »Familienangelegenheit« bewertet, sondern als eine Frage der Ehre ganz Preußens; »das geringste Nachgeben gegen eine unberechtigte französische Forderung würde eine Demüthigung Preußens documentieren«, heißt es in einer Zeitung aus Jena. Paris habe jetzt schuldhaft eine Machtfrage gestellt, die womöglich nur noch einen Krieg als Lösung zulasse.[214]

Ob das ein durchschnittlicher Leser wirklich glaubt? Dass sich Frankreich durch einen Hohenzollern-König auf dem spanischen Thron in seiner Sicherheit bedroht fühlt, kann auch ein patriotisch empfindender Preuße im Grunde recht gut nachvollziehen. Zugleich schwirren bereits viele Gerüchte durch das Land, die als Vorzeichen eines Krieges gedeutet werden müssen. Dazu gehört die Meldung, dass aus dem südfranzösischen Toulon schon bald Schiffe auslaufen sollen, »um Truppen aus Afrika herbeizuholen«.[215]

Krieg ist in Sicht. Und bald scheint nur ein Verzicht des Erbprinzen Leopold die Katastrophe noch verhindern zu können. Paris entschließt sich in dieser Situation, direkt beim preußischen König Wilhelm zu intervenieren. So macht sich Graf Vincent de Benedetti, der französische Gesandte am preußischen Hof, auf den Weg nach Ems, um dort den Monarchen von einem Verzicht Leopolds zu überzeugen. Die Stimmung ist allerdings schlecht. Aus dem noch wenige Wochen vorher so friedlich gestimmten Ems schreibt Kurt Freiherr Roth von Schreckenstein, Adjutant des Fürsten Karl Anton von Hohenzollern, des Vaters des Thronkandidaten, über die »ernste und aufgeregte Stimmung« im Kurort und bei den hochrangigen Gästen. Der Friede sei nur noch zu erhalten, wenn der Erbprinz freiwillig auf seine Kandidatur verzichte:[216]

> »Das ist's, worauf man hofft und, ich glaube, rechnet … Die allgemeine Stimmung wird von Tag zu Tag düsterer und die Börsenpanik ungeheuer. Aller Blicke sind nach Sigmaringen gerichtet … Auf E.K.H. Einsicht und baldigste Entscheidung scheint man mit Zuversicht zu hoffen, da hiervon der Friede Europas abhängig.«

In der politischen Öffentlichkeit wird dieser Rückzug Leopolds bereits seit einigen Tagen diskutiert und zuweilen schon voreilig vermeldet. Schon zwei Tage vor diesem Schreiben wird genau diese Nachricht von einer italienischen Zeitung gedruckt, die angeblich sehr enge Beziehungen zum Hof von Sigmaringen pflegt.[217] Der Betroffene selbst kann sich in dieser angespannten Lage gar nicht selbst zu Wort melden, denn Prinz Leopold ist schlecht zu erreichen: Er genießt seinen Sommerurlaub in den Alpen, während der Friede Europas seinetwegen an einem seidenen Faden hängt. Der Kontinent schaut gebannt auf diese Krise, über Tage hinweg zieht sich die Entscheidung hin, ob nun der große Krieg ausbricht oder nicht. Und je länger sich das zermürbende Warten hinzieht, desto pessimistischer werden viele Beobachter. Die nationalistische Empörung in Frankreich gegen Preußen ist deutlich erkennbar. Aber auch in Berlin und Norddeutschland, so will es jedenfalls eine österreichische Zeitung ausmachen, wollten die Menschen nicht begreifen, »warum und wozu ein deutscher Mann für den künftigen König von Spanien seine Haut zu Markte tragen soll«. Das deutsche Volk könne sich eben nicht begeistern für einen möglichen Kampf, in dem es doch nur darauf ankommen würde, »einen entfernten Seitenverwandten eines deutschen Königshauses auf einen fremden Thron zu setzen«. Doch der greise preußische König Wilhelm, so urteilt in diesem Fall das Wiener *Fremden-Blatt*, nehme diese Stimmung im Volk nicht wahr und führe es lieber in den Krieg:[218]

> »Er hält seine Ehre für kompromittiert, wenn er den Forderungen Frankreichs nachgibt und er gibt nicht nach, obgleich sein Eigensinn Hundertausenden Tod und Verderben bringen wird.«

Frankreich – und im Grunde genommen ganz Europa – brauche auf ihn und sein Wort keine Hoffnungen zu setzen: Selbst wenn er Versprechungen wie die eines Verzichts auf die Kandidatur abgeben würde – es würde doch nichts bedeuten, so heißt es weiter. Denn »doppelzüngig und zweideutig war die preußische Politik immer und sie ist es, seit Bismarcks Sterne leuchten, mehr denn je«. Und überhaupt sei es zweifelhaft, ob ein Zurückziehen der Kandidatur den Frieden jetzt wirklich noch retten könnte, womöglich ist es dafür längst zu spät und »die Lawine in ihrem verderblichen Laufe« nicht mehr aufzuhalten.[219]

Auch im politischen Berlin ist die Spannung inzwischen denkbar groß. »Gott wolle uns vor dem Krieg bewahren«, notiert der preußische Kronprinz Friedrich Wilhelm in Potsdam am 12. Juli 1870 in sein Tagebuch. Dass an diesem Tag Otto von Bismarck seinen Aufenthalt im fernen Pommern abbricht, um nach Berlin zu kommen, wertet er als weiteres Indiz für die Zuspitzung der Krise.[220] Bismarck muss angesichts der bedrohlichen Entwicklung schließlich eingeschaltet werden und soll mit einer Zwischenstation in Berlin weiter nach Ems reisen, um seinem dort weilenden König beizustehen. Herbert von Bismarck holt seinen Vater an diesem Tag in Berlin vom Bahnhof ab und trifft ihn in nicht gerade gutem Zustand an: Die sommerliche Schwüle des Nachmittags mache ihm zu schaffen, so notiert der Sohn, obwohl der offizielle Wetterbericht für Berlin lediglich heiteres Wetter mit 18 Grad registriert.[221] Aber der Herr Vater ist eben auch von der Arbeit dermaßen »echauffiert«, dass sich der Sohn Sorgen um ihn macht. Er kann sich nur wieder einmal damit trösten, dass »seine starke Natur« mit Gottes Hilfe doch alles aushalte. Auch der preußische Kronprinz schreibt am folgenden Tag dem König nach Ems, dass Bismarck die Fahrt von Varzin nach Berlin »angegriffen« habe.[222]

Der gereizte und gesundheitlich angegriffene Ministerpräsident lässt sich umgehend in seine Dienstwohnung fahren. Er muss auf die Ereignisse der letzten Tage reagieren und hat dazu einen engen Kreis politischer Berater um sich versammelt. Dazu gehören Innenminister Friedrich zu Eulenburg und Kriegsminister Roon, später kommt Generalstabchef Moltke hinzu.[223] Die Stimmung, so jedenfalls nimmt es Bismarcks Sohn Herbert wahr, ist ernst, auch sein Vater sieht die unmittelbare Gefahr eines Krieges. Aber vor allem ist er augenscheinlich irritiert über die Gespräche in Ems, die der französische Botschafter dort mit König Wilhelm führt. Konkret fürchtet er, dass der Monarch dem französischen Drängen nach einem Verzicht des Hohenzollern-Prinzen auf die Kandidatur allzu leicht nachgeben werde, was gleichermaßen für die Interessen und die »Ehre« Preußens ein Rückschlag wäre. Beim gemeinsamen Abendessen diskutieren die Herren, ob – so schreibt es Herbert von Bismarck – »bei dem Größenwahnsinn und der Kriegslust der Franzosen« der Friede tatsächlich noch erhalten werden könne und ob es sich überhaupt empfehle, diesen

Krieg zu vermeiden – wenn dies denn unter Wahrung der preußischen Ehre gelinge.[224]

Es geht um Krieg und Frieden, aber Otto von Bismarck fühlt sich nicht kräftig genug, vor Ort einzugreifen: Statt seiner solle Innenminister zu Eulenburg noch an diesem Abend zum preußischen König nach Ems reisen. Während dieser Beratungen macht das Gerücht die Runde, Erbprinz Leopold habe auf seine Kandidatur für den spanischen Thron verzichtet, und bald darauf bestätigen entsprechende Telegramme diesen Schritt. Herbert von Bismarck schaut in betretene Gesichter, vor allem die beiden anwesenden Militärs sind offensichtlich enttäuscht, dass der Krieg augenscheinlich in letzter Minute abgewendet ist:[225]

> »Moltke bekam vor Verdruß über diese Wendung einen ganz roten Kopf, da … der Krieg, den er schon fest ins Auge gefaßt hatte, wieder in die Ferne gerückt schien … Der alte Roon war auch verstimmt, und eine etwas niedergeschlagene Stimmung … griff Platz.«

Es sind nicht nur die Generäle, die in diesem Moment einer vermeintlich verpassten Kriegschance hinterhertrauern. Auch Otto von Bismarck hatte sich schon auf die große Entscheidung eingestellt. Sein Sohn zitiert ihn in diesem Moment:[226]

> »Ich glaubte bis vor kurzem noch, am Vorabende der größten historischen Ereignisse zu stehen, und jetzt werde ich wohl bloß die Unannehmlichkeit der so plötzlichen Unterbrechung meiner Kur davon haben.«

Überall sieht der Kanzler Dilettanten und Widersacher am Werk, und auch sein König macht aus seiner Sicht wieder einmal alles verkehrt. Es ist kein Lob, wenn Bismarck den 73-jährigen Monarchen rückblickend als »friedliebenden« Regenten bezeichnet, der »die Lorbeeren von 1866« nicht in einem neuen Krieg aufs Spiel setzen will. Und was für Bismarck noch viel schwerer wiegt: Sein König steht seiner Meinung nach leider viel zu sehr unter dem »weiblichen Einfluss« der Königin Augusta. Ihr gegenüber empfindet Bismarck eine leidenschaftliche Abneigung, und der vermeintlich destruktive politische Einfluss Augustas auf den König macht ihn regelrecht rasend. Ihr bescheinigt er nicht nur »weibliche Furchtsamkeit« vor einem Krieg, sondern er unterstellt der Königin von Preußen sogar »Mangel an Nationalgefühl«.[227] Nun ist Bismarck nicht gerade für einen feinfühligen Umgang mit abweichenden Meinungen bekannt, aber das sind schon starke Worte, immerhin spricht der Mann von der Königin von Preußen.

So gedrückt an diesem Abend angesichts der neuen Lage zunächst die Stimmung im Hause Bismarck ist, so erleichtert zeigt man sich andernorts. Allen voran dem preußischen König Wilhelm fällt nach eigenen Worten ein Stein vom Herzen: Kein Krieg![228] Und sein Sohn, Kronprinz Friedrich Wilhelm, schreibt seinem Vater nach Ems, dass die Entscheidung Leopolds zum Verzicht auf ihn »wie eine Befreiung von Alpdrücken« gewirkt habe. Der Kronprinz ist wohl auch deshalb erleichtert, weil er gemeinsam mit Bismarck seinem Vater zur Unterstützung der Kandidatur geraten hatte; jetzt ist er froh über den glimpflichen Ausgang der Krise. Und mehr noch: Ganz Europa werde den Friedenswillen des preußischen Königs und seines Landes honorieren, weil es »auf jene Kandidatur« verzichte, »die nicht sein Unternehmen war« (was allerdings hart am Rande der Lüge formuliert ist), und damit die Welt »vor den Schrecknissen eines blutigen Krieges« bewahrt habe.[229] Das hingegen erscheint zuzutreffen, denn bald ist es in allen Zeitungen zu lesen:[230]

> »Es wird bestimmt gemeldet, daß der Prinz Leopold sich entschlossen habe, auf die Throncandidatur Spaniens zu verzichten, weil er es mit seinen Gefühlen als preußischer und deutscher Offizier nicht vereinbaren könne, Deutschland um seiner Person willen in den Krieg zu ziehen und Spanien zur

> Mitgift blutigen Kampf zu bringen … Er sei fest entschlossen, eine untergeordnete Familienfrage nicht zum Vorwande für den Krieg heranreifen zu lassen.«

In Süddeutschland sind die Menschen besonders zufrieden mit der augenscheinlichen Beilegung der Krise. Vor allem in Bayern war die Sorge groß, Preußen wolle einen Krieg und zugleich den Bündnisfall provozieren und das Land so ungewollt in einen blutigen Konflikt mit hineinziehen. Dabei ist man sich in der Öffentlichkeit mehrheitlich darüber einig, dass es Preußen darauf ankommen wird, »die Sachlage so darzustellen, als ob Frankreich in dieser specifisch preußischen Angelegenheit auf ganz Deutschland stoßen würde«. So steht es beispielsweise im *Bayerischen Kurier*.[231] Ohnehin habe Berlin aus dem Süden keine Unterstützung erwarten dürfen, so heißt es weiter:[232]

> »Es fällt keinem Bayer von gesundem Verstand ein, Gut und Blut an die Candidatur des Prinzen Leopold von Hohenzollern zu setzen. Wohin kämen wir, wollen wir bei allen Kriegen, die Preußens Ehrgeiz provocirt, Heeresfolge leisten! Heute gälte es dem spanischen Thron, morgen der Nichteinhaltung der Verträge mit Dänemark, übermorgen der Behauptung des Fürsten Carl auf dem rumänischen Thron. – Um solche Experimente mitzumachen, dazu haben wir unser Gut zu schwer erworben, dazu schätzen wir das bayrische Blut viel zu hoch. Man schwätze uns nur nicht vor, dass ja deutsches – preußisches – Blut von den Franzosen bedroht werde.«

Der Zeitungskommentator will sich keinen Sand in die Augen streuen lassen. Für ihn ist Preußen, sozusagen in Fortsetzung des Krieges von 1866, weiter auf Eroberungsfeldzüge aus. Und allen voran gehe die Aggression von Otto von Bismarck aus, den nicht nur viele bayerische Patrioten für die Wurzel des politischen Übels halten:[233]

»Es hängt nur von dem Grafen Bismarck ab, wenn er deutsches – preußisches – Land noch von einem dutzend Nachbarstaaten bedroht sehen will. Er darf nur bald nach dem, bald nach jenem Nachbarn schlagen und man wird mit Gewißheit rechnen dürfen, daß der Geschlagene zurückschlägt. Wir fühlen aber keinen Beruf dem Raufbold von Profession auf die Gefahr hin, selbst Schläge zu bekommen, unter allen Umständen, auch wenn er notorisch der Herausforderer war, zu secundiren.«

Der so Gescholtene sitzt derweil in Berlin und brütet über der Lage der Dinge. Es ist immer noch der Abend des 12. Juli 1870; Bismarck, Roon, Moltke und Eulenburg besprechen sich in der Wohnung des Ministerpräsidenten. Sie haben bereits ausführlich über den Erbprinzen Leopold gelästert, der in ihren Augen nicht den Mumm gehabt habe, die Kandidatur auch gegen Widerstände aufrechtzuerhalten, und sich stattdessen der Herausforderung durch eine Urlaubstour irgendwo in den Bergen entziehe. Wenn der junge Mann Schneid gehabt hätte, so spottet Otto von Bismarck, »so hätte man ihn in den Pyrenäen statt in den bayerischen Alpen suchen müssen«.[234] Doch Spott hilft jetzt nicht weiter, Preußen braucht einen neuen politischen Plan und möglicherweise eine militärische Option. Und genau darüber verständigen sich die Herren im Laufe dieses Abends. Sie haben bereits einen möglichen Krieg durchkalkuliert: Wäre Preußen gerüstet? Würden die süddeutschen Staaten als Bündnispartner Hilfe leisten? »Wir wären gerüstet«, so wird später Moltke zitiert. Wenn das seine Meinung sei, so soll Bismarck geantwortet haben, »so lassen Sie es uns unternehmen«.[235] Die Würfel sind gefallen, der Krieg gegen Frankreich soll kommen, jetzt bedarf es nur noch eines konkreten Anlasses.

Der wird schon am nächsten Tag geliefert, und ausgerechnet der gerade noch so erleichterte preußische König Wilhelm ist in Ems darin verwickelt. Der kehrt am 13. Juli 1870 gegen 10 Uhr vormittags, so notiert der Monarch selbst anschließend in einem

Memorandum, gerade von seinem morgendlichen Spaziergang zurück, da »begegnete mir« der französische Botschafter Graf Benedetti. Wilhelm geht auf ihn zu, reicht ihm die Hand und man kommt – selbstverständlich auf Französisch – ins Gespräch.[236] Das allerdings verläuft nicht wie erwartet, denn Benedetti gibt sich für die französische Regierung nicht mit dem Verzicht des Prinzen Leopold auf den spanischen Thron zufrieden, sondern erwartet die Zusicherung, auch in Zukunft dieser Kandidatur eines Hohenzollern nicht zuzustimmen. Das kann und will Wilhelm selbstverständlich nicht versprechen:[237]

> B[enedetti]: Mais on pourrait bien suppléer au manque de la déclaration du Pr. Léopold, si Votre Majesté voulait nous communiquer, qu'Elle s'engageait à ne jamais permettre que le Pr. Léopold revient à accepter la couronne dans le cas qu'on la lui proposait de nouveau.
>
> Ich (meine Überraschung über ein solches Ansinnen nicht verbergend, antwortete): Vous me demandez là une déclaration que je suis dans l'impossibilité de faire.

So gehen die Herren protokollarisch angemessen auseinander, haben aber am Nachmittag nochmals Kontakt, als der königliche Flügeladjutant Prinz Radziwill Botschaften zwischen ihnen übermittelt. Zunächst lässt König Wilhelm dem französischen Gesandten mitteilen, dass er nun auch offiziell vom Verzicht Leopolds unterrichtet worden sei und damit die ganze Angelegenheit als erledigt betrachtet werden könne. Die Krise sei also im Prinzip beigelegt.

Ganz so schnell gehe das allerdings nicht, lässt Benedetti antworten. Denn inzwischen habe er von seinem Außenminister den ausdrücklichen Auftrag erhalten, dem preußischen König bei einer persönlichen Audienz noch einmal den Wunsch nach der preußischen Zusicherung vorzutragen, dass »auch in Zukunft diese Kandidatur nicht wieder aufgenommen werden würde«. Wilhelm indes sieht keinen Gesprächsbedarf: Es bleibe bei dem, was er dem

Grafen Benedetti schon am Morgen persönlich mitgeteilt habe. Als der Botschafter über den Flügeladjutanten dennoch ein weiteres Mal um eine Unterredung zu diesem Punkt bittet, lässt der König am frühen Abend endgültig wissen, dass dies nicht nötig sei: »Was er heute Morgen gesagt, wäre Allerhöchst sein letztes Wort in der Sache«, notiert Flügeladjutant Radziwill.[238]

Doch das letzte Wort ist wahrlich noch nicht gesprochen, denn jetzt geraten dieses Treffen und der Inhalt des morgendlichen Gesprächs auf der Promenade von Ems in die Mühlen der Propaganda. Vermutlich ist es der Anwesenheit des preußischen Innenministers Eulenburg zu verdanken, dass eine entscheidende Schärfe in die Wahrnehmung der Dinge gerät. Der Minister hat nämlich noch die starken Worte des informellen Kriegsrats vom Vorabend in Bismarcks Berliner Wohnung in den Ohren, als er just an diesem Vormittag nach nächtlicher Fahrt in Ems eintrifft und sich zunächst ausgiebig mit dem Geheimen Legationsrat Heinrich Abeken bespricht. Dieser wird nicht nur von Bismarck häufig mit der Abfassung wichtiger Schreiben beauftragt, sondern genießt zugleich das Vertrauen des preußischen Königs, den er deshalb auch in diesem Sommer nach Ems begleitet. Abeken und Eulenburg treffen sich unmittelbar nach Ankunft des Innenministers zu einer »langen Konferenz« – wie Letzterer in seinem Tagebuch notiert –, in der es eben auch um das morgendliche Treffen zwischen dem König und dem Grafen Benedetti geht. Anschließend brechen die beiden zu einer gemeinsamen Unterredung mit König Wilhelm auf. Später ist gemutmaßt worden, ob nicht der preußische Innenminister ganz im Sinne Bismarcks zunächst den loyalen Heinrich Abeken von einem diplomatisch härteren Vorgehen gegen Frankreich überzeugt hat, ehe die beiden anschließend gemeinsam den König in diesem Sinne beraten. Das Ergebnis ist jedenfalls das gewünschte, wie Eulenburg in seinem Tagebuch notiert: Aufgrund des Vortrags[239] entschließt sich der König, »Benedetti nicht mehr empfangen zu wollen«. Und Eulenburg fügt hinzu, was ihm schon in diesem Moment klar ist: »Das ist Krieg.«[240]

Heinrich Abeken findet anschließend im Sinne einer Verschärfung der Krise die richtigen Worte und formuliert im Namen des Königs ein chiffriertes Telegramm an Otto von Bismarck, um dem Kanzler über den angeblichen skandalösen Vorgang in Ems zu berichten. Schon die ersten Worte sind höchst dramatisch: »Graf Benedetti fing mich auf der Promenade ab«, wird der König zitiert, obwohl er doch selbst eine andere Version niederschreibt, und – so heißt es jetzt – dieser habe den Monarchen »auf zuletzt sehr zudringliche Art« aufgefordert, einer Hohenzollern-Kandidatur auch in der Zukunft niemals zuzustimmen. Der König habe abgelehnt und nach dem Gespräch mit seinen beiden Beratern Abeken und Eulenburg beschlossen, den französischen Botschafter nicht mehr zu empfangen, weil er ihm »nichts weiter zu sagen« habe. Am Schluss dieser knappen Darstellung folgt die Einladung an Otto von Bismarck, diese Zeilen propagandistisch auszuschlachten:[241]

> »Seine Majestät stellt Eurer Excellenz anheim, ob nicht die neue Forderung Benedetti's und ihre Zurückweisung sogleich, sowohl unsern Gesandten, als in der Presse mitgetheilt werden sollte.«

Niemand macht sich die Mühe, die neu aufflammende Krise einzudämmen: Abeken und Eulenburg raten Wilhelm zur Eskalation, und von Berlin aus greift Bismarck keineswegs deeskalierend ein. Hatte er nicht erst am Abend die Herren seines informellen Kriegsrates aufgerufen, »so lassen Sie es uns unternehmen«? Jetzt tut er es. Mit einigen unwesentlichen Kürzungen gibt Bismarck das Telegramm an die Presse weiter; es ist weniger der Text selbst als die propagandistische Begleitung, die den Vorgang aus Ems zu einem Politikum ersten Ranges macht. Die diplomatischen Vertreter des Norddeutschen Bundes an den europäischen Höfen erhalten die »Emser Depesche« mit dem Hinweis, Graf Benedetti habe »Seine Majestät auf der Promenade wider dessen Willen provocierend angeredet«, um seine Forderungen stellen zu können.[242] Dass der greise Monarch auf der Promenade von Ems angeblich und geradezu ehrabschneidend »abgefangen« worden sei, wird nun als Beleidigung gewertet – eine Vorstellung, die sich noch über Jahrzehnte halten wird.[243]

Die Empörung über die angebliche Beleidigung schlägt in der Presse umgehend hohe Wellen. Zeitungen wie der offiziöse *Königlich preußische Staatsanzeiger* geben den Ton vor: Die »unverschämte Forderung« des französischen Botschafters sei nichts anderes als eine gezielte »Beleidigung«, und »es kann nach dem, was dort vorgefallen ist, nicht mehr zweifelhaft sein, daß die französische Regierung den Krieg unter jeder Bedingung will, daß derselbe nicht mehr zu vermeiden sein wird«.[244] Das Verhalten des Grafen Benedetti wird fortwährend als das entscheidende Ereignis dargestellt. Dieser habe »die diplomatischen Verkehrsregeln verletzt«, so heißt es in verschiedenen Zeitungen. »Das Auftreten des französischen Gesandten«, so behauptet etwa die *Bonner Zeitung*, »ist in der diplomatischen Welt ganz unerhört«, weil dieser bewusst gegen die sonst penibel gepflegte Hofetikette verstoßen habe. Dies sei nur vor dem Hintergrund zu verstehen, dass Frankreich »mit vollem Vorsatz« diesen Krieg wolle, »denn anders läßt sich eine solche Insultirung des Hauptes einer großen Nation wie der deutschen kaum verstehen.«[245] Wie ein »Lümmel« habe sich der französische Botschafter aufgeführt, empören sich schließlich die in Jena erscheinenden *Blätter an der Saale*, und er habe mit seiner »Dummheit« einen unverzeihlichen Affront begangen:[246]

> »Man beleidigt nicht nur den Souverän einer großen Nation, nein, man insultiert auch das weiße Haar eines Mannes, der, um seine Gesundheit zu stärken, einen Bade-Aufenthalt genommen hat, einen Aufenthalt, der durch seinen Character etwas Geheiligtes hat.«

Der Konflikt zwischen den beiden Nationen ist erfolgreich transformiert worden: Was als politische Provokation begann, wurde nach einem dynastischen Problem zu einem diplomatischen Ereignis und nun zu einer Frage der nationalen Ehre. Otto von Bismarck hat damit strategisch die denkbar günstigste Konstellation für den Beginn eines Krieges geschaffen. Letztlich ist damit der entscheidende Schritt getan zur Geburt einer Nation durch eine angebliche Beleidigung. Dass sich der französische Botschafter in Ems in Wirklichkeit »protokollgerecht und in den perfekten Höflichkeits-Formen eines adligen Diplomaten seiner Zeit« verhalten hat,[247] ist erfolgreich verdrängt worden.

Damit ist der Weg zu jener Emotionalität frei, die sich zumindest an einigen Orten Preußens öffentlich beobachten lässt. Rasch sammeln sich in einigen Städten patriotisch begeisterte Menschen, die der vermeintlichen französischen Unverschämtheit mit ihrem Kampfeswillen entgegentreten wollen. Vor allem in preußischen Universitätsstädten sind es Studenten, die zu ersten Kundgebungen auf die Straße ziehen. In Bonn beispielsweise pilgern sie zur mitternächtlichen Stunde singend zu den Häusern ihrer Professoren und geben dabei »aus den jugendlich frischen Kehlen unsere prächtigen Nationallieder« zum Besten.[248] Die Herren Studenten singen halt gern, so scheint es, und sie trinken auch gern gemeinsam – und dann machen sie ihrem Patriotismus Luft. Wer ihnen dabei im Weg steht, hat halt den Schaden. Im sächsischen Leipzig veranstalten mehrere Hundert Studenten zunächst »einen Umzug nach verschiedenen Restaurationslocalen«, ehe sie sich augenscheinlich gut gestärkt, also zumindest angetrunken, zur Wohnung des Verlegers einer »partikularistisch« gesinnten Zeitung begeben. In Sprechchören beschimpfen sie ihn und verbrennen öffentlich seine Zeitung. Anschließend zieht die Meute weiter zum Wohnort des Redakteurs der national gesinnten Konkurrenzzeitung und bringt ihm »für seine politische Haltung ein donnerndes Hoch«.[249]

Kriegsbegeisterung in ganz Preußen, womöglich im ganzen Reich? Es sind vor allem Männer, zumal junge Männer, die abends zuweilen bierselig durch die Straßen ziehen. Es gibt fraglos auch andere Stimmen, die in diesen Tagen allerdings nicht zu hören sind: die der Ehefrauen und Mütter, die in Sorge um die Gesundheit und das Leben der Männer und Söhne sind. Und auf dem Land sehen sich die Menschen mitten im Sommer eigentlich ganz anderen Herausforderungen gegenüber: Im Juli und August steht die Getreideernte bevor, dafür sind auf den Feldern zahlreiche helfende Hände erforderlich; die von der Handarbeit geprägte Landwirtschaft kann Männer gerade in dieser Zeit nicht für einen Kriegsdienst entbehren.

Außerhalb Preußens zeigt man sich zunächst skeptisch, dass sich alle Deutschen wegen der Streitereien europäischer Herrschaftshäuser in Kriegsstimmung versetzen lassen. Für einen Hohenzollern-Abkömmling auf dem spanischen Thron in einen Krieg ziehen? Für Europa wäre dies doch ein zivilisatorisches Trauerspiel, kommentiert die in Prag erscheinende *Deutsche Volks-Zeitung* am 15. Juli 1870:[250]

> »Um einer Familienfrage willen, eines dynastischen Interesses wegen sollen zwei große edle Nationen, die deutsche und die französische, in blutigem Kampfe sich zerfleischen und anstatt im friedlichen Wettstreite um den Siegespreis wirtschaftlichen und geistigen Fortschrittes zu ringen, soll die Blüte zwei Völker auf Schlachtfeldern zertreten werden.«

Diese »Familienfrage« scheint vielen Beobachtern im Grunde ein lösbares Problem zu sein, wenngleich es jetzt für die preußische Regierung darauf ankommt, nicht schuld daran zu sein, dass dies nicht gelungen ist. Die Baronin Spitzemberg kommentiert in ihrem Tagebuch: »Wäre dies zwischen den Kabinetten im stillen abgemacht worden, so wäre nichts zu befürchten.«[251] Aber dazu sind die beiden Regierungen nicht bereit, so ist sich die Baronin sicher, die eine glühende Verehrerin Otto von Bismarcks ist und deshalb die Schuld für die Eskalation wie selbstverständlich den Franzosen gibt. Doch auch sie muss eingestehen, dass Preußen offensichtlich kein Interesse an einer unspektakulären diplomatischen Lösung hat.

Frankreich bewertet die Vorgänge um Ems jetzt bereitwillig als Kriegsgrund, am 14. Juli wird die Mobilmachung der französischen Streitkräfte angeordnet, am 19. Juli trifft die offizielle Kriegserklärung in Berlin ein. Der so lange erwartete Krieg ist da. Hat Otto von Bismarck, der in verschiedenen Momenten eine solche Auseinandersetzung durchaus als notwendiges Übel für die Herbeiführung einer kleindeutschen Einheit bewertet hat, diese Krise um die spanische Thronfolge gezielt eskalieren lassen und somit den Krieg provoziert? Darüber gehen nicht nur in diesem Juli 1870, sondern auch noch Jahrzehnte später die Meinungen auseinander.[252] Einige Historiker halten es für möglich, dass Otto von Bismarck, der sonst so glänzende Stratege, sich in dieser Angelegenheit womöglich schlicht verkalkuliert hat. Er sei zwar ganz bewusst davon ausgegangen, dass Frankreich empört reagiert, als dort am 3. Juli 1870 die Kandidatur Leopolds offiziell bekannt wird. Aber offensichtlich sei er von der Heftigkeit der Reaktion dann doch überrascht worden, wiewohl er doch eigentlich wissen musste, dass sich die französische Regierung Napoleons III. innenpolitisch in einer schweren Krise befand und nun ihren eigenen Sturz fürchten musste. Die Stimmung in Frankreich ist aufgeheizt, Krieg erscheint auch wichtigen politischen Entscheidungsträgern als eine sinnvolle Option – und anderen einfach nur als verspätete Reaktion auf die preußische Expansion von 1866. Keine Frage: Frankreich ist zu einem Krieg bereit. Die scharfe Rede des neuen französischen Außenministers Agénor de Gramont am 6. Juli 1870 in der Pariser Nationalversammlung quittiert Bismarck mit der Einsicht, dass der Chefdiplomat wohl nicht so heftig auftreten könnte, »wenn der Krieg nicht beschlossene Sache wäre«.[253]

Andere Historiker hingegen wollen im Nachhinein Bismarck nicht überrascht sehen. Es gibt auch andere Beteiligte in dieser Krise, unter ihnen sogar den Vater des Thronkandidaten, die einen Krieg als Konsequenz einer spanischen Königswürde für einen Hohenzollern durchaus als reale Gefahr sehen. Und dann soll ausgerechnet der Kanzler, wohl »der geschickteste Taktiker der modernen Diplomatie«[254], die Brisanz dieser Kandidatur des Prinzen Leopold nicht habe kommen sehen? »Die Annahme, daß ein so fähiger Berufspolitiker wie Bismarck ohne eine sorgfältige Kosten-Nutzen-Abwägung in der spanischen Frage … bis an den Rand des Krieges vorgerückt sei, ist rundum töricht«, hat schon der Historiker Hans-Ulrich Wehler erklärt.[255]

Eigentümlicherweise treffen wohl beide Einschätzungen bis zu einem gewissen Grad zu. »Bismarck kontrollierte die Ereignisse nicht«, hat der Historiker Christopher Clark einmal zu diesen Vorgängen geschrieben.[256] Das stimmt zumindest insoweit, als dass der preußische Ministerpräsident nicht jedes Detail dieser Krise vorhersehen und sie nicht alle steuern konnte. Aber die generelle Linie seiner Politik stand fest, und die ließ einen Krieg gegen Frankreich als womöglich unschönes, aber legitimes Mittel einer Politik erscheinen, die den weiteren Machtausbau Preußens unter dem nationalen Thema »Einheit« möglich machen würde. Bismarck nutzte die Kandidatur für seine Zwecke, und als die Krise fast beigelegt war, sorgte er für den letzten notwendigen Schritt der Eskalation, als er am 12. Juli mit seinen engsten Beratern die Entscheidung für diesen Krieg fällte und Innenminister Eulenburg in diesem Sinne in Ems dafür eintreten sollte. Mit Erfolg, denn der französische Botschafter Benedetti liefert dafür die denkbar günstigste Vorlage. Die französische Regierung hat mit dem Rückzug Leopolds schon einen unleugbaren diplomatischen Erfolg errungen, jetzt will sie diesem auch noch einen totalen Triumph folgen lassen – und scheitert damit. Paris hat den Bogen überspannt.[257] Am Ende scheint beiden Regierungen gedient zu sein: Frankreich kann sich endlich zum seit Jahren erwarteten Gegenschlag gegen das vermeintlich expansionsgierige Preußen rüsten, und Preußen setzt auf eine nationale Erhebung in der Stunde der militärischen Herausforderung. In Sachen deutsche Einheit habe Otto von Bismarck fast alles richtig gemacht, schreibt jedenfalls seine Bewundererin Baronin Spitzemberg in ihr Tagebuch, indem dieser geschickt die Gunst der Stunde genutzt habe:[258]

»Unkluger hätten es die Franzosen auch nicht einrichten können: anstatt uns zu spalten, vollziehen sie faktisch die Einigung Deutschlands, die nichts fester kitten wird als dieser gemeinsam geführte, blutige Krieg um die eigene Existenz.«

Otto von Bismarck gelingt jetzt der entscheidende propagandistische Coup, indem er der politischen Öffentlichkeit einen akzeptablen Kriegsgrund liefert: Er stellt Preußen glaubhaft als angegriffene Nation hin, als Opfer einer französischen Aggression, und er kann als personifiziertes Opfer dieser Aggression den greisen König Wilhelm präsentieren, der auf der Promenade von Ems angeblich so unglaublich schroff beleidigt worden ist. Dies ist das eigentliche politische Meisterstück des preußischen Ministerpräsidenten, der es allerdings weniger braucht, um die preußischen Reihen zu schließen, als vielmehr dazu, um die zögernden süddeutschen Staaten dazu zu bewegen, in der französischen Kriegserklärung den Bündnisfall gemäß der Allianzverträge von 1866 zu sehen und sich in der Konsequenz Berlin militärisch anzuschließen. So wird schon am 13. Juli 1870 die bearbeitete »Emser Depesche« auch den süddeutschen Staaten übermittelt. Wie wird beispielsweise der bayerische König Ludwig II. reagieren? Bismarck telegrafiert sicherheitshalber seinem Gesandten in München, der bayerische König werde »sicher ein Gefühl dafür haben, wie provozierend Benedetti König Wilhelm I. auf der Promenade angeredet hat«.[259] Die Machtverhältnisse zwischen Berlin und München lassen seit 1866 den Bayern und ihrem König wenig Spielraum. So kann Bismarck denkbar ungeduldig und fordernd auftreten. Als der bayerische Hof nicht prompt genug antwortet, lässt Bismarck schon am nächsten Tag eine klare Drohung folgen:[260]

»Erbitte Antwort auf die vertrauliche Anfrage, auf welche Unterstützung Preußen im Falle eines französischen Angriffs rechnen kann; Zögern wird als Bruch des Bündnisses angesehen.«

Das ist eine unverhohlene Drohung. Dabei ist weniger der bayerische König das Problem. In seinem Land gibt es erbitterten Widerstand gegen das Krisenmanagement Bismarcks und durchaus Verständnis für die französische Position, vor allem in den katholischen Kreisen. Die ultramontane Tageszeitung *Das Bayerische Vaterland* erklärt ihren Lesern am 16. Juli unter dem Titel »Der Krieg ist fertig!« den Stand der Dinge:[261]

> »Preußen will absolut seine Prügel haben! Mit einer, einer bessern Sache würdigen Bockbeinigkeit weigert es sich, Frankreich diejenigen Garantien zu geben, durch welche einer Wiederholung des perfiden Streiches mit einer spanischen Thronkandidatur vorgebeugt würde … Preußen will den Krieg, es glaubt sich stark genug, mit Frankreich anzubinden, es niederzuwerfen und dann auf neue Annexionen und Raubzüge auszugehen, wie das so seit 200 Jahren edle Preußensitte ist.«

Und der Ton wird noch sehr viel schärfer. An diesem provozierten Krieg dürfe Bayern niemals teilnehmen, weil Preußen das Königreich bei einem Sieg »ebenso auffressen« werde, wie es 1866 »Hannover und Kurhessen aufgefressen hat«. Stattdessen, so heißt es in dieser Zeitung weiter, müssten die Bayern den Franzosen die Daumen drücken, die in diesem Krieg Rache für die Schlacht von Königgrätz 1866 nehmen wollten – ganz im bayerischen Sinne:[262]

> »Die ewige Gerechtigkeit hat das Schwert erhoben über den ungeheuren Frevel, über die blutigen Räuber von 1866; es mag niederschmettern auf ihr Haupt von 1866; mag es niederschmettern auf ihr Haupt, wir wollen, wir dürfen ihr nicht in den Arm fallen! … Vor den siegreichen Kanonen Frankreichs, das Gott berufen unsere Rache zu übernehmen, da ist der rechte Platz für Kain-Preußen, für die Brüdermörder von 1866, aber nicht für uns, deren Brüder sie erschlagen, deren Söhne sie niedergeschossen, deren Tand und Millionen sie geraubt haben!«

Das klingt nach Krieg, aber eher nach Krieg gegen Preußen denn gegen Frankreich. Und schon fliegen zumindest die Fäuste, will man dem *Bayerischen Vaterland* glauben. Das berichtet nämlich zugleich, dass einige bayerische Soldaten schon mit den Feindseligkeiten begonnen hätten, indem sie nämlich mehrere vermutlich zum Urlaub im Land weilende »deutsche Brüder« von der Spree und Nordsee »erheblich durchbläuten«. »Dieses erste Treffen«, so frohlockt die ultramontane Zeitung, »endete mit einer vollständigen Niederlage der Preußen, was uns ein gutes Zeichen sein möge.«[263]

Aber nicht nur gegenüber den Preußen kommt es zu ersten Handgreiflichkeiten, umgehend gehen auch Bayern auf Bayern los. Das muss vor allem das zitierte ultramontane *Bayerische Vaterland* erleben, deren Ausgaben in den nächsten Tagen wiederholt behördlich konfisziert werden und dessen Herausgeber nach einigen heftigen antipreußischen Artikeln auch persönlich bedroht wird. Man solle ihn federn und lynchen, rufen seine politischen Gegner, und als sich eines Abends eine größere Menschenmenge vor der Redaktion versammelt und ihn bedroht, flüchtet der Mann vor einer gut 300-köpfigen Menge und ihren Rufen wie »Schlagt sie nieder, die Pfaffen!« ins nächste Polizeirevier.[264]

Zugleich tobt der publizistische Kampf zwischen den Organen der politischen Gruppierungen. Für die preußische Sache setzen sich offensiv die ebenfalls in München erscheinenden *Neuesten Nachrichten* ein, für die Frankreichs Schuld am Krieg zweifelsfrei erwiesen ist und die vor allem die französische Absicht erkannt haben wollen, mit diesem Krieg »das Werk der Einigung Deutschlands« zerstören zu wollen. Es seien der »Haß und die Furcht vor der weltgebietenden Macht des sich einigenden Deutschlands«, die Paris antrieben.[265] Und im Moment des drohenden Krieges, so heizt die liberal und kleindeutsch gesinnte Zeitung die Stimmung weiter an, »hat die Niedertracht des inneren Feindes ihren höchsten Gipfel erreicht«, indem *Das Bayerische Vaterland* eine vaterlandslose Sprache pflege und Inhalte verbreite, die an Hochverrat grenzten.[266]

Im Königreich Bayern ist in Sachen Kriegsbereitschaft also noch erkennbar Überzeugungsarbeit zu leisten. Die Mehrheit der bayerischen Minister plädiert für eine Neutralität ihres Landes, und diese Zurückhaltung verärgert nicht nur den preußischen Gesandten in München, Georg Graf von Werthern, der in einem Brief an Bismarck denkbar klare Worte findet. Vor allem den bayerischen Ministerpräsidenten und Außenminister Otto Graf von Bray-Steinburg hat er dabei im Blick:[267]

> »Ich tue was ich kann, um ihm Mut einzuflößen, der Kriegsminister allein hält sich wacker, alle übrigen Minister sind die reinsten Schweinehunde.«

Bismarck mag sich aufregen, und sein Botschafter auch, aber die Bayern haben schlicht Angst um ihr Königreich. Berechtigte Angst, wenn man die Entwicklungen der vergangenen fünf Jahre berücksichtigt. Selbst für Ministerpräsident Bray-Steinburg ist es nur die Wahl zwischen zwei Übeln:[268]

> »Gehen wir mit Preußen und gewinnt dieses den Krieg, so ist Preußen gezwungen, den Bestand Bayerns zu achten. Unterliegt Preußen, so verlieren wir vielleicht die Pfalz, aber mehr kann uns nicht geschehen, denn Frankreich muß die Selbständigkeit der deutschen Einzelstaaten immer begünstigen. Das gleiche tritt ein, wenn wir neutral geblieben sind und Frankreich siegt. Siegt aber Preußen, obwohl wir es gegen den Vertrag im Stich gelassen haben, dann erwartet uns das Schicksal Hannovers. Es wäre Finis Bavariae.«

Doch der bayerische König Ludwig II. erkennt allen Bedenken zum Trotz den *casus foederis* an und befiehlt am 16. Juli 1870 die Mobilmachung der bayerischen Truppen. Aber der Monarch muss für einen Krieg eben auch über die notwendigen Finanzen verfügen – und der Weg dazu führt aufgrund des Budgetrechts zwangsläufig durch das Parlament: Zunächst befasst sich ein zuständiger Ausschuss des Landtags mit dem Antrag der königlichen Regierung, eine stattliche Millionensumme für die Mobilmachung freizugeben, ehe der Landtag selbst über den Vorschlag des Ausschusses debattiert. Dabei erlebt dieses Parlament eine seiner spektakulärsten Debatten – und der König von Bayern steht kurz vor einer desaströsen politischen Niederlage. Werden die gewählten Abgeordneten die Finanzierung einer bayerischen Kriegsteilnahme verweigern?

Den Kern der Debatte bildet die Frage, ob tatsächlich der Bündnisfall vorliegt. Viele Abgeordnete bezweifeln das nämlich – und stellen sich damit gegen den König. Edmund Jörg als Führer der Patrioten erinnert an die Zeit im Zollparlament, als schon einmal über die Frage debattiert wurde, wann eigentlich nach dem Allianzvertrag zwischen Bayern und Preußen der Bündnisfall eintritt. Was sich heute zwischen Berlin und Paris ereigne, so Jörg, könne er auf jeden Fall nicht dazurechnen:[269]

> »Wenn damals irgend Jemand gesagt hätte: gesetzt den Fall, es geräthe Preußen wegen der Besetzung des spanischen Throns in Streit mit Frankreich, da werde doch nicht der casus foederis gegeben sein? – ich weiß nicht, meine Herren, wer damals einer solchen Behauptung zu widersprechen gewagt hätte.«

Der Abgeordnete Jörg kann nicht glauben, dass die preußische Führung nicht ganz genau wusste, was die Kandidatur des Erbprinzen Leopold in den Augen Frankreichs bedeuten würde. Der gesamte Vorgang sei im Grunde ein politischer Fehler gewesen, und die daraus resultierende »bedauerliche Verwicklung« sei eigentlich das Resultat missglückter preußischer Hauspolitik. Der patriotische Politiker will nicht gelten lassen, dass daraus eine »deutsche« Sache geworden sei, eine Angelegenheit von nationaler Bedeutung. Dass Frankreich nach dem Verzicht der Thronkandidatur vom preußischen König noch eine Zusicherung abforderte, auch einer späteren möglichen Wahl Leopolds nicht zuzustimmen, sei doch legitim. Diesen Schritt hätte Wilhelm von Preußen doch wohl aus Gründen der Friedenswahrung gehen können:[270]

> »Es hätte den König von Preußen nur ein Wort gekostet, das er ohne Beeinträchtigung seiner Würde hätte sprechen können, und Ströme von Blut und Elend wären großen Völkern Europa's erspart geblieben.«

Edmund Jörg zerlegt die offizielle Version der preußischen Regierung, und deshalb kommt er auch zu dem Schluss, dass ein Bündnisfall nach dem Allianzvertrag von 1866 nicht vorliegt. Als Sprecher des für den beantragten Kriegskredit zuständigen Haushaltsausschusses verkündet er deshalb, dass man dem Antrag der bayerischen Regierung nur unter der Maßgabe zustimmen wolle, dass die geforderten Millionen lediglich »zum Zwecke der Aufrechterhaltung einer bewaffneten Neutralität« bewilligt werden sollen.[271]

Es droht ein Skandal: Sollte das Königreich Bayern wirklich dem mächtigen Preußen die militärische Gefolgschaft verweigern? Geht es nicht längst um »Deutschland«? Genau das klagen andere Abgeordnete in der nun hitzig geführten Debatte ein: Ein Krieg zwischen Frankreich und Preußen sei doch nicht ein Konflikt von »fremden Mächten«, man dürfe doch wohl so viel »Gefühl der Zugehörigkeit Bayerns zu Deutschland« erwarten, dass man sich nicht unbeteiligt gibt.[272] Und auch jede Annäherung an Frankreich erscheint einigen schlicht als Vaterlandsverrat, denn »durch eine fremde Nation werden wir Deutsche nicht unsere Schicksale bestimmen lassen«. Wenn die Länder ringsumher zu den Waffen greifen, könne Bayern nicht abseits stehen, sondern müsse seinen Beitrag zum Sieg der deutschen Sache leisten.[273]

Die Debatte ist turbulent, sie wird zuweilen scharf im Ton geführt, zwischenzeitlich droht der Sitzungspräsident mit Abbruch. Die Redeschlacht bietet allerdings auch den Raum für sehr persönliche Stellungnahmen, denn den Männern dieses Parlaments ist sehr bewusst, dass sie über Krieg und Frieden debattieren – und dass sie sich für eine mögliche Zustimmung zu einem Waffengang vor ihren Wählern rechtfertigen müssen. Der patriotische Abgeordnete Anton Ruland bestreitet ebenfalls den Bündnisfall und will dem bayerischen Volk nicht abverlangen, für einen Streit zweier Fürsten in den Krieg zu ziehen. Ein erheblicher Teil des Volkes würde ihm nämlich zu Recht antworten, dass den Streit doch bitte schön jene Männer ausmachen sollen, »die ihn angesponnen haben, für uns und unsere Kinder und für das Blut unserer Kinder ist diese Sache fremd«. Er werde diesem Krieg gegen Frankreich deshalb niemals zustimmen, so Anton Ruland:[274]

> »Ich stelle mir die Väter und Mütter vor, ich stelle mir vor, wie sie um ihrer Söhne willen jammern, Elend und Sorge auszustehen haben, und für sie – beten! Und wenn ich dazu beigetragen hätte, auch den Blutstropfen eines Einzigen dieser Kinder zu vergießen? Das kann ich nicht, darum sage ich Nein, Nein, Nein!«

Bis heute wird dieser Widerspruch eher geringgeschätzt. Eine Position wie die des Abgeordneten Edmund Jörg sei doch rasch in den Wogen der Erregung untergegangen, so heißt es zuweilen,[275] oder sie wird schlicht als Zeugnis eines bereits bei den Wahlen zum Zollparlament dokumentierten angeblichen »Partikularismus« bezeichnet.[276] Mit solchen Zuordnungen wird die Nachwelt allerdings den Sorgen und Einwänden der Zeitgenossen nicht gerecht. Die bayerischen Abgeordneten debattieren vor dem Hintergrund eines erst vier Jahre zuvor verlorenen Krieges, der nicht nur mentale Spuren hinterlassen, sondern viele Bayern das Leben oder die Gesundheit gekostet hat. Viele dieser Männer haben das Leid ihres Volkes vor Augen, wenn die Bayern erneut in den Krieg ziehen müssen, sie spüren ihre Verantwortung als Volksvertreter und nehmen sie ernst. Und erst die abschließenden Worte sowohl des Ministerpräsidenten Otto von Bray-Steinburg als auch des Kriegsministers Sigmund von Pranckh bewegen die Abgeordneten schließlich doch, der Regierung den beantragten Kredit ohne die Einschränkung zu bewilligen, dass das Geld nur für die Herstellung einer bewaffneten Neutralität verwendet werden dürfe. So gibt der Landtag einen Kredit von rund 18,2 Millionen Gulden für den Krieg gegen Frankreich mit 101 gegen 47 Stimmen frei.[277] Der entsprechende Gesetzentwurf kann an die Kammer der Reichsräte weitergeleitet werden, die sich umgehend dem Votum anschließen.[278]

Das Abstimmungsergebnis lässt nicht erahnen, wie offen für viele Beobachter der Ausgang war. Der preußische Gesandte in München notiert erleichtert, dass der Landtag die Regierungsforderung »wider alles Verhoffen« tatsächlich angenommen hat.[279] Bayerns Beitrag zum Krieg ist also gerettet, wenngleich in preußischen Kreisen sehr wohl vermerkt wird, wie sehr eine Reihe von gewählten Abgeordneten in vaterlandslosem und »religiösem Wahn« und »aus unedlem Egoismus den Frieden aufs Spiel setzt«.[280] Aber auch »die Aussicht auf den Buckel voll Prügel, den die Ablehnenden erhalten haben würden«, so der preußische Gesandte Werthern, soll »viel gewirkt haben«.[281]

Neben vielen Begeisterten ziehen manche Bayern also nur zähneknirschend in den Krieg, und ähnlich ist es auch im Königreich Württemberg sowie im Großherzogtum Baden. Dort reagieren die Menschen durchaus mit Sorgen und Skepsis auf den nun erklärten Bündnisfall, die Begeisterung über den Krieg ist eher verhalten; es gibt Hinweise darauf, dass sich Wehrpflichtige der Einberufung entziehen.[282] Als Baden am 15. Juli 1870 mobil macht, findet sich sicherheitshalber im Aufruf des Großherzogs der Hinweis, dass gegen all jene, die sich nicht melden, umgehend ein Verfahren wegen Desertion eingeleitet wird.[283] Aber die Regierungen schließen sich Preußen doch an. Die badische Regierung gilt ohnehin als preußenfreundlich und hatte schon zuvor einen Beitritt zum Norddeutschen Bund angestrebt, und auch der württembergische König Karl I. erkennt den Bündnisfall an und lässt mobil machen.

Dass die bayerischen Landtagsabgeordneten den Kriegsausgaben zustimmen und auch die Abgeordnetenkammer in Baden einen solchen Kredit ihrer Regierung bewilligt, wird wenige Tage später auch von der württembergischen Kammer der Abgeordneten aufgegriffen. Mit großer Mehrheit stimmen auch die gewählten Männer in Stuttgart dem Kriegskredit zu, wenngleich auch jetzt die Vertreter der württembergischen Volkspartei an ihre bisherige Ablehnung der kleindeutschen Reichskonstruktion erinnern. Sie sehen aber vor allem nach dem Votum in Bayern keine Möglichkeit einer »württembergisch-bayerischen Neutralität« mehr, die dann Österreich als Bündnispartner hätte gewinnen und die Grundlage für eine Neutralität in diesem Konflikt hätte legen können. Denn das, so erklärt der Abgeordnete Karl Mayer als einer der Führer der Volkspartei, wäre sicherlich die bessere Wahl, »als wenn wir uns blindlings unter Preußens Oberbefehl in den Krieg stürzen«. Ein Krieg ohne die Unterstützung Österreichs sei ein militärisches Wagnis, und es sei auch kein wahrhaft deutscher Krieg. Doch leider sei es für eine Einbindung dieses deutschen Nachbarn nun zu spät, so Mayer:[284]

> »Das Votum der bayerischen Kammer hat aber dagegen ein entschiedenes Nein ausgesprochen, und wenn wir jetzt noch unsere Pflicht erfüllen wollen, dann bleibt auch denjenigen, welche am consequentesten den großdeutschen und demokratischen Standpunkt verfolgt haben, nichts anderes übrig, als unter den preußischen Oberbefehl zu treten und uns mit an dem Kriege zu betheiligen.«

Manche Abgeordnete sehen sich in »der gegebenen Zwangslage«, gegen ihre eigentliche politische Überzeugung zu stimmen, weil die Bayern bereits entschieden haben; so erklärt es etwa der Abgeordnete Moritz Mohl im Protokoll. Aber letztlich stimmt das

Haus mit überwältigender Mehrheit und nur einer Gegenstimme für den Kriegskredit von 5,9 Millionen Gulden.[285]

Otto von Bismarck hat es geschafft: Sein Anteil an der Verschärfung der Krise ist zwar in Süddeutschland nicht vergessen, aber die Propaganda von der »Beleidigung« des preußischen Königs ist auch außerhalb Preußens erfolgreich. Nachdem die verängstigten Bayern, bei denen die Annexion des Königsreichs Hannover 1866 eine lebendige politische Erinnerung ist, sich zu Bündnispartnern erklärt haben, sehen sich auch die Württemberger nicht mehr in der Lage, ein süddeutsches Gegengewicht gegen Preußen zu organisieren. Diese Entscheidung fällt nicht in einem Moment des Hurrapatriotismus, sondern in ebender von Moritz Mohl so bezeichneten politischen Zwangslage. So wird von der bereitwilligen Erfüllung der Pflicht gesprochen, wenngleich die Menschen umgehend die praktische Kehrseite dieses Krieges erkennen. Aus dem badischen Schwetzingen heißt es in einer Zeitungsmeldung:[286]

> »Der bevorstehende Krieg versetzt die Gemüther in eine fieberhafte Aufregung. Handel und Gewerbe beginnen bereits zu stocken, der Landmann weiß nicht, ob er die Früchte seines Fleißes und Schweißes ernten wird, aber trotzdem ist nirgends eine Spur von Niedergeschlagenheit wahrnehmbar.«

Auch von Begeisterung ist wenig zu spüren. In anderen Zeitungen verdichten sich stattdessen die Hinweise auf die Sorgen der Menschen. Das in Augsburg erscheinende *Wochenblatt für das christliche Volk* schreibt:[287]

> »Beim Landvolk ist vielfache Erbitterung wahrzunehmen über den künftigen Krieg; kaum hat man sich etwas erholt, so geht das Kriegselend auf's Neue los. In den Städten, besonders wo Fabriken sich befinden, gehen die Arbeiter einer bitteren Zukunft entgegen; die Fabrikherren stellen die Arbeit ein, schicken die Arbeiter fort. Woher Brod nehmen?«

»Schon stehen manche Fabriken still«, meldet auch eine Tageszeitung aus der preußischen Rheinprovinz am 20. Juli 1870, in anderen Orten werden nur noch die begonnenen Arbeiten beendet, dann sei auch dort Schluss. Es stelle sich die »schwierige Frage, wovon sollen die Tausende von Arbeitern leben«? Einbußen verzeichnen demnach auch die rheinischen Kurbäder wie beispielsweise Kreuznach, wo die meisten Besucher so überstürzt abgereist seien, dass die Eisenbahnen »die Masse der Reisenden kaum befördern« können.[288] Die Erholungs- und Ferienorte bleiben weitgehend leer zurück: »Hoteliers und Kellner stehen gähnend unter Thüren und Fenstern«, wird aus Baden berichtet, und auch die heimischen Reservisten rücken bereits zum Kriegsdienst aus, wobei es nach den Worten des *Schwetzinger Wochenblatts* geradezu »rührend« ist, »den Abschied der Männer des Kriegs von ihren Familien, worunter auch Säuglinge in Kissen, zu sehen«.[289]

Schlagartig wird das Leben teuer, weil die Preise für Lebensmittel erheblich steigen. Selbst die Grundnahrungsmittel sind davon betroffen, da augenscheinlich gehamstert wird. Zuweilen berichten Zeitungen von auswärtigen Händlern, die auf lokalen Märkten auftauchen »und dort alles Habhafte zusammenkaufen«; angeblich wollen die städtischen Behörden bald gegen dieses »spekulierende Unwesen« eingreifen.[290] Zudem machen sich die Menschen Sorgen um ihr Erspartes. An einigen Orten kommt es in den Tagen des Kriegsbeginns zum Ansturm auf die Sparkassen, weil sich die Kunden ihre Einlagen auszahlen lassen wollen. So ist im badischen Karlsruhe die örtliche städtische Leihhaus- und Ersparniskasse nach massenhaften Abhebungen schon am 16. Juli 1870 nicht mehr in der Lage, »allen Ansprüchen an dieselbe sofort zu genügen«. Der Gemeinderat weist die Sparer darauf hin, dass die mögliche Aufkündigung etwa von Staatspapieren für die Betroffenen zu erheblichen finanziellen Verlusten führen würde. Damit will er die Sparer auch beruhigen, dass die Stadtgemeinde Karlsruhe nach den Statuten dieser Sparkasse mit ihrem ganzen Vermögen und Einkommen für die Spareinlagen haftet.[291] Derweil müssen sich auch die

Journalisten auf Veränderungen einstellen, denn eine freie Berichterstattung über konkrete Truppenbewegungen sowie sämtliche Veröffentlichungen, die – wie es beispielsweise im Großherzogtum Baden heißt – »die militärischen Interessen des Großherzogtums oder seiner Verbündeten gefährden«, werden umgehend verboten.[292]

Der Krieg verändert den Alltag der Deutschen, und die Vorstellung von der »Einheit« erfährt in diesen Tagen eine aggressive Aufladung. Grundlegend dafür ist – unter Ausblendung der erwähnten kritischen Positionen – die Wahrnehmung, dass die Menschen in den deutschen Ländern in diesem Moment der Krise »geeint« seien. Was der kleindeutsch-preußische Nationalismus seit Jahren propagiert, was seit 1848, wenngleich unter anderen politischen Vorzeichen, auf der politischen Agenda der Deutschen steht – dies scheint sich jetzt tatsächlich wie von selbst einzustellen. Dass die neue Waffenbrüderschaft zwischen Nord- und Süddeutschen keineswegs aus einer spontanen nationalen Fraternisierung resultiert, sondern unter massivem preußischen Druck und daraus resultierenden Sachzwängen entsteht, wird dabei weitgehend übersehen. Endlich ist das einige deutsche Reich da, freut sich Ende August 1870 der preußische Gesandte in München, Freiherr von Werthern, und will auch beim Grafen Max von Holnstein, der als Diplomat in bayerischen Diensten großen Einfluss auf König Ludwig II. besitzt, mehr Begeisterung für dieses Reich wecken:[293]

> »Seit einem halben Jahrtausend macht Deutschland unerhörte Anstrengungen nach einer festen Consolidirung. Die besten Köpfe, die edelsten Herzen widmen sich derselben: seit 1000 Jahren steht Deutschland zum ersten Male vereint in Einem Hochgefühle gegen denselben Feind. Nicht Ein Stamm ist abgefallen, nicht Ein Fürst hat gewankt.«

Abgesehen davon, dass der preußische Diplomat mit einer solchen Bewertung 1000 Jahre deutsche Geschichte recht verkürzt als zielstrebige Entwicklung zu einem kleindeutschen Reich darstellt und außerdem unerwähnt lässt, dass so mancher »Stamm« nicht freiwillig mitmacht, sondern entweder (wie einst Hannover) gezwungen wurde oder sich (wie Württemberg oder Bayern) nur zähneknirschend beteiligt, lässt sich aus seinen Zeilen auch eine unterschwellige Drohung herauslesen: Niemand könne wanken, wenn es gegen denselben Feind gehe. Denn, so müssen seine Ausführungen weitergedacht werden, was wäre denn ein solcher Fall? Die Verweigerung des gemeinsamen Krieges erscheint notwendigerweise als Verrat an den anderen deutschen »Stämmen« und der imaginären gemeinsamen 1000-jährigen Geschichte. Wer also nicht mitmacht, wird selbst zum Feind der Deutschen.

Mit Beginn des Krieges gibt es dementsprechend nicht nur einen äußeren Feind, sondern auch die Feinde im Inneren: all jene, die sich dieser »Einheit« tatsächlich oder angeblich verweigern. Ihnen wollen die Anhänger eines kleindeutsch-preußischen Nationalismus kein Pardon geben. Kampfbereit nach außen und innen zeigt sich stellvertretend dafür die *Freiburger Zeitung* im Juli 1870:[294]

> »In Pariser militärischen Kreisen versichert man, der dritte Napoleon werde an die Süddeutschen, an die Hannoveraner, Hessen und Schleswig-Holsteiner einen Aufruf erlassen und ihre Mitwirkung gegen den ›gemeinsamen Feind‹ fordern. Möge er es thun, möge er sich überzeugen, daß es in Deutschland keine Verräther giebt, daß bei dem ersten Kanonenschuß ganz Deutschland als eine geschlossene Macht dem kecken Angreifer gegenübersteht! … Das einheitliche Deutschland, das sich vor Millionen feindlicher Bajonette nicht fürchtet, wird wohl auch um die Mittel nicht verlegen sein, nöthigenfalls einige verächtliche Subjecte unschädlich zu machen!«

Die »Einheitlichkeit« Deutschlands zeigt auch in diesem Artikel ihre jetzt so typische doppelte Aggressivität: aggressiv nach außen wie nach innen. Mit dem Begriff der »Einheit« erscheint es legitim, diese Feinde zu bekämpfen. Dazu habe dieses kleindeutsche Reich nicht nur das Recht, sondern vor allem endlich auch die Macht. Denn die Begeisterung über den Aufbruch zum gemeinsamen Waffengang und die Berufung auf eine angeblich lange gemeinsame deutsche Geschichte nähren die Vorstellung von der mentalen und damit militärischen Stärke dieses Reiches. So entfaltet die »Einheit« in diesen Tagen ihr volles aggressives Potenzial. Dies wird beispielsweise in der Thronrede des preußischen Königs Wilhelm vor den Mitgliedern des Norddeutschen Reichstags deutlich, die am 19. Juli 1870 angesichts der französischen Kriegserklärung zu einer außerordentlichen Sitzung zusammenkommen. Otto von Bismarck trägt diese Rede vor, in der selbstverständlich Frankreich die volle Verantwortung für die Eskalation der Krise gegeben wird, in der aber auch das nationale Versprechen gegeben wird, dass Frankreich – erstmals in der Geschichte – jetzt auf einen neuartigen Widerstand treffen werde: auf die Kraft eines geeinten Deutschlands:[295]

> »Hat Deutschland derartige Vergewaltigungen seines Rechts und seiner Ehre in früheren Jahrhunderten schweigend ertragen, so ertrug es sie nur, weil es in seiner Zerrissenheit nicht wußte, wie stark es war. Heut, wo das Band geistiger und rechtlicher Einigung, welches die Befreiungskriege zu knüpfen begannen, die deutschen Stämme je länger, desto inniger verbindet; heut, wo Deutschlands Rüstung dem Feinde keine Oeffnung mehr bietet, trägt Deutschland in sich selbst den Willen und die Kraft der Abwehr erneuter französischer Gewaltthat.«

Deutschland weiß jetzt, wie stark es ist, so lautet die nationale Botschaft. Und wer dies nicht weiß, soll es sich gesagt sein lassen – oder er müsse eben diese Stärke am eigenen Leib erfahren. Wer sich kritisch zu Preußen stellen will, sollte es also besser kleinmütig tun. So wie der bayerische König, der dem preußischen Kronprinzen bei einem Besuch in seinem Land die Bitte mit nach

Berlin gibt, dass sich sein Vater doch bitte auch nach dem Krieg daran erinnern möge, dass Bayern doch wunschgemäß »Begeisterung« und »Opfermut« bewiesen habe. Das möge König Wilhelm nicht vergessen, wenn er dereinst den ruhmreichen Sieg feiern werde. Er möge dann voller Güte dafür sorgen, dass »Bayern sowohl beim Friedensschluß als auch nach diesem seine Stellung als selbstständiger Staat gestützt auf eine langjährige Geschichte« weiter einnehmen wird.[296] König Ludwig II. und mit ihm viele Bayern haben erkennbar weiterhin Angst vor den Preußen und davor, dass sie womöglich trotz ihrer Waffenbrüderschaft letztlich nie gleichberechtigt in dem neuen Reich sein werden. Die Herrschaftsverhältnisse in Deutschland sind also offensichtlich geklärt – Preußen hält die Fäden sicher in der Hand. Jetzt muss nur noch der Krieg gegen Frankreich tatsächlich siegreich beendet werden, damit der neue innerdeutsche Machtanspruch endgültig umgesetzt werden kann.

Otto von Bismarck kann zufrieden sein. Er hat die politische Chance der Krise im Juli 1870 entschieden genutzt. Es ist erst einige Tage her, dass er verärgert auf die Nachricht reagiert hat, wonach der Hohenzollernprinz Leopold auf seine Kandidatur verzichtet habe. Doch der kluge Stratege kann von dieser Entscheidung nicht völlig überrascht gewesen sein, weil er nicht nur die Vehemenz der französischen Forderungen durchaus vorhersehen konnte, sondern auch weil er die Abneigung seines Königs kennt, erneut in einen Krieg zu ziehen und damit womöglich die Erfolge von 1866 wieder aufs Spiel zu setzen. Deshalb bricht für ihn am Abend des 12. Juli 1870, als er von Leopolds Verzicht erfährt, keineswegs eine politische Welt zusammen. Erst später wird er in seinen *Gedanken und Erinnerungen* behaupten, an seinen sofortigen Rücktritt gedacht zu haben, weil er in dem Verzicht auf die Kandidatur für den spanischen Thron eine Demütigung Deutschlands sah, »die ich amtlich nicht verantworten wollte«.[297] Dass sich allerdings nicht »Deutschland« gedemütigt fühlt, sondern vor allem die preußische Führung, ist dabei keineswegs die entscheidende erzählerische »Korrektur« des Geschehens. Vielmehr droht der gesamte Vorgang ja auch zu einer politischen Niederlage für Bismarck selbst zu werden, hatte er doch seinem König ausdrücklich zu dieser Kandidatur Leopolds geraten. Aber Bismarck denkt an diesem Abend gar nicht daran, abzudanken. Vielmehr will und kann er ja gegensteuern, indem er mit seinen Generälen Roon und Moltke zur gemeinsamen Entscheidung kommt, dass dieser Krieg jetzt kommen müsse. Und der preußische Innenminister Eulenburg macht sich auf den Weg nach Ems, um den in Bismarcks Augen politisch irrlichternden König auf Kurs zu bringen, der dann auch wunschgemäß reagiert.

Die Weichen sind auf Krieg gestellt, ehe am 13. Juli 1870 die später so berühmte »Depesche« aus Ems in Berlin eintrifft, wo der Ministerpräsident wieder mit Roon und Moltke zusammensitzt. Richtig ist, dass Bismarck jetzt das Telegramm überarbeitet und in dieser Form auch öffentlich macht. Und vermutlich hat er den anderen tatsächlich erklärt, wie wichtig seine Überarbeitung des Telegramms sei und dass es wie ein rotes Tuch auf den »gallischen Stier« wirken werde – und wunschgemäß »wir die Angegriffenen sein« würden. Aber es ist wohl mehr politisches Seemannsgarn, wenn er hinzufügt, die beiden zuvor so niedergeschlagenen Herren seien nach seinen Worten schlagartig wieder bester Stimmung gewesen:[298]

> »Sie hatten plötzlich die Lust zu essen und zu trinken wiedergefunden und sprachen in heiterer Laune. Roon sagte: ›Der alte Gott lebt noch und wird uns nicht in Schande verkommen lassen.‹ Moltke trat so weit aus seiner gleichgültigen Passivität heraus, daß er sich mit freudigem Blick gegen die Zimmerdecke und mit Verzicht auf seine sonstige Gemessenheit in Worten mit der Hand vor die Brust schlug und sagte: ›Wenn ich das noch erlebe, in solchem Kriege unsre Heere zu führen. So mag gleich nachher die alte Carcasse der Teufel holen.‹«

So hat es sich vermutlich nicht zugetragen, aber die kriegerische Stimmung in dieser Runde dürfte immerhin echt gewesen sein. So beginnt wenige Tage später der Deutsch-Französische Krieg, weil Otto von Bismarck ihn für nötig und die Gelegenheit dazu für günstig hält und weil es der französischen Regierung ebenfalls an der Einsicht und dem Willen fehlt, ihn noch zu verhindern.[299] Es kommt zur Entscheidung: über Preußen und Frankreich, über Deutschland und sein mögliches Reich. Wie der Krieg ausgehen wird, ist ungewiss, aber fraglos werden viele Menschen in Europa die Meinung des in Wien erscheinenden *Fremden-Blatts* teilen, in dem wenige Tage vor Ausbruch der Kämpfe zu lesen steht, dass dieser Krieg »den Weltteil in seinen Grundfesten zu erschüttern droht«.[300] Ohne Frage: Nach diesem Krieg wird Europa sein Gesicht verändert haben.

»Gott leitet unsere Fahnen von Sieg zu Sieg! Seine Hand richtet unser Volk auf und stärkt es in der schweren, blutigen Zeit!«

Kommentar im *Königlich Preußischen Staatsanzeiger*, 20. August 1871[301]

4

2. September 1870

Gotteskrieger und der Glaube an die Unbesiegbarkeit

Der französische Kaiser Napoleon III. hat an diesem Morgen einen schweren Weg vor sich. Noch vor Sonnenaufgang verlässt er sein Quartier in Sedan und ist in einer kleinen Kutsche auf dem Weg in das westlich der Stadt gelegene Örtchen Donchery. Der Monarch regiert seit fast 18 Jahren als unumschränkter Herrscher Frankreichs, in seinem Machtanspruch orientiert er sich an niemand Geringerem als seinem berühmten Onkel Napoleon Bonaparte. Entsprechend hochfliegend waren in den vergangenen Jahren auch seine außenpolitischen Pläne zu einer Neugestaltung Europas im Sinne Frankreichs. Doch von solchen Ambitionen ist in diesem Moment nichts mehr geblieben. Mit nur wenigen Begleitern an seiner Seite ist er auf dieser kleinen Landstraße unterwegs, um den preußischen König Wilhelm zu treffen, ihm gegenüber seine Niederlage in diesem Krieg einzugestehen und sich obendrein selbst in Gefangenschaft zu begeben. Ein solcher Schritt ist für jeden standesbewussten Herrscher eine Schmach, und verbittert hat er schon am Tag zuvor diesen Schritt angekündigt: »Da ich inmitten meiner Truppen nicht sterben konnte«, so hat er dem preußischen König Wilhelm ausrichten lassen, könne er angesichts der verheerenden Niederlage auf dem Schlachtfeld nichts anderes tun, »als meinen Degen in die Hände Eurer Majestät zu legen«.[302]

An diesem 2. September 1870 verliert Napoleon III. seine Freiheit, weil er tags zuvor eine Schlacht und – da sind sich viele Beobachter auf deutscher wie französischer Seite eigentlich sicher – zugleich im Grunde auch den ganzen Krieg verloren hat: Eine riesige französische Armee unter dem Kommando des Marschalls Mac-Mahon muss sich nach massiven Verlusten in die alte Festung von Sedan zurückziehen und sich dort schließlich den deutschen Gegnern ergeben. Mehr als 100 000 französische Soldaten werden nach dieser Schlacht in Gefangenschaft gehen, einen freien Abzug der Männer nach ihrer Entwaffnung lehnen die Deutschen ab. Kaiser Napoleon III. kann nichts mehr ausrichten; aber vielleicht hofft er in den frühen Morgenstunden des 2. September, durch ein Gespräch mit dem preußischen König zumindest milde Kapitulationsbedingungen aushandeln zu können.

Ein französischer General reitet dem Kaiser als hochrangiger Bote voran, und der meldet sich gegen 6 Uhr früh bei Otto von Bismarck in dessen Quartier im Dörfchen Donchery. Der Kanzler des Norddeutschen Bundes und preußische Ministerpräsident hat wegen der bereits in der Nacht geführten Kapitulationsverhandlungen mit den in der Festung von Sedan eingeschlossenen Truppen nicht viel geschlafen. Jetzt macht er sich sofort auf den Weg – noch ungewaschen, wie er später seiner Frau gesteht, und außerdem ohne gefrühstückt zu haben, was für Bismarck tatsächlich ungewöhnlich und wohl sehr viel bedauernswerter ist. Doch die Situation erfordert rasches Handeln, und so reitet Bismarck dem französischen Kaiser entgegen. Auf halber Strecke nach Sedan, so notiert Bismarck noch am selben Tag, treffen sich die beiden auf der Landstraße:[303]

> »Seine Majestät befand sich in einem offenen Wagen mit drei höheren Offizieren … Am Wagen angekommen, stieg ich vom Pferde, trat an der Seite des Kaisers an den Schlag und fragte nach den Befehlen Seiner Majestät.«

Auch wenn sich ihre Soldaten bis vor wenigen Stunden noch gegenseitig getötet haben – die Herren wahren die diplomatische Form, und selbstverständlich behandelt Bismarck sein Gegenüber trotz dessen misslicher Lage mit dem ihm gebührenden Respekt. Napoleon bittet höflich darum, den preußischen König Wilhelm zu sprechen, der sich doch auch wohl in Donchery aufhalte. Er wolle sich ihm ergeben und zugleich über die Übergabe der geschlagenen französischen Truppen reden. Doch Bismarck muss Napoleon enttäuschen: Leider befindet sich sein König gar nicht mehr an diesem Ort, und er habe ihm auch keine Anweisung hinterlassen, wo er Napoleon hinbringen soll, wenn sich dieser in Gefangenschaft begeben werde. Da wäre es doch wohl am zweckmäßigsten, der Kaiser möge ihm einfach nach Donchery folgen und dort vorläufig Bismarcks Quartier nutzen.

So geht es die Chaussee entlang, Bismarck hoch zu Ross, der geschlagene Kaiser in dem offenen Wagen hintendrein. Im Ort Donchery steigt Napoleon zunächst für einige Stunden in einem einfachen Haus am Dorfrand ab, wohl weil er offenkundig nicht die angebotene Unterkunft Bismarcks beziehen möchte. Aber immerhin nutzt er die Gelegenheit für ein erstes Gespräch mit dem Preußen. Vor dem Häuschen setzen sich beide auf eine Bank, aber Napoleon kann Bismarck zu keinerlei Entgegenkommen bei der anstehenden Kapitulation bewegen. Denn dieser verweist geschickt auf die Zuständigkeit der Militärs in dieser Frage – er könne da gar nichts entscheiden. So entzieht sich der in allen politischen Dingen maßgebende Bismarck geschickt der inhaltlichen Diskussion.

Deshalb tauschen sich die beiden Herren weniger über das Ende, sehr wohl aber über den Beginn des Krieges aus. Und dabei will keiner an dem Ausbruch des Konflikts schuld gewesen sein, wenn man Bismarcks Bericht von diesem Gespräch folgt: Er habe den Krieg nicht gewollt, erklärt demnach Napoleon III., vielmehr sei er durch die öffentliche Meinung Frankreichs zu dem entsprechenden Schritt regelrecht genötigt worden. Und Bismarck wiederum will erklärt haben, dass in Deutschland auch niemand den

Krieg gewollt habe, vor allem nicht der preußische König – und erst recht nicht wegen der Thronkandidatur für die spanische Königskrone.[304] Dass übrigens auf beiden Seiten im Juli 1870 weder die beiden Monarchen noch die preußische oder die französische Regierung versucht haben, diesen Krieg zu verhindern – darüber sprechen die beiden wohl nicht. So waschen in diesem Moment beide politisch verantwortlichen Herren ihre Hände in Unschuld, während die rund 6000 Toten des Vortags noch nicht einmal beigesetzt sind …

Wenige Stunden später erfüllt sich dann Napoleons Wunsch, direkt mit dem preußischen König zu sprechen. Ein nahe gelegenes Schloss, das im Gegensatz zu vielen anderen noch nicht als Lazarett genutzt wird, erscheint den Preußen als passender Ort für diese Begegnung. So steigt Napoleon wieder in seine Kutsche, aber so unbemerkt wie noch in den frühen Morgenstunden bleibt die Fahrt diesmal nicht. Nun reitet ihm eine Ehreneskorte des königlich preußischen Leib-Kürassier-Regiments voraus, und auch Otto von Bismarck begleitet hoch zu Ross wieder die Kutsche. Bei den deutschen Soldaten und den Kriegsberichterstattern hat längst das Gerücht die Runde gemacht, dass Napoleon gefangen ist – und so stehen an vielen Stellen zahlreiche Schaulustige bereit, um einen Blick auf den Kaiser der Franzosen zu werfen. Ist er es tatsächlich? Ein Beobachter schreibt für eine Zeitung von einem dieser Momente:[305]

> »Der Wagen fuhr langsamen Schrittes, so daß es leicht war, ohne ungebührliche Neugierde zu zeigen, den hohen Gefangenen zu betrachten. Er sah ermüdet und abgespannt, aber weder düster noch niedergeschlagen aus … Die furchtbare Tragik der Ereignisse war überwältigend. Da saß er ruhig und kalt, der finstere Held, für den Tausende und Abertausende geblutet hatten, Hunderttausende in unsägliches Elend und Verderben gestürzt waren. Noch gestern der mächtigste Monarch und – heute? Gefangen, ärmer, als der ärmste freie Mann!«

Im Schloss Bellevue bei Fresnois angekommen, trifft er dort am frühen Nachmittag des 2. September 1870 endlich wunschgemäß mit König Wilhelm zusammen. Zu verhandeln gibt es militärisch nichts mehr, denn inzwischen ist die Kapitulation verhandelt und beschlossen; für Napoleon geht es nur noch darum, gegenüber dem Preußen den Krieg als solchen zu bedauern und für sich ein persönlich ehrenvolles Ende zu erreichen. König Wilhelm macht es dem Kaiser leicht, er begrüßt ihn auf Französisch – und mit dem Bedauern des Siegers: »Sire, le sort des armes a décidé entre nous«, das Los der Waffen habe zwischen ihnen entschieden, so König Wilhelm, doch es falle ihm schwer, den Kaiser in einer solchen Lage zu sehen.[306] »Welch ein ergreifender Augenblick, der der Begegnung mit Napoleon«, schreibt er wenig später seiner Königin nach Berlin. »Er war gebeugt, aber würdig in seiner Haltung und ergeben.«[307] So will sich auch Wilhelm würdig erweisen und weist seinem Gefangenen ein standesgemäßes Exil zu: das Schloss Wilhelmshöhe bei Kassel, eine klassizistische Anlage, die am Ende des 18. Jahrhunderts für den späteren Kurfürsten von Hessen-Kassel erbaut wurde – jetzt liegt das Schloss in Preußen, denn nach dem Krieg von 1866 wurde das Kurfürstentum annektiert, und Schloss Wilhelmshöhe von Preußen »gestohlen«. Daran jedenfalls erinnert jetzt der österreichische Dichter Franz Grillparzer, der über König Wilhelm und Napoleon III. spottet:[308]

»Er ist sein würdiger Genoß,
Es sperrt der Dieb den Räuber
Ins gestohl'ne Schloß.«

Schloss Wilhelmshöhe als Exil ist mit Bedacht gewählt. Dort residierte einst Napoleon Bonapartes jüngerer Bruder Jérôme sechs Jahre lang als »König von Westfalen«, ehe er nach der Völkerschlacht von Leipzig vertrieben wurde. Während seiner kurzen Regentschaft besuchte ihn auch einmal sein kleiner Neffe, der spätere

Napoleon III. Und dieser soll jetzt in Kassel Quartier beziehen – aber nicht als König oder Kaiser, sondern als prominentester Kriegsgefangener Preußens. Sechs große Zimmer werden Napoleon zur Verfügung gestellt, seine insgesamt 15 Personen umfassende Begleitung wird fortan von zahlreichen Bediensteten sowie einem Koch versorgt, den König Wilhelm geschickt hat.[309] Doch so angenehm der Ort des Exils auch ist, es ist ein Ort mit historischer Konnotation – was also wie eine Zuweisung einer standesgemäßen Unterkunft daherkommt, ist letztlich eine demonstrative öffentliche Demütigung.

Ist die Begegnung mit dem geschlagenen Napoleon für ihn schon ein ergreifender Moment, so kann König Wilhelm die nächsten Stunden des Tages erst recht in vollen Zügen genießen. Denn jetzt nimmt er hoch zu Ross seine Siegesparade ab. Der Monarch ist immerhin schon 73 Jahre alt, aber er hat die Kraft, sich jetzt fünf Stunden lang den Soldaten zu zeigen und die Mannschaften sowie die Kriegsbeute selbst in Augenschein zu nehmen. Was für ein Triumphzug, der bis gegen 19.30 Uhr andauert! Wilhelm schreibt anschließend seiner Frau:[310]

> »Den Empfang der Truppen, das Wiedersehen des dezimierten Gardekorps, das alles kann ich heute nicht beschreiben; ich war tief, tief ergriffen von so viel Beweisen der Liebe und Hingebung!!! Es war unbeschreiblich! – Die Armee, welche kapituliert, ist 60000 bis 70000 Mann, viele hundert Kanonen und unzähliges Material!«

Keine Frage, der König ist tief beeindruckt. Und mit ihm staunen die Menschen in der Heimat und auch die übrigen europäischen Regierungen. Dieser 2. September 1870 schließt eine ganze Serie von zuvor nicht erwarteten militärischen Siegen der Preußen und ihrer Verbündeten ab, die in nur knapp einem Monat erzielt wurden. In einer von kaum jemandem für möglich gehaltenen Geschwindigkeit sind die deutschen Einheiten in dieser Zeit von Sieg zu Sieg geeilt. Bei den Schlachten von Weißenburg am 4. August sowie von Wörth und an den Spicherer Höhen am 6. August wird die französische Armee geschlagen, in der Schlacht von Mars-la-Tour in der Nähe von Metz am 16. August wird die vollständige französische Rheinarmee besiegt und zum Rückzug gezwungen. Insgesamt verliert die französische Armee in den ersten sechs Kriegswochen mit diesen Schlachten eine große Menge an Waffen, Offizieren und kampferprobten Soldaten.[311]

Die Menschen in der Heimat sind überwältigt und reagieren begeistert auf das unverhoffte Schlachtenglück. Doch die Siege sind von den Soldaten teuer erkauft. Die Kehrseite sind – was die Angehörigen daheim nur ahnen können – die ungeheuren Anstrengungen der Märsche und die Brutalität des Kriegsgeschehens selbst. Vielen mag noch die Begeisterung im Ohr klingen, als die Soldaten ihre Heimat verlassen. Weit verbreitet war die Vorstellung, da beginne ein weltgeschichtlich einzigartiger Krieg, der dringend notwendig und überdies von Gott gewollt sei. Stellvertretend dafür steht ein Brief des Rechtswissenschaftlers Rudolf von Ihering. Der kennt kaum Grenzen der Begeisterung, als sich sein Sohn Hermann als Freiwilliger meldet und er zugleich von seinem Freund und Gießener Professorenkollegen Oskar Bülow die Nachricht erhält, dass sich dieser ebenfalls freiwillig zu den Waffen gemeldet hat. Begeistert schreibt er ihm:[312]

> »Gott sei mit Dir, mein lieber teurer Freund, und bewahre Dich vor Tod oder Verwundung – aber selbst wenn Du fallen solltest, so werden, ebenso wie wenn mein Hermann fallen sollte, die Tränen des tiefsten Schmerzes sich mit Freudentränen mischen, mit Freudentränen darüber, daß Ihr für die heilige Sache gefallen seid.«

Für die »heilige Sache« – das ist die Tonalität des nationalen Taumels. Doch der Alltag der in den Krieg ziehenden Soldaten ist nüchtern und entbehrungsreich. Dieser August 1870 ist ein heißer Sommermonat, und schon der Marsch Richtung Frankreich fordert die ersten Opfer: »Es sind jetzt schon viele Soldaten am Hitzschlag gestorben«, notiert ein preußischer Soldat am 4. August 1870 in seinem Tagebuch, dem es unbegreiflich ist, »weshalb die Soldaten auf den Märschen kein Wasser trinken dürfen«.[313] Andere reisen zumindest den ersten Teil der Strecke komfortabler mit der Eisenbahn an und haben dabei auch noch reichlich zu trinken – zuweilen sogar Bier in großen Mengen, das ihnen auf den Stationen immer wieder gereicht wird. Ein Offizier beklagt in einem Brief über seine Kameraden: »eine rohe Masse, die sich betrinkt und den größten Unfug treibt«.[314]

Mut antrinken erscheint vielen gar nicht so abwegig, denn zuweilen werden die Soldaten daran erinnert, dass sie es in diesem Feldzug gegen Frankreich mit sehr tüchtigen Soldaten zu tun bekämen, »die überall als Sieger bekannt seien«.[315] Die ersten Schlachterfahrungen sind reichlich ernüchternd, und obwohl viele Soldaten selbst noch den innerdeutschen Krieg vier Jahre zuvor mitgemacht haben, zeigen sie sich erschrocken über das Ausmaß der Gewalt und die Massen der Soldaten, die in den ersten großen Gefechten aufeinandertreffen:[316]

> »›Die elegante Landpartie‹ nennen unsere Officiere jetzt den Krieg von 1866 gegenüber den furchtbaren Blutbädern bei Wörth und vor Metz, die in der Kriegsgeschichte kaum ihres Gleichen in den schrecklichsten Gefechten des Amerikanischen Bürgerkrieges finden.«

In den gewaltigen Schlachten in diesem August prallen riesige Heere aufeinander, die 70 000 und mehr Soldaten umfassen. Häufig werden Zehntausende an einem einzigen Tag getötet.[317] Die französische Infanterie verfügt mit ihrem Chassepot-Gewehr über eine größere Reichweite als das deutsche Zündnadelgewehr, weshalb immer wieder die frontalen Kolonnenangriffe der deutschen Armee scheitern. Ausschlaggebend für die deutschen Siege ist die vernichtende Wirkung des deutschen Artilleriefeuers.[318] Am 16. August 1870 stehen sich bei der Schlacht von Mars-la-Tour Tausende Soldaten gegenüber. Ein deutscher Soldat, der am späten Nachmittag als Infanterist in die Schlacht geworfen wird, erinnert sich später in seinem Kriegstagebuch:[319]

> »Marsch! Marsch! Und so ging es durch's Gehölz, aber die letzten waren noch lange nicht durch, so lagen die ersten schon als Todte oder Verwundete und schien es, als wenn die ganze franz. Armee nur die Gewehre auf uns gerichtet hätte. Hier hielt der Schnitter reiche Ernte. Unser schon verwundeter Batt. Com. Major von Ising stand den Degen schwingend uns anfeuernd und uns ermunternd zurufend: ›Kinder, die Kugeln gehen all über uns weg‹, während ihn eine 2te Kugel traf und er zusammenbrach.«

Die ersten vier großen Schlachten haben Anfang August 1870 auf deutscher Seite zu Verlusten in nie geglaubtem Ausmaß geführt: Fast 16 000 Soldaten sind tot, verwundet oder vermisst, einige Regimenter haben erheblich an Kampfstärke eingebüßt.[320] In die ersten Schlachten stolpern die Preußen eher hinein, als dass sie diese gezielt vorbereitet hätten. Zudem haben sie Glück, dass der Feind einige zum Teil schwere taktische Fehler nicht ausnutzt, die selbst dem bei den Soldaten so verehrten General Moltke unterlaufen. So erscheinen die ersten Siege der Deutschen denn auch mehr dem Umstand geschuldet, »dass sie schlicht weniger Fehler begingen als der Gegner«.[321]

Die Schlacht von Spichern unweit der deutsch-französischen Grenze bei Saarbrücken am 6. August 1870 gehört zu den besonders blutigen Aufeinandertreffen in diesem Krieg. Deutsche Regimenter stürmen unter schwersten Bedingungen und großen Verlusten einen Berg. Um die steilen Hänge überhaupt hinaufzukommen, ziehen viele Soldaten ihre Stiefel aus und klettern in Socken oder barfuß weiter. Die Kämpfe sind erbittert und ziehen sich über viele Stunden hin, in den Wäldern kommt es zu grausamen Nahkämpfen. Nach der geschlagenen Schlacht beschreibt ein Soldat den Ort des Geschehens:[322]

> »Das Feld war blutgetränkt. In einer Wegeunterführung unter der Eisenbahn … lagen die französischen Leichen beinahe bis zum Gewölbescheitel, man konnte nicht hindurchgehen. Quer durch das Feld zog sich ein Schützengraben, in demselben lagen Mann bei Mann die stummen französischen Schützen, fast sämtlich durch den Kopf geschossen, zum Teil das Gewehr noch im Anschlage.«

Der deutsche Sieg bei Spichern hat einen hohen Preis: Fast 5000 Soldaten sind tot, verletzt oder vermisst, und trotz des heimatlichen Jubels erkennen einige Militärs sehr genau, dass es sich um ein unbedachtes Gemetzel gehandelt hat, einen schlecht vorbereiteten und mit anderen Truppenteilen im Grunde nicht hinreichend abgestimmten Angriff.[323] Die Erfahrungen der August-Schlachten sind sowohl für die französischen als auch die deutschen Soldaten traumatisch. Diese Verluste wirken umso erschreckender auf die Beteiligten, weil sie in so kurzer Zeit und auf so begrenztem Raum zu verzeichnen sind. Die großen August-Schlachten werden in der Regel innerhalb weniger Stunden geschlagen, bei Einbruch der Dunkelheit werden sie abgebrochen, ohne allerdings am nächsten Tag fortgesetzt zu werden. Überhaupt sind diese Gefechte kaum vorhersehbar, weil sie nicht immer geplant beginnen und sich zudem die Generalität bei der Einschätzung des Gegners mehrmals dramatisch geirrt und dadurch hochriskante Schlachten provoziert hat. Oft ist im Chaos des Geschehens selbst am Ende den Beteiligten nicht recht klar, wer eigentlich als Sieger das Feld verlässt.[324]

Verwundete können bei vielen dieser Schlachten nicht so rechtzeitig geborgen werden, dass ihnen medizinisch geholfen werden kann. Zwar gibt es organisierte Hilfe bei allen beteiligten Kriegsparteien, aber sie ist nicht immer unmittelbar greifbar. Gerade angesichts der Unübersichtlichkeit der Schlachtfelder dauert es manchmal einige Tage, bis Krankenträger unter den vielen Toten oder im Unterholz eines Waldes einen Verletzten finden. Dieser muss so lange unter Schmerzen, ohne Versorgung seiner Wunden und zuweilen ohne Essen und Trinken ausharren.[325] Für viele Soldaten in dieser Lage kommt deshalb jede Hilfe zu spät. Ein preußischer Soldat notiert im August 1870 in seinem Tagebuch, wie er bei Einbruch der Nacht auf dem Schlachtfeld Deckung suchen muss und wie über Stunden hinweg »das Rufen und Stöhnen der armen Verwundeten« kein Ende nehmen will.[326]

Zur Normalität auch in diesem Krieg gehört es, dass die siegreichen Soldaten in den besetzten Gebieten plündern. In erster Linie gieren sie nach Verpflegung, nach frischem Fleisch und gutem Brot, immer wieder nach Wein, womöglich nach Champagner. Zuweilen nehmen sie aus den verlassenen oder zerschossenen Häusern auch augenscheinlich Belangloses, aber im Moment Nützliches mit, Regenschirme oder Bücher. In Privatgärten finden sich Gemüse und Obst, auch das eine willkommene Abwechslung bei der Verpflegung, zu der zuweilen nicht nur geschossene Kühe und Schafe zählen, sondern auch die im Kampf getöteten Pferde.[327] Dieses Vorgehen erscheint als legitimes Vorgehen siegreicher Armeen. Selten sind Tagebucheinträge wie dieser, in dem ein preußischer Soldat die französische Bevölkerung bedauert:[328]

> »Die Leute haben hier schrecklich unter den Drangsalen des Krieges zu leiden. Nicht alleine, daß sie die starken Einquartierungen befriedigen müssen, sondern die in den Biwaks liegenden Truppen requirieren alles für Mannschaften und Pferde, Vieh, Brot, Kaffee, Reis, Tabak, Zucker etc.«

Wer sich weigert, den fremden Soldaten etwas abzugeben, dem wird es halt genommen – »das ist der Krieg«.[329] Und je länger der Krieg dauert, desto häufiger gibt es Konflikte zwischen den Zivilisten und den fremden Soldaten, die sich einquartieren und auf Kosten der Bevölkerung versorgen wollen. Vor diesem Hintergrund gewinnt auch die Figur des »Franktireur« seine Bedeutung, der aus dem Hinterhalt die deutschen Soldaten attackiert. Sie ist als Feindbild bei den preußischen Soldaten und Offizieren präsent. Auch wenn solche Hinterhalte durch Freischärler militärisch kaum von Bedeutung sind und kämpfende Zivilisten nur selten vorkommen, so strapazieren sie doch erheblich das Nervenkostüm der Besatzer. Diese Gereiztheit ist allenthalben spürbar in den Frontbriefen und der offiziellen Berichterstattung; Gewalt gegen französische Zivilisten bleibt begrenzt, auch wenn es zuweilen zu erheblichen Gewaltexzessen kommt.[330] Ein Soldat aus Breslau erinnert sich an eine Szene im August 1870 in dem kleinen französischen Dörfchen Gorze unweit von Metz:[331]

> »In Gorze hatten 2 Mann vom 79. Reg. einen franz. Civilisten an einem Stricke und schlugen mit ihren Klingen auf den selbigen ein, er wurde teilweise nachgeschleppt, der Kerl sah ganz verhauen und scheusslich aus.«

Zu den bekannten Exzessen des Krieges gehört die Zerstörung des kleinen Ortes Bazeilles in der Nähe von Sedan durch bayerische Soldaten am 1. September 1870. Auch wenn die Details des Geschehens nie ganz aufgeklärt werden, so werden die Vernichtung des Ortes und die Tatsache, dass zahlreiche Zivilisten durch das Vorgehen der Bayern getötet werden, zu einem europaweit beachteten Medienereignis. Während die bayerische Seite von Übergriffen auf verletzte Soldaten durch die Einwohner spricht, wirft ihr die französische Seite die Misshandlung und Ermordung von Kindern, Frauen und Männern vor. Französische Zivilisten fürchten sich seitdem mehr denn je vor »den Bayern«, die fortan nicht mehr als tendenziell »gemütlich« und »freundlich« gelten, sondern denen jetzt der Ruf von wilden Verwüstern und gnadenlosen Plünderern vorauseilt.[332]

Die Gewalterfahrungen in diesem Krieg sind also extrem, doch die Schlacht von Sedan ragt in dieser Hinsicht in der Wahrnehmung der Zeitgenossen noch heraus. Zahlreich sind die Berichte von erschütterten Soldaten und Kriegsberichterstattern, die anschließend das Schlachtfeld besuchen. Die Leichenfledderer, die auch hier wieder am Werke sind und den Toten die letzten Wertsachen entwenden, haben zumeist schon in der Dunkelheit ihr schäbiges Werk getan, die Verwundeten werden jetzt geborgen und die ersten Gefallenen zumeist in Massengräbern beigesetzt. Ein Reporter der britischen *Times* schreibt, dass wohl noch nie ein menschliches Auge ein solches Grauen gesehen habe: Haufen über Haufen an Toten und Leichenteile über viele Meilen hinweg, man könne sich auch »bei der lebhaftesten Einbildungskraft doch die entsetzliche Wirklichkeit dieser Schlächterei nicht vergegenwärtigen«.[333]

Auch wenn die Angehörigen der deutschen Soldaten in der Heimat rasch eine Ahnung von den hohen Verlusten haben, so ist die überwiegende Reaktion dort die Freude über die so umfassend scheinenden Siege in den August-Schlachten und schließlich in Sedan am 1. September. Mit diesem Sieg, und vor allem mit der Gefangennahme Napoleons III. am folgenden Tag, könnte alles gewonnen sein, oder? »Sedan« erscheint als nationaler Glücksmoment; der Schriftsteller Karl Frenzel schreibt für eine Zeitung:[334]

> »Mit dem 2. September beginnt ein neues Zeitalter, die Hegemonie des germanischen Geistes auf Erden. In ein Symbol, das Jeder begreift, hat das Geschick diese Thatsache gekleidet. Der Anspruch der Franzosen auf die Weltherrschaft stützte sich einzig und allein noch auf ihre Legionen und deren Unbesiegbarkeit … Selten hat die Sonne auf Erden einen schöneren Sieg des Rechts und der Wahrheit gesehen …; über uns in den Wolken stritten mit uns alle Ideale für den Frieden und die Freiheit der Welt: ein unvergängliches Ruhmesgedächtnis für den 2. September dieses Jahres.«

Es ist aber auch kaum zu glauben, was von der Front gemeldet wird: ein Sieg nach dem anderen! Zuweilen haben die Menschen den Eindruck, dass sie »in der ersten Betäubung über die gewaltige Siegesnachricht« noch gar nicht alle Folgen überschauen können – so unerwartet kommt etwa bei der Schlacht von Mars-la-Tour vom 16. August dieser Triumph.[335] Die ersten veröffentlichten Reaktionen sprechen von »lawinenartig schneller« Entwicklung, in der viele Kommentatoren aber dennoch die Zeit finden, die atemberaubende Niederlage Frankreichs ausgiebig auszukosten. »Vor vierzehn Tagen war am Hoflager des Kaisers noch alles eitel Hochmuth«, spottet eine Münchener Tageszeitung nach den ersten erfolgreichen Schlachten des August 1870 über Napoleon III., jetzt müsse der »vermeintliche Gebieter Europas« bei den Deutschen »um Frieden und Schonung« bitten.[336] Manchem erscheint das Geschehen wie ein Märchen, das Wirklichkeit wird. So schreibt Rudolf von Ihering im August 1870:[337]

> »Noch nie in der Geschichte hat ein Volk eine solche Zeit der Glorie erlebt – wenige Wochen, in welche das Gesamtresultat von zwei Jahrtausenden zusammengedrängt wird, es ist das deutsche Märchen vom Aschenbrödel, welches plötzlich Prinzessin wird!«

Mit der Schlacht von Sedan greift endgültig eine Wahrnehmung um sich, wonach dieser Krieg und die deutschen Siege geradezu einzigartige historische Ereignisse darstellten. Dazu gehört vor allem das Gefühl einer eigentümlichen Beschleunigung: Alles geht so schnell, in einem derart rasanten Tempo, dass sich manche Beobachter die Augen reiben. Und in dieser Geschwindigkeit wird tatsächlich ein regelrechtes nationales Märchen wahr. Was bislang nur wünschbar erschien, scheint jetzt Realität zu werden. Es ist schier unglaublich. Aber das Geschehen ist aus preußisch-deutscher Sicht keineswegs zufällig, vielmehr vollzieht sich in diesen Tagen und Wochen Gottes Wille. Wie benommen von dieser Wahrnehmung zeigt sich auch der preußische König Wilhelm, als er nach der Schlacht von Sedan seiner Königin schreibt:[338]

> »Es ist wie ein Traum, selbst wenn man es Stunde für Stunde hat abrollen sehen! Wenn ich mir denke, dass nach einem grossen glücklichen Krieg ich während meiner Regierung nichts ruhmreicheres mehr erwarten konnte und ich nun diesen weltgeschichtlichen Act erfolgt sehe, so beuge ich mich vor Gott, der allein mich, mein Heer und meine Mitverbündeten ausersehen hat, das Geschehene zu vollbringen, und uns zu Werkzeugen Seines Willens bestellt hat.«

Die Anrufung Gottes begleitet die Regentschaft des preußischen Königs ohnehin, und auch bei Kriegsbeginn gehört das Gebet um Gottes Segen und seine Fürsprache im Waffengang zum festen Repertoire preußisch-militärischer Rhetorik. Aber mit den Ereignissen von Sedan kommt zu dem Hoffen auf göttlichen Beistand mehr noch das sichere Gefühl, dass Gott tatsächlich auf der Seite der Deutschen steht. Nicht nur König Wilhelm hält sich und seine Verbündeten für von ihm so bezeichnete »Werkzeuge Seines Willens«. Sein in Sedan getätigter Ausspruch, mit dem er auch das Telegramm an seine Königin Augusta schließt, sollte zu einem zentralen Zitat dieses Ereignisses werden: »Welch eine Wendung durch Gottes Führung!« In zahlreichen Veröffentlichungen aufgegriffen, wird der Satz zu einem wichtigen Bestandteil der späteren Erinnerung an Sedan. Selbst dem geschlagenen Napoleon III. erklärt der preußische König übrigens beim ersten kurzen Treffen unmittelbar nach dessen Kapitulation, Gott habe direkt »seinen Waffen den Sieg gegeben«.[339]

Gott ist mit den deutschen Soldaten – das sieht nicht nur der preußische König Wilhelm so. Ein Soldat, der Anfang August 1870 noch in Göttingen stationiert ist, hört von den ersten Siegen an der Front und schreibt begeistert an seine Eltern:[340]

»Fürwahr, wir müssen Gott danken, daß er uns so beisteht, und ihn anflehen, daß er uns weiter hilft. ›Gott mit uns‹ sei unser beständiger Wunsch u. Gebet.«

In den Feldpostbriefen wird immer wieder Gottes Hilfe erbeten. »Nun weiß ich nicht, ob mich der liebe Gott noch weiter vor den Kugeln des Feindes bewahren wird«, so heißt es da beispielsweise, »aber wir wollen es hoffen.«[341] Ein anderer deutscher Soldat macht göttliches Eingreifen für den Sieg in der Schlacht von Mars-la-Tour verantwortlich: »Abermals war der Gott der Schlachten für die deutschen Waffen.«[342]

Von Gott ist ständig die Rede vor und während dieses Krieges: Einfache Soldaten wollen sein Wirken erkannt haben, der Kaiser und die Befehlshaber wähnen ihn selbstverständlich auf ihrer Seite, in Zeitungen und öffentlichen Bekanntmachungen wird er angerufen, und auch die Mitglieder des Norddeutschen Reichstags setzten bei Ausbruch des Krieges auf Gott und dessen Strafgericht über den Feind.[343] Mit den Meldungen von den ersten siegreichen Schlachten werden die göttliche Sendung der Deutschen und ihr göttlicher Beistand in diesem Krieg in neuer Qualität formuliert. Ein Kommentator des offiziösen *Königlich Preußischen Staatsanzeigers* drückt zwar seine Trauer aus über die »erblaßten Heldensöhne und Heldenbrüder, welche für König und Vaterland siegten und starben«, verweist aber zugleich auf den himmlischen Auftrag, den diese Männer erfüllt haben:[344]

»Es sind Gottes Gerichte, die sie mit ihrem edlen Blute besiegeln; Gottes Gerichte gegen ein Volk, das in Überhebung und Verblendung ausharrt … Der Herr, der unsere Heerschaare zum Siege führt über Lüge und Unsitte, Er wird jetzt gnädiglich dafür sorgen, daß unsere edlen Opfer nicht vergeblich fallen.«

Das sind keine hohlen Floskeln, keine religiöse Folklore oder obskure Beispiele für eine harmlose Volksfrömmigkeit – das ist die

Rhetorik von Gotteskriegern. Allen voran die preußisch-protestantische Elite ist sich sicher, Gott auf ihrer Seite zu wissen. Deshalb reagieren sie bei Kriegsbeginn umso gereizter, wenn ausgerechnet die Kirchen ihrer Ansicht nach zu wenig Unterstützung für diesen heiligen Krieg leisten. Von den Katholiken in Süddeutschland könne man das indes durchaus erwarten, denn es gibt katholische Zeitungen, die hinter dem Krieg gegen Frankreich nicht nur preußische Machtfantasien über ein neues Reich vermuten, sondern diesen schlechthin als einen konfessionellen Glaubenskrieg interpretieren: Die Protestanten führen ganz offen einen Vernichtungskrieg gegen Katholiken, so heißt es zuweilen nicht nur hinter vorgehaltener Hand. Im *Bayerischen Vaterland* verlautet in einem Artikel über die angeblichen liberalen preußischen Kriegstreiber:[345]

> »Vernichtung Frankreichs als der letzten katholischen Macht und als eines katholischen Volkes – dies ist das Ziel dieser kriegslustigen Leute, und nur von diesem Gesichtspunkt aus verlangen sie, daß die Vormacht des Protestantismus, Preußen, zur Niederwerfung Frankreichs seinen letzten Mann aufbiete und den letzten Heller setze, und fordern sie und würden sie ganz in der Ordnung finden, daß man zu diesem Zwecke auch senge und brenne, morde und würge.«

Die tiefe konfessionelle Spaltung der deutschen Christen ist eben auch vor und im Krieg allenthalben spürbar. Gerade in der Berufung auf Gott, der doch den Krieg und schließlich den Sieg der Deutschen ermöglicht, stehen die bewaffneten Brüder eben nicht einheitlich da. Als Christen sind sie entweder protestantisch – oder katholisch. Schon mit dem Sieg gegen das katholische Österreich von 1866 treibt der christliche Enthusiasmus auch seine konfessionellen Blüten: Selbst zahlreiche Gelehrte vergleichen den preußischen Sieg nun mit dem historischen Aufstieg Martin Luthers und einer von ihm repräsentierten neuen geistigen Weltmacht.[346]

Der Kriegsausbruch 1870 wird von katholischer Seite ohne große patriotische Begeisterung als Prüfung und Strafe sowie als Zwang zu Buße und Umkehr gedeutet – aber eben keineswegs nicht nur für die Franzosen. Krieg wird als Strafgericht Gottes über die Welt bezeichnet, beispielsweise in einem Hirtenbrief des Regensburger Bischofs. Und die Menschen müssen nach seiner Sicht der Dinge »demüthig erkennen, daß wir diese Heimsuchung, diese Züchtigung Gottes verdient haben«. In dieser Situation helfe nur das Gebet des ganzen Volks – dann würde ihnen Gott »Sieg und Frieden und alles Gute wieder geben«.[347]

Auch in der protestantischen Kirche, die aufgrund ihrer landeskirchlichen Organisation vielschichtiger und mehrstimmiger auftritt, finden sich ähnliche Positionen. So interpretieren auch Teile der Württembergischen Landeskirche den Krieg als Mahnung zu Buße und Umkehr. Solche Äußerungen erscheinen nicht dazu angetan, eine kirchliche Kriegsbegeisterung zu schüren – sehr zum Ärger des kriegsbereiten preußischen Lagers. Dementsprechend entlädt sich in den ersten Kriegswochen preußischer Unmut, nachdem sich die lutherische Landeskirche Hannover für den von König Wilhelm von Preußen angeordneten allgemeinen Bettag für den Text entschied: »Ach Herr, unsre Missethaten haben es ja verdient.« Das könnte nämlich auch als Anspielung auf das eigene Schicksal und die Niederlage gegen Preußen im Jahr 1866 verstanden werden – und die Landeskirche Hannover kämpft seither gegen ihre Eingliederung in die preußische Kirchenunion. Wenn man nun »Unsere Missetaten haben es ja verdient« bete, so erscheint der Krieg gegen Frankreich aus preußischer Sicht womöglich als Strafe Gottes für die Annexion Hannovers.[348] Das ist aus preußischer Sicht schlicht eine theologische wie politische Unverschämtheit!

Das publizistische Echo lässt nicht auf sich warten. Es gilt in diesen Wochen die atemberaubenden Siege der preußischen und deutschen Armeen zu bejubeln und nach den Worten des preußischen Königs das wuchtige Eingreifen Gottes in das Geschehen zu preisen, nicht jedoch von einer Prüfung oder gar Züchtigung der Deutschen zu sprechen. Das »Gerede« von der Zuchtrute Gottes sei höchstens dazu geeignet, »bußfertige alte Weiber« zu erschrecken. Eine Berliner Zeitung bedauert, dass »in die allgemeine, fast heilige Begeisterung, die das gesammte deutsche Volk für den gerechten Krieg gegen Frankreich kundgibt, der erste Mißton von der preußischen Geistlichkeit laut geworden ist«. Und der Ton wird noch schärfer: Es sei schlicht Vaterlandsverrat, den Krieg als Zuchtrute Gottes über die Deutschen darzustellen – denn dann dürfte ja wohl kein deutscher Soldat der französischen Armee bewaffnet gegenübertreten, weil diese ja von Gott zur Züchtigung gerufen sei. Wer solche abwegigen Vorstellungen in die Welt setze und die Deutschen damit in ihrem Kampfeswillen verunsichert, solle lieber vorsichtig sein: »Lieber den Dummen und Heuchlern, die so etwas versuchen, eine Kugel vor den Kopf!«[349]

Die publizistische Aufregung ist groß, doch es sind nicht die Worte, die diese kirchliche Vorstellung ins Wanken bringen, sondern die Taten der deutschen Armeen. Unter dem Eindruck der Siege im August 1870 und schließlich der Schlacht von Sedan verliert die Vorstellung von der Buße und der Züchtigung der Deutschen rapide an Plausibilität. Jetzt scheint es doch ganz offensichtlich zu sein, dass Gott »mit den deutschen Waffen« ist, wie es später auch in katholischen Hirtenbriefen heißt. Das militärische Geschehen hat die Einsicht verändert: Wenn dieser Krieg ein Gericht Gottes ist, dann sind es die Franzosen, die gezüchtigt werden – und die Deutschen sind nicht Opfer, sondern auserwähltes Werkzeug der Züchtigung.[350]

Was im Kriegsalltag indes bleibt, ist das spezifisch deutsche Problem der konfessionellen Spaltung. Denn die jungen Männer in Uniform sind zwar Waffenbrüder, aber sie gehören nicht derselben Kirche an. Folglich sollen sie, wenn sie fernab der Heimat getötet werden, nach Möglichkeit eben auch katholisch oder eben protestantisch beerdigt werden. Auch wenn im Krieg naturgemäß konfessionell unterschiedslos gestorben wird und oft mangels anderer Gelegenheiten wohl die Toten beider Konfessionen gemeinsam eingesegnet werden müssen, so legen die Deutschen in solchen Momenten immer wieder ein Zeugnis ihrer religiösen Uneinigkeit ab: Ein Jesuitenpater beklagt sich über die »Zumuthung, auch die protestantischen Todten kirchlich zu beerdigen«, und andere katholische Geistliche weigern sich schlicht, protestantische Soldaten einzusegnen, was wiederum ein Ärgernis für evangelische Pfarrer darstellt. Allerdings scheinen es weniger die etatmäßigen Divisionspfarrer zu sein, die die Toten konfessionell separieren, sondern die Amtsbrüder, die sich zu Kriegsbeginn freiwillig melden und sozusagen ihre konfessionelle Kampfhaltung aus ihrem gemeindlichen Leben in der Heimat mit an die Front bringen. In der Armee selbst scheint hingegen jeder konfessionelle Streit eher unerwünscht zu sein, weil dieser angesichts des täglichen Kampfes auf Leben und Tod tendenziell kleinkariert wirkt.[351]

Denn auch wenn den konfessionellen Streitern nicht immer ganz klar zu sein scheint, dass sie in Sachen deutscher Einheit ein ziemlich schlechtes Beispiel abgeben, so wissen sie sehr wohl, dass sie zumindest nach außen möglichst nicht den Eindruck deutscher Zerrissenheit erwecken sollten. Eine Situation, aus der es angesichts des seit der Reformation bestehenden deutschen Glaubenskriegs allerdings kein wirkliches Entkommen gibt. Gerade die Franzosen, so ein protestantischer Feldprediger aus Württemberg, hoffen doch »auf eine konfessionelle Spaltung als Lücke in unsrer Phalanx«. Gerade deshalb müsse man dem Ausland zeigen, dass »derlei Sachen doch noch kein Grund seien, die Söhne Eines Volks vor dem gemeinsamen Feind uneinig zu machen«.[352]

Da sind sich die meisten Christen wieder einig: Gott will den deutschen Sieg. Von dieser Vorstellung ist es nur ein kleiner Schritt zur Überheblichkeit gegenüber dem Feind. Mit dieser Haltung korrespondiert die christliche Deutung des Kriegs als »Gottes Gericht gegen ein Volk, das in Ueberhebung und Verblendung ausharrt, und von dessen sittlicher Verkommenheit der Lügengeist

Zeugnis giebt, welcher jetzt die wildesten Leidenschaften aufruft und entfesselt«.[353] Und so geht mit dem Glauben an die göttliche Sendung und die eigene Unbesiegbarkeit die Geringschätzung des Gegners einher. Was haben die Franzosen denn dem preußischen Geist entgegenzusetzen? Nicht nur Otto von Bismarck weidet sich am Spott über die Feinde: Es liege eben am unterschiedlichen Nationalcharakter beider Völker, und da hätten die Nachbarn dem deutschen Wesen eben kein Paroli zu bieten, so erläutert der norddeutsche Bundeskanzler einmal seinen Tischgästen:[354]

> »Frankreich ist eine Nation von Nullen, eine Herde; sie haben Geld und Eleganz, aber keine Individuen, kein individuelles Selbstgefühl – nur in der Masse. Es waren dreißig Millionen gehorsame Kaffern, jeder einzelne von ihnen ohne Klang und Wert – nicht einmal mit den Russen und Italienern auf einen Fuß zu stellen, geschweige denn mit uns Deutschen.«

Sedan wird zum gefeierten, von Gott so gewollten Ereignis. Sedan wird gefeiert? In der Tat sind die Menschen vor allem in Preußen begeistert von der rasch und augenscheinlich so eindeutigen Entscheidung dieses Krieges. Dieser scheint nicht nur vorbei, sondern so glorreich beendet zu sein, wie es in der Geschichte kaum ein zweites Mal bekannt ist. Bei ihren Beurteilungen müssen viele Beobachter schon bis in die Antike zurückblicken, um ein vergleichbares Ereignis zu finden. Stellvertretend dafür ist die Wahrnehmung einer militärischen Situation, »wie sie seit den Tagen nicht wieder dagewesen, da der kühne Karthager über die Alpen in die gesegneten Gefilde Italiens niederstieg und nach drei aufreibenden Schlachten an die Thore von Rom pochte«.[355] Der legendäre Hannibal feiert in dieser Wahrnehmung des Deutsch-Französischen Kriegs also eine geschichtspolitische Wiederauferstehung. Der preußische König Wilhelm als sein später Nachfolger, der heute das so mächtige Frankreich niederringt, so wie es der karthagische Feldherr einst mit dem römischen Weltreich tat? Kein welthistorischer Vergleich scheint zu abwegig, um die Dimension von Sedan angemessen zu würdigen.

In Berlin sammeln sich die Menschen am frühen Morgen des 3. September auf den Straßen. Das ausführliche Telegramm des Königs an seine Königin, in dem er detailliert über den Sieg und die Bedeutung des Ereignisses berichtet, wird ausgehängt. Bald ziehen Tausende von Menschen durch die Mitte der Stadt, das Denkmal für Friedrich den Großen unter den Linden ist »bis auf seine höchsten Punkte mit Jubelnden bedeckt«, so heißt es in einem Zeitungsbericht, und vor dem Schloss bejubelt die Menge die Königin, die sich ihr mehrfach auf dem Balkon zeigt.[356] Aber auch andernorts gibt es Jubel, Kanonendonnern, Glockengeläut und Fahnenschmuck, man bringt ein Hoch auf den König aus, singt »Nun danket alle Gott« und zahlreiche patriotische Lieder, darunter immer wieder »Die Wacht am Rhein«. So geschieht es etwa in Dortmund, wo man am Abend des 3. September feiert – denn mit dem Sieg von Sedan verbindet sich mehr als der Jubel über eine gewonnene Schlacht, verkündet eine örtliche Tageszeitung:[357]

> »Mit Recht überall Freude und Jubel, denn mit dem Siege über die französischen Truppen feierten Recht und Wahrheit, Hoffnung auf dauernden Frieden, die Einigkeit deutscher Nationalitäten, die Einheit und glückliche Entfaltung unseres Vaterslandes zugleich ihren schönsten Sieg.«

Doch in jenen deutschen Regionen, in denen die Menschen den Weg in den Krieg zurückhaltender begleitet haben, fällt auch die Begeisterung über den großen Sieg für alle erkennbar geringer aus. Etwa in München, von wo zwar ebenfalls großer Jubel über den Schlachtensieg gemeldet wird. An »den meisten Häusern« seien Fahnen zu sehen – aber eben keineswegs an allen Gebäuden. Deshalb ist die Stimmung aufgeheizt, und die entsprechenden Hausbesitzer sehen sich umgehend Drohungen ausgesetzt. Bald kursieren sogar anonyme Drohbriefe, in denen beispielsweise ein Hausbesitzer als »elender Franzosenhund« beschimpft wird, dem man »bald in's Gesicht spucken« oder den »rothen Hahn auf euer Dach« setzen werde.[358] Selbst bei jenen, die sich eigentlich ungeteilt über den preußisch-deutschen Sieg freuen können, ist dies ein außerordentliches Ärgernis. Sind das etwa die schlechten Vorzeichen für die kommenden Jahre? So fragt die *Landshuter Zeitung* und nimmt alle Landsleute gegen solcherlei Pöbeleien und Verfolgung in Schutz:[359]

> »Also auch aus Furcht vor Mord und Brand muß in München dekorirt und illuminirt werden! Das sind saubere Zustände! Das also soll die Freiheit sein, die mit so vielem Blut erkauft ward!«

Mit dem Sieg von Sedan und der Gefangenschaft Kaiser Napoleons III. ist der Krieg allerdings doch nicht beendet, weil sich die Franzosen nicht geschlagen geben wollen. In Paris wird am 4. September die Republik ausgerufen, eine Regierung der »nationalen Verteidigung« übernimmt die politische Verantwortung. Ein Ende des Krieges ist damit nicht in Sicht, und als gut zwei Wochen später Verhandlungen über einen möglichen Frieden scheitern, ist allen Beteiligten klar, dass erst eine künftige militärische Entscheidung diesen Krieg beenden wird. Der Bewegungskrieg des Sommers mit den verlustreichen Massenschlachten ist zwar vorbei, doch jetzt beginnen für die deutschen Soldaten ein langer Belagerungskrieg vor Metz und anderen französischen Festungen und parallel dazu der Winterfeldzug an der Loire. Bayerische und dann preußische Truppen stoßen in den kommenden Wochen immer tiefer ins Land vor und besetzen große Landstriche südlich von Paris. Auch wenn es jetzt keine großen Schlachten gibt, so fordern die zahlreichen kleineren Gefechte, aber auch die langen Märsche und bald auch der ungewöhnlich strenge Winter ihren Tribut.[360] Preußische Einheiten hetzen zuweilen mehrere Wochen in Gewaltmärschen von bis zu 40 Kilometern pro Tag durchs Land.[361]

Der Krieg, der aus dem Blickwinkel so vieler Soldaten mit Sedan doch eigentlich schon siegreich beendet worden ist, zieht sich zäh in die Länge und fordert immer weitere Opfer. Die deutschen Kämpfer kommen also nicht nach Hause, dabei ist das nach dem 3. September 1870 die Hoffnung der meisten Soldaten. Als an der Front der Sieg in seiner ganzen Ausdehnung und die Gefangennahme Napoleons III. bekannt werden, ist die Stimmung ausgelassen. Hände werden gedrückt, die Männer umarmen sich und tanzen, womöglich wird die eine oder andere Flasche des requirierten Weins oder gar Champagners geöffnet. Aber was würde nun kommen?[362]

> »Das war die Frage, die, nachdem der erste Freudenrausch sich gelegt – Einer an den Andern richtete. ›Der Friede‹, das ist die Hoffnung, welche den größten Theil der Armee beseelt. Genug des Bluts ist geflossen! Die deutschen Krieger aus dem Norden wie aus dem Süden haben gezeigt, daß sie den Tod nicht scheuen. Sie haben das Vaterland glänzend und glorreich geschirmt! Aber es ist genug! Die Mehrzahl sehnt sich heim.«

Während die Soldaten der einen Seite nicht heimkommen, müssen ihre geschlagenen Feinde den Weg in die Fremde antreten. Rund 100 000 gefangene französische Soldaten werden nach Deutschland deportiert. Sie sollen entsprechend der Bevölkerungszahl der einzelnen Staaten über das Reich verteilt werden, wo man sich dann, so heißt es, »über ihre etwaige Heranziehung zu öffentlichen Arbeiten« verständigen wolle.[363] Auf die Männer wartet also die Zwangsarbeit; in der preußischen Provinz Sachsen müssen sie beispielsweise auf der Zitadelle Petersberg in Erfurt Schanzarbeiten ausführen.[364] Doch vor allem im Winter gibt es zunehmend Schwierigkeiten, die vielen Franzosen tatsächlich mit Arbeit zu versorgen. So muss beispielsweise der Regierungspräsident von Frankfurt/Oder feststellen, dass es in den kalten Monaten gar nicht möglich ist, »fremde Arbeiter zu beschäftigen«, und dass die

Bevölkerung im Regierungsbezirk grundsätzlich die Kriegsgefangenen weder gebrauchen wolle noch könne.[365]

Wie schon 1866 im Krieg gegen Österreich, so sind auch jetzt wieder auf den Straßen Berlins und in anderen preußischen Orten Kriegsgefangene die öffentliche Attraktion der Stunde. Wer irgend Gelegenheit hat, macht sich zu einem der Bahnhöfe auf, wenn wieder einmal ein Zug mit Franzosen ankommen soll. Als Schuljunge ist Paul Lindenberg mit von der Partie, nachdem ihn das Gerücht »Die Gefangenen kommen, die Turkos und Zuaven« erreicht hat:[366]

> »Mit einem aus unbestimmter Furcht und grenzenloser Neugierde zusammengesetzten Gefühl staunten wir zunächst die gebräunten und schwarzen Gestalten an, besonders die Turkos, von denen wir die phantasievollsten Schauergeschichten gehört hatten. Der erste Blick flog scheu zu ihren Schultern: dort sollen ja die blutgierigen Katzen sitzen, die im Nahkampf den Gegnern in das Gesicht sprangen und sie kampfunfähig machten.«

Die »Turkos«, die aus Nordafrika stammenden französischen Soldaten, sind die Exoten unter den Gefangenen, sie werden zuvorderst bestaunt, für sie glaubt man allerdings auch besondere Vorkehrungen schaffen zu müssen. Aus München wird vermeldet, dass diese schon nach den ersten Kriegstagen nicht mehr gemeinsam mit den anderen französischen Kriegsgefangenen in Personenwaggons transportiert werden sollen, sondern »in verschlossenen Güterwägen«; durch kleine Öffnungen sollte allerdings immerhin dafür gesorgt werden, dass ausreichend »frische Luft« in die Wagen kommt.[367]

Während die einen Gefangenen als Kriegsgefangene nach deutschen Maßstäben kategorisiert werden, scheinen einige verwundete französische Soldaten in den Genuss einer eigentümlichen Fraternisierung zu kommen. Eine in München erscheinende Zeitung fühlt sich bemüßigt, streng mit einigen Damen der feineren Gesellschaft ins Gericht zu gehen, weil sie verwundete Franzosen mit einer Zuneigung versorgen, die weit über das vermeintlich schickliche Maß hinausgehe:[368]

> »Wir haben mit eigenen Augen gesehen, wie einzelne Damen verwundete Franzosen mit Blumensträußen und Konfekt beschenkten, für den eigenen Landsmann aber kein Zeichen der Anerkennung hatten. Wir hören täglich laute Klagen von Spitalärzten über die Zudringlichkeit von Damen; kam es doch vor, daß in einem Spitale zwei hochadelige Damen stundenlang mit den verwundeten Franzosen parlierten, sie mit Orangen, den feinsten Früchten und Fruchtsäften beschenkten, für die im gleichen Lokal liegenden deutschen Verwundeten aber nicht ein Wort, nicht eine Gabe, nicht eine Hilfeleistung hatten.«

Auch an anderen Orten zeigt man sich zuweilen irritiert über diese eigentümliche »Feindesliebe«. Im badischen Rastatt seien sogar die am Bahnhof ankommenden Turkos von deutschen Zivilisten unter anderem mit Zigarren bewirtet worden; »wir hätten es aber für passender gehalten«, so kommentiert die örtliche Zeitung, »diese Zigarrenbeigabe unsern deutschen Kriegern zukommen zu lassen«.[369]

Die hohe Zahl der Gefangenen bringt aber auch Probleme mit sich: Diese müssen transportiert sowie begleitet und anschließend in den deutschen Städten untergebracht, verpflegt und bewacht werden. Diese Bewachung bindet zugleich zahlreiche deutsche Soldaten. Aus dem Rheinland berichtet die Frau eines Frontsoldaten in einem Schreiben an ihren Mann, dass die Bewachung der gefangenen Franzosen in Köln zur Weihnachtszeit zu einem Problem wird. Zunächst stehen zu wenige Bewacher zur Verfügung, weil einige von ihnen während der Feiertage Urlaub bekommen, und dann »wollten die Franzosen in der Christnacht durch verabredete Zeichen durchbrechen und alles morden, was ihnen in den

Weg kam«.[370] Allerdings wird dieser Plan, soweit er denn überhaupt existierte, nie umgesetzt.

Derweil geht der Krieg weiter. Auf Sedan folgt ein Zermürbungskrieg, der zunehmend brutal auch gegen Zivilisten geführt wird, weil sich die Menschen in den besetzten Gebieten nicht mit den fremden Soldaten abfinden wollen. Die Besatzer reagieren auf Sabotageakte mit größter Härte. Wenn Gemeinden in den Verdacht geraten, Widerständler zu unterstützen, werden ihnen hohe Geldzahlungen auferlegt; können sie diese nicht leisten, nehmen die Besatzer Geiseln oder legen zuweilen auch ganze Dörfer in Schutt und Asche. Die rücksichtlose Härte resultiert auch aus kursierenden Geschichten über Heckenschützen, vor denen sich die fremden Soldaten kollektiv fürchten. Diese sogenannten »Franktireure« werden von deutscher Seite durchgängig als illegale Kämpfer bezeichnet. Gleichwohl viele von ihnen Mitglieder der freiwilligen französischen Verbände sind, tragen sie keine oder keine vollständigen Uniformen. Damit geraten alle Zivilisten unter potenziellen Verdacht des Widerstands. Zugleich machen in deutschen Zeitungen immer wieder Meldungen über angebliche oder tatsächliche Untaten an Soldaten die Runde. So berichtet das *Augsburger Tagblatt* am 25. August 1870 eine Geschichte, die der Zeitung von einem »Sanitätsmann« berichtet wurde und in deren Mittelpunkt die »empörende Roheit« eines elsässischen Bauern steht. Zu diesem hatten nach der Schlacht von Wörth zwei bayerische Jäger einen verwundeten Kameraden gebracht und ihm das Versprechen abgenommen, für den Mann zu sorgen. Was er aber, so der Zeitungsartikel, nicht tat:[371]

> »Kaum waren die beiden Jäger fort, als der Bauer mit seiner Frau den Unglücklichen auf die Dungstätte warf, wo derselbe zwei Tage und zwei Nächte unter strömendem Regen lag. Endlich lud man den in Folge der erlittenen Mißhandlung an der rechten Seite völlig gelähmten Soldaten auf einen Wagen ohne jegliche Unterlage. Gelähmt und außer Stand, sich irgend

> eine Hilfe zu geben, bekam der Arme während der Fahrt durch hervorstehende Nägel am Wagen 5 offene Wunden … Das arme Opfer solcher Bestialität harrt jetzt im Weißenburger Spital seiner Erlösung durch den Tod.«

Bei solchen Berichten ist auch preußische Propaganda im Spiel. Von den Schlachtfeldern Frankreichs aus steuert Otto von Bismarck mithilfe seines Presseagenten Moritz Busch gezielt die Berichterstattung. Mal geht es um die »richtige« Berichterstattung über die Schlacht von Sedan,[372] immer wieder aber auch über die vermeintlichen Übergriffe der Franzosen auf deutsche Soldaten. So notiert Busch in seinen Tagebüchern, dass Bismarck sich zufrieden zeigt mit verschiedenen Zeitungsartikeln, die ihn aus Berlin erreichen. Sie enthalten schockierende Berichte »der barbarischen Kriegsführung der Franzosen, die ich auf seinen Befehl geschrieben habe«.[373]

Übergriffe von Zivilisten auf deutsche Soldaten gehören geradezu zur täglichen Lektüre der Zeitungsleser. Herausgestellt wird vor allem bei der lothringischen Bevölkerung Wut und Hass auf die doch eigentlich »stammesverwandte deutsche Armee«, was zu einem regelrechten »Guerillakrieg« führe.[374] Diesen Widerstand mit aller Gewalt zu brechen erscheint den Besatzern dringend geboten. Auf Zivilisten will man keine Rücksicht nehmen, auch nicht auf Frauen und Kinder. Otto von Bismarck schlägt gegenüber vertrauten Gesprächspartnern unmissverständliche Töne an: Wo aus dem Hinterhalt geschossen oder Sabotage verübt werde, solle man die gesamte Bevölkerung nach Deutschland deportieren und in Lager sperren, man solle auch auf Frauen und Kinder schießen, die sich aus der belagerten Stadt Paris herauswagen, um auf den Feldern nach Kartoffeln zu graben. Und überhaupt sollten möglichst keine Gefangenen gemacht werden, lässt er zuweilen verlauten. Als bei einem Gefecht an der Loire 1600 französische Soldaten gefangen genommen werden, kommentiert er diese Nachricht mit der Bemerkung, er hätte diese Männer lieber tot gesehen, denn es sei doch unter diesen Umständen ausgesprochen lästig, sich um Gefangene sorgen zu müssen.[375] Gleichwohl gibt es an der Front gerade in den Tagen nach Sedan zumindest vereinzelt den Ehrgeiz, doch noch Gefangene zu machen. Ein Soldat erinnert sich in seinem Kriegstagebuch an seinen befehlshabenden Batteriekommandanten, der angeblich für jeden lebenden Gefangenen zwei Taler als Prämie aussetzte.[376]

Zu Beginn des Krieges ist in zahlreichen Zeitungen viel von einer vermeintlich besonders großen Motivation vieler deutscher Soldaten zu lesen. Zuweilen wird der Eindruck erweckt, einigen Männern gehe es um eine persönliche Abrechnung mit dem Feind. So schreibt das *Augsburger Tagblatt* im August 1870:[377]

> »Unsere Soldaten sind in diesem Kriege ungewöhnlich erbittert. Jeder Einzelne fühlt sich beleidigt, jeder Einzelne fühlt sich berufen, den lange ertragenen Hochmuth der Franzosen gründlich und wo möglich auf lange zu demüthigen.«

Ist das Propaganda der regierungstreuen Zeitungen? Oder haben die vergangenen Jahre der öffentlichen Agitation und die Militarisierung der deutschen Politik und der deutschen Öffentlichkeit tatsächlich ihre Spuren hinterlassen? Von einer allgemeinen Kriegsbegeisterung auf den Straßen lässt sich jedenfalls kaum sprechen. Schon nach wenigen Tagen wissen auch die aus der Heimat nachrückenden Soldaten, dass sie im Westen harte Kämpfe erwarten. Zuweilen ist an den Bahnhöfen der Ernst der Soldaten zu erkennen, wenn sie in die Güterwagen Richtung Front steigen. In einem Zeitungsbericht heißt es:[378]

> »Das Abschiednehmen ist bang und schwül, wie die Luft, die schon in der Morgenfrühe brütend und dumpf auf dem Bahnhofe lastet. Kein fröhliches Lachen, kein munterer Scherz, wenig heitere Gesichter unter den Abfahrenden, wie unter den Bleibenden; in allen Zügen die eine schwermüthige Frage tausendfach variiert: wie wird das Wiedersehen sein!?«

Im Herbst 1870 nehmen die Gewalterfahrungen an der Front nicht ab. Da sich die französische Republik nicht geschlagen geben will, fordert sie die Bevölkerung zu einem neuartigen Widerstand auf – wer immer eine Waffe tragen kann, wird zum Kampf gegen die Besatzer aufgerufen. Wo man auf den Feind treffe, gelte es diesen zu bekämpfen. Es ist ein verzweifelter Akt eines im Grunde militärisch schon besiegten Landes. So gehen die Verluste auf beiden Seiten weiter. Wenn ein deutscher Soldat am 2. November 1870 nach Hause schreibt: »Jetzt ist es auch bald genug mit dem fürchterlichen Krieg«,[379] dann hat er vielleicht die Hoffnung, bald zurückzukehren, aber längst keine Gewissheit. In der Weihnachtszeit sinkt die Stimmung bei vielen Einheiten weiter, und das liegt nicht nur an dem nahenden Fest, am Heimweh und der wachsenden Friedenssehnsucht. Das nasskalte Wetter und die zunehmend schwierig werdende Versorgungs- und Quartierlage, die zermürbenden Scharmützel mit vereinzelten Gruppen von Kämpfern tragen zur physischen und psychischen Erschöpfung der Soldaten bei, der Krankenstand ist bei einigen Regimentern hoch wie nie.[380]

Der Krieg hat in diesen Wochen seinen Charakter verändert: Aus den raumgreifenden Feldzügen der ersten Wochen ist weitgehend ein Belagerungskrieg geworden, in dem sich Hunderttausende französischer und deutscher Soldaten für Monate an einem einzigen Ort bekämpfen, da jetzt Festungen und Städte wie Toul, Straßburg, Metz oder Paris belagert werden. Der Belagerungskrieg sollte die Entscheidung bringen. Die französische Hauptstadt gilt dabei als das zentrale Ziel der Angreifer. Am 19. September 1870 ist die französische Metropole von feindlichen Truppen vollständig eingeschlossen und wird belagert. Die preußische Führung hat in unmittelbarer Nähe ihr neues Hauptquartier bezogen: ausgerechnet im Schloss von Versailles, dem traditionellen Sitz der französischen Könige. Von hier aus wollen allen voran König Wilhelm und Otto von Bismarck den baldigen vollständigen Sieg über Frankreich organisieren.

Doch noch ist man sich uneinig über das richtige Vorgehen. Otto von Bismarck plädiert für eine umgehende Beschießung der französischen Hauptstadt, weil er sich davon eine rasche Beendigung des Krieges erhofft. Außerdem weiß er sehr genau, dass eine längere Belagerung und die damit einhergehenden Belastungen für die Zivilbevölkerung in der europäischen Öffentlichkeit einen denkbar schlechten Eindruck machen. Eine siegreiche Macht, die Frauen und Kinder aushungern lässt? Das internationale Echo könnte verheerend sein. Doch der Kanzler muss sich beugen: Helmuth von Moltke will zunächst ausreichend Geschütze und Munition herbeischaffen, und damit setzt er sich in einem durchaus prinzipiellen Kompetenzstreit zwischen militärischer und politischer Führung letztlich durch. Das bedeutet zugleich, dass sich die Belagerung der Hauptstadt mehr als drei Monate hinzieht. Paris wird von der deutschen Einschließungsarmee systematisch ausgehungert, vor allem Kinder und alte Menschen gehören zu den ersten Todesopfern dieser Strategie. Die Zahl der Toten in Paris steigt insgesamt im Vergleich zu den Wintermonaten des Vorjahres um rund 42 000 Fälle an.[381]

Am 27. Dezember 1870 beginnt dann die Belagerungsarmee mit dem Artilleriebeschuss, zunächst auf eine Festung auf einer Anhöhe östlich von Paris. Es ist ein kalter Wintermorgen, bei Tagesanbruch setzt starker Schneefall ein, und 76 Geschütze beginnen mit der fortgesetzten Kanonade. Bei den eingeschlossenen französischen Truppen setzt nach deutscher Einschätzung »eine förmliche Panik« ein, obwohl die deutschen Schützen wegen des Schneetreibens nur ungenau abschätzen können, wo die Granaten wirklich einschlagen – dennoch schießen sie bis zur Dämmerung unverdrossen weiter. Alle Beobachter sind wahlweise begeistert oder erschüttert über das Ausmaß der Kanonade, von »den schrecklichsten Eindrücken« berichtet beispielsweise ein Schweizer Kriegsreporter. Es müssen enorm viele Geschosse abgefeuert werden, »denn man hört in der Luft das eigenthümliche Geräusch, welches nur vernehmbar ist, wenn die Projectile massenhaft fliegen«.[382]

Auf beiden Seiten gibt es Tote und Verwundete, da auch die französischen Truppen mit ihrer Artillerie zurückfeuern. Rasch wird der Beschuss auch nachts fortgesetzt, ab dem 5. Januar 1871 auch vom Süden der Stadt aus. Jetzt liegen nicht mehr nur Stellungen der Armee unter Beschuss, auch im Stadtzentrum schlagen Granaten ein. Otto von Bismarck bemüht sich auch in diesem Moment, eine schlechte Presse zu vermeiden: Als sein Mitarbeiter Moritz Busch ein Telegramm in die Heimat schickt, muss er den Hinweis streichen, dass deutsche Geschosse sogar den königlichen Jardin du Luxembourg im Stadtzentrum getroffen haben.[383] Stattdessen erscheinen in deutschen Tageszeitung beispielsweise Auszüge aus Feldpostbriefen, in denen Soldaten mit freudiger Erregung von den Kanonaden berichten. So können die Leser der *Freiburger Zeitung* in diesen Januartagen einem Brief aus dem Belagerungsring um Paris entnehmen:[384]

> »Unser Bombardement in dieser Nacht kam mir fast vor wie ein Nachtschießen, wie solches im Frieden alljährlich bei uns auf dem Schießplatze stattfindet. Zuerst flogen Leuchtkugeln in das feindliche Terrain, welchen auf dem Fuße einige Granaten folgten. Der Feind erwiderte unser Bombardement fast gar nicht, und es gewährte ein schauerliches schönes Schauspiel, als der röthliche Schein über Paris immer größer und heller wurde und man die Thürme der Capitale deutlich in der Helle erkennen konnte, nur dann und wann durch dichte aufsteigende Rauchwolken dem Auge entzogen. Laut Bekanntmachung beim heutigen Corpsbefehl brannte es in der Nacht vom 9. zum 10. Januar an 13 Stellen.«

Dieses »schauerliche, schöne Schauspiel« bedeutet für die Einwohner von Paris permanente Todesangst. Die Menschen sind zunehmend zermürbt und verängstigt, jederzeit können sie Opfer deutscher Granaten werden, die auf offener Straße einschlagen. Niemand ist mehr sicher auf den Straßen der Hauptstadt. An jenem 21. Januar, während die Leser der *Freiburger Zeitung* in ihren guten Stuben zur Tageszeitung greifen und solche »Erfolgsmeldungen« von der Beschießung der französischen Hauptstadt mit schauriger Freude genießen können, notiert der französische Schriftsteller Edmond de Goncourt in seinem Tagebuch der Belagerung:[385]

> »Ich bin betroffen, mehr als je betroffen von dem Todesschweigen, das ein Unglück über eine große Stadt bringt. Alle Gesichter sehen aus wie Gesichter von Kranken, Rekonvaleszenten. Man sieht nur noch magere, schmächtige, hagere Gesichter, nur noch gelbe Blässe, die aussieht wie Pferdefett. Im Omnibus sitzen vor mir zwei Frauen in tiefer Trauer: Mutter und Tochter. Jeden Augenblick zucken die schwarzen Wollhandschuhe der Mutter nervös, fahren mechanisch an die roten Augen, die nicht mehr weinen können ... Ein vielsagender Satz: Eine Dirne, die hinter mir in der Rue Saint-Nicolas herläuft, flüstert mir ins Ohr: ›Wollen Sie zu mir hinaufkommen ... für ein Stück Brot?‹«

Nicht nur die Soldaten wissen, dass dieser Beschuss keineswegs nur eine militärische Notwendigkeit ist – er ist vielmehr »eine Executionsmaßregel«, wie es zuweilen in deutschen Zeitungen ganz offen zu lesen ist.[386] Ein schlechtes Gewissen, weil sie in eine belagerte Stadt hineinschießen, sei völlig unbegründet, erklärt zur Beruhigung des Gewissens der königlich-preußische Hofprediger Bernhard Rogge. Er will die deutschen Soldaten denn auch »nie vergnügter gesehen« haben als in dem Moment, als sie endlich mit dem Beschuss beginnen durften. Es wäre absurd, hierin ein moralisches Problem zu sehen:[387]

> »Das von manchen Seiten aufgerufene Mitleid mit den ›unschuldigen und friedlichen‹ Bewohnern von Paris, mit Kindern, Greisen und Frauen, die hier und da unter dem

> Bombardement zu leiden hatten, war doch wahrlich da sehr übel angebracht, wo Tausende von Kindern und Frauen in der Heimat täglich auf den Verlust ihrer Väter und Gatten gefaßt sein mußten.«

Mitleid mit dem Gegner soll es nicht geben. Selbst Otto von Bismarck wird nach dem Krieg von »dem vielen Gesindel in Frankreich« sprechen, das dort neben anderen Menschen gefallen sei.[388] Und auch Hofprediger Rogge will rückblickend nicht einsehen, dass die Besatzer nachgiebiger hätten vorgehen sollen.[389]

> »Ich halte es für eine falsche Sentimentalität, über den Schaden zu jammern, den unsere Soldaten so manchen Einwohnern zugefügt haben. Im Großen und Ganzen wird man es im Gegenteil bedauern müssen, daß Frankreich die Schrecken des Krieges noch lange nicht genug empfunden hat ... Ja, hin und wieder wurde sogar eine etwas zu weit gehende Schonung geübt.«

Allerdings regt sich in der Heimat durchaus Widerspruch gegen dieses militärische Vorgehen. In der zweiten württembergischen Kammer greift der Abgeordnete Franz Hopf, ein erklärter Gegner des Anschlusses seines Landes an den Nordbund, die militärischen Operationen scharf an. Warum geht der Krieg noch weiter? Mit der Schlacht von Sedan sei er doch eigentlich gegenstandslos geworden und müsse ab diesem Zeitpunkt vielmehr als ein »Eroberungskrieg« verstanden werden. Unter heftigem Widerspruch seiner Kollegen fährt Hopf am 4. Januar 1871 fort:[390]

> »Auch jetzt noch wäre ein ehrenvoller, schöner Friede möglich, daß unsere Leute heimkehren vom Schlachtfelde, daß sie nicht mehr im Schnee erstarren, nicht mehr ihr Leben aufopfern müssen – für eine Sache, die gegenwärtig in meinen Augen eine solche ist, die ich für verwerflich halte.«

Die Fortsetzung des Krieges sei nicht nur ein politischer Irrtum, es sei ein verbrecherischer Fehler. Er könne nicht ertragen, dass auch Württemberger dazu beitragen, »im jetzigen Augenblicke Paris zu belagern und die schöne Weltstadt zusammenzubombardiren oder auszuhungern«. Für das »Verbrechen« dürfe man keine Leben mehr aufs Spiel setzen, keine Soldaten seines Landes sollten mehr in das Verderben ziehen, keine staatlichen Gelder mehr dafür ausgegeben werden. Er selbst halte es kaum aus, so der Abgeordnete, und spricht von seinen persönlichen Erfahrungen:[391]

> »Gestern kam ich mit einer Anzahl von Männern zusammen auf dem Bahnhofe, welche schon fast 32 Jahre alt und verheirathet sind und Kinder haben; sie haben, als ihre Weiber, ihre Kinder und Mütter sich von ihnen verabschiedeten, Thränen vergossen und haben sich nicht mehr halten können vor Wehmuth; nicht jene Begeisterung habe ich finden können, von der man so vielfältig spricht, nein, nur tiefen Schmerz und die Rufe: ›Kommet bald wieder und kommet gesund zurück!‹«

Ja, sie mögen nur wieder nach Hause kommen, die Tausende von Württembergern, die nach Ansicht von Hopf jetzt in einem ungerechten Krieg stehen – »wenn ihr auch als Krüppel in die Heimat zurückkehrt«. Aber er als gewählter Abgeordneter werde für die Fortsetzung dieses Kriegs mit seiner Stimme kein Geld bewilligen.

Mit seiner Einschätzung des Bombardements von Paris als »Verbrechen« steht der württembergische Politiker zwar vergleichsweise isoliert in der politischen Öffentlichkeit da, aber ohne Frage muss die preußische Führung unter Otto von Bismarck auf der Hut sein, nach dem großen militärischen Erfolg jetzt nicht doch eine moralische Niederlage zu erleiden. Der Beschuss von Paris ist militärisch im Grunde ohnehin ein Fehlschlag, weil das damit verbundene menschliche Leid der Zivilbevölkerung groß ist. Vor allem nachts feuern die deutschen Geschütze jeweils einige Hundert Granaten ab, und auch wenn die Explosionskraft dieser Geschosse nicht besonders groß ist, so werden dennoch viele Wohnhäuser und öffentliche Gebäude beschädigt. Die Zahl der Toten bleibt unklar, vermutlich werden rund 500 Menschen unmittelbar durch den Beschuss getötet. Sehr viel mehr Menschen sterben hingegen durch die Blockade von Lebensmitteln.[392] Schließlich ist die Lage so aussichtslos, dass die französische Seite aufgibt. Am 26. Januar 1871 wird daraufhin die Beschießung beendet und ein Waffenstillstand vereinbart, der am 28. Januar in Kraft tritt. Zu diesem Zeitpunkt endet der Deutsch-Französische Krieg nach mehr als einem halben Jahr, wenngleich sich die Friedensverhandlungen noch Monate hinziehen werden.

Jetzt gilt es für Preußen und seine Verbündeten, die Begeisterung der ersten Kriegswochen über die schier unglaublichen Erfolge bei den Schlachten im August 1870 und vor allem den Sieg politisch zu nutzen. Dabei ist es entscheidend, die göttliche Fügung und Führung, die vom preußischen König bis hin zum einfachen Soldaten gerade in den ersten Kriegswochen ausgemacht worden sind, nun über das Kriegsglück hinaus auf das – zumindest von Preußen avisierte – nächste Ziel zu übertragen: die Gründung eines deutschen Reiches unter Berlins Führung. Dazu dient auch die Erinnerung an den Sieg von Sedan, der fortan am 2. September eines jeden Jahres zelebriert wird; ungehört bleibt in diesem Zusammenhang der stets knurrige General Moltke, der sein Unverständnis über die Wahl dieses Datums äußert – »nichts Denkwürdiges« sei an diesem 2. September geschehen, »als was unausbleibliche Folge war des wirklichen Ruhmestages der Armee, des ersten September«.[393] Doch der 2. September 1870 wird in den nächsten Jahrzehnten feierlich als »Sedantag« begangen, und diese Feiern tragen ihren Teil zur religiösen Einfärbung der politischen Kultur im Kaiserreich bei. Friedrich Bodelschwingh, einer der protestantischen Feldprediger dieses Krieges, wird zum entscheidenden Initiator dieser Feiern. In manchen Jubiläumsschriften wird es später heißen, dass der 2. September 1870 »doch der eigentliche Entscheidungstag des Krieges und damit auch der eigentliche Geburtstag des neuen deutschen Reiches« war.[394]

Gott wollte den Sieg im Krieg – so wie er jetzt auch die Reichsgründung unter Preußens Führung will. Das ist die offizielle Linie preußischer Propaganda, die auf einen religiösen Sprachgebrauch nicht verzichten kann. Die preußische *Provincial-Correspondenz* sieht im Sieg von Sedan nicht nur das »großartige Walten Gottes in diesem Moment deutscher Geschichte«, sondern will darin auch die »Auferstehung« Deutschlands erkennen, seine »Krönung und Weihe«. Die deutsche Einheit und das neue Reich seien von Gott gewollt – und von Preußen erarbeitet:[395]

> »Wohl ist es eine ›Krönung des Gebäudes‹, welche in diesen ewig denkwürdigen Tagen vor sich geht, die Krönung des in redlicher Jahrhunderte langer Arbeit auf dem festen Grunde deutschen Sinnes, deutscher Zucht und deutscher Tüchtigkeit errichteten Gemeinwesens, dessen fester Kern von unsern hohenzollernschen Fürsten in den norddeutschen Marken gebildet worden ist, dessen einigende und stärkende Kraft aber sich über das ganze deutsche Vaterland stetig fortschreitend ausgebreitet hat.«

Der Sieg von Sedan und die Hoffnung auf eine baldige Reichsgründung lassen kaum Zweifel daran, dass Gott auf der Seite der Preußen ist. Und der preußische König persönlich wird mehr als einmal als »das Werkzeug in der Hand der göttlichen Vorsehung«[396] bezeichnet. Sedan gilt als Beleg: Gott hat tatsächlich eingegriffen, und eine große Geschichte scheint sich nun zu erfüllen – zumindest aus Sicht der preußischen Patrioten, die in der preußischen *Provincial-Correspondenz* eine Stimme haben:[397]

> »Welch ein ergreifender Augenblick! So ruft das deutsche Volk mit König Wilhelm aus, nicht blos angesichts der Begegnung bei Sedan, sondern im Hinblick auf das ganze großartige Walten

> Gottes in diesem Moment deutscher Geschichte. Wie unter Zeichen und Wundern erfüllt sich in diesem Augenblicke, was das deutsche Volk bisher wohl in der Tiefe patriotischer Herzen ersehnt, aber in solcher Größe nimmer zu ahnen gewagt hätte.«

Zu dieser heilsgeschichtlichen nationalen Rhetorik gehört auch der Begriff von der deutschen »Auferstehung«: Deutschland lasse im Moment des militärischen Triumphs seine eigene historische Zerrissenheit hinter sich, um sich auf dem Schlachtfeld als einig Volk von Brüdern zu präsentieren. Diese Sicht der Dinge ist zwar überwiegend eine preußisch-norddeutsche, weil auch nach den erfolgreichen Schlachten in Frankreich die süddeutschen Staaten skeptisch auf einen möglichen Prozess der nationalstaatlichen Einigung blicken. Aber auch dort greift der Eindruck um sich, dass ein Deutschland, das vereint marschiert, zuvor nicht für möglich gehaltene Erfolge erzielen kann. Das gilt vor allem in kriegerischer Hinsicht, und es sind keine Einzelstimmen, die jetzt die offenkundige Macht des neuen Deutschlands beschwören. Fürst Karl Anton von Hohenzollern genießt die Tatsache, dass »das verhaßte Preußen strahlend in unvergleichlichem Ruhm die erste militärische Großmacht der Welt bildet«.[398]

Mit der Schlacht von Sedan wird alles ein wenig größer: die Unterstützung durch Gott, die militärische Stärke eines neu entstandenen Deutschlands, der Glaube an die Unbesiegbarkeit einer geeinten deutschen Nation. So hat die Dimension dieses Sieges auch Auswirkungen auf den Blick in die Zukunft. Vom »Großen« ist viel die Rede: Vom »großen« Sieg einer »großen« Nation, der eben auch eine »große« Zukunft bevorstehe. Deutschland ist größer geworden und damit auch seine Zukunft.

»Was die auch mir in die Seele verhaßte deutsche Kaiseridee betrifft, so begreife ich vollkommen, daß Du, lieber Ludwig, nicht geneigt bist, den König von Preußen vorzuschlagen, und stimme vollkommen Deinem Entschlusse bei, dies nicht zu tun.«

Der bayerische Prinz Luitpold am 21. November 1870 in einem Schreiben an seinen Neffen, den bayerischen König Ludwig II.[399]

5

30. November 1870

Bayern macht einen Preußen zum deutschen Kaiser

Jedes Kind kennt das Spiel »Ich seh' dich nicht, du siehst mich auch nicht«. In die Praxis umgesetzt geht es ungefähr so: Wenn etwas Unangenehmes droht, einfach ins Bett flüchten, die Decke über die Ohren ziehen und abwarten, bis alles vorbei ist. So weit die kindliche Vorstellung – die meisten Menschen müssen allerdings im Laufe ihres Lebens erfahren, dass sich mit dieser »Strategie« kaum ein Problem nachhaltig lösen lässt. Trotzdem versucht es der bayerische König Ludwig II. an diesem Mittwoch, dem 30. November 1870, auf diese Weise. Es ist gegen 10 Uhr vormittags. Immer wieder pocht es an die Tür seines Schlafzimmers im Schloss Hohenschwangau, denn hartnäckig begehrt der königliche Vertraute Maximilian von Holnstein Einlass. Aber der König ahnt, dass der etwas im Gepäck hat, was ihm ganz sicher Ungemach bereiten wird. Also ab ins Bett und ordentlich gejammert: Er habe heftige Zahnschmerzen, so lässt er ausrichten, und deshalb könne er beim besten Willen niemanden empfangen. Vielleicht, so scheint der König zu hoffen, geht der aufdringliche Besucher ja einfach wieder weg …

Das tut er aber nicht. Denn der Graf von Holnstein weiß als einer der engsten Mitarbeiter des Königs ganz genau, was hier im

Schlafzimmer des Schlosses Hohenschwangau gespielt wird. Der 35-Jährige mit dem roten, vollen Gesicht ist schon seit vier Jahren Mitglied des Hofstaates,[400] er kennt seinen zehn Jahre jüngeren König samt seinen zuweilen höchst skurrilen Eigenarten sehr genau, genießt aber zugleich wie nur wenige andere dessen volles Vertrauen. Doch jetzt schwindet dem erfahrenen Gefolgsmann des Königs allmählich die Geduld, auch weil er müde von der strapaziösen Reise ist: In aller Eile hat er eine anstrengende Fahrt vom fernen Versailles nach Bayern absolviert, drei volle Tage war er dafür unterwegs. Und jetzt soll er sich an der Schlafzimmertür des Königs mit einer fadenscheinigen Begründung abwimmeln lassen? Dann wären die ganze Eile und überdies die diplomatischen Bemühungen der letzten Tage ja völlig umsonst gewesen.

Maximilian von Holnstein weiß selbstverständlich, dass das merkwürdige Verhalten seines Königs mit dem Dokument zu tun hat, das er aus Versailles mitgebracht hat: ein Schreiben aus der Hand Otto von Bismarcks, mit dem Ludwig II. den preußischen König zum deutschen Kaiser machen soll. Das hatte man doch in den vergangenen Tagen ausgiebig miteinander besprochen – aber jetzt will der bayerische Monarch davon augenscheinlich nichts mehr wissen. Graf von Holnstein ahnt in diesem Moment vermutlich, dass wieder einmal die Familie des Königs die ganzen schönen Pläne durchkreuzt hat; vor allem der Bruder und der Onkel des Königs waren von Anfang an dagegen. Haben sie Ludwig umgestimmt, während Holnstein in Versailles mit Bismarck verhandelt hat? Das wäre zu ärgerlich! Denn eigentlich war ja schon seit Wochen alles gut vorbereitet, und Bayerns Weg in das Deutsche Reich schien geebnet. Jetzt ging es eigentlich bloß noch um die Frage des Staatsoberhauptes: Jedes Reich braucht halt einen Regenten, und die allermeisten Fürsten plädieren inzwischen für die Einsetzung eines Kaisers – und das soll der preußische König sein, weil der doch gerade siegreich gegen Frankreich gezogen ist. Und der bayerische König? Der soll den Preußen bitte schön für dieses Amt offiziell vorschlagen. So jedenfalls der Plan.

Das Königreich Bayern und sein junger, erst seit 1864 regierender König stehen seit Jahren unter massivem außenpolitischem Druck, besonders seit dem Krieg von 1866, an dessen Ende sich Bayern auf der Seite der Verlierer wiederfand. Dass er damals nach der Niederlage mit Preußen ein militärisches Bündnis geschlossen hat, bedeutet für Ludwig II. letztlich, dass er sich auf den noch laufenden Krieg gegen Frankreich einlassen musste – mitgefangen, mitgehangen eben. Jetzt laufen die Verhandlungen über den Beitritt Bayerns wie der übrigen süddeutschen Staaten zu einem »Deutschen Bund«, von dem offiziell immer noch die Rede ist, obwohl das Gebilde schließlich »Deutsches Reich« heißen wird. Doch an diesem 30. November 1870 geht es vor allem um die Frage, wie genau Wilhelm aus Preußen zum Kaiser über Deutschland befördert werden soll. Preußen will keinen losen Staatenbund, sondern die personifizierte Oberherrschaft durch einen preußischen König in der Funktion eines deutschen Kaisers. Wie sonst sollten die deutschen Fürsten, darunter ja auch die Könige von Sachsen, Württemberg und Bayern, einen anderen König als Führer dieses Reiches anerkennen?

Der bayerische Unterhändler Maximilian Graf von Holnstein hat sich genau darüber im preußischen Hauptquartier in Versailles mit Bismarck, der ihn übrigens mit »seltener Auszeichnung« behandelt, verständigt.[401] Doch während Holnstein vor den Toren von Paris weilt, üben daheim in Bayern nicht nur die Mitglieder der königlichen Familie, sondern auch die patriotische Partei erheblichen Druck auf Ludwig II. aus. Der König, so mahnen sie, würde mit der Ausrufung eines Preußen zum deutschen Kaiser einer historischen Marginalisierung Bayerns den Weg bereiten. Es ist also nicht verwunderlich, dass der labile und entscheidungsschwache Ludwig II., schon erkennbar von seiner fortschreitenden psychischen Erkrankung gekennzeichnet, sich an diesem 30. November am liebsten die Decke über den Kopf ziehen möchte. Wie immer er sich entscheidet – er macht sich Gegner, möglicherweise Feinde, die seine Regentschaft und sein Land gefährden könnten. Was also tun? Nur wenige Tage zuvor ist ein Schreiben seines Bruders Otto bei ihm eingetroffen, in dem dieser ihn nochmals darum bittet, dem preußischen König doch bitte nicht die Kaiserwürde anzudienen:[402]

> »Höre noch einmal meine Stimme; ich beschwöre Dich, das Schreckliche nicht zu tun! Wie kann es denn für einen Herrn und König eine zwingende Gewalt geben, seine Selbständigkeit dahinzugeben und außer Gott noch einen Höheren über sich anerkennen zu müssen! Wird der Name Bayern noch geachtet, nur noch genannt werden im Ausland?!«

Der Bruder hat gut reden, während Ludwig in der politischen Zwickmühle steckt. Weiß Otto denn, welche Gefahr Bayern bei einer Weigerung droht? Schon seit Jahren treibt den bayerischen König die Sorge um, bei Widerstand gegen Bismarcks Pläne das nächste Opfer preußischer Gewaltpolitik zu werden. In München hat man schlicht Angst, zum nächsten »Hannover« zu werden, also von Preußen angegriffen, annektiert und aufgelöst zu werden. Einen weiteren Krieg auf der »falschen« Seite, so hat es erst wenige Monate vorher der bayerische Außenminister Graf von Bray-Steinburg erklärt, als er für die Waffenbrüderschaft mit Preußen im Krieg gegen Frankreich plädierte, werde sein Land nicht unbeschadet überstehen: Wenn Preußen gegen Frankreich siegt, obwohl sich Bayern nicht an diesem Krieg beteiligt, »dann erwartet uns das Schicksal Hannovers«.[403] Dann würde Ludwig II. ins Exil gejagt und Bayern zu einer preußischen Provinz degradiert!

Die Stimmung in Bayern ist für einen reibungslosen Beitritt zu einem Bund unter Preußens Führung nicht gut. Die nationalliberal gesinnten Kräfte, die den preußischen Kurs unterstützen, wollen nicht verstehen, weshalb Bayern in diesen Wochen überhaupt noch zögern kann, anstatt angesichts des Krieges den sofortigen Anschluss an den Nordbund zu suchen. Wie sonst, so der Vorwurf, wolle denn der bayerische König »das viele im Kriege vergossene

Blut verantworten«? Es sei doch stets Frankreich gewesen, das »die Größe Deutschlands« verhindern wollte – jetzt ist der Nachbar so gut wie geschlagen, und alles andere als eine deutsche Reichsgründung wäre doch eine völlig irrige Entscheidung.[404] Nach dem gewonnenen Krieg sei die Gründung eines nationalen Einheitsstaates doch zwingend, so das Argument – womit zugleich suggeriert wird, dass der Krieg von vornherein mit dem Ziel einer deutschen Reichsgründung geführt worden sei.

Doch es gibt in Bayern auch erheblichen Widerspruch: Die Waffenbrüderschaft in diesem Krieg habe doch im Grunde die nationale Lage und die Debatte um eine deutsche Einheit gar nicht verändert, heißt es beispielsweise. Stellvertretend dafür stellt die in Augsburg erscheinende *Allgemeine Zeitung* im September 1870 fest, dass ein Eintritt der Südstaaten in den Norddeutschen Bund auch nach sechs Wochen Krieg keineswegs plausibler erscheint als zuvor:[405]

> »Es ist doch ganz unerfindlich, warum nach einem gemeinsam geführten siegreichen Kriege die vorher beanstandeten Bestimmungen der Verfassung des Norddeutschen Bundes plötzlich annehmbar sein sollten.«

Selbst die »eifrigsten und treuesten Freunde« einer bundestaatlichen Einigung Deutschlands, so heißt es in dem Artikel weiter, raten doch von einem bedingungslosen Eintritt ab. Es gebe also auch im Moment der Siegesstimmung keinen Grund, all jene Bedenken über Bord zu werfen, die vor Kriegsbeginn noch gegen einen raschen Beitritts Bayerns sprachen. Es gelte, kühlen Kopf zu bewahren »in den heutigen Tagen heftiger Erregung, da die Herzen so warm sind«.[406] Es gehe weiterhin darum, über eine Neuordnung des Reiches zu diskutieren, die weder die Selbstständigkeit Bayerns noch die des bayerischen Throns gefährde.[407] Noch konsequenter weisen die bayerischen Sozialisten eine Zwangsläufigkeit zwischen Krieg und Reichsgründung zurück: Sie stellen infrage, dass die vielen Toten und Verwundeten des Krieges die notwendige Voraussetzung für den Beitritt Bayerns zum Norddeutschen Bund seien:[408]

> »Hätte denn dieser Eintritt nicht erfolgen können auch ohne Krieg? Hätte man denn nicht König Wilhelm auch ohne die ungeheuren Opfer des Krieges zum deutschen Kaiser ausrufen können?«

Der Erhalt der bayerischen Selbstständigkeit bleibt auch während des laufenden Krieges ein öffentliches Thema. Zuweilen erwecken einige Zeitungskommentatoren sogar den Eindruck, in diesem Krieg gehe es nicht nur um die Niederwerfung Frankreichs oder um die deutsche Einheit, sondern vor allem auch um die Verteidigung der bayerischen Souveränität. Nicht nur, dass die glänzenden Siege der Deutschen in Frankreich Bayerns bisherige Stellung nicht geschwächt haben, so schreibt der *Bayerische Kurier*. Vielmehr hätten sie das bayerische Volk in einem solchen Maße selbstbewusst gemacht, auf dass es »nie und nimmermehr als Siegespreis den Verlust seiner Selbständigkeit und inneren Freiheit annehmen kann«. Angesichts eigener militärischer Erfolge werde man den bisherigen Widerstand gegen den Norddeutschen Bund aufrechterhalten:[409]

> »Der Nordbund, wie er jetzt besteht, ist permanenter Militarismus, ist Verlust der inneren Freiheit, ist Vermehrung der ohnedies schon übergroßen Volkslasten, ist Beraubung aller Merkmale und Zeichen eines selbständigen Volkes und souveränen Königs.«

Nach den Siegen im gegenwärtigen Krieg, so heißt es im *Bayerischen Kurier*, sei das Land sehr viel wehrhafter gegen einen preußischen Übergriff. Und wieder spielt dabei die Erinnerung an den verlorenen Krieg von 1866 eine Rolle: Schon vor vier Jahren habe man Preußen »mannhaft« das Opfer der bayerischen Freiheit verweigert, so heißt es mit erkennbarem Stolz, und mit dem neuen Selbstbewusstsein der Siege von 1870 werde man die Bayern zu einem solchen Opfer erst recht nicht zwingen können. So ergeht in dieser Zeitung der Aufruf zur bayerischen Selbstbehauptung:[410]

> »Also Patrioten, alle Freunde! Auf! Steht fest zusammen … Unser Ruf sei **Ein freies Bayern im freien Deutschland**. Diese Parole wird uns Sieg verleihen auf dem Felde der Schlachten wie der Wahlen.«

Dass die »deutsche Nation« im Deutsch-Französischen Krieg zu sich selbst fand, wie es noch Jahrzehnte später behauptet werden sollte, gibt nicht unbedingt die Stimmung dieser Wochen und Monate wieder. Für viele Bayern findet erst einmal ihr eigenes Land in den Siegen des Krieges zu neuem Selbstbewusstsein. Aber dieses kann nicht leicht gedeihen, denn mit jedem Sieg wird in den norddeutschen Verlautbarungen die Einheit lauter gefordert, immer größer wird der preußische Druck auf die bayerische Regierung und König Ludwig II. Der erfolgreich verlaufende Krieg spielt Otto von Bismarck und seiner Politik in Sachen Einheit ganz offensichtlich in die Hände. So wird in süddeutschen Zeitungen gern das Gerücht kolportiert, der Kanzler habe in einem unbedachten Moment gegenüber einem britischen Journalisten zugegeben, dass »der Zweck des Krieges für ihn mehr diesseits als jenseits des Rheins« gelegen habe.[411] All jene, die sich vor Monaten gegen den Krieg als preußisch provozierten Konflikt und gegen eine Beteiligung Bayerns daran ausgesprochen haben, mögen sich durch solche Meldungen bestätigt fühlen. Aber was hilft ihnen dies jetzt politisch noch?

Das bayerische Misstrauen gegen Preußen besteht fort. Berlin wolle kein schwarz-rot-goldenes Land, in dem die Ideale des ganzen Deutschlands Realität werden, so der Vorwurf, sondern ein schwarz-weiß-rotes Land – in den Farben Preußens eben. Auch deshalb wird in bayerischen Zeitungen über jene Geschichte berichtet, die sich angeblich am 3. September 1870 während der Jubelveranstaltungen nach dem Sieg von Sedan mitten in Berlin abgespielt haben soll: Inmitten des Jubels war Unter den Linden auch das Reiterstandbild Friedrichs des Großen von begeisterten Menschen bestiegen worden, und auf seinem Kopf wehte nun eine schwarz-rot-goldene Fahne, sozusagen als Symbol für einen gesamtdeutschen Sieg über Frankreich. Als sich die jubelnden Menschen am Nachmittag wieder entfernten, eilten angeblich aus dem Hohenzollern-Schloss drei Personen herbei, kletterten auf das Denkmal und wollten dort die preußisch-norddeutsche Fahne und den preußischen Adler anbringen – als Ersatz für die schwarz-rot-goldene Fahne. Diese hatten sie dafür gerade abmontiert, als sich am Fuß des Reiterstandbilds neuerlich eine Menschenmenge sammelte und jetzt mit ihrem Protest und den lauten Rufen »Die deutsche Fahne auf!« dafür sorgte, dass die ursprüngliche Fahne wieder befestigt wurde.[412] Der preußische »Putsch« gegen Schwarz-Rot-Gold war gescheitert – so jedenfalls das für viele Bayern glaubhafte Gerücht!

Während bayerische Patrioten sich für Berlin eine »deutsche« Fahne wünschen, wollen sie daheim allerdings lieber die weiß-blauen Farben sehen. Das gilt auch für Ludwig II. Der ärgert sich, als die Stadt Augsburg am 26. August 1870 zu Ehren seines Geburts- und Namenstages die Straßen nicht nur mit den bayerischen, sondern auch den norddeutschen Farben Schwarz-Weiß-Rot und den deutschen Farben Schwarz-Rot-Gold schmückt.[413] Ludwig II. versteht zu Recht die schwarz-rot-goldenen Flaggen als Ausdruck des Wunsches nach nationaler Einheit und will in Zukunft zumindest öffentliche Gebäude nur noch »in den Landesfarben« geschmückt sehen, auch wenn sein Außenminister Bray-Steinburg vor diesem Schritt warnt. Denn nach Ansicht aller Minister der Regierung sei es »höchst bedenklich, geradezu gefährlich«, diese Fahnen jetzt einzuziehen. Außerdem handle es sich doch um »an sich unverfängliche Dekorationen«.[414] Aber das dürften die Minister wohl selbst kaum glauben – jeder Streit um die richtigen Farben einer Fahne ist ein politischer Konflikt um die deutsche Einheit und Bayerns Souveränität. Und in der preußenkritischen bayerischen Presse werden die Töne immer schärfer. *Das bayerische Vaterland*, so heißt eine katholische und erklärtermaßen gegen jeden Beitritt Bayerns agierende Zeitung, beschimpft die Befürworter eines solchen Schritts wegen ihrer »nordbundsüchtigen Pickelhaubentollheit«. Der Kommentator schreibt weiter:[415]

> »Diese Leute mit ihrem ›eingestiegen in den Nordbund, eingestiegen!‹ kommen mir gerade vor wie ein Gaukler, der, weil man seine abgegriffenen, falschen und werthlosen Borten kennt, durch ein desto grelleres, trommelfellerschütterndes Geschrei und allen möglichen Schwindel das Publikum anzulocken und zu bethören sucht, das sich bei Eintritt in die Bude um sein schönes Geld gefoppt sehen wird. Die Glückseligkeiten, welche wir Bayern bei einem Eintritt in den Nordbund zu genießen hätten, sind in Wahrheit nur die drei …: Steuern zahlen, Soldat sein, Maul halten.«

Die Politik Berlins gleiche einer »unersättlichen preußischen Kuh«, die längst ihre Umzäunung verlassen und nun auch »nach der fetten bayrischen Weide ihre Zunge ausstreckt«. Selbst wenn sie diese abgegrast hat, so heißt es weiter, wird sie womöglich immer noch nicht satt sein und dann auch noch die Almen im benachbarten Österreich erklimmen wollen. Dann, so das *Bayerische Vaterland*, »kommen wir aus den schlimmen Händeln ja gar nicht mehr heraus«. Dahinter steht die vielfach geäußerte Sorge, dass ein von Preußen geführtes Reich sich militärisch mit den bisherigen Eroberungen nicht zufriedengeben wird. Wenn erst der Rest Deutschlands »unter der Pickelhaube vereinigt« sei, werde der Raubzug nämlich weitergehen:[416]

»Dann kann den Preußen Niemand mehr widerstehen und Preußen kann sich rechts und links ganz nach Belieben ›abrunden‹, da mit einem Stücklein, dort mit einem Stück und hier mit einem mächtigen Trumm. Die bayrischen Soldaten haben gezeigt, welch' herrliches ›Kriegsmaterial‹ sie sind, mit dem sich was Ordentliches ›machen‹ lässt.«

In diesen Wochen wird die deutsche Politik aber nicht nur in München oder gar Berlin gemacht, sondern auch im fernen Versailles. Dort laufen alle Fäden der Planungen bei Otto von Bismarck zusammen, dort überlegt der Kanzler des Norddeutschen Bundes die nächsten Schritte seiner Politik, während in der Heimat noch immer die Fortführung des Krieges und vor allem die Belagerung von Paris große Beachtung finden. Fernab der etablierten Orte der Politik, weit entfernt von Landtagen, von den Höfen der deutschen Regenten sowie von einer funktionierenden Verwaltung wird die deutsche Einheit vor den Toren von Paris zur Chefsache des preußischen Regierungschefs. Wie kann sie am schnellsten vollzogen werden? Und vor allem: Wie kann Bayern dazu bewegt werden, in ein Reich nach dem Vorbild des Norddeutschen Bundes unter Preußens Führung einzutreten? Sogar das Zollparlament kommt Bismarck augenscheinlich zumindest am Rande noch einmal in den Sinn, als er seine Mitarbeiter eines Tages erkunden lässt, wie viele Mitglieder Bayern eigentlich in diesem Parlament habe, was übrigens niemand in Versailles ganz genau sagen kann,[417] weil eine brauchbare Quelle nicht zur Hand ist. Versailles ist eben nicht Berlin – da bekommt man solche und andere Auskünfte schneller und präzise.

Doch auch aus der Ferne kann Otto von Bismarck in einer Mischung aus Drohungen, Versprechungen und Schmeicheleien wirkungsvoll auf die Diskussion in ganz Deutschland einwirken. Sind ihm die Bayern zu skeptisch, lässt er gegenüber Dritten durchblicken, dass Preußen die Einheit auch ohne Bayern vollziehen könne – dann würde man halt die Zollvereinsverträge auslaufen lassen und kurzerhand die bayerische Pfalz dem Norddeutschen Bund zuschlagen.[418] Auch dies ist erneut eine unverhohlene Gewaltandrohung! Sehr viel effektiver ist allerdings Bismarcks Einladung an das Großherzogtum Baden, jetzt den dort schon lange befürworteten Beitritt zum Norddeutschen Bund zu beantragen. Umgehend trifft eine badische Delegation in Versailles ein, und daraufhin machen sich neben der württembergischen schließlich auch eine bayerische sowie eine hessische Delegation auf den Weg. Jetzt hat Bismarck alle Beteiligten um sich versammelt.[419]

Der Kanzler hat den strategischen Vorteil, mit den Delegationen einzeln verhandeln zu können, weil diese sich nicht auf eine gemeinsame Linie verständigen können. Die Länder bilden keineswegs eine einheitliche Phalanx; vor allem der Großherzog von Baden als Schwiegersohn des preußischen Königs gilt nicht nur wegen dieser familiären Verbindung als entschiedenster süddeutscher Anhänger dieser Reichsgründung. Für die Monarchen aus Stuttgart, München und Dresden hat er reichlich Spott parat, so bezeichnet er sie in einem Schreiben einmal als »die wenig heiligen drei Könige«.[420] In den Verhandlungen in Versailles entschließen sich Baden und das Großherzogtum Hessen, die norddeutsche Verfassung fast ohne Vorbehalte anzunehmen, die württembergischen Forderungen sind leicht zu erfüllen, nur die Bayern bereiten mit ihren zahlreichen Sonderwünschen Schwierigkeiten, vor allem in außenpolitischen und in militärischen Fragen wollen sie weitgehende Zugeständnisse. Die preußische Strategie lässt sich sogar in den preußischen Zeitungen nachlesen: Man werde mit den »geneigteren« Bevollmächtigten der drei Länder zunächst verhandeln und den Vertretern der zögerlichen Staaten »die Rolle der Wartenden« zuweisen: »Diese Aussicht wird Wunder wirken.«[421] Es ist die öffentliche Ankündigung einer diplomatischen Demütigung.

Bayern ist zunehmend isoliert – jedenfalls gelingt es Bismarck, genau diesen Eindruck zu erwecken. Der württembergische Gesandte in München notiert in diesen Tagen in einem internen

Schreiben, dass man eben auch »durch die fortdauernden Separatverhandlungen und durch die Mittheilungen des Grafen Bismarck zu der Ansicht habe kommen müssen, Württemberg gehe seine eigenen Wege und Bayern sei isoliert«. So mache die bayerische Delegation auch den Fehler, dass sie sich nicht direkt mit den Württembergern abstimme, sondern sich »von Graf Bismarck über die württembergischen Intentionen falsch habe belehren und beschwatzen lassen«. Der norddeutsche Kanzler nutze das Vertrauen seiner Gesprächspartner auch in diesem Fall »in bekannter Weise« aus.[422]

Zudem setzt Bismarck konsequent auf die Mobilisierung der öffentlichen Meinung, um die Forderung nach einer nationalen Einigung als Ausdruck eines gesamtdeutschen Wunsches erscheinen zu lassen. Dass er »Druck von unten« mobilisieren werde, um die zögernden Regierungen in Stuttgart und München auf Kurs zu bringen, verschweigt der Kanzler ihren Vertretern erst gar nicht. Immer wieder lanciert er erwünschte Artikel und provoziert Pressereaktionen auf einzelne Ereignisse. So ermutigt er beispielsweise den preußischen Gesandten in München, die angeblich schuldhafte Verzögerung der Verhandlungen von Versailles durch die Bayern sollte »vorsichtig in der Öffentlichkeit publik gemacht werden«.[423] Überdies lässt er Instruktionen zur Anstiftung von entsprechenden öffentlichen Kampagnen in der nationalliberalen Presse versenden und spricht zugleich von der Gefahr, dass sich nationale Bewegungen bildeten und die aktuellen Regierungen in Süddeutschland in ihrem Bestand gefährdeten.[424] Muss ein König von Bayern also Angst vor dem eigenen Volk haben?

Bismarck hat die Möglichkeiten zur Manipulation der öffentlichen Meinung, soweit preußische und regierungstreue Zeitungen sie prägen – und er nutzt sie in diesen Momenten konsequent aus. Der Journalist Hans Blum, der die Redaktion der nationalliberalen Zeitschrift *Die Grenzboten* leitet, beschreibt später, wie diese Manipulation praktisch abläuft: Als sich Otto von Bismarck im Januar 1871 erneut über den Ministerpräsidenten des Großherzogtums

Hessen-Darmstadt, Reinhard Carl Friedrich von Dalwigk, und dessen kritische Haltung zum preußischen Kurs ärgert, lässt er ihn öffentlich als »ausdauernden Feind aller nationalen Wünsche und Bestrebungen der Deutschen« verunglimpfen. Der Redakteur der *Grenzboten* stellt sich dafür in den Dienst des Reichskanzlers: Er erhält von einem Vertrauten aus Versailles einen vorbereiteten Artikel, den er nur noch etwas umschreibt, mit dem irreführenden Titel »Aus Hessen« versieht und umgehend veröffentlicht.[425]

So werden die Verhandlungen über die Einheitsverträge von Versailles von scharfen publizistischen Attacken gegen die zögernden Süddeutschen begleitet. Und dabei wird erneut der »Partikularismus« zum zentralen politischen Kampfbegriff, der mit Blick auf Bayern von preußischer Seite noch mit dem antikatholischen Vorwurf des Ultramontanismus verknüpft wird. Der »Partikularismus« und die aus ihm resultierenden »stärksten Sondergelüste«, bei einer Staatengründung möglichst große Vorteile für sich auf Kosten der anderen zu erhalten, werden als Zeichen der »Uneinigkeit« gewertet, die einer wahren »Einheit« im Weg stünden.[426] Bayern wird in entsprechenden Zeitungsberichten als der entscheidende Verhinderer der deutschen Einheit gebrandmarkt. In Versailles würden die Vertreter aller deutschen Länder konstruktiv an der Einheit arbeiten, so heißt es beispielsweise in der *Berliner Börsen-Zeitung*, nur die Bayern sorgten für eine »traurige Dämpfung«. König Ludwig II. werde von seiner Regierung und seiner unmittelbaren Umgebung in dieser Hinsicht absichtlich falsch und schlecht beraten, so die Unterstellung:[427]

> »Hoffentlich fehlt es aber auch nicht an ehrlichen Männern, welche dem König die Augen öffnen über die bedenkliche Lage, in welche er sich zu begeben im Begriffe steht. Sie kennzeichnet sich einfach in dem Satz, daß das Bayerische Königshaus künftig von der Deutschen Nation als das letzte und einzige Hinderniß der Einheit, recht eigentlich als ein Pfahl im Deutschen Fleische empfunden werden würde.«

Der nationalen Denunziation der bayerischen Haltung folgt die von Bismarck vorgegebene offene Drohung mit politischen Konsequenzen nicht nur für die bayerische Regierung, sondern auch für den König: Das bayerische Volk, so unterstellen diese und andere Zeitungen, werde sie für ihre Verweigerung eines reibungslosen und zügigen Beitritts zum Norddeutschen Bund abstrafen: Bei Neuwahlen, die nun eigentlich notwendig seien, werde es sicher »eine überwiegende Majorität von Deutsch gesinnten Männern« geben, die umgehend die Einheit an Preußens Seite möglich machten. Sollte die bayerische Regierung aber nicht den Weg zu Neuwahlen frei machen, würde diese Entscheidung »zunächst für Deutschland eine arge Störung, im Weiteren aber für das Bayerische Königshaus ein schlimmes Verhängniß bedeuten«.[428] Zudem dürfte sich Bayern mit einer möglichen Isolation in eine höchst brisante Lage bringen, denn auch wenn ein Deutscher Bund nur bis »zur Tauber und Iller« reiche, wie es die *Bonner Zeitung* ausdrückt, sei dieses Deutschland auch in dieser Begrenzung »der mächtigste Staat Europas«.[429] Und dem, so die unmissverständliche Botschaft, sollte man besser nicht in die Quere kommen.

Der Druck wirkt. Nachdem die Verhandlungen mit Baden und Hessen am 15. November abgeschlossen und die entsprechenden Verträge unterzeichnet sind und sich die am 25. November folgende Einigung mit Württemberg bereits abzeichnet, lenkt schließlich auch Bayern ein. Am späten Abend des 23. November 1870 ist es so weit, der Vertrag über den Beitritt Bayerns ist unterzeichnet. Es ist schon nach 22 Uhr, als ein sichtlich gut gelaunter Otto von Bismarck nach seinem Treffen mit den drei bayerischen Bevollmächtigten den Kopf aus der Flügeltür des Besprechungszimmers steckt und seinen Mitarbeitern mitteilt, dass »der bayerische Vertrag fertig und unterzeichnet« sei. Außerdem, so notiert es Bismarcks Pressereferent Moritz Busch, fügt er noch bewegt hinzu: »Die deutsche Einheit ist gemacht, und der Kaiser auch.«[430] Und wie immer bei Bismarck – nicht nur, wenn es um große Momente geht – darf es an Champagner nicht fehlen: Bismarck hat mit den drei Bayern bereits während des gemeinsamen Gesprächs zwei Flaschen gelehrt, die nach der Unterzeichnung des Dokuments auf dem Schreibtisch zurückbleiben. Aber dem Kanzler ist noch nach Feiern zumute: Mit seinen Mitarbeitern trinkt er noch zwei weitere Flaschen Champagner, man ist fröhlich, plaudert von persönlichen Dingen und selbstverständlich auch von dem eben gezeichneten Kontrakt.[431]

Otto von Bismarck hat mit seinem Druck auf die Süddeutschen viel erreicht, aber dafür hat er in den Novemberverträgen auch Zugeständnisse gemacht. Diese muss er jetzt gegen Kritik aus dem eigenen Lager, etwa vom preußischen Kronprinzen, verteidigen. Die vermeintlichen Sonderrechte sorgen dafür, dass vor allem in Bayern der Eindruck entstehen kann, die eigene Regierung habe den Preußen in einigen Punkten erfolgreich etwas abverlangt. Das wird auch noch dadurch verstärkt, dass die Württemberger neidisch auf das von Bayern Erreichte sind. Am 30. November 1870 beschreibt Baronin Hildegard von Spitzemberg, die Gattin des württembergischen Gesandten und bekannte Salonière in Berlin, in ihrem Tagebuch die Stimmungslage: Es werde viel »böses Blut« bei den Württembergern geben, wenn erst offenbar werde, welche Sonderrechte den Bayern mit diesem Vertrag zugesichert wurden.[432] Tatsächlich bekennen in nächster Zeit auch jene Landespolitiker, die den Verträgen zustimmen werden, dass ihre Freude über die Einheit durch die Sonderstellung Bayerns »in einigen Punkten getrübt wird«.[433]

Dabei ist dieser nachbarschaftliche Neid eigentlich hinfällig, denn ein Teil der Zugeständnisse taugt nur für die politische Galerie: Viele vermeintliche Sonderrechte haben eher schmückenden Charakter und sind für die Mitgliedstaaten des neuen Reiches eher Symbole ihrer Souveränität – auch wenn Otto von Bismarck dies gezielt anders aussehen lässt. So wird zwar ein Bundestagsausschuss für auswärtige Angelegenheiten eingerichtet, doch der sollte weder jetzt noch in Zukunft bei der Konzeption der Außenpolitik eine Rolle spielen. Und das Recht auf den Unterhalt eines

1 An einem »Sedantag«, dem Jahrestag der alljährlich gefeierten siegreichen Schlacht von Sedan (2. September 1870), wird 1873 auch die Siegessäule in Berlin enthüllt. Kolorierter Holzstich nach Zeichnung von Hermann Lüders.

2 Am 27. Juni 1866 siegt die Armee des Königreichs Hannover bei Langensalza über preußische Truppen (im Bild), doch es bleib der einzige Erfolg. Schon zwei Tage später kapituliert das hannoversche Heer vor nachrückenden preußischen Einheiten. Gemälde von Georg von Boddien, 1866.

3 Eine Szene aus besseren Tagen: Georg V., König von Hannover, mit Gemahlin Marie und Kindern. Wenige Jahre später verliert der blinde Monarch sein Königreich und flüchtet ins Exil. Gemälde von Friedrich Kaulbach, 1858/60.

4 Schlacht bei Königgrätz am 3. Juli 1866. Der preußische Sieg gegen die sächsisch-österreichischen Truppen legte den Grundstein für einen deutschen Nationalstaat unter preußischer Vorherrschaft. In der Bildmitte reitet der preußische König Wilhelm mit seinem Generalstab über das Schlachtfeld. Gemälde von Christian Sell, 1872.

5 Nach der Schlacht zwischen Preußen und Bayern bei Kissingen 1866: Verwundete Soldaten werden mit einem Pferdewagen in ein provisorisches Lazarett gebracht.

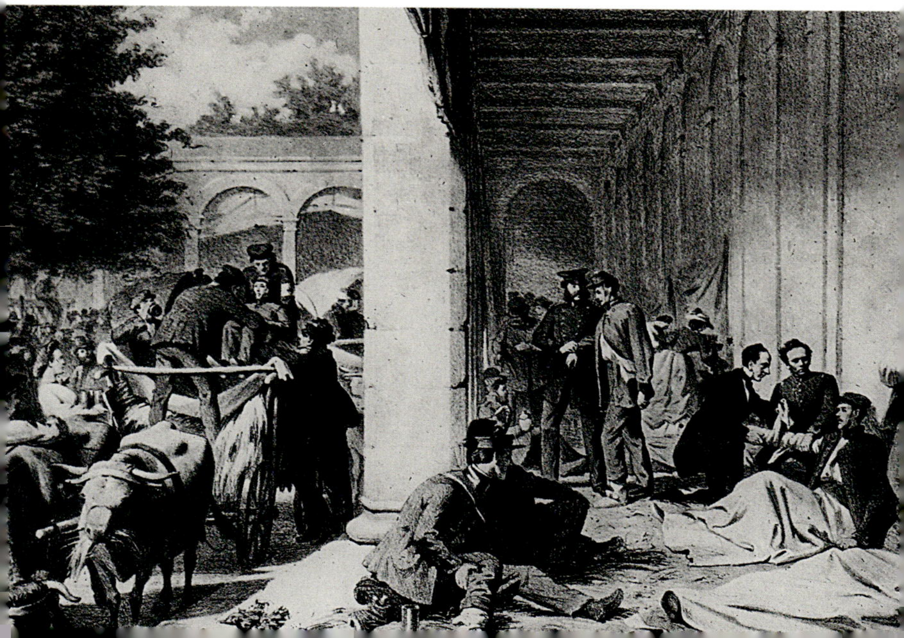

6 Eine weitere Kriegsbeute: Preußische Truppen rücken am 18. Juli 1866 in die Freie Stadt Frankfurt am Main ein.

7 Ein weitgehend vergessenes Stück deutscher Parlamentsgeschichte: Die Abgeordneten des Zollparlaments treffen sich 1868 erstmals in Berlin im Palais Hardenberg und debattieren darüber, wie es mit einer deutschen Einheit weitergehen soll.

8 Der Herrscher und sein Kanzler: König Wilhelm wird als siegreicher Feldherr gefeiert, zeichnet sich allerdings vor allem dadurch aus, dass er begabteren Köpfen den Vortritt ließ – allen voran seinem Kanzler Otto von Bismarck. Ein keineswegs spannungsfreies, aber erfolgreiches Tandem.

9 Preußen als Schulmeister, die süddeutschen Staaten als ABC-Schützen, denen in Buchstaben verschlüsselt – S-O-Q-P = Hesse occupée – das gleiche Schicksal wie Hessen angedroht wird. Französische Karikatur von 1867.

10 Die »Emser Depesche« über die Unterredung Wilhelms I. von Preußen mit dem französischen Botschafter Benedetti im Kurort Ems lieferte den Anlass für die französische Kriegserklärung.

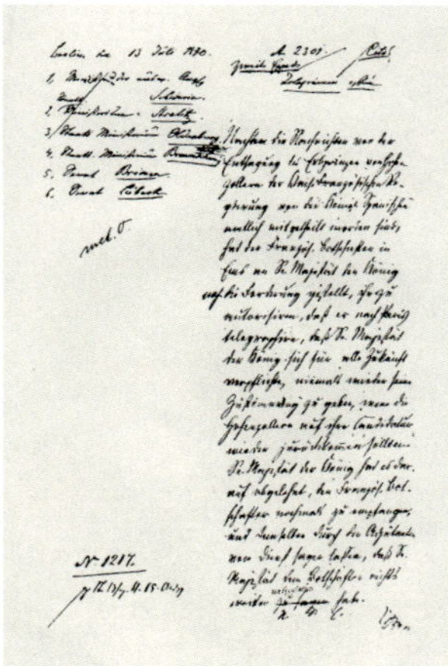

11 »Emser Depesche«: Handscnrift der gekürzten und am 14. Juli 1870 veröffentlichten Fassung Bismarcks.

12 Beginn der Schlacht von Sedan am 1. September 1870 mit dem Angriff der bayerischen Infanterie auf das Dorf Bazeilles. Farbdruck nach Aquarell von Carl Röchling.

13 Deutsche Soldaten vor Paris im Winter 1870/71. Die Einwohner der französischen Hauptstadt leiden unter der Belagerung und Beschießung ihrer Stadt.

14 Der geschlagene Kaiser: Napoleon III. am Tag nach der Niederlage von Sedan in Donchery mit Otto von Bismarck. Gemälde von Wilhelm Camphausen.

15 In Versailles residiert Ende 1870 das militärische Hauptquartier der Deutschen. Im Bild (von rechts) Otto von Bismarck, Kriegsminister Albrecht von Roon und Generalstabschef Helmuth von Moltke, das politisch-militärische Dreigestirn der Kriege von 1866 bis 1871. Gemälde von Anton von Werner.

16 Ludwig II. porträtiert von Ferdinand von Piloty.

eigenen diplomatischen Korps der Mitgliedstaaten kann nicht darüber hinwegtäuschen, dass nur die Gesandten des Reiches für die Belange der deutschen Außenpolitik von Bedeutung sein sollten.[434]

Tatsächlich gibt es aber Vorrechte bei Einzelfragen, so bei der Besteuerung von Bier und Spirituosen oder der Oberhoheit über das Post- und Telegrafenwesen, vor allem aber beim Militär: So kann der König von Württemberg weiterhin über die Uniformen und Insignien seiner Armee verfügen und erhält die Zusicherung, dass in Friedenszeiten seine Soldaten nicht ohne seine Zustimmung außerhalb Württembergs stationiert werden.[435] Bayern wurden weitere Sonderrechte eingeräumt: So bleibt die bayerische Armee ein selbstständiger Truppenverband unter dem Befehl ihres Königs, erst im Kriegsfall greift der Oberbefehl des Kaisers. Bayern sichert sich seine eigene Eisenbahn, ein weitgehend eigenständiges Post- und Telegrafenwesen sowie die Einnahmen aus der Besteuerung von Bier und Branntwein. In einem Geheimabkommen wird zugleich das Recht Bayerns garantiert, nach einem möglichen Bundeskrieg bei Friedensverhandlungen durch einen Bevollmächtigten vertreten zu sein.[436] Otto von Bismarck kann mit all diesen Zugeständnissen vor allem an Bayern gut leben; einem politischen Weggefährten erklärt er am Tag des Vertragsabschlusses:[437]

> »Post, Telegrafie, Eisenbahnen, selbständige Armee mit Ernennung der Stellen in derselben, beschränktes Gesandtschaftsrecht, das behalten sie sich vor – im übrigen nehmen sie die Bundesgesetzgebung voll an. Wenn ich also die Annahme der allgemeinen Wehrpflicht, die Präsenzstärke von ein Prozent der Bevölkerung mit der dreijährigen Dienstzeit in Anschlag bringe und die übrige gemeinsame Gesetzgebung, so ist der Fortschritt ein so bedeutender, daß ich ihn nicht zurückweisen kann.«

Otto von Bismarck ist in Sachen Einheit am Ziel: Alle alternativen Ideen, etwa die Kooperation eines Nord- und eines Südbundes oder eine Totalrevision des Bundes, sind vom Tisch, die süddeutschen Staaten schließen sich dem mehr oder weniger unveränderten politischen System des Norddeutschen Bundes an. Auch wenn es sich beim Deutschen Reich um einen Bundesstaat handelt, so hat der Zentralismus sogar noch gewonnen, etwa indem die gesetzgeberische Befugnis des Reiches auf das Verlags- und Vereinswesen erweitert wurde.[438]

Bayern hat in diesen Wochen eigentlich keine echte Chance: Alles andere als der Beitritt zum Bund ist politische Illusion, zu groß sind der Druck der norddeutschen Politik und die Propaganda nicht nur in den preußischen Blättern, zu aussichtslos sind mögliche Alternativen und zu offenkundig die Drohungen der preußischen Machtpolitik. Zudem hat das Land ein echtes Führungsproblem, weil sein König Ludwig II. aufgrund seiner Persönlichkeit und seiner psychischen Erkrankung in hohem Maße unberechenbar agiert. Dem bayerischen König fällt es zunehmend schwer, die politischen Realitäten wahrzunehmen. Selbst als in Versailles die Verträge schon unterzeichnet sind, glaubt er augenscheinlich noch immer, er könne alles wieder rückgängig machen. Sein ehemaliger Außenminister muss ihm, offensichtlich erstaunt ob der Nachfrage, darüber aufklären, dass diese Frage doch »bereits entschieden« sei. Offensichtlich dämmert es dem jungen König erst nach der Unterzeichnung, dass sein Königreich mit dem Vertrag aufgehört hat, als souveräner Staat zu existieren.[439]

Dass es Ludwig aus gesundheitlichen Gründen schwer hat, sich in dieser Welt zurechtzufinden, ist nicht nur dem engeren Umfeld bewusst. Und große politische Krisen treiben ihn eher in die Defensive. Als vier Jahr zuvor der Krieg von 1866 ausbricht, flüchtet der König vor der Situation auf die Roseninsel im Starnberger See. Nur von zwei Getreuen begleitet, »fern vom ekligen Getriebe der gemeinen Welt«, wie einer von ihnen schreibt, ist der Regent für seine Minister nicht zu sprechen. Während es in Deutschland um

Krieg und Frieden ging, lässt der König auf seiner Roseninsel ein Feuerwerk abbrennen.[440] Keine Frage: Ludwig II. ist 1866 wie auch 1870/71 eine mental und gesundheitlich überforderte Persönlichkeit. Allerdings sprechen es wenige so deutlich aus wie der preußische Gesandte Werthern, der in seinem Tagebuch notiert: König Ludwig und sein Bruder Otto seien schlicht »die beiden armen impotenten Producte der Inzucht in Süddeutschland«.[441] Mit solchen Äußerungen sollte der Diplomat in der Öffentlichkeit allerdings vorsichtig sein, denn immerhin ist Ludwigs Mutter Marie eine geborene preußische Prinzessin und Enkelin des preußischen Königs Friedrich Wilhelm II., der einst Friedrich dem Großen auf den Thron folgte.

Der junge bayerische König ist für Preußen, insbesondere für Otto von Bismarck, einerseits kein gleichberechtigter Gegner, weil er weder die politische Erfahrung noch das diplomatische Geschick des Kanzlers aufweisen kann. Andererseits ist er doch eine ständige Bedrohung, weil er mit seinem Wesen und aufgrund des zuweilen undurchsichtigen Einflusses seines Umfeldes auch in hohem Maß unberechenbar in seinen Entscheidungen ist. Immer muss Bismarck auf neue Ideen aus München gefasst sein. So auch in Sachen Kaiserfrage: Der zwischenzeitlich kolportierte Vorschlag des bayerischen Königs, die Kaiserkrone zwischen München und Berlin wandern zu lassen, trifft am preußischen Hof auf eine Mischung aus Entsetzen und Ungläubigkeit. Niemand hat dort die Absicht, die nationale Führung mit den Wittelsbachern zu teilen!

In Bayern will dies aber keineswegs jedem selbstverständlich erscheinen. Dies gilt beispielsweise für einen Kommentator des im bayerischen Aschaffenburg erscheinenden *Beobachter am Main*. Er formuliert im September 1870 erst einmal eine regelrechte »Stellenbeschreibung« für einen möglichen Kaiser in einem erkennbar föderalen Reich: Dieser Regent müsse der »Edelste der Fürsten« und Schirmherr der Freiheit sein, »welcher die deutsche Freiheit nicht bloß nach Außen schützt, sondern auch im Innern seine Macht nicht dazu benützt, um die Freiheit und Selbständigkeit einzelner Länder zu schmälern«. Nur ein solcher Kaiser könne auf die Sympathien aller Deutschen bauen. Aus bayerischer Sicht könne man nur hoffen, nach der erfolgreichen Waffenbrüderschaft in diesem Krieg werde das künftige Deutschland so gestaltet, dass es »den Stempel der Großherzigkeit an sich trägt«. Denn was bliebe sonst?[442]

> »Eines darf man doch jetzt schon aussprechen, daß ein Kaiserreich, welches nur dazu gegründet würde, um den nationalliberalen Gedanken durchzuführen, nie die Sympathie der Mehrheit des süddeutschen Volkes haben würde. Die Macht der Thatsachen könnte das Volk vielleicht zum Schweigen verurtheilen; Schweigen ist aber nicht selten beredter, als der lauteste Protest.«

Das ist eine politische Warnung: Inneren Frieden und Gefolgschaft kann ein preußischer Kaiser nur erwarten, wenn er die gebotene Rücksicht auf die Souveränitätsansprüche der Süddeutschen nimmt. Doch die bayerischen Überlegungen kommen im Grunde viel zu spät. Auch wenn sich König Ludwig II. Mitte September 1870 noch überraschend ahnungslos gibt und seinen Außenminister Bray-Steinburg fragt, wie denn die anderen deutschen Höfe in Dresden, Stuttgart, Karlsruhe und Darmstadt zu dieser Frage stehen. In Baden, so antwortet ihm umgehend sein Minister, regiere mit Großherzog Friedrich I. schließlich ein Schwiegersohn des preußischen Königs – und der werde beim Wunsch nach einer Kaiserkrone seinem Schwiegervater ganz bestimmt nicht widersprechen. Und an allen anderen Höfen sehe man schlicht die politischen Sachzwänge: In Sachsen ist der König der Kaiseridee nicht gerade zugeneigt, aber diese Skepsis werde dort »schließlich einer gezwungenen Zustimmung weichen müssen«; ähnlich verhalte es sich mit dem seit dem verlorenen Krieg von 1866 »schon zur Hälfte dem Nordbund einverleibten Hessen-Darmstadt und seinem Großherzoge«.[443]

Tatsächlich ist es der badische Schwiegersohn des preußischen Königs, der nun den entscheidenden Schritt unternimmt: Er schreibt Ludwig II. von Bayern einen freundlichen Brief und schmiert ihm dabei so viel diplomatischen Honig um den Bart, dass dieser eigentlich gar nicht anders kann, als den Preußen zum Kaiser vorzuschlagen. Das Haus der Wittelsbacher könne wieder einmal zeigen, welch wichtige Rolle es in der deutschen Geschichte spielen kann, so schreibt Großherzog Friedrich, und bayerische Soldaten hätten durch ihre glanzvollen Taten in diesen Wochen und Monaten doch vor aller Welt gezeigt, dass sie ihren Beitrag zu einem geeinten deutschen Reich leisten wollen. Jetzt müsse Ludwig nur noch den Preußen die Kaiserkrone antragen:[444]

> »Ein unvergänglicher Ruhm würde sich an den Namen Ludwigs II. knüpfen, wenn der große Wendepunkt, an dem die Geschicke Deutschlands gegenwärtig sich befinden, durch seine kühne Initiative dahin führte, daß schwere Opfer der Nation zuletzt mit der Anbietung der Kaiserwürde an den greisen Heldenkönig von Preußen, Ihren verehrten Oheim, belohnt und gekrönt würden. Das gesamte deutsche Volk würde Ihnen dankbar zujubeln.«

Das sind wohlklingende Worte, und wie jeder Monarch würde sich Ludwig selbstredend über »unvergänglichen Ruhm« freuen, und vielleicht fände er auch die Vorstellung reizvoll, dass ihm das ganze deutsche Volk zujubelte – aber im Grunde ist ihm die Vorstellung ein Grauen, dass ausgerechnet er einem Preußen die deutsche Kaiserkrone anbieten soll, damit diese für alle Zukunft von einem Hohenzollern auf den nächsten vererbt wird. Für diese historische Weichenstellung soll in Zukunft sein Name stehen?

Solchermaßen eingezwängt zwischen preußischem Druck, politischer Ermutigung aus Baden, aber auch heftiger Ablehnung aus der eigenen Familie ist es fast verständlich, dass sich Ludwig II. am 30. November 1870 am liebsten die Decke über den Kopf ziehen würde, damit ihn Maximilian von Holnstein nicht mit der Post aus Versailles belästigt. Er selbst hatte seinen Vertrauten in das preußische Hauptquartier nach Versailles geschickt, um Klarheit über die Kaiserfrage und seine eigene Rolle zu bekommen. Doch die Hoffnungen, die Ludwig II. in seinen Vertrauten gelegt haben mag, werden enttäuscht: Holnstein verständigt sich in Versailles mit Bismarck. Gemeinsam kommen sie zudem zu dem Schluss, dass es wohl das Beste wäre, dem bayerischen König auch gleich eine schriftliche Vorlage zu liefern, damit der in seiner vermeintlichen Sprunghaftigkeit bloß nichts falsch macht. Otto von Bismarck erinnert sich später, wie er auf einem abgedeckten Esstisch rasch zu Tinte und Feder gegriffen und dann dem widerstrebenden Bayern die Sache mit dem Kaiser in einem Schreiben schmackhaft gemacht hat.[445]

Bismarck ist klug, er setzt seine Worte gekonnt, zeigt sich »ehrfurchtsvoll«, spricht von seinem »Gefühl der Dankbarkeit« gegenüber dem Haus der Wittelsbacher und dass er überdies persönlich Ludwig II. sein Leben lang »ergeben sein und mich jederzeit glücklich schätzen werde, wenn es mir vergönnt wird, Euer Majestät zu Diensten sein zu können«.[446] Sodann legt er den Entwurf des Schreibens bei, das der bayerische König doch bitte an den preußischen Monarchen schicken soll: Darin soll er mitteilen, dass er sich an die anderen deutschen Fürsten mit dem Vorschlag wenden wird, dass König Wilhelm in Zukunft den »Titel eines deutschen Kaisers« führen soll.[447]

Graf Holnstein nimmt diesen Entwurf für den »Kaiserbrief« sofort an sich und macht sich zügig auf den Weg. Denn in Versailles wird die Kaiserfrage aufgrund des bayerischen Schweigens inzwischen als kritisch eingeschätzt.[448] Holnstein reist nicht alleine von Versailles in die bayerische Heimat. Im Salonwagen sitzt unter anderem der bayerische Außenminister Bray-Steinburg, und diesem zeigt er den von Bismarck entworfenen Kaiserbrief. Bray-Steinburg zückt einen Bleistift und überarbeitet ihn noch stilistisch.[449] In dieser Fassung kommt der »Kaiserbrief« schließlich am Mittwoch, dem 30. November 1870, im Schloss Hohenschwangau an. Dort endet die dreitägige Reise des Briefes und seines Boten zunächst wie erwähnt vor der königlichen Schlafzimmertür.

Was geschieht, als diese Tür sich schließlich am frühen Abend doch noch öffnet, erfährt die Nachwelt aus den späteren Erinnerungen des Grafen Holnstein. Er habe den König im Bett liegend und »ganz mit Decken« eingewickelt vorgefunden und eine harte und peinliche Auseinandersetzung mit ihm führen müssen, weil dieser ihn »mit allerlei nichtigen Vorwänden hinzuhalten« versucht. Schließlich habe Holnstein es geschafft, seinem König den Entwurf des »Kaiserbriefes« vorzulegen. Weil der immer noch zögert, greift Holnstein nach seinen Worten zum Mittel der offenen Drohung: Wenn er jetzt diesen Brief nicht unterzeichne, würden seine vor Paris liegenden bayerischen Truppen vermutlich ohne jeden Befehl von sich aus den Preußen zum deutschen Kaiser ausrufen – was eine ziemlich gewagte These des Grafen ist, denn bislang kommen aus der Armee überhaupt keine Zeichen der Meuterei gegen den eigenen König als Oberbefehlshaber. Und wenn die eigenen Soldaten erst diesen Schritt unternommen hätten, so setzt Holnstein seinen König weiter unter Druck, fände sich dieser in einer gefährlichen innenpolitischen Lage wieder, welcher er »sich am besten durch einen Aufenthalt in der Schweiz entziehen würde«.[450]

Gibt es tatsächlich diese Drohung mit Meuterei und Exil? Ludwig II. befindet sich in diesen Stunden in einer aussichtslosen Situation, und er kann seinen Vertrauten nicht wieder wegschicken, ohne eine politische Katastrophe zu riskieren. So setzt er sich endlich doch an den Schreibtisch und schreibt den gewünschten »Kaiserbrief« – entlang des mitgebrachten Entwurfs, aber doch mit eigenen Worten – an den »Allerdurchlauchtigsten Großmächtigen Fürsten«, den König von Preußen:[451]

> »Nach dem Beitritte Süddeutschlands zum deutschen Verfassungsbündnis werden die Ew. Majestät übertragenen Präsidialrechte über alle deutschen Staaten sich erstrecken. Ich habe mich zu deren Vereinigung in einer Hand in der

> Überzeugung bereit erklärt, daß dadurch den Gesamtinteressen des deutschen Vaterlandes und seiner verbündeten Fürsten entsprochen werde … Ich habe mich daher an die deutschen Fürsten mit dem Vorschlage gewendet, gemeinschaftlich mit mir bei Ew. Majestät in Anregung zu bringen, daß die Ausübung der Präsidialrechte des Bundes mit Führung des Titels eines deutschen Kaisers verbunden werde.«

Dann ist das Dokument endlich gezeichnet, auf das Otto von Bismarck im fernen Versailles so sehnsüchtig wartet: Die Verträge sind ausgehandelt, das Reich ist fertig, und bald hat es einen preußisch-deutschen Kaiser! Graf Holnstein kann mit dem Dokument zurück nach Versailles reisen. Anders als gegenüber Ludwig II. angekündigt, muss er allerdings keineswegs noch am gleichen Abend aufbrechen, sondern erst am nächsten Morgen, dem 1. Dezember 1870. Er macht sich schon früh auf den Weg, muss einen guten Teil der Strecke im Führerhaus einer gekaperten Lokomotive verbringen, droht vor Paris sogar noch in ein Gefecht zu geraten (immerhin herrscht ja noch Krieg), ehe er nach anderthalb Tagen am Abend des 2. Dezember im Hauptquartier in Versailles eintrifft.[452] Der Empfang dort ist herzlich: Otto von Bismarck habe ihn sofort in seinem Schlaf- und Arbeitszimmer empfangen und, so notiert es ein enger Mitarbeiter, »bald nachher Champagner bestellt«.[453] Die offizielle Übergabe des Kaiserbriefs muss allerdings ein anderer übernehmen: Prinz Luitpold von Bayern, der Onkel Ludwigs II. und während des Krieges Bayerns Vertreter im preußischen Generalstab, soll dem preußischen König das Anliegen persönlich überbringen. Der entledigt sich, so notiert ein wenig schadenfroh der preußische Kronprinz Friedrich Wilhelm in sein Tagebuch, auffallend in sich gekehrt des »ihm natürlich ganz außerordentlich unbehaglichen Auftrages«.[454] Am 5. Dezember 1870 kommentiert auch der preußische Gesandte in München erleichtert in seinem Tagebuch das bayerische Angebot an den preußischen König. Endlich ist es geschafft:[455]

»Vom 4ten December 1870 … beginnt also das geträumte, gehoffte, viel besungene & heiß erstrebte protestantische deutsche Reich, & mit diesem Tage schließt das Mittelalter ab. Es ist wie ein Traum.«

Otto von Bismarck ist in diesem Moment seinem großen politischen Ziel wieder einen Schritt näher gekommen. Und der bayerische König? Er hat sich daheim nicht nur Freunde gemacht mit seinem Schritt. Gerade die fundamentalistischen bayerischen Katholiken können die Vorstellung, einen protestantischen Kaiser »über sich« zu haben, kaum ertragen. Sogar Drohbriefe treffen im königlichen Schloss ein, weil Ludwig II. angeblich die konfessionelle Zukunft seines Landes verspielt habe. In einer solchen Drohung heißt es:[456]

»Sie sind ein katholischer König. Ihr Volk ist katholisch, und Sie haben nicht den Mut einzustehen für den Glauben, die Rechte Ihres Volkes? Fluch muß auf Ihnen ruhen – denn Sie werden schuld sein, daß auch in Ihrem Lande Sterbende einst ohne Trost und Sakramente ins Jenseits gehen – Sie wird der Fluch treffen für Ihre Lauigkeit, für Ihr Versäumnis, noch rechtzeitig das Heiligste zu retten.«

Der Schreiber dieser Zeilen belässt es nicht bei der Beschimpfung seines Königs, sondern mahnt ihn zugleich, dass die Verzweiflung mancher Untertanen »auch Kugeln« bringen kann – eine konkrete Warnung vor einem Attentat. Weiß Ludwig um die Stimmung im Land? Jedenfalls ist er augenscheinlich noch viel unglücklicher als sonst – das ist er krankheitsbedingt zwar häufiger, aber er ahnt zumindest die Tragweite seiner Entscheidungen: Er hat sein Königreich in ein neues Staatsgebilde eingebracht, von dem kaum jemand glaubhaft sagen kann, welche Rolle sein Bayern darin einst spielen wird. Wenige Tage später schreibt er deprimiert an seinen Bruder Otto, dass ihm schließlich gar keine andere Wahl geblieben sei, als diesen »Kaiserbrief« zu schreiben. Sonst hätten andere Fürsten oder gar der Reichstag Wilhelm zum Kaiser ausgerufen, was allerdings mehr eine Vermutung ist. Wenn es nach ihm gegangen wäre, hätte er lieber einen anderen Weg eingeschlagen:[457]

> »Könnte Bayern allein, frei vom Bunde stehen, dann wäre es gleichgültig, da dies aber geradezu eine politische Unmöglichkeit wäre, da Volk und Armee sich dagegen stemmen würden und die Krone mithin allen Halt im Lande verlöre, so ist es, so schauderhaft und entsetzlich es immerhin bleibt, ein Akt von Klugheit, ja von Notwendigkeit im Interesse der Krone und des Landes, wenn der König von Bayern jenes Anerbieten stellt.«

Dass er selbst finanziell von dem »Kaiserbrief« profitiert, hängt Ludwig II. indes nicht an die große Glocke. Das entsprechende Geschäft ist sorgsam eingefädelt, und es wird selbstverständlich auch höchst diskret abgewickelt. Das fängt beim Sprachgebrauch an: Noch Generationen später werden selbst Historiker vornehm von »Dotationen« sprechen, obwohl es sich schlicht »Bestechung« nennen ließe: Der eine König besticht einen anderen, um eine politische Entscheidung in seinem Sinne zu bekommen. Und wo viel Geld fließt, stecken sich auch andere Beteiligte gerne noch etwas in die eigenen Taschen. In diesem Falle auch der so bemühte und deshalb von Bismarck hoch geschätzte Graf Maximilian von Holnstein, der zwischen München und Berlin vermittelt und den »Kaiserbrief« maßgeblich mit möglich gemacht hat. Der hat zwar als Gutsbesitzer und Oberstallmeister des bayerischen Königs sicherlich auch in finanzieller Hinsicht sein Auskommen, doch er findet es nicht unangemessen, für seine Bemühungen um den »Kaiserbrief« eine stattliche Provision zu fordern und auch einzustreichen: Zehn Prozent der Zahlungen an Ludwig II. sollten bei ihm landen.[458] Damit dürfte Holnstein der Mann sein, der in ganz Deutschland als Privatperson zumindest in finanzieller Hinsicht am meisten von der Reichsgründung profitiert hat.

Dass der König von Bayern Geld immer gut gebrauchen kann, ist über die Grenzen seines Reiches hinaus kein Geheimnis. Außerdem ergeht es auch den anderen Regenten in Deutschland so; nicht zuletzt die Kriege der vergangenen Jahre sind noch immer eine enorme finanzielle Belastung. Bei Ludwig II. kommt allerdings noch seine ebenfalls offenkundige Vorliebe für kostspielige Schlossbauten hinzu. Wann immer aus Bayern die Kunde von neuen Vorhaben kommt, werden sie in ganz Deutschland publik gemacht. So etwa im Frühjahr 1868, als eine rheinische Zeitung vermeldet:[459]

> »Der König von Bayern will bei Hohenschwangau ein neues Schloß, dem die Wartburg und die Burg zu Nürnberg als Vorbilder dienen sollen, erbauen lassen.«

Damit ist nichts anderes als das heute weltberühmte »Märchenschloss« Neuschwanstein gemeint. Aber auch die beiden anderen großen Schlossbauten Ludwigs, Linderhof und Herrenchiemsee, verschlangen große Geldsummen. Alle in Deutschland wissen also, dass Ludwig Geld gut gebrauchen kann. Sollte sich ausgerechnet Preußen da nicht Gedanken machen, ob eine finanzielle Unterstützung des Wittelsbachers nicht auch ein gutes Argument für seine Zustimmung zur kleindeutschen Einheit sein könnte? Jedenfalls hat der Krieg gegen Frankreich gerade erst begonnen, da wedelt Preußen schon mit den Geldscheinen. Auch ein bayerischer König, oder besser: gerade der bayerische König hat doch auch nur seinen Preis, oder? Der preußische Gesandte Freiherr von Werthern notiert in seinem Tagebuch, wie er eines Morgens vor dem Wittelsbacher Palais den Kabinettssekretär Ludwigs II. abpasst und ihm die angebliche finanzielle Großzügigkeit der preußischen Regierung in Erinnerung ruft. Er verweist auf das Schicksal des Herzogs von Nassau wie des Königs von Hannover, was nicht nur als Androhung einer möglichen Annexion durch Preußen verstanden werden kann, sondern auch als Beleg für dessen angebliche Großzügigkeit:[460]

> »Der Herzog von Nassau & der König Georg von Hannover, obgleich beide Preußen feindlich, seien mit Summen bedacht worden, die zu ihrem früheren Einkommen in gar keinem Verhältnis stehen; ... der König könne für seine Unterstützung jeden Preis fordern & werde ihn mit Freude erhalten.«

Ludwig II. dürfe jeden Preis fordern? Der Sekretär des Königs kann seinen Regenten mit der Nachricht erwartungsgemäß sehr erfreuen, nicht nur der preußische Gesandte weiß von den immensen Schwierigkeiten, »die Mittel zu den Bauten zu beschaffen«. Er nutzt nun eine weitere Kontaktperson zum bayerischen König, den Grafen von Holnstein. Doch der erweist sich zunächst als etwas begriffsstutzig; er hört den Gesandten zwar an, »aber er verstand den Zusammenhang nicht«. Was denn so eine Reichsgründung und der Kaisertitel mit den Bauvorhaben des Königs zu tun haben, gibt sich Holnstein zunächst ahnungslos. »Endlich nach drei Tagen dämmerte es bei ihm«, notiert der preußische Gesandte schließlich erleichtert. Jetzt braucht der Oberstallmeister die Angelegenheit nur noch Ludwig II. verständlich zu machen. Freiherr von Werthern geht dabei aber nach seinen Erfahrungen mit seinem Gesprächspartner lieber auf Nummer sicher und vereinbart die Abfassung eines vertraulichen Schriftstücks. Darin wolle er alles noch einmal genau erklären und den Grafen von Holnstein bitten, alles sorgsam mit Ludwig II. durchzusprechen, ihn dann wieder zu kontaktieren und dabei auch das geheime Schriftstück im Original wieder auszuhändigen.[461] So viel Geheimhaltung muss sein! Tatsächlich setzt sich Maximilian von Holnstein in diesem Sinne beim König ein, und Werthern notiert anschließend höchst erfreut in seinem Tagebuch:[462]

> »Heute steht die Sache so daß Seine Majestät geneigt ist für 6 Millionen Gulden Alles zu thun was man von ihm verlangt, in specie selbst nach Versailles zu gehen & Sr Majestät viva voce zum deutschen Kaiser auszurufen.«

Werthern ist ein erfahrener Mann, schon seit mehr als 20 Jahren im diplomatischen Geschäft, aber zuweilen verlässt ihn sein diplomatisches Geschick, wenn er für die Idee der deutschen Einheit unter Preußens Führung eintritt; manchmal wird ihn sogar Bismarck im fernen Berlin ein wenig bremsen müssen.[463] In seinem Tagebuch kann er in diesen Tagen indes seinen Gefühlen freien Lauf lassen. Mögliche Zahlungen an die Wittelsbacher müsse man angesichts der offenkundigen Regierungsunfähigkeit des bayerischen Königs Ludwig II. und auch seines Bruders Otto als »eine Art Henkersmahlzeit« einstufen – eine letzte großzügige Geste für ein untergehendes Herrscherhaus.

Es hat etwas geradezu Rührendes, wie spätere, vor allem bayerische Historiker versuchen, König Ludwig II. vor der Nachwelt gegen den Vorwurf der Bestechlichkeit in Schutz zu nehmen. Da wird bis in die Gegenwart hinein erklärt, dass es »bis heute umstritten« sei, ob beim Kaiserbrief dieser Tatbestand wirklich im Spiel war,[464] an anderer Stelle wird daran erinnert, dass Ludwig II. seine Zustimmung zum Reichseintritt und dem Angebot des Kaisertitels ja ohnehin gegeben hätte, das Geld der Preußen wäre also gar nicht nötig gewesen.[465] Das ist zutreffend: Der politische Druck auf den bayerischen König ist 1870 viel zu groß, um sich mit Aussicht auf Erfolg gegen Otto von Bismarck und den preußischen Kurs der Reichseinigung zu stellen. Bayern ist ein Kriegsverlierer, niemand im Land kann sich wünschen, einen erneuten Waffengang gegen Preußen zu wagen. Denn aus welchem guten Grund könne man annehmen, ihn diesmal gewinnen zu können? Geld ist als Argument für den bayerischen König vielleicht nicht mehr nötig – aber es hilft dann doch. Und so fließen schließlich einige Zeit später heimlich die ersten Geldzahlungen aus dem »Welfenfonds« an den König.[466] Vermutlich sind es jährlich rund 300000 Mark, die Ludwig II. bis zu seinem Tod 1886 aus Bismarcks geheimem »Welfenfonds« erhielt. Und diese Zahlungen taten durchaus »das Werk von Bestechungsgeldern«.[467]

Der bayerische König und die bayerische Regierung sind also bereit, dem Reich beizutreten. Doch die in Versailles ausgehandelten Novemberverträge können laut bayerischer Verfassung erst in Kraft treten, wenn der Landtag in München ihnen ebenfalls zustimmt – mit einer Zweidrittelmehrheit. Und die ist keineswegs sicher: 80 der insgesamt 154 Abgeordneten werden den »Patrioten« zugerechnet, die diesen Schritt bislang ablehnen. Wem werden sie nun folgen? Dem König und der Regierung? Oder ihrem Gewissen und ihrer patriotischen Gesinnung? Die Debatte beginnt am 11. Januar 1871 und dauert zehn Tage – es soll der letzte, dramatische Akt der bayerischen Zustimmung zu dieser Einheit sein.

Es ist eine leidenschaftliche Debatte, denn die Verantwortung lastet erkennbar schwer auf den Männern des Landtages. In ihren Redebeiträgen dominiert keineswegs die Schärfe der politischen Auseinandersetzung, oft genug wird Verständnis für den Einwand der Gegenseite geäußert, man gesteht sich zu, ernsthaft um die richtige Entscheidung für das bayerische Vaterland zu ringen. Ist die eigene Position wirklich nach der Verfassung die richtige? Besiegeln die vorgelegten Verträge das Ende des Königreiches Bayern – oder beginnt damit eine große Zukunft? Niemand kann sich da sicher sein. Im Grunde wollen die meisten eine Vereinigung der Deutschen in einem Reich, aber der richtige Weg dahin ist strittig. Edmund Jörg, Führer der Bayerischen Patriotenpartei, eröffnet die Debatte mit einem Plädoyer gegen einen Bund unter preußischer Führung: Er sei durch seine Wahl in die Abgeordnetenkammer nicht dazu bevollmächtigt, »unser liebes altes Vaterland aus unseren Händen zu geben und an Preußen auszuliefern«. Ihm geht es um den letzten Versuch, »die berechtigte Selbständigkeit unseres Landes noch zu retten«.[468] Auch andere Kritiker wollen einer deutschen Einheit keine prinzipielle Absage erteilen, widersetzen sich aber dem jetzt diskutierten Modell. Anton Ruland, der ebenfalls der Bayerischen Patriotenpartei angehört, legt sozusagen das politische Bekenntnis seiner Partei ab:[469]

»Wir wollen ein einiges Deutschland, wo durch die freie Vereinigung aller Stämme, so wie es früher war, – die Stämme wußten es nicht anders und kannten es nicht anders – ohne Aufgeben der eigenen Selbständigkeit gegen das Ganze treue Pflichterfüllung stattfindet! Das, meine Herren, war es, was man von jeher in Deutschland als eine Einigung betrachtete, mit andern Worten, ein föderativ geeinigtes Deutschland.«

Es ist vor allem die Verfassung des Norddeutschen Bundes, die auf Widerspruch stößt, weil sie im Kern auch für das Deutsche Reich gelten soll. In dieser Verfassung seien keine freien Elemente zu erkennen, führt Anton Ruland für die Patrioten an, weil sie nur für einen Einheitsstaat gemacht worden sei. Sie nimmt für ein Deutsches Reich jedem Mitglied, also auch Bayern, die Kronrechte des Regenten und zugleich die »wesentlichsten Volksrechte, die den Ständen anvertraut sind«. Diese Verfassung sei die Grundlage für einen »Militär-Absolutismus«, eine »Abart des Despotismus«:[470]

»Die Nordbundverfassung ist nichts Anderes, als das Band, das die unterjochten Stämme an die Krone Preußens binden und fesseln sollte, an die Krone Preußens, deren Träger es ja ausdrücklich mit eigenen Worten gesagt haben, daß die Hausmacht, die Vermehrung der Hausmacht eine Aufgabe Preußens sei.«

Anton Ruland greift auch die Frage des neuen Kaisertums auf – und hier bezieht er deutlich Stellung gegen jene Zustimmung, die sein eigener König erst wenige Tage zuvor in seinem »Kaiserbrief« gegeben hat. Er will beim besten Willen keine historische Kontinuität vom Mittelalter bis zu einem Preußen in Bezug auf einen deutschen Kaiserthron erkennen können: Die Krone Karls des Großen sei doch längst »zur Antiquität geworden«, und die mittelalterliche Vorstellung von einem Kaisertum als Herrschaft des Christentums über die ganze Welt ist doch mit der Reformation und der Glaubensspaltung längst zu Grabe getragen. Und auch ein Erbkaisertum, das die Preußen jetzt im Deutschen Reich für ihr Herrscherhaus errichten wollen, hätten sich die Deutschen schon im Mittelalter nie »gefallen lassen«, selbst ihre Könige hätten sie doch stets gewählt. Und er erinnert an den bekannten Reichserbplan des Kaisers Heinrich VI., der Ende des 12. Jahrhunderts letztlich erfolglos das Kaisertum zu einer erblichen Macht machen wollte. Den damaligen Widerstand weniger Fürsten interpretiert der Abgeordnete als frühen Erfolg der heute in Bayern herrschenden Wittelsbacher: Es sei »ein Ahne unseres königlichen Hauses« gewesen, der das traditionelle deutsche Königswahlrecht gesichert und damit maßgeblich an der »rettenden That des freien Deutschlands« mitgewirkt habe.[471] Geschichte dient also auch den Gegnern der Versailler Verträge als brauchbares Argument!

Aber der Widerspruch der Vertragsbefürworter ist vehement. So bedauert der Abgeordnete Marquard Barth, dass allein in Bayern die Idee der deutschen Einheit so wiederstrebend debattiert werde und dass ausgerechnet der Landtag in München dem neu geschaffenen Reich so offensichtlich ablehnend gegenüberstehe. Er könne nicht erkennen, weshalb der Eintritt in das Reich »etwas so ganz Fürchterliches sein kann, nachdem doch alle anderen Staaten sammt und sonders diese Furcht nicht getheilt haben und dieselbe nur in Bayern besteht«. Außerdem sei es letztlich für jeden Widerspruch zu spät, einen besseren Vertrag mit besseren Optionen für Bayern werde man auch nach einer Ablehnung durch den Landtag nicht verhandeln können. Selbst weitere Abstimmungen und mögliche weitere Niederlagen für das Vertragswerk werden doch schließlich nichts helfen – die »Macht der inneren Nothwendigkeit« mache diese Verträge alternativlos, ihre Gegner könnten nicht »die Geschichte rückläufig machen«. Und auch Barth nutzt das Argument des gemeinsamen Krieges: Die Soldaten aus allen deutschen Ländern, die »zusammen ihr Blut geopfert haben«, würden nach ihrer Rückkehr in die Heimat gemeinsam »in einem Staatswesen« leben wollen.[472]

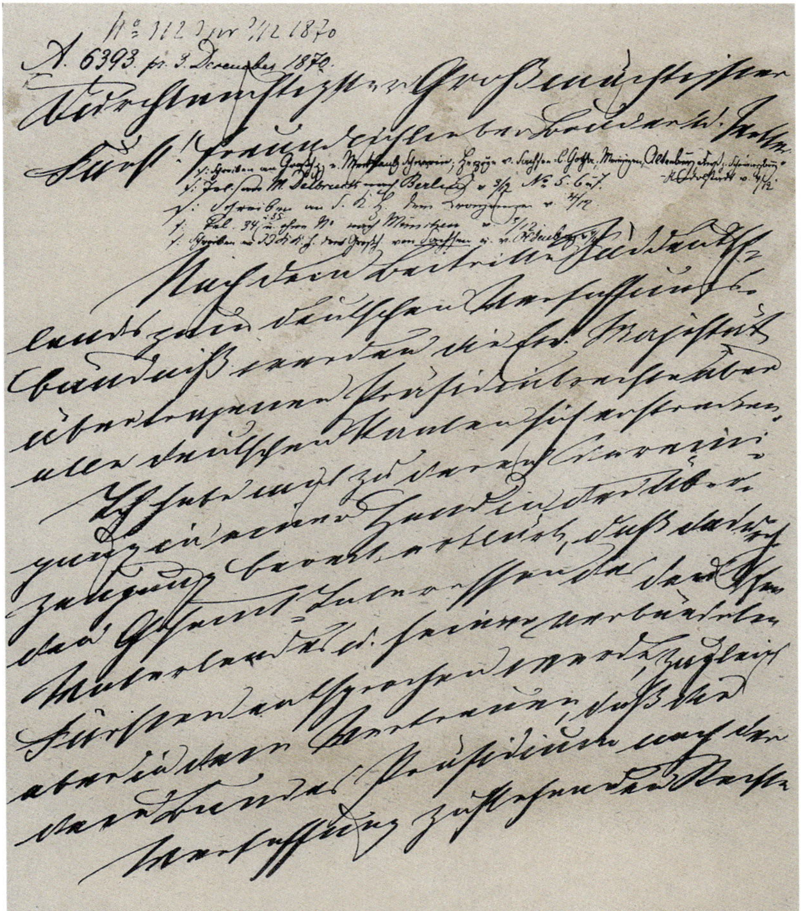

17 Der junge bayerische König Ludwig II. kann der preußischen Vehemenz kaum etwas entgegensetzen. Politisch unter starkem Druck stehend und aufgrund seiner spektakulären Schlossbauten hoch verschuldet, unterzeichnet er schließlich am 30. November 1870 den von Bismarck entworfenen »Kaiserbrief«, in dem er die deutschen Fürsten auffordert, den preußischen König Wilhelm I. zum »deutschen Kaiser« auszurufen.

18 Dieses Bild prägt wie kaum ein anderes die Erinnerung an die Reichsgründung: Anton von Werner inszenierte hier den Moment, als der preußische König Wilhelm am 18. Januar 1871 im Spiegelsaal von Versailles zum Kaiser ausgerufen wird. Die Krankenschwestern aus Neuendettelsau sind übrigens nicht zu sehen – von ihnen ahnte der Maler nichts.

1871.

19 Er steht für die neue Macht in Deutschland wie auf dem Kontinent: Kaiser Wilhelm I. Von der preußischen Propaganda wird er zum greisen Heldenkönig mit allen Attributen eines vorbildlichen Herrschers stilisiert – dabei ist der Monarch gerade in der Reichsgründungsphase mit seinem biederen Charakter und seinem schlichten Auffassungsvermögen oft überfordert. Gemälde von Paul Stankiewicz, um 1890.

20 »Hochverratsprozess« gegen die Sozialdemokraten Wilhelm Liebknecht (stehend) und August Bebel (ganz rechts) in Leipzig 1872. Sie hatten sich im Parlament auf die Seite der süddeutschen »Partikularisten« gestellt und gegen eine Annexion französischer Gebiete agitiert.

21 So sieht das Ausland das neue deutsche Kaiserreich: In einer österreichischen Karikatur gerät Deutschland unter die preußische Pickelhaube.

22 Deutschland 1815-1866

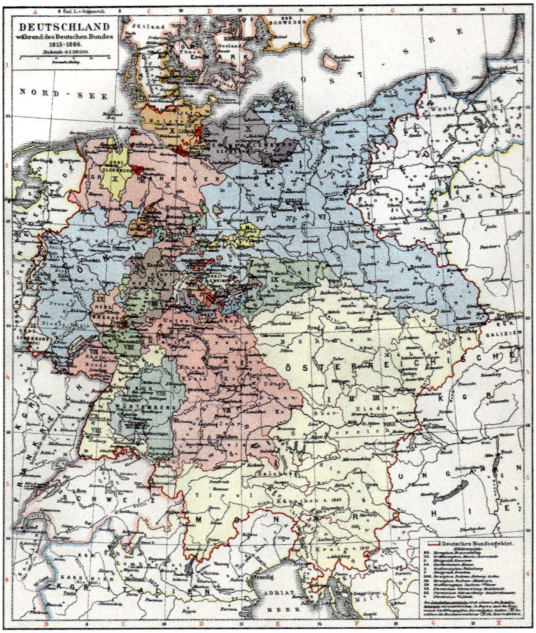

23 Deutsches Reich 1871

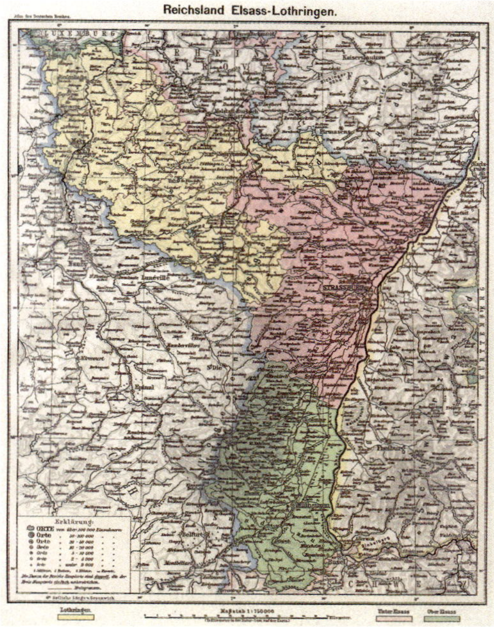

24 Die Kriegsbeute im Westen: das »Reichsland Elsass-Lothringen«.

25 Der Raub von Elsass-Lothringen in einer französischen Darstellung: Frankreich trauert über zwei verlorene Töchter!

26 Mehr als eine Million Menschen strömen am 16. Juni 1871 in Berlin zur großen Siegesparade zusammen, stundenlang marschieren mehr als 40000 Soldaten durch die sommerliche Hitze.

Aber gerade bei Fragen des Militärwesens gehen die Meinungen besonders deutlich auseinander. Preußen gilt vielen als Hort des Militarismus. Heißt eine Reichseinheit dann nicht auch, dass Bayern in Zukunft in einen der nächsten Kriege Preußens mit hineingezogen werden wird? Das prophezeit Edmund Jörg am 21. Januar 1871, dem letzten Tag der Debatte:[473]

> »Dieses unser bayerisches Volk und das ganze süddeutsche Volk hat nicht eine militärische Vergangenheit hinter sich, wie das norddeutsche, das preußische schon seit hundert Jahren. Dieses Volk ist für den Frieden geboren, es ist den Frieden gewohnt, und es wird unendlich bitter fühlen, was es heißt, das dienende Glied eines großen Militärnationalstaats zu sein.«

Doch auch hinsichtlich der Finanzierung des Militärs sprechen für andere Abgeordnete die Sachzwänge erst recht für diese Verträge. Wer glaube, außerhalb dieses Reiches mit weniger Ausgaben für die Armee leben zu können, gebe sich einer Illusion hin: »Sie werden immer mit dem Deutschen Reiche gleichen Schritt halten müssen«, erklärt Barth seinen Kollegen, und »Sie werden das umso mehr thun müssen, je mehr Sie isoliert bleiben«.[474] Zugleich sei es völlig abwegig, dem neuen Reich expansive Gelüste zu unterstellen:[475]

> »Glauben Sie ja nicht, daß wir das deutsche Reich zu einem Kriegsstaate machen wollen, daß wir die Absicht haben, unsere Grenzen immer weiter und weiter auszudehnen; unsere ganze Partei, ich bin es überzeugt, ist zufrieden mit den Grenzen, die wir haben, oder vielmehr jetzt zu bekommen hoffen.«

Zudem stellen die Befürworter der Verträge die wirtschaftlichen Vorteile einer Einheit in Aussicht. Adolph von Pfretzschner, als Staatsminister der königlichen Regierung für den Handel und die Finanzen zuständig, wirbt bei den Abgeordneten offensiv für die wirtschaftlichen Möglichkeiten einer Reichsmitgliedschaft. Viel zu oft würde von den hohen Ausgaben gesprochen, etwa von den zu erwartenden Militärkosten, viel zu selten hingegen von der vorteilhaften Wirkung auf den Handel und die Industrie. Dabei denkt der Staatsminister offensichtlich nicht nur an den deutschen Binnenhandel, sondern spricht von den Chancen eines Überseehandels, von dem auch Bayern profitieren könne. Auch wenn das Königreich und die anderen deutschen Länder nicht über Kolonien verfügen, spricht Pfretzschner von den Chancen für ein kommendes Reich, »dessen Handel durch eine mächtige Flotte geschützt wird«, weil dieses dann »in seinen überseeischen Beziehungen ganz andere Resultate erreichen kann«.[476] Wie anders hingegen würde die Lage für das bayerische Königreich sein, wenn es vom Deutschen Reich isoliert bliebe. Nicht nur, dass der wirtschaftliche Aufschwung ausbliebe – vor allem die Ausgaben für das Militär würden zur finanziellen Belastung:[477]

> »Mit gebundenen Händen würden wir zwischen dem blühenden Handel, dem regen Verkehre, der wachsenden Industrie unserer Nachbarn stehen.«

Der Druck auf die bayerischen Abgeordneten ist hoch. Bismarck lässt München am 24. Dezember 1870 über den preußischen Gesandten wissen, dass er einen möglichen Widerspruch des bayerischen Landtags nicht hinnehmen werde. Der norddeutsche Kanzler weiß, wie mit Parlamenten umzugehen ist: Man solle doch einfach die Kammer auflösen lassen, empfiehlt er. Es wäre doch für Bayern außerordentlich peinlich, wenn es nicht dem Reich beitreten könne. Außerdem sei es für wirklichen Widerspruch ohnehin viel zu spät; die Kaiserproklamation »wird so oder so erfolgen«, und auch die Einberufung eines gesamtdeutschen Reichstags werde ohne die Zustimmung des bayerischen Abgeordnetenhauses erfolgen.[478] So agitiert auch die preußische Presse in schärfsten Tönen gegen die skeptischen Abgeordneten, und immer wieder wird Bayern unverhohlen gedroht. In einem entsprechenden Artikel heißt es:[479]

> »Selbst wenn … die Verträge verworfen würden, selbst wenn die ›patriotische‹ Partei sich dessen nicht schämte, ihr Vaterland vor ganz Europa bloszustellen und ihren Namen für allezeit ins Gegentheil zu verkehren, so würde sie doch den Gang der Ereignisse nur für kurze Zeit verzögern. Denn, wer einem so mächtigen Rad in die Speichen greift, der wird von den Rädern zertrümmert werden.«

Über Bayerns Grenzen hinaus wird die Debatte mit größter Aufmerksamkeit verfolgt. Immer wieder geben sich Zeitungen der Spekulation hin, ob denn nun genug Stimmen für den Vertrag zusammenkämen. So erfahren die Leser der *Darmstädter Zeitung* zwischenzeitlich, dass wohl 54 Abgeordnete mit Nein votieren werden – das würde auf die Ablehnung der Verträge hinauslaufen.[480] Anfang 1871 kursiert das Gerücht, die Abgeordnetenkammer stehe unmittelbar vor der Auflösung, weil die bayerische Regierung die Ablehnung der Verträge befürchtet.[481] Mancher mutmaßt sogar, dass eine mögliche Zustimmung Bayerns letztlich gleichermaßen der »Pression von oben« wie der »Unselbständigkeit und Nachgiebigkeit von unten« geschuldet sein werde.[482] Zudem werden Stimmen laut, dass der eine oder andere Abgeordnete, der in der Vergangenheit stets erklärt habe, »niemals preußisch stimmen« zu wollen, doch lieber ehrenvoll sein Mandat zurückgeben sollte, statt unehrenhaft wortbrüchig zu werden.[483]

Ein Abgeordneter legt tatsächlich spektakulär sein Amt nieder: der katholische Geistliche Anton Westermayer. Er schreibt dem Landtagspräsidenten am 2. Januar 1871, dass in der aktuellen Situation die »höchste Gefahr für die Freiheit und den Abgeordneteneid« bestehe und er sich nicht mehr in der Lage sehe, an der Abstimmung teilzunehmen.[484] Hintergrund dieses auch überregional beachteten Schrittes ist ein Schreiben König Ludwigs II. an den Erzbischof von München-Freising, in dem er diesen auffordert, sich bei den katholischen Landtagsabgeordneten für eine Abstimmung einzusetzen, »welche nicht blos die Schwierigkeit der Lage nach Außen zum gedeihlichen Abschluß bringt, sondern auch zum Ausgangspunkte dienen dürfte, von welchem aus der so tief gefährdete innere Friede des Landes wieder hergestellt werden könnte«.[485] Manche Demokraten reagieren erschrocken darauf, dass der Erzbischof nicht umgehend diese »Zumutung«, für die Verträge Propaganda zu machen, zurückgewiesen habe.[486] Nicht nur der Münchener Erzbischof, sondern auch der Bischof von Augsburg sprechen sich schließlich für die Zustimmung zu den Verträgen aus; im Vatikan spricht sogar der bayerische Gesandte beim Kirchenoberhaupt vor und telegrafiert anschließend in die Heimat, sogar der Papst sei für deren Annahme[487] – eine bloße Behauptung zwar, mit der aber der Druck auf die Katholiken im Landtag weiter zunimmt. Der Abgeordnete Westermayer räumt mit seinem Rückzug als Einziger öffentlich ein, dass ein mögliches »Nein« von katholischen Kollegen, vor allem der Priester unter den Abgeordneten, in unerträglichem Maße erschwert sei. Denn ein solches Abstimmungsverhalten müsste als Ungehorsam gegen den eigenen Oberhirten sowie als Verletzung der notwendigen Ehrerbietung für den König erscheinen.[488]

Indes erreichen auch zahlreiche Telegramme den Landtag, in denen seine Mitglieder zur Annahme der Versailler Verträge ermutigt werden: von einzelnen Gemeinden, Bürgermeistern oder Einzelpersonen. Was für die einen eine Ermutigung ist, schmähen die anderen als »bestellte« Telegramme, die nur Teil der Propagandaarbeit der Reichsbefürworter seien. Längst haben die »Patrioten« erkannt, dass sie im Grunde gar keine andere Wahl mehr haben, als diesen Verträgen zuzustimmen. »Wenn wir jetzt nicht annehmen«, so muss Edmund Jörg eingestehen, »so werden wir ein andersmal ohne alle Bedingung, ohne alle Concessionen annehmen müssen, wir werden auf Gnade und Ungnade in den Nordbund oder jetzt den sogenannten Deutschen Bund eintreten müssen.«[489] Und doch betritt Edmund Jörg als Wortführer der Vertragsgegner am letzten Tag der Debatte noch einmal die Rednertribüne, um mit großer Sprachgewalt vor dem Beitritt zu warnen. Beobachter notieren anschließend, er sei »tief ergriffen« gewesen;[490] und tatsächlich wird der patriotische Redner noch einmal sehr grundsätzlich und hält eine Totenrede auf das einst souveräne Bayern:[491]

> »Ich habe die traurige Aufgabe, der letzte Redner in diesem Hause zu sein, welcher vollberechtigt nach Maßgabe unserer bayerischen Verfassung sein Wort erhebt, denn, meine Herren, wir begraben dann einen großen Todten, zu dem wir selber gehören, und meine armen Worte, die ich jetzt spreche, werden sich in eine Leichenrede verwandelt haben.«

Doch auch diese Worte können nichts mehr ändern. Eine Mehrheit von zwei Dritteln der 150 Abgeordneten ist nötig; sie wird knapp erreicht: 102 der Männer stimmen für die Verträge, nur 48 dagegen.[492] Es ist wohl eine Mischung aus bewusster Überzeugung, aus zähneknirschender politischer Einsicht, aber auch aus Resignation und Furcht vor möglichen Konsequenzen, die die Männer letztlich zur Zustimmung veranlassen. In einer sozialdemokratischen Zeitung ist zu lesen, dass der Beitritt Bayerns zu dem neuen Bund doch letztlich »durch Einschüchterung eines Theils der Abgeordneten« möglich gemacht wurde.[493] Auch in anderen Blättern wird einigen Abgeordneten anschließend vorgeworfen, dass sie sich dem »Druck von oben« gebeugt hätten und deshalb »ihrem ursprünglichen volksfreundlichen Vorhaben untreu« geworden seien.[494] Doch Landtagspräsident Ludwig von Weiß, der soeben selber den Verträgen zugestimmt hat, findet am Ende der Debatte feierliche Worte:[495]

> »Meine Herren! Durch diesen Beschluß ist das deutsche Einigungswerk vollendet und auch Bayern in das neugegründete deutsche Reich eingetreten. Geloben wir uns in dieser ernsten Stunde, mit treuer Hingebung und mit Vaterlandsliebe im besten Sinne des Wortes an all' dem mitzuarbeiten, was für des gesammten Vaterlandes Wohl gefordert wird.«

Von einer »ernsten Stunde« spricht der Landtagspräsident, nicht von einem Moment des Jubels. Tatsächlich muss man nicht nur im Lager der Vertragsgegner eingestehen, dass »eine neue staatliche Aera noch niemals mit weniger Begeisterung als diese« begonnen wurde.[496] Die letzten Widerstände sind gebrochen. Und es ist letztlich der Krieg gegen Frankreich, der den dafür notwendigen Kitt liefert. Es ist zu Recht als eine Art »Resignation« beschrieben worden, dass es jetzt nur noch den Weg in den Nationalstaat zu geben scheint, einen Nationalstaat als Ergebnis eines Krieges an der Seite Preußens.[497]

Doch was Bayern angeht, muss Preußen skeptisch bleiben, schließlich weiß es mit Ludwig II. einen höchst labilen König auf dem bayerischen Thron. In der Korrespondenz zwischen Berlin und dem preußischen Gesandten in München werden noch im Februar 1872 mit großer Sorge die sich häufenden Ausfälle des Königs thematisiert. Einerseits steigere der sich nun immer häufiger in einen regelrechen Hass auf »Preußen«, wobei er, so die Unterstellung, vermutlich ein Opfer des »Jesuitismus« des bayerischen Prinzen Adalbert sein dürfte. Andererseits zeige der Monarch Momente erschreckender psychischer Labilität. Bei den wöchentlichen Hofdiners trinke er regelmäßig viel zu viel schweren Wein, um damit seine Scheu vor den Menschen zu verlieren, rede dann aber auch viel dummes Zeug. So behaupte er dann beispielsweise, er sei zu den Verträgen mit Preußen gezwungen worden oder er werde wohl alsbald abdanken müssen. Außerdem, so meldet der Gesandte nach Berlin, erkundige sich Ludwig II. »häufig nach den am Schnellsten wirkenden Giften«. Das alles sei politisch höchst brisant:[498]

> »Mag bei diesen Äußerungen eines gestörten Gemüthes auch viel Comödie mit unterlaufen, so erwecken sie doch immer gerechte Besorgniß. Sie umschließen die Möglichkeit einer plötzlichen Rückkehr zur äußersten Reaction, oder wenn der Genuß der Spirituose zunimmt, zu einem Act der Verzweiflung. In beiden Fällen sind Intriguen von Außen und revolutionäre Bewegungen im Innern gewiß.«

Preußen kann sich Bayerns nicht recht sicher sein, solange Ludwig II. auf dem Thron irrlichtert. Und die Bedenken sind berechtigt. Noch immer grämt sich der Monarch über den von ihm doch selbst vollzogenen Eintritt in das Reich. Mit wirren Gedanken begleitet er die ersten Monate des neuen Reiches und glaubt immer noch, er könne »dieser verhaßten deutsch-nationalen Richtung Einhalt« gebieten, indem er anordnet, unliebsame Journalisten mit Drohbriefen einzuschüchtern oder gleich zum Schweigen zu bringen. Im preußischen Kronprinzen sieht er einen persönlichen Feind, gegen den er im Sommer 1871 gewaltsam vorgehen möchte: Ein Vertrauter soll dazu ein paar Offiziere versammeln, die »mir ergeben und preußenfeindlich gesinnt« sind.[499] Und wenige Wochen später schreibt er einem Vertrauten:[500] »Wir müssen von dem unseligen Reiche uns losreißen, soll nicht alles verlorengehen!« Das Reich ist zu diesem Zeitpunkt noch nicht einmal ein Jahr alt – und König Ludwig II. scheint noch immer nicht verstanden zu haben, was wirklich geschehen ist. Ein Zurück kann und wird es nicht mehr geben – mit allen Konsequenzen für Bayern.

»Heute legen wir Badener auf den bescheidenen Weihnachtstisch unserer Söhne und Brüder die schönste, die beste Gabe, deren unser überströmendes Herz fähig ist, den Eintritt in das deutsche Reich.«

Die *Freiburger Zeitung* in ihrer Weihnachtsausgabe 1870[501]

6

Weihnachten 1870

Was die Zukunft bringt

Der junge Mann hat erst vor kurzer Zeit seinen Kriegsdienst angetreten und befindet sich in diesen Dezembertagen bereits tief in Frankreich vor den Toren von Paris wieder. Aber Triumphgefühle empfindet der Soldat nicht, stattdessen wird er von einer dunklen Ahnung geplagt: »Es ist mein letzter Weihnachtsabend«, so erklärt er seinen überraschten Kameraden, »ich fühl's, ich weiß es bestimmt.« Dennoch begeht er in den kommenden Stunden mit den anderen Soldaten das Weihnachtsfest in seinem Quartier, der Orangerie des Versailler Schlosses. Dieser historische Ort, der während der Französischen Revolution vorübergehend als Sitzungssaal der Parlamentskammer diente, ist von den deutschen Besatzern längst ausgeräumt und für die eigenen Bedürfnisse zweckentfremdet worden: Die letzten Kübel mit kostbaren Pflanzen haben sie für den Bau eines nahen Verteidigungswalls verwendet, in der Orangerie selbst liegen in diesen Tagen deutsche Soldaten auf ihren harten Matratzen und frieren. Gegen die grimmige Winterkälte schützen sie sich, indem sie sich fest in ihre Wolldecken einhüllen – sogar beim gemeinsamen Singen bleiben sie an diesem Tag nach Möglichkeit lieber liegen.[502]

Das einzige außergewöhnliche Gewächs in der Orangerie des Versailler Schlosses ist in diesem Moment der deutsche Weihnachtsbaum: Wenn die deutschen Soldaten am festlichen Abend schon auf ihre Lieben daheim verzichten müssen und statt am warmen heimischen Ofen in kalten Quartieren in der Fremde hocken, dann wollen sie wenigstens einen Christbaum anschauen können. Das Ergebnis ist in der Heiligen Nacht rund um Paris deutlich zu erkennen – Theodor Fontane berichtet ergriffen, wie sich am 24. Dezember 1870 rund um die belagerte Stadt ein äußerer Feuerschein legt, der von den Tausenden Christbäumen herrührt, die den deutschen Kämpfern »eine goldene Brücke« in die Heimat sein sollen.[503] Allerdings war die Region um die französische Hauptstadt nicht auf diese außerordentliche »Nachfrage« der vielen Besatzer eingestellt, und während der Kämpfe gibt es selbstverständlich keinen Weihnachtsbaumhändler, der von Einheit zu Einheit zieht. Deshalb gehen die Deutschen kurzerhand selbst los und organisieren sich ihren Baum, wo es eben geht. Sie machen geradezu »Jagd« auf Tannenbäume: Rund um Paris sind an diesen Festtagen Wälder und Villenparks regelrecht verödet, weil die Deutschen alle Nadelbäume abgeholzt haben, derern sie habhaft werden konnten.[504] Den Soldaten, die so manche Lichtung in die Gehölze von Paris schlagen, haben die Kameraden längst die hämische Bezeichnung »Verschönerungsverein von Versailles« gegeben.[505]

Die Menschen im belagerten Paris haben indes ganz andere Sorgen, als sich um passenden Festschmuck zu kümmern: Moritz Busch, der als enger Mitarbeiter in Sachen Pressearbeit noch immer an der Seite Otto von Bismarcks in Versailles weilt, erfährt bei einem Abendessen am 21. Dezember 1870, dass bereits alle Tiere des Zoos »Jardin des Plantes« verspeist worden seien; Kamele seien für Höchstpreise verkauft worden, und selbst der Rüssel eines Elefanten sei als ein »vortreffliches Gericht« serviert worden.[506]

Doch auch die Deutschen machen in diesen Tagen eine völlig neue Erfahrung: Sie »feiern« Kriegsweihnachten. Die Menschen dort haben es noch nie erlebt, dass während dieser Tage ihre Söhne und Männer weit weg von ihnen in Frankreich an der Front kämpfen müssen. Der Krieg von 1866, der ja erst vier Jahre her ist und vieles, was nun dieser Tage an Grausamkeiten geschieht, bereits vorweggenommen hat, war schließlich schon im Herbst wieder offiziell beendet. Jetzt ist die Situation völlig anders, sowohl in der Heimat als auch für die Soldaten. An der Front schweigen auch während der Weihnachtstage die Waffen nicht; es ist ein Zeichen der Verbitterung auf beiden Kriegsseiten, dass keine Feuerpause möglich ist. »Des Königs Gedanken«, so notiert der Großherzog von Baden, weilen denn auch an diesem 24. Dezember 1870 »bei den tapferen Truppen, die nun bei 12 Grad Kälte auf Vorposten stehen müssen und dem Tod ins Angesicht schauen«.[507] Ob des Königs Gedanken den Soldaten ihr Los erleichtern? Wohl kaum. Ein deutscher Soldat schreibt am ersten Weihnachtstag 1870 nach Hause:[508]

> »Jetzt Krieg zu führen bei dieser Kälte, die wir augenblicklich haben, ist unmöglich bald zu nennen, man kann das Gewehr kaum halten, und dann noch über gefrorenes Land zu marschieren, ist auch kein Spaß.«

Vor Paris versuchen sich am 24. Dezember 1870 preußische Soldaten an Schanzarbeiten, obwohl bei Minustemperaturen von rund zehn Grad die Erde »dem Gebrauch der Hacken« hartnäckig widersteht, wie es offiziell heißt. Zudem »kamen in der letzten Nacht zahlreiche Fälle von Erfrierungen vor«,[509] und die Verteidiger der französischen Hauptstadt feuerten mit Beginn der Heiligen Nacht ununterbrochen mit ihren Geschützen. Auch wenn nach der offiziellen Version die deutschen Truppen »an das zwecklose Feuern der Franzosen« seit Wochen gewöhnt sind, so erfüllt der Beschuss zumindest aus Sicht des Feindes sehr wohl seinen Zweck – denn es sterben dabei auch in diesen Stunden wieder deutsche Angreifer: Gerade sammelt sich eine Gruppe Soldaten auf einem Vorposten um einen hell strahlenden Weihnachtsbaum (der in dieser Ausschmückung vermutlich selbst von den feindlichen Linien aus noch gut zu erkennen sein dürfte), »als feindliche Granaten in denselben schlagen, drei Musketiere tödten und einen Mann schwer verwunden«.[510] Im Norden Frankreichs kommt es nahe des Städtchens Bapaume zu Gefechten. In einem Feldpostbrief berichtet ein preußischer Soldat:[511]

> »Unsere Truppen rückten den heiligen Christabend in die eroberten Dörfer und verschafften sich etwas zu essen und zu trinken, wie und wo es eben ging. In den Dörfern hörte man nichts anderes fragen, als ›nix de pain, nix de la viande, nix de Cognac etc.?‹ Das sind nämlich die Stichwörter unserer Soldaten in Frankreich geworden, so viel ist jeder der Sprache mächtig.«

Während hungrige und durstige Preußen französische Dörfer durchstreifen, verbringen viele Verwundete das Weihnachtsfest in den Lazaretten in der Nähe der Front. Auch im Versailler Schloss werden über 1000 von ihnen gepflegt. Die meisten sind bettlägerig, sodass improvisierte Weihnachtsfeiern in ihren Zimmern ausgerichtet werden. Die leichter Verwundeten werden in einem weihnachtlich geschmückten Saal des Schlosses mit Geschenken und zusätzlicher Verpflegung bedacht: mit Schokolade, Heringssalat, leichten Fleischspeisen und auch mit einem Glas Bowle. Zudem wird eine Verlosung veranstaltet, für die der preußische Kronprinz höchstselbst als Hauptgewinn eine silberne Uhr mit Sekundenzeiger gestiftet hat.[512]

In Versailles feiert auch die politische Elite Preußens sowie seiner Verbündeten das Weihnachtsfest, zum Teil im Kreis der höheren Offiziere, überall mit einem standesgemäßen deutschen Christbaum und mit geistlichem Segen. Vielen national gesinnten protestantischen Christenmenschen ist dabei ein Weihnachtsgottesdienst im Zentrum der alten französischen Königsmacht ein zusätzlicher

Triumph. So hört auch der preußische König Wilhelm »eine deutsche evangelische Predigt am Christfest 1870 in der Schloßkirche Ludwigs XIV.«, umgeben von seinen erfolgreichen Heerführern und vielen Fürsten des neuen Deutschen Reiches.[513]

Der preußische König muss an den Festtagen – anders als viele seiner Soldaten – selbstverständlich nicht frieren, und um ausreichende Versorgung mit Lebensmitteln braucht er sich natürlich auch nicht zu sorgen. In der fernen Heimat können die einen ein schmuckvolles Fest feiern, viele andere jedoch erleben die Weihnachtstage als Zeit der Not. Sie leiden beispielsweise unter der Kälte, denn auch Heizmaterial ist in diesen Wochen ein teures Gut geworden, und der Winter 1870/71 ist eisig. »Lieber Mann«, schreibt eine Soldatenfrau aus Elberfeld ihrem Mann ins Feld und fragt, »ob es bei euch so kalt ist, wir haben hier nämlich einen strengen Winter«.[514] »Der hart auftretende Winter, die hohen Preise der Lebensmittel und des Feuerungsmaterials« machen die soziale Lage der Soldatenfamilien immer schwieriger, konstatiert in diesen Tagen etwa der Bielefelder »Hülfsverein zur Unterstützung der Truppen im Felde und ihrer Angehörigen«. Wie vielerorts in den deutschen Staaten sammeln solche Vereine seit Kriegsbeginn für die Bedürftigen, doch zu Weihnachten 1870 scheint die bisher gewährte Unterstützung nicht mehr auszureichen. So räumt es jedenfalls der Oberbürgermeister von Bielefeld öffentlich ein. Vielmehr entstehe durch »die immer zahlreicher werdenden Opfer des Kriegs« neue Not, während durch »die neuerdings verfügte Einberufung der älteren Jahrgänge der Landwehr … die Zahl der auf unsere Hülfe angewiesenen Familien voraussichtlich noch erheblich wachse«.[515]

So lässt dieses erste Kriegsweihnachten viele Deutsche die Armut im eigenen Land neu wahrnehmen, wobei es ohnehin die sozial schwachen Familien sind, die jetzt unter der Abwesenheit der Männer zusätzlich leiden. Die *Nationalzeitung* aus Berlin erinnert ihre Leserschaft zu Weihnachten an den traurigen Umstand, dass so viele Soldaten in der Fremde mit der Feldpost eben keine Liebesgaben zum Fest erreichen, »da ihre Angehörigen selbst Mangel leiden«. Selbst die bescheidenen Geschenke, »wie sie am Christtage selbst unter den wenig Begüterten ein zartes geistiges Band bekunden«, würden in diesem Jahr wegfallen.[516]

Für andere in der Heimat ist Weihnachten 1870 hingegen vor allem ein wichtiges Geschäft. Die Werbung läuft in diesen Tagen auf Hochtouren: »Cigarren sind als Weihnachtsgeschenk jedem Raucher willkommen«, annonciert ein Tabakhändler, ein Kürschner empfiehlt Pelzwaren als ideale Gabe, und auch Bücher gelten als attraktives Geschenk, auch wenn es vielleicht nicht immer gleich die schön gebundenen *Gesammt-Werke der sämmtlichen deutschen und ausländischen Classiker* sein müssen, die ein Buchhändler in Bielefeld als exklusives Weihnachtsgeschenk anpreist.[517] Auch Krieg und Reichsgründung finden bereits ihren Niederschlag auf dem Gabentisch: Ein Berliner Verlag hat für Jugendliche rechtzeitig vor dem Fest *Das Königs-Bilderbuch* herausgebracht, in dem anhand vieler Illustrationen das Leben und die Taten des künftigen Kaisers Wilhelm von seiner Kindheit bis in die glorreiche Gegenwart präsentiert werden. Eine Tageszeitung aus Aachen kann wie andere preußische Blätter auch dieses Buch »allen Eltern und Kindern als schönstes diesjähriges Festgeschenk nicht warm genug empfehlen«.[518] Aber kostbare Bücher oder gar Pelze liegen eben nur in wenigen Familien unter dem Baum, für die meisten Soldatenfamilien ist kein Geld für feierliche Kostbarkeiten da. Für ihre Unterstützung Spenden zu sammeln sei zuweilen ein erschreckend »hartes« Geschäft, verlautet zu Weihnachten beispielsweise aus Baden. Immer wieder würden die Sammler mit lächerlichen Beträgen abgespeist, die zu den Vermögensverhältnissen der Spender in keinem rechten Verhältnis stünden. Während zuweilen auch arme Mitbürger noch etwas spendeten, verweigerten sich oft die reichen Bürger – und darüber wird dann öffentlich Klage geführt.[519]

Andererseits zeigen zahlreiche andere Beispiele, dass die bürgerliche Welt angesichts der Not der Soldatenfamilien doch zu helfen versucht. An vielen Orten richten wohltätige Mitmenschen Weihnachtsfeiern für die betroffenen Soldatenfamilien aus. So laden etwa in Berlin die Damen des dortigen Hilfskomitees zu einer Weihnachtsbescherung für all die Frauen ein, »die mit ihren Kindern unter dem Elende des Kriegs leiden« und deren Ernährer an der Front kämpfen. Im Schein zweier strahlender Christbäume und unter festlichem Orgelklang wird den Bedürftigen »das übliche Geschenk an Kuchen, Äpfeln, Nüssen, Pfefferkuchen wie auch warme Kleidungsstücke und nützliche Gegenstände überreicht«.[520] In Aachen lädt der örtliche »Baracken-Lazareth-Verein« zu einer Weihnachtsfeier am Nachmittag des 24. Dezember ein, bittet aber darum, dass wirklich nur die Mitglieder des Vereins und ihre Familien erscheinen – »um die Verwundeten nicht zu sehr zu stören«.[521]

Auch im pfälzischen Kaiserslautern gibt es eine Bescherung für die »armen Kinder unserer im Felde stehenden Ortsangehörigen«. Zu dieser erscheint dann auch »eine endlose Schar ärmlich gekleideter Frauen, kleine Kinder auf dem Arm, andere an der Hand haltend« – insgesamt hoffen rund 300 Kinder bei dieser Gelegenheit auf ein kleines Geschenk. Sie werden nicht enttäuscht, so schreibt jedenfalls der Berichterstatter der örtlichen Zeitung angesichts der »weinenden Weiber und Kinder«, auch wenn der schönste Wohltätigkeitsabend selbstverständlich nicht die Qualität eines Weihnachtsabends im Familienkreis samt des heute Abend im Feld stehenden Vaters haben könne. »Friede auf Erden!«, so heißt es in dem Artikel abschließend, »das war der heiße Wunsch, den uns die Armen mit auf den Weg gaben, als wir dem bunten Gewimmel den Rücken wandten.«[522] Doch diesen Wunsch können an diesem Abend auch die gutwilligsten wohltätigen Helfer nicht erfüllen …

Deutschland sehnt sich nach Frieden, und in diesen Weihnachtstagen ist der Wunsch brennender denn je. Es überwiegt die Enttäuschung, zuweilen das Entsetzen darüber, dass dieser Krieg Wochen nach dem glanzvollen Sieg von Sedan noch immer andauert;

von einem »Gefühl des Unmuts« ist selbst in öffentlichen Verlautbarungen inzwischen die Rede.[523] Heftige Kritik an dem Krieg kommt auch in diesen Tagen erwartungsgemäß aus Österreich; die in Wien erscheinende *Sonn- und Montags-Zeitung* spricht angesichts des fortdauernden Blutvergießens von einer »roten Weihnacht«, die zugleich nichts Gutes für die Zukunft erwarten lasse: »Die rothen Weihnachten«, so heißt es, »erfüllen uns mit düsteren Ahnungen von neuen Gräueln«; die noch immer herrschende Kriegswut könnte schon »beim ersten Hauch« zu einem Sturm über ganz Europa werden.[524] Von »traurigen Weihnachten« schreibt auch die in Augsburg erscheinende sozialistische Zeitung *Der Proletarier*:[525]

> »In der modernen Geschichte wurde noch kein so trauriges Weihnachtsfest, wie dieses, gefeiert! … So viele Väter und Mütter Deutschlands und Frankreichs vermissen die Stütze ihres Alters und erhalten als Christgeschenk die Nachricht von ihrem Tode.«

Das traurigste Weihnachten seit Langem? Das mögen die Gegner des Krieges so sehen, für andere im Land ist es das genaue Gegenteil. Zumindest für die offiziöse preußische Presse ist die aktuelle Lage zum Weihnachtsfest ein Anlass zur Freude:[526]

> »Wie sollte nicht in diesem gewaltigen Jahre grade der Weihnachtsgruß der himmlischen Heerschaaren in den Herzen unseres Volkes tief und ernst widerhallen! … Einen solchen Advent und solche Weihnachten hat unser Volk noch niemals gefeiert, noch nie, so lange es eine deutsche Geschichte giebt, hat der Herr der Heerscharen sich so mächtig an uns bethätigt, wie in dieser Zeit schwerster Prüfung und wunderbaren Triumphes.«

Auch in der *Freiburger Zeitung*, dem Organ der entschiedenen Befürworter der preußisch-kleindeutschen Lösung, findet sich weihnachtlicher Jubel über das nationale Einigungswerk. Beim

Christfest bleibe fraglos mancher Platz leer, so heißt es dort, weil der Sohn oder der Mann in Frankreich im Dienst für das Vaterland sein Leben riskiert. Aber dies sei eben deren besondere Weihnachtsgabe an das deutsche Volk: Sie seien bereit, durch ihren Dienst an der Waffe ihr Leben und »ihr Blut« für das geeinte Vaterland zu geben. Das mache dieses Weihnachten im Jahr 1870 zu einem ganz besonderen Fest:[527]

> »Ein heiliger Abend! Die zartesten und die mächtigsten Gefühle wetteifern um den ersten Platz in unserer Brust. Aber aus diesem sich drängenden Gewoge gewinnt doch jenes Bild immer deutlichere Gestalt, immer bestimmtere Umrisse: des ganzen Deutschlands Kinder um einen Weihnachtstisch gesammelt, bewundernd und bejubelnd das Glück, nach langer Trennung endlich sich in dem traulich bergenden einen Vaterhause wiedergefunden zu haben, um nie, nie mehr wieder auseinanderzugehen – der Christabend des Vaterlandes!«

So schaut das Land tief gespalten auf das nahe Weihnachtsfest. Dem Jubel über den offenbar kurz bevorstehenden endgültigen Sieg über Frankreich steht die Skepsis im Hinblick auf die Opfer und den weiteren Kurs Deutschlands gegenüber, und noch immer gibt es auch die klare Ablehnung der preußischen Einigungspolitik. Aber auch wenn das Land in diesen Tagen politisch gespalten ist, Weihnachten soll gefeiert werden. Doch wie kann dies gelingen? Für eine in Karlsruhe erscheinende Tageszeitung geht das nur, »insoweit in dieser furchtbar ernsten Zeit schwerer Kriegsdrangsale noch Raum in der Brust ist für jene Freudengefühle, die nur im holden Frieden ihre lieblichen Blüthen treiben«.[528] Krieg und Weihnachten – das will so recht nicht zusammenpassen. In einer katholischen Zeitung aus Aachen versucht der Schriftsteller Wilhelm Molitor, zugleich Domkapitular in Speyer, in einem Gedicht dieser Stimmung Ausdruck zu verleihen. Zunächst wird das Weihnachtsfest gepriesen:[529]

»Der heil'ge Abend nahet wieder,
Die theure, sel'ge Weihnachtszeit.
Die Sterne schau'n verheißend nieder,
Die enge Erde wird so weit.
In aller Frühe schon frohlocken
Die lieblichen Adventesglocken:
›Er kommt, er kommt! Macht euch bereit!‹«

Doch es herrscht eben kein Friede auf Erden, weshalb der katholische Dichter fortfährt:

»Doch ach! Die Engel künden Frieden
der Hirten froh erschrock'ner Wacht,
Und feindlich ist die Welt geschieden
Durch blut'gen Schwertes zorn'ge Macht.
Der Feldruf scheucht die Himmelslieder,
Im bangen Ohre hallt nur wider
Der Donner aus der wilden Schlacht.«

Dass Weihnachten 1870 in Deutschland kein normales Christfest ist, gilt für die Katholiken in einem doppelten Sinn. Sie müssen nämlich zusätzlich zum Krieg und seinen Folgen erleben, dass ihr kirchliches Oberhaupt in Rom in politische Not geraten ist: Der Vatikanstaat wurde im September 1870 von italienischen Truppen besetzt, die damit den Abzug der französischen Soldaten ausnutzten, die bisher den Kirchenstaat in seiner Existenz garantierten. Im Zuge der Vereinigung Italiens wird nun auch der Vatikan zu einem Teil des neuen italienischen Nationalstaats erklärt. Für die Katholiken in Europa ist das ein Skandal; der Papst empfindet sich selbst als »Gefangener im Vatikan«, und in vielen Ländern leiden die Katholiken mit ihrem geistlichen Oberhaupt. Und auch in das Weihnachtsgedicht des Domkapitulars Molitor aus Speyer fließt diese Trauer um den »gefangenen« Heiligen Vater ein. So heißt es darin weiter:

»O, Petrus liegt in schnöden Ketten,
Und Niemand konnt' den Greis uns retten,
Kein Mächt'ger, der das Wort ihm sprach!
So sei zur Trauer umgewandelt
Das Fest, der Wonne sonst so hold.
Doch wehklagt nimmer – betet, handelt,
Und kämpft! Ihr kennt den ew'gen Sold.
Laßt nur den leeren Christbaum dunkeln!
Doch um so heller möge funkeln
Der Christusliebe lauter Gold.«

Die Deutschen hätten sich ein anderes, ein friedliches Weihnachten gewünscht. Und die Katholiken eines, zu dem sie ihren Nachfolger Petri nicht »in Ketten« hätten sehen müssen. Die fortschrittlichen politischen Kräfte in den deutschen Staaten sind in diesen Tagen enttäuscht, dass sich ihre Hoffnungen auf ein neues Deutschland nicht erfüllt haben. Die Demokraten vermissen eine fortschrittliche Verfassung, eine Garantie der Freiheitsrechte in diesem neuen Reich. Während das deutsche Volk im Krieg gegen Frankreich die Grundlage für die nationale Einheit gelegt habe, sei daheim vergessen worden, dass zugleich im Inneren »die Freiheit erkämpft, errungen werden muß«. Resigniert stellt die demokratische *Pfälzische Volkszeitung* fest:[530]

»Mit der Siegesströmung schwimmend, erstarb das freiheitliche Bewußtsein, und statt eines Deutschlands mit einem freiheitlichen Felsenfundamente, erhielt das Volk ein Staatsgebäude, dessen Grundsäulen der Militär-Absolutismus bildet!«

Das deutsche Volk habe ein würdigeres Los verdient, »als die Ketten des Absolutismus zu tragen«, so die Zeitung weiter. Diese Enttäuschung hat in diesem Moment all jene erreicht, die sich in der Tradition von 1848 verstehen: Der deutsche Nationalstaat, der damals gefordert worden war, war bis in diese Tage hinein immer auch eine Fortschrittsverheißung: Die Demokraten erwarteten seit den Tagen der Revolution im Grunde genommen vom Nationalstaat auch die Entmachtung der Dynastien, Demokratisierung, Rechtssicherheit und soziale Gerechtigkeit.[531] All das bleibt offensichtlich ein frommer Wunsch, den ihnen die deutschen Fürsten ganz offensichtlich nicht erfüllen wollen.

Dabei wird noch in diesen Tagen leidenschaftlich diskutiert, wie dieses einheitliche Deutschland eigentlich aussehen soll – auch wenn in politischer Hinsicht die Würfel im Grunde längst gefallen sind. So treten im Königreich Württemberg die Mitglieder der Abgeordnetenkammer noch am 22. Dezember 1870 zu ihrer entscheidenden Beratung über die Versailler Einheitsverträge zusammen. So wie die bayerischen Abgeordneten in München zu diesem Zeitpunkt noch erbittert debattieren, so prallen auch bei dieser Debatte im Stuttgarter Landtag die unterschiedlichen Sichtweisen auf die notwendige Entscheidung zwischen deutscher Einheit und württembergischer Souveränität heftig aufeinander.

Dabei gilt der Ausgang der Debatte und der abschließenden Abstimmung über die Verträge – anders als in Bayern – als ziemlich sicher: Erst Anfang Dezember 1870 haben bei den Landtagswahlen in Württemberg die Befürworter einer kleindeutschen Reichsgründung gesiegt. Die kleindeutsch und nationalliberal gesinnte Deutsche Partei stellt nun die meisten Abgeordneten in der Zweiten Kammer, die Deutsche Volkspartei, deren Vertreter das preußisch-kleindeutsche Reich ablehnen, sind in der Minderheit. Damit hat sich die Parteienlandschaft in Württemberg deutlich verändert. Während im benachbarten Baden der politische Einfluss Preußens schon seit der Niederschlagung der Revolution von 1848 beträchtlich und angesichts des dominierenden kleindeutschen Liberalismus der Anschluss an das kleindeutsche Reich innenpolitisch vergleichsweise leicht durchzusetzen war, wird die deutsche Sache in Württemberg zunächst kontroverser debattiert. Lange hat man im Königreich auf eine Reform des Deutschen Bundes gesetzt, und mit der Niederlage im Krieg gegen Preußen

1866 hat diese Frage auch das Parteiensystem im Land geprägt: Neben der Deutschen Volkspartei, die das preußisch-kleindeutsche Reich ablehnt, hat sich die kleindeutsch und nationalliberal ausgerichtete Deutsche Partei etabliert.[532]

Am Donnerstag, dem 22. Dezember 1870, debattieren die Abgeordneten über die Verträge zur Gründung eines Deutschen Bundes, wie es offiziell heißt – also über den Beitritt Württembergs zum preußisch geführten Reich. Über der Debatte schwebt die Frage, was die Zukunft bringen mag: Wird das »alte« Württemberg, und mit ihm die übrigen Staaten Süddeutschlands, unter der preußischen Führung in eine bessere Zeit eintreten? Werden Frieden und Fortschritt, florierender Handel und politische Freiheiten künftig das Leben der Menschen prägen? Wird sie diese Einheit also glücklich machen? Oder, wie es die Gegner der Beitrittsverträge befürchten, steuern diese Länder einer finsteren Zukunft entgegen, in der preußischer Militärgeist und eine längst vergessene Feudalherrschaft die Menschen knechten werden? Preußen erscheint manchem in politischer und kultureller Hinsicht geradezu mittelalterlich, und die Sorge um die Freiheit in deutschen Landen ist nach dieser Reichsgründung spürbar groß.

Doch die meisten Abgeordneten wollen dem Gang der Dinge jetzt nicht mehr im Weg stehen. Ihre Regierung und ihr König haben schließlich den Beitrittsverträgen zugestimmt – jetzt dagegen zu opponieren und sich gegen diese Entscheidung zu stellen wäre schon ein erheblicher Akt der Widerständigkeit. Wer sich dafür entscheidet, muss sich auf heftige Kritik gefasst machen. Dabei weiß auch die württembergische Regierung selbst, dass die mit dem Norddeutschen Bund ausgehandelten Verträge nicht perfekt sind. Das räumt an diesem 22. Dezember 1870 zu Beginn der Debatte auch Justizminister Hermann von Mittnacht ein, der zu diesem Zeitpunkt die württembergische Regierung faktisch leitet. So sei vor allem die Verfassung des neuen Reiches »der Vervollkommnung bedürftig«. Aber er fordert Mut und Zuversicht, dass sich Württemberg in dem neuen Staatswesen umso besser und gedeihlicher einfügen und entwickeln werde, je »freier wir in die neuen Verhältnisse uns einleben«. Der Minister weiß um die Sorgen der Abgeordneten und vieler Württemberger, aber er hofft, dass so manche Befürchtung »mit der Zeit auf ein viel geringeres Maß sich herabstimmen wird«.[533]

Begeisterung über Verträge mit so weitreichender Bedeutung für das eigene Land hört sich wahrlich anders an! Und so kann Mittnacht für die politische Zukunft seines Landes in einem deutschen Reich vor allem mit der Hoffnung auf Besserung werben. Zudem greift er zu der weit verbreiteten Denkfigur, dass die deutsche Einheit quasi aus sich selbst heraus die Dinge zum Besseren verändern werde:[534]

> »Vertrauen wir aber, meine Herren, daß die deutschen Fürsten, daß das deutsche Volk, wenn nur einmal für die Dauer geeinigt, in dieser Einigung sich auch zu helfen und einzurichten verstehen werden, besser und vollkommener, als dies in der Vereinzelung möglich.«

Minister Mittnacht fordert also von den Abgeordneten Vertrauen in eine Zukunft, deren Konturen noch nicht klar erkennbar sind. Das ist politisch durchaus viel verlangt. Denn nicht allen in Württemberg gilt es als sicher, dass eine politische Zukunft unter preußischer Herrschaft wirklich ein besseres Leben bringen werde. Vielmehr zeichnen die Kritiker ein Bild von Preußen, das diesen Hoffnungen auf Verbesserung und Vervollkommnung des nun geschaffenen Reiches widerspricht. Einem solchen sollen sich die süddeutschen Länder also anschließen?

Der linke Abgeordnete Moritz Mohl erinnert in der Debatte an die vermeintlich bessere Vergangenheit seines Landes, an die liberalen Errungenschaften, die in allen süddeutschen Ländern im Laufe des Jahrhunderts geschaffen wurden: die Teilhabe des Volkes an der Gesetzgebung, die Bewilligung des Staatshaushalts durch ein Parlament oder auch die Sicherheit, dass niemand »seinem ordentlichen Richter entzogen« wird. Die Bauern seien von traditionellen Lasten befreit, vom Zehnten und alten Feudallasten, die Gewerbefreiheit sei eingeführt worden, und Handel wie Industrie hätten durch die Politik des Zollvereins einen erheblichen Aufschwung verzeichnet.[535] Kurzum: Württemberg ist es bisher gut ergangen! Das neue Reich sei vor diesem Hintergrund für die Württemberger ein Rückfall in alte, in schlechtere Zeiten. Sie würden fortan zu Vasallen eines fremden Königs:[536]

> »Meine Herren, wenn man einen Kaiser hat, so ist man sein Unterthan. Das ist, glaube ich, eine logische Folgerung. Die Fürsten, welche, wie man sagt, aus eigener Bewegung (ich glaube, man kann dies dahingestellt sein lassen) die Kaiserkrone angeboten haben, diese Fürsten werden die Unterthanen des Kaisers … Aber die Sache geht eben auch die Angehörigen der Länder an, welche bis jetzt ihre Fürsten als Könige und Großherzoge souveräner Staaten gehabt haben … – sie werden aber jedenfalls die Hintersaßen von Fürsten, welche jetzt die Unterthanen des Kaisers werden.«

Das preußische Junkertum wird in solchen Ausführungen zu einem Schreckgespenst im deutschen Süden, wo man sich nach eigener Einschätzung längst daran gewöhnt hat, dass Adel und Bürgertum »schlicht und unbefangen miteinander verkehren« und »die Geburt kein Vorrecht im Staate begründet«, so Friedrich Theodor Vischer, der sich vom Kritiker zum Parteigänger Otto von Bismarcks entwickelt hat. Doch auch er musste eingestehen: Dagegen »sieht es in Preußen heute noch aus wie im Mittelalter«.[537]

Solche Betrachtungen wirken eigentümlich überheblich, weil gerade das Königreich Württemberg das ganze 19. Jahrhundert hindurch von sozialer Not geprägt ist: Die Industrialisierung kann nur schleppend Fuß fassen, das Land verfügt kaum über nennenswerte Bodenschätze – so ist es nicht verwunderlich, dass die Württemberger unter den deutschen Auswanderern nach

Amerika einen besonders großen Anteil haben. Württemberg besteht für die meisten Menschen also keineswegs aus blühenden Landschaften – aber das regionale Selbstbewusstsein scheint dennoch groß genug zu sein, dem mächtigen Preußen nicht nur politische Rückständigkeit vorzuwerfen. Einige Jahre zuvor wird im schwäbischen Urach ein Text gedruckt, der das Hohenzollern-Reich als kulturell unterentwickeltes Land darstellt:[538]

> »Seht hin nach Ost- und Westpreußen! Die dortigen Gaue durchschreitet der Hungertod mit wuchtigen Schritten, allenthalben Spuren seiner schrecklichen Tätigkeit zurücklassend. Dieser schreckliche Patron hat es in Ostpreußen soweit gebracht, daß man die Gefängnisse öffnen und Straf- und Untersuchungsgefangene entlassen mußte. Dorthin, liebe Brüder, laßt uns ziehen, wo Diebe und Vagabunden an allen Wegen blühen!«

All jenen, die Preußen hingegen als Ort der Modernität und als Motor des Fortschritts sehen wollen, halten Kritiker auch schon einmal vor, dass in dem angeblich so aufgeklärten Land noch mittelalterlicher Aberglaube seinen festen Platz hat. So berichtet 1868 der in München erscheinende *Volksbote* über einen angeblichen Fall »moderner Hexerei« in Danzig: Einigen jungen Damen waren ihre Liebhaber davongelaufen, weshalb sie den Rat einer stadtbekannten »Hexe« in Anspruch nehmen. Diese versprach bei einer seltsamen Zeremonie, »bei der jungfräuliche Wäsche zu Asche verbrannt wurde und Zaubermittel in Hexentöpfen brodelten«, die Männer wieder zu ihren Damen »zurückzuzaubern«. Größere Geldbeträge waren da hilfreich, weshalb die liebeskranken Frauen tief in die Geldbörsen greifen mussten. Als jedoch das bereits bezahlte Wunder ausblieb, bemerkten sie den Betrug, und zeigten die »Hexe« an. Die wird daraufhin zu Gefängnis und Geldstrafe verurteilt, aber, wie der bayerische *Volksbote* süffisant hinzufügt, immerhin nicht zum Tod auf dem Scheiterhaufen. »So geschehen zu Danzig im intelligenten Preußen am 18. Mai Achtzehnhundertachtundsechzig.«[539]

Auch bei der Wahl von Berlin als Hauptstadt des neuen Reiches bricht sich zuweilen kulturelle Überheblichkeit Bahn: Noch höflich sprechen nicht nur im Süden Deutschlands viele Menschen angesichts der östlichen Lage der Stadt von der »Hauptstadt Ostelbiens«, so als sei Berlin eine Art Pioniersiedlung am Rande der slawischen Wildnis. In den alten Städten am Rhein, die ihre Gründungszeit bis in die Zeit der Römer zurückdatieren und auf eine reiche mittelalterliche Herrschaftsgeschichte zurückschauen können, ist man zuweilen keineswegs begeistert von der Aussicht, künftig von einer Stadt aus regiert zu werden, »die nur eine Delle in der Brandenburger Steppe gewesen war, als in diesen betagten Städten bereits Dome errichtet, lebendige Kulturen gepflegt worden waren und ein vitales mittelalterliches Leben pulsiert hatte«.[540]

Wenn es in Preußen wenig Kultur und wenig geistiges Leben gibt, so das Vorurteil vieler Süddeutscher, dann gebe es dafür aber viele Soldaten und Kasernen. Preußen ist ein durch und durch militaristischer Staat, so behauptet es etwa der württembergische Abgeordnete Franz Hopf in der Debatte im Landtag am 23. Dezember 1870. Seinen Aufstieg habe das Land seit den Zeiten des Großen Kurfürsten und dann insbesondere unter Friedrich dem Großen einzig seinen Eroberungen zu verdanken. Diese Eroberungen setze heute der norddeutsche Bundeskanzler Otto von Bismarck fort. Und dieser Militarismus habe eben Wirkung auf das kulturelle Leben im Land – heute in Preußen, in der Zukunft womöglich in ganz Deutschland. Wenn Militarismus einen Staat beherrsche, blieben der Kultur und dem Fortschritt zu wenig Luft zum Atmen. »Wo der Militarismus herrscht bei einem Volke«, so Hopf, »da leidet die Freiheit.« Und weiter:[541]

> »So wie aber Preußen ein erobernder Staat ist und eben darum das Militärwesen immer mehr ausbilden muß, so muß er auch die höheren geistigen Interessen vielschichtig in den

> Hintergrund stellen. Durch diesen blutigen Krieg geschieht es, daß die geistige Bildung und alles Schöne, was in Deutschland sich entwickelt hat, auf Jahrzehnte hinaus zurückgedrängt und erstickt wird, daß die niedrigen, gemeinen Interessen sich geltend machen, daß sie alles verschlingen, wenn der Krieg vorüber ist.«

Eine Zukunft in einem deutschen Reich unter Preußens Führung werde in dieser Logik nicht nur von diesem Militarismus geprägt sein, sondern stets die Gefahr neuer Kriege mit sich bringen. Bevor Preußen die nationale Einheit auf diesem Wege anstrebte, bevor sich die Deutschen im Bruderkrieg von 1866 gegenüberstanden und jetzt gegen Frankreich kämpften, so Moritz Mohl, sei Deutschland gegenüber feindlichen Angriffe nie so sicher gewesen wie in der Zeit des nun aufgelösten Deutschen Bunds.[542] Solche Äußerungen sind in diesen Tagen nicht selten in Süddeutschland, und die Beschäftigung mit der Frage des künftigen deutschen Militärsystems und seiner Finanzierung ist denkbar aktuell. Binnen weniger Jahre erlebt Deutschland den dritten Krieg – und die Möglichkeit weiterer Kriege ist in der kollektiven Zukunftserwartung der Menschen durchaus verankert. Die Aussicht auf einen stabilen Frieden mit den europäischen Nachbarn scheint dahin. Ganz abgesehen davon verweisen viele auf die drohenden Kosten eines preußisch-deutschen Militarismus; auch deshalb glauben nicht nur zahlreiche Württemberger, dass in Zukunft aus Berlin »Steuerzettel, Steuerzettel und noch einmal Steuerzettel« kommen werden.[543]

Aber die Mehrheit der Abgeordneten im Stuttgarter Landtag lässt sich von solchen Positionen nicht überzeugen. Der Nationalliberale Otto Elben will wie viele andere die Beschwerden über einen preußischen Militarismus nicht gelten lassen. In allen Kreisen des Volkes könne man doch die Einschätzung hören, dass eine höhere Militärlast sehr viel lieber in Kauf genommen wird als eine Niederlage in einem Krieg und die daraus resultierenden Leiden.

Bis zum Kriegsausbruch im Sommer 1870 hätten sich noch viele gegen höhere Militärlasten und »das strenge Wesen der preußischen Militäreinrichtungen« gesträubt, doch der Verlauf des Konflikts habe deutlich gezeigt, dass nur so ein Krieg auch gewonnen werden kann. Preußen und das »norddeutsche Kriegswesen«, so Otto Elben, hätten den Württembergern erlaubt, »einen so ewig denkwürdigen Krieg zu führen«, nämlich den gegen Frankreich.[544] Und der parteilose Anton von Boscher, ebenfalls ein Befürworter des Beitritts, sieht in den militärischen Notwendigkeiten gar einen zentralen Grund für seine Zustimmung zu den Versailler Verträgen. Weil Württemberg gegen Frankreich in den Krieg gezogen sei, müsse es sich jetzt vor der Rache des Nachbarn fürchten, denn das französische Volk werde die Niederlagen, werde »Wörth, Weißenburg und Sedan nie und nimmermehr vergessen«:[545]

> »Sobald Frankreich sich wieder kräftig genug fühlt oder einen getreuen Alliierten findet, wird es nicht säumen, wieder über uns herzufallen, und welches wäre dann unsere Lage, wenn wir isolirt dastünden?«

Einige Abgeordnete gestehen in dieser Debatte sogar ein, dass sie ihre Meinung gegenüber dem preußischen Militärwesen korrigiert haben. Karl Streich war nach eigener Auskunft bis zum Krieg gegen Frankreich ein Gegner des preußischen Militärs, jetzt bekennt er vor dem Parlament, dass »meine damalige Ansicht ein Irrthum war, ein kurzer Traum von Völkerglück und Völkerfrieden, aus dem ich durch den Gang der Ereignisse jählings aufgeschreckt wurde«.[546] Dieses neue deutsche Reich verdanke seine Entstehung einem starken Militär – und es werde auch in Zukunft darauf angewiesen sein.

Mit Sorgen schauen manche Kritiker dieser kleindeutschen Einheit indes auf die Entwicklung der Pressefreiheit im neuen Reich. Vor allem in den süddeutschen Beitrittsländern registriert man sehr sensibel, wenn es in preußischen Städten wieder einmal zur Beschlagnahme von Zeitungen kommt oder wenn Korrespondenten deutscher Zeitungen wegen ihrer kritischen Berichterstattung von den Schauplätzen des Krieges gegen Frankreich aus den deutsch besetzten Gebieten ausgewiesen werden. Dieses Schicksal ereilt neben anderen auch den Journalisten Hermann Voget, der für die *Frankfurter Zeitung* landesweit beachtete Berichte lieferte. Weil dieser sich allerdings bewusst als Berichterstatter mit »Mut der eigenen Meinung« versteht[547] und schließlich den Großherzog von Mecklenburg-Schwerin wegen mangelnder persönlicher und militärischer Eignung zum Befehlshaber in einem Artikel entsprechend kritisiert, schickt ihn die preußische Militärführung im Dezember 1870 als unerwünschten Berichterstatter zurück in die Heimat. Zugleich darf die Ausgabe der *Frankfurter Zeitung*, in der gegen die Ausweisung des Journalisten protestiert wird, nicht ausgeliefert werden.

Der in Stuttgart erscheinende *Beobachter* als Organ der württembergischen Demokraten springt kurze Zeit später für die Kollegen in Frankfurt ein und druckt die fragliche Passage ab, denn bis nach Württemberg reicht die preußische Pressezensur nicht. Das nutzt das Blatt, um seine Leser einmal gründlicher darüber zu informieren, dass das preußische Oberkommando bei der Berichterstattung vom Krieg systematisch die Darstellungen kontrolliere. Die Militärführung und Otto von Bismarck für die Regierung ließen beispielsweise nur Journalisten als Korrespondenten zu, »die als unbedingte Lobredner Dienste zu leisten bereit sind, aber keine Berichterstatter, die eine unabhängige Meinung haben und unparteiische Urtheile, wenn auch in noch so maßvoller und discreter Weise, aussprechen«.[548] Vom Krieg gegen Frankreich gebe es demnach in Preußen keine wahrheitsgemäße Berichterstattung.

Doch in Württemberg wie in anderen Teilen des Reiches gibt es auch Stimmen, die der angeblichen »Macht« der Presse nur zu gern ein wenig Einhalt gebieten wollen – vor allem gegen »demokratische« und sozialistische Blätter gibt es auf konservativer und kleindeutsch-nationalliberaler Seite erhebliche Vorbehalte.

So meldete während der erwähnten Debatte im Stuttgarter Landtag der Abgeordnete Karl von Schmid seine Bedenken an, ob man der Presse, die längst zu einer wahren Großmacht aufgestiegen sei, nicht zuweilen auch ihre Grenzen aufzeigen müsse. Dies sei doch wohl immer dann geboten, wenn Staat und Gesellschaft durch eine »freie« Berichterstattung in Gefahr gerieten. Eine zeitgemäße Gesetzgebung müsse der Presse zwar Freiheit lassen, zugleich dürfe aber nicht zugelassen werden, dass »die Presse in voller Zügellosigkeit zur Verbrecherin an dem Staate wird«.[549] Sein Kollege August Oesterlen von der Deutschen Volkspartei hält ihm daraufhin entgegen, dass eine freie Presse eine politische Errungenschaft sei, die es jetzt auch gegen Preußen und seine reaktionäre Politik zu verteidigen gelte:[550]

> »Wir hatten in unserem Lande ein volles Maaß an Freiheit der Presse und des Vereinswesens und wir haben uns auf diese Freiheit mit Recht etwas eingebildet!«

Diese Debatte um die Freiheit der Presse wird in diesen Tagen und Wochen vor dem Hintergrund einer spektakulären Polizeiaktion in Sachsen geführt: In Leipzig werden am 17. Dezember 1870 die prominenten Sozialisten August Bebel, Wilhelm Liebknecht und Adolf Hepner (ein Redakteur der sozialistischen Zeitung *Der Volksstaat*) verhaftet. Wie August Bebel in seinen Erinnerungen später richtig schreibt, hat Bismarck selbst die Anregung dazu gegeben.[551] Die drei Männer werden wegen angeblichen Landesverrats angeklagt und bleiben inhaftiert; dies widerfährt zugleich auch den Führern der Sozialdemokratischen Arbeiterpartei, weil diese im »Braunschweiger Manifest« ebenfalls die Beendigung des Krieges gefordert hatten.[552] Preußisch gesinnte Kräfte begrüßen dieses Vorgehen, denn die Sozialisten hätten Unglaubliches geäußert: So habe Liebknecht in einer Versammlung allen Ernstes erklärt, Elsass und Lothringen – über deren Annexion nach dem Krieg längst laut nachgedacht wird – könnten ruhig französisch bleiben, weil »es ja in Zukunft, wo es kein Deutschland und kein Frankreich, sondern nur noch ein vereinigtes Europa geben würde, gleichgültig sei, ob jene Provinzen von Deutschen oder Franzosen beherrscht würden«. Dieser Blick auf eine europäische Zukunft ist für die meisten Deutschen völlig abwegig. Und überdies ist es für viele Kommentatoren nicht hinnehmbar, dass die Sozialistenführer das so deklarierte »deutsche Einigungswerk« mit »unwürdigem und geistlosem Spotte« überziehen und die Begeisterung der vielen Deutschen als »patriotischen Dusel« verunglimpfen.[553] Weil Bebel und Liebknecht auch in ihren Funktionen als Abgeordnete des Norddeutschen Reichstags öffentlich den Verzicht auf die Annexion von Elsass-Lothringen fordern und zugleich ihre Sympathien für die neue französische Republik bekunden,[554] werden sie in weiten Kreisen der politischen Öffentlichkeit als »vaterlandslose Gesellen« denunziert.[555]

Doch zugleich erhebt sich unabhängig von ihren konkreten politischen Äußerungen nicht nur in sozialdemokratischen Blättern heftiger Widerspruch gegen die Inhaftierung der drei Sozialisten. So heißt es in einer liberalen Zeitung, dass dieser Vorfall doch nur zu eindrücklich zeige, was man von dem neuen Reich in Sachen Meinungs- und Pressefreiheit zu erwarten habe: Die einzige Freiheit unter preußischer Herrschaft werde wohl die Freiheit der Strafverfolger sein, »Untersuchungshaften anzuordnen, wann es ihr beliebt«. Es sei ein Skandal, wenn »drei unbequeme Menschen auf einen bloßen Verdacht hin ihrer Freiheit beraubt werden«.[556] Und nicht nur in sozialistischen Kreisen erwartet man von der Zukunft, dass es in Deutschland schon bald keine Stadt mehr geben werde, »wo sich der Geist des künftigen Kaiserreichs nicht schon wenigstens in Gestalt von etlichen Criminal-Untersuchungen gegen die freisinnigen Männer des Volkes« ankündigen werde.[557]

Die drei Sozialisten verbringen dieses Weihnachtsfest im Gefängnis. Erst im März 1871 kommen sie wieder frei, während der Hochverratsprozess gegen sie vorbereitet wird. Dabei kommen ihnen einige Reichstagsabgeordnete aus anderen Fraktionen zu

Hilfe, die eine Debatte um die Freilassung des gewählten Abgeordneten August Bebel auf die Tagesordnung des Parlaments setzen lassen. Die sächsische Staatsregierung sieht eine unvermeidliche öffentliche Blamage auf sich zukommen, sollte der Fall im Parlament diskutiert werden – und ordnet daraufhin umgehend die Haftentlassung an,[558] sodass die Anträge auf eine entsprechende Debatte im Reichstag wieder von der Tagesordnung abgesetzt werden können.[559] Lässt sich aus diesem Vorgehen gegen die politischen Gegner der Bismarck'schen Politik eine Tendenz für das künftige politische Klima im geeinten Deutschland erkennen? Davon gehen die meisten Beobachter aus – die einen hoffen, dass die unbequemen politischen Abweichler das deutsche Einigungswerk nicht weiter mit ihrer Kritik überziehen, die anderen befürchten, dass eine Zeit der Reaktion beginnt, in der die Rechte der Deutschen mehr denn je beschnitten werden.

Viele liberale Kräfte haben Ende 1870 allerdings längst resigniert hingenommen, dass jede Idee einer bundestaatlichen Konstruktion an der schieren Macht und Stärke Preußens scheitern dürfte. Man müsse sich eben beugen. Einige geben die Parole »Im Reich wider das Reich« aus, andere plädieren dafür, die ursprüngliche politische Ablehnung angesichts der faktisch schon vollzogenen Reichsgründung aufzugeben.[560] Denn die einstigen Ideen eines geeinten, neuen Deutschlands aus der Zeit der Revolution von 1848/49 seien endgültig gescheitert. In diesem Sinne kommentiert im Großherzogtum Baden am 23. Dezember 1870 der *Badische Beobachter* die letzten Sitzungen der dortigen Zweiten Kammer, in der sich die gewählten Abgeordneten zum letzten Mal in einem Parlament eines souveränen Staates versammeln. Enttäuscht bilanziert die Zeitung:[561]

> »Das jüngere Geschlecht hat keine Vorstellung von der großartigen Bewegung und Begeisterung unter dem deutschen Volke, welche in den Ereignissen des Jahres 1848 ihren Gipfelpunkt erreicht hatten. Es war damals anders gemeint mit der

> deutschen Einheit, die nun durch Blut und Eisen, nicht für ganz Deutschland, zu Stande gekommen ist. Es war anders gemeint mit der Freiheit und dem Liberalismus.«

Auch im Großherzogtum Baden wird der Beitritt zum neuen Reich mit dem 1. Januar 1871 Realität. Anders als die Regierung bedauern viele Freisinnige diesen Schritt. In der *Neuen Badischen Landeszeitung*, zugleich das neue Sprachrohr der Badischen Volkspartei, erscheint am Neujahrstag eine patriotische Abschiedsrede auf das Großherzogtum, das mit diesem Tag aufgehört habe, »Herr seiner Geschicke zu sein«. Alle Rechte, auf die ein selbstständiger Staat Anspruch hat, habe man an das von Preußen dominierte Reich abgegeben und eine monarchische Verfassung erhalten, in der demokratische Strukturen und ein vollberechtigtes Parlament nicht vorgesehen sind. Da heißt es Abschied nehmen auch von alten Errungenschaften der badischen Freiheit:[562]

> »Wir waren und sind keine Particularisten. Was uns fesselte an diesen kleinen Staat, das war die Erinnerung an die Kämpfe, die er in Bethätigung seiner freiheitlichen Mission für Deutschland durchgekämpft hatte, das war der Gedanke, daß er unter ähnlichen Verhältnissen Aehnliches mit besserem Erfolge zu leisten vermochte. Jene Erinnerung vermag man uns nicht zu nehmen, diese Hoffnung hat man uns aber geraubt. Die Einigung Deutschlands, wie sie sich jetzt vollzieht, vollzieht sich nicht in der von uns gewünschten Weise.«

Das sind melancholische regionale Töne von demokratisch gesinnten Zeitgenossen. Die neue Reichsverfassung wird als rein monarchistische Konstruktion bezeichnet, und den Deutschen falle nun die Aufgabe zu, »sie zu demokratisieren« und beispielsweise ein »vollberechtigtes Parlament« zu fordern, die Einführung von Grundrechten für alle Deutschen sowie eine Verminderung der Militärlasten.[563] Doch es gibt auch fortschrittliche Kräfte, die sich für die Zukunft nicht einmal diese Gestaltungschancen ausrechnen, sondern schlicht den gänzlichen Untergang der bisherigen süddeutschen Staaten erwarten. So erklärt der württembergische Abgeordnete Moritz Mohl am 22. Dezember 1870 im Stuttgarter Landtag:[564]

> »Meine Herren, um es in ein paar Worte zusammenzufassen: die süddeutschen Staaten sind bis jetzt Fische gewesen, von denen jeder in seinem eigenen Wasser schwamm; jetzt werden sie als Karpfen in den Teich des Hechtes geworfen.«

Doch der Druck auf diese Kritiker ist groß. Die öffentliche Meinung geht scharf mit ihnen ins Gericht. Der Abgeordnete August Oesterlen erinnert deshalb in der Landtagsdebatte noch einmal an das legitime Recht jedes Parlamentsmitglieds, Kritik am Kurs der württembergischen Regierung in der Frage eines Beitritts zum neuen Reich zu äußern. Er wolle nicht hinnehmen, dass solche Kollegen beschimpft und verleumdet werden, dass ihnen jegliche nationale Gesinnung – auch eine deutsche Gesinnung – abgesprochen werde. Oesterlen legt Wert auf die Richtigstellung, dass er und seine politischen Freunde keine »Dunkelmänner oder Umsturzmänner sind, gegen welche das Blut der Gefallenen zum Himmel schreien soll«, wie er eine üble Nachrede dieser Zeit zitiert.[565] Und der Abgeordnete Franz Hopf beklagt, dass man ihn und andere Gegner des Beitritts »gar zu gerne Vaterlandsverrat« vorwerfe. Doch er verwahrt sich im Landtag gegen den Vorwurf, aus Eigensinn und »Negationsgeist«, aus einer »Sucht zu opponieren« zu handeln.[566]

Auch der Abgeordnete Moritz Mohl nutzt diese Debatte, um sich gegen eine andere politische Verunglimpfung dieser Tage zu wehren: Empört weist er den Vorwurf zurück, ein »Partikularist reinsten Wassers« zu sein. Der 68-Jährige erinnert daran, dass er schon 1848 in Frankfurt parlamentarisch für eine Einigung Deutschlands gekämpft habe – »allerdings für eine freiheitliche und eine solche, in welcher jeder deutsche Staat und seine Angehörigen ihre Befriedigung fänden«. Er brauche also in dieser Hinsicht keinerlei Nachhilfeunterricht, deshalb verbitte er sich den Vorwurf des Partikularismus:[567]

> »Es ist … ein Unterschied, ob man für eine deutsche oder ob man für eine preußische Einheit ist. Um eine preußische Herrschaft allein aber handelt es sich jetzt, und Niemand hat das Recht, jemanden einen Partikularisten zu nennen, der nicht in Preußen aufgehen will!«

Doch genau das geschieht: Wer jetzt nicht auf der preußischen Seite steht, hat es schwer – deutlich schwerer noch als vor dem Krieg. Und so fällt die Abstimmung am 23. Dezember 1870 im Stuttgarter Landtag auch so aus, wie es die Befürworter der kleindeutschen Einheit erwartet haben: Die Verträge werden »mit glänzender Mehrheit« angenommen.[568] Letztlich, so schreibt das weit im Norden erscheinende *Bremer Handelsblatt*, stimmten »gegen Kaiser und Reich« nur noch »sieben einsame Großdeutsche«.[569] Doch für viele andere ist ihre Zustimmung vor allem eine Vernunftentscheidung. Der Abgeordnete Karl Streich spricht von einer Zustimmung »nicht in einem Freudentaumel, sondern mit der ruhigen Entschlossenheit des Mannes, der vor einem neuen Lebensabschnitte steht«. Aber er weiß auch, dass der Landtag im Grunde gar keine andere Wahl hat – die politischen Sachzwänge sind riesig: Ein ablehnendes Votum Württembergs oder auch weiterer süddeutscher Staaten würde fraglos »zur Stärkung und Belebung des Feindes beitragen«, womit er auf Frankreich zielt, »und ich möchte die Verantwortlichkeit nicht auf mich nehmen, daß durch mein Votum der Krieg auch nur um eine Spanne Zeit verlängert, auch nur um ein einziges Opfer vermehrt würde«.[570]

Preußen hat sein Ziel nahezu erreicht: Baden und Württemberg haben ihren Beitritt zu diesem Reich unter Führung Berlins erklärt und damit zugleich den Druck auf die bayerischen Abgeordneten erhöht, die in diesen Tagen noch um ihre Zustimmung ringen. Aber schon mit diesen Beitritten verschwindet eine politische Zukunftshoffnung, die in den vergangenen Jahren vielen politischen Akteuren außerhalb Preußens als mögliche Alternative galt: die Idee einer föderalen Nation, die ohne einen Zentralstaat auskommt. Demnach sollte die territoriale und damit historische Vielfalt Deutschlands beibehalten werden, keine der bestehenden Mächte die anderen über ein notwendiges Maß hinaus dominieren – Preußen nicht, und Österreich ebenfalls nicht. Doch diese Idee eines föderalen Reiches ist Ende des Jahres 1870 nun endgültig gescheitert. Eine neue Zukunft zeichnet sich unter Kriegsgeklirr und monarchischer Inszenierung ab, wenngleich ihre genaue Ausgestaltung den Menschen zumindest außerhalb Preußens noch nicht ganz klar ist. Die demokratisch gesinnte *Pfälzische Volkszeitung* sieht politisch gar nichts erreicht:[571]

> »Mit schweren Enttäuschungen, verstimmt über das politische Erschlaffen und Versinken des deutschen Volkes in Ohnmacht und Knechtschaft, stehen wir heute an der Schwelle eines neuen Jahres, und welcher vorurtheilsfreie Mann kann es uns verdenken, wenn wir in Mitte des tollsten Einigungsjubels den Mund zu ernster Mahnung öffnen und immer noch nicht jene bessere Zeit gekommen sehen, die wir von jeher erstrebt.«

So gespalten Deutschland auf das Weihnachtsfest schaut, so gespalten ist es in seiner politischen Beurteilung der Zukunft – weil das ablaufende Jahr so denkbar unterschiedlich beurteilt wird. Für die einen scheint alles Leiden der vergangenen Monate seinen Sinn in der Erlangung der nationalen Einheit zu haben: »Ein Jahr, wie 1870 für uns Deutsche war«, so heißt es in einer in Bremen erscheinenden Zeitung, »erlebt der Mensch nur einmal«; man möchte im Grunde, dass es nie vergehen möge.[572] Andere hingegen bezeichnen aus ihrer Warte das Jahr 1870 als Schreckensjahr, das etwa für manchen bayerischen Katholiken »keinerlei Trost, nichts Erfreuliches« zu bieten hat.[573]

Was wird kommen? Wird der Krieg bald beendet sein – und wird ihm ein dauerhafter Frieden folgen? Und wie wird sich das neue Reich entwickeln? Gegner der preußischen Reichsgründungspolitik kündigen zu diesem Zeitpunkt ja bereits an, dass sie ihren Widerstand nicht aufgeben werden, wenn sie ihre Rechte und ihre Identität gefährdet sehen. So erklären etwa bayerische Katholiken zum Jahreswechsel nicht nur, auf die Gerechtigkeit ihrer Sache zu vertrauen, sondern auch, dass sie »im kommenden Jahre den Kampf gegen alle unsere Gegner fortsetzen, möge kommen, was da wolle«.[574] Es kündigen sich also unruhige Zeiten an, und wie es um den inneren Frieden im neuen Reich bestellt sein wird, kann niemand verlässlich sagen. Selbst die Börsianer würden es gerne wissen, doch Unsicherheit bestimmt in diesen Tagen auch den Handel mit den Aktien. Am 20. Dezember heißt es aus der Frankfurter Börse, dass »von einem freien Ausblick in die Zukunft« nicht die Rede sein könne.[575]

Dominierend ist bei den meisten Deutschen indes der Wunsch nach Frieden. Die Errichtung des neuen deutschen Reiches und der nationalen Einheit dominiert nicht die Zukunftshoffnungen. Der Kommentator des *Nürnberger Tagblatts* hofft, dass die Deutschen sich nicht so sehr an ihren militärischen Erfolgen berauschen mögen; neue Kriege brächten das Volk auf eine »abschüssige Bahn«:[576]

> »Das deutsche Volk steht an einem Scheideweg. Ob es die Wehrkraft und den Krieg nur als Mittel zum Schutz der Freiheit und des Rechtes brauchen will, oder als Mittel sich über Andere zu erheben, um der Macht und Ehre willen.«

Das deutsche Volk am Scheideweg? Der Blick geht am Ende des Jahres 1870 Richtung Westen, denn was die Zukunft tatsächlich bringt, wird weitgehend im fernen Versailles entschieden. Dort planen die politischen und militärischen Spitzen Preußens und seiner Verbündeten die nächsten Schritte. So wird im Hauptquartier von Versailles am 31. Dezember 1870 auch beschlossen, die beabsichtigte Kaiserproklamation zu verschieben, weil die Abstimmung der zweiten bayerischen Kammer des Landtags ja noch aussteht. Man wolle den Herren in München gegenüber nicht den Anschein erwecken, als übe man bei dieser Entscheidung Druck auf sie aus, so die offizielle Begründung. Doch unausgesprochen spielt bei dieser Entscheidung sicherlich auch die Angst vor einer Blamage eine Rolle, einen Kaiser ausgerufen zu haben und dann anschließend eine Ablehnung des Beitritts Bayerns durch die bayerischen Abgeordneten kassieren zu müssen. Das wäre ein politischer Schaden, den auch das große politische Talent Otto von Bismarcks dann wohl nicht ohne Weiteres beheben könnte. Dabei weiß man in Versailles sehr genau, dass damit zum Jahreswechsel eine eigentümliche Situation entsteht: Das neue Reich wird zwar zum 1. Januar 1871 gegründet – aber es fehlt ihm das Staatsoberhaupt.

So mischen sich auch in Versailles am Silvesterabend 1870 Hoffnungen mit Sorgen, doch die politische und militärische Elite tröstet sich mit den Errungenschaften des ablaufenden Jahres. So notiert etwa der Großherzog von Baden in seinem Tagebuch, dass »dieser Silvesterabend mit dem erhebenden Bewußtsein abgeschlossen werden« kann, dass die deutsche Nation »einen großen und entscheidenden Schritt vorwärts getan« habe. Doch auch der Schwiegersohn des preußischen Königs muss sich zugleich eingestehen, dass diese Einheit nicht nur »den vielfach gehegten Wünschen« in Deutschland keineswegs entspricht, sondern auch »weit von dem Ideal unserer Hoffnungen zurückbleibt«. Aber was nicht ist, kann ja noch werden, und so vertraut Großherzog Friedrich I. auf Gott, dass dieses Werk doch noch gelingt.[577]

Dabei liegt es nicht an den Einschätzungen des Einheitswerks, dass der Silvesterabend in Versailles nur in gedämpfter Stimmung stattfindet. Die führenden politischen Persönlichkeiten wie der

Großherzog von Baden versammeln sich zwar wie üblich am Abend beim König von Preußen zum gemeinsamen Tee, gehen aber noch vor Mitternacht auseinander, nachdem ein ernst gestimmter Wilhelm jedem einzelnen seiner hochrangigen Gäste noch einige »gütige Worte« mit auf den Weg gegeben hat. Der Kanzler des Norddeutschen Bundes und politische Strippenzieher der Einheit liegt derweil wieder einmal krank im Bett. Diesmal plagen ihn Schmerzen am Bein sowie die angegriffenen Nerven, wie Großherzog Friedrich I. notiert. Herr Bismarck sei jedenfalls wieder einmal »in hohem Maße reizbar und erträgt nicht den allergeringsten Widerspruch«.[578] Mit diesem Mann in diesem Zustand möchte vermutlich niemand gerne mit Champagner auf das neue Jahr anstoßen …

Ohnehin zeigt sich der Großherzog von Baden wie andere vermutlich auch irritiert von den offenkundig immer schlechter werdenden Beziehungen zwischen Otto von Bismarck und General von Moltke. Unter Einbindung des preußischen Kronprinzen wird sogar ein regelrechtes »Versöhnungsessen« inszeniert, bei dem sich »die nötige Wärme ergeben« soll, damit eine funktionierende Zusammenarbeit von politischer und militärischer Führung wieder möglich ist. Aber wie Moltke ist eben auch Bismarck ein schwieriger Zeitgenosse. So stört sich vermutlich nicht nur der Großherzog von Baden an der Tatsache, dass der Regierungschef gern »die Nacht zum Tag macht und, wenn er überhaupt zu sprechen ist, erst nachmittags empfängt, da er oft bis nach 12 Uhr zu Bette liegt«.[579]

So erleben viele deutsche Fürsten den Jahreswechsel 1870/71 weitab der Heimat ohne großen Pomp. Mitten im Krieg und nahe der Front »kann ich mich keiner so ruhigen Neujahrsnacht im Frieden erinnern«, notiert der Großherzog von Baden. Doch während die fürstlichen Häupter auf weichen Kissen ruhen, geht unweit davon das Kämpfen weiter. Das weiß auch der Großherzog:[580]

»Die Stille und die Kälte entsprachen der Trauer und dem Leid um die vielen tapferen Gefallenen, denen kein neues Jahr in heimischer Gemeinschaft anbricht – die zur ewigen Heimat eingezogen sind, beweint von allen ihren Lieben, gepriesen von Tausenden, die dem Heldentod der Gefallenen die erkämpfte Größe des Vaterlandes dankbar zuschreiben.«

Der Heldentod ist allerdings auch in diesen kalten Wintertagen für die Soldaten kein erstrebenswertes Ziel. So hat auch jener bayerische Infanterist, aus dessen Feldpostbrief der *Badische Beobachter* am 29. Dezember 1870 zitiert, augenscheinlich nicht den sehnlichen Wunsch, in die vom badischen Großherzog glorifizierte »ewige Heimat« eingezogen zu werden. Er schreibt nach Hause von seinem bisherigen Glück, schlicht überlebt zu haben – und von seiner Hoffnung, dass dies so bleiben möge:[581]

»Die Schlachten dauerten Tag und Nacht … O, man kann es gar nicht mit ansehen und beschreiben, was die Verwundeten leiden müssen, von denen Viele die ganze Nacht in dieser Kälte liegen bleiben! Der Jammer und das Geschrei derselben auf dem Schlachtfelde ist furchtbar! Liebe Mutter! Jetzt bin ich elfmal dabei gewesen und glücklich durchgekommen, aber wenn's kein Ende nimmt, trifft's mich auch noch … Ich grüße Euch alle, Mutter, Geschwister, Freunde und Bekannte und wünsche Euch freudige Weihnachten und ein glückseliges besseres neues Jahr, als wir Soldaten im fremden Lande haben.«

Auch jener junge Soldat, der am Weihnachtsabend 1870 in der Orangerie des Versailler Schlosses so pessimistisch in die Zukunft schaut und seinen Kameraden bitter erklärt, er werde an diesem Tag ganz sicher sein letztes Weihnachtsfest erleben, muss schon am nächsten Tag wieder in den Kampf. Er ist zum Patrouillendienst eingeteilt und wartet mit einigen anderen Jägern in einer kleinen Befestigungsanlage auf den Abmarsch. Doch bevor sie aufbrechen, schlägt eine französische Granate ein. Als der Kommandeur der kleinen Gruppe nach kurzer Bewusstlosigkeit wieder erwacht und sich aufrichtet, »sieht er alle jene vom berstenden Geschoß getroffen, die meisten furchtbar verstümmelt, aber noch lebend, zwei zerrissen und todt, der eine davon jener Ahnungsvolle von gestern, dem sich sein Vorgefühl buchstäblich erfüllt hatte«.[582]

»Keine Phantasie hätte sich für die bevorstehende Feier eine Stätte ersinnen können, die in so überwältigender Weise, wie diese, von dem Walten Gottes in der Weltgeschichte Zeugnis gab.«

Der königlich-preußische Hofprediger Bernhard Rogge über den Spiegelsaal im Schloss von Versailles als Ort der deutschen Kaiserproklamation[583]

7

18. Januar 1871

Fremder Herrscher im Spiegelsaal

Die Krankenschwester Sara Hahn ist im Grunde wohl nicht wesentlich neugieriger als andere Menschen auch. Aber was sich an diesem Mittwochvormittag abzeichnet, ist nun wirklich zu interessant, um es sich nicht näher anzuschauen. Schon seit einigen Wochen hält sie sich mit anderen Diakonieschwestern aus dem bayerischen Neuendettelsau im Schloss von Versailles auf, sie helfen bei der Pflege der verwundeten Soldaten im dort eingerichteten Feldhospital. Doch heute sollen hier nicht nur Verletzte und Kranke versorgt werden, sondern vielmehr der deutsche Kaiser gekrönt werden. Und Sara Hahn und einige ihrer Kolleginnen werden in einigen Stunden verbotenerweise mit dabei sein, und stolz wird sie später schreiben: »Ich glaube sogar, wir hatten den besten Platz.« Doch zunächst staunen die Diakonissen über das Geschehen vor dem Schloss:[584]

> »Dort herrschte bereits reges Leben. Welche bunte Menge! In den prachtvollen Gala-Uniformen konnte man die bekannten und unbekannten Größen des zukünftigen deutschen Kaiserreichs zu Wagen und per pedes herankommen sehen. Eine Karosse nach der anderen rollte auf den Schloßplatz und ihre Insassen verschwanden in den Hallen des kaiserlichen Schlosses.«

Auch Sara und vier ihrer Mitschwestern wollen jetzt verschwinden, und zwar möglichst ebenfalls ins Schloss. Dort kennen sie sich übrigens deutlich besser aus als manch einer der hochrangigen Gäste, schließlich gehen die Frauen hier bei der Pflege der Verwundeten zumindest in einem Teil der riesigen Anlage täglich ein und aus. Zudem haben sie Kontakt zu jenem preußischen Postbeamten, der ihnen täglich die Briefe aus der Heimat bringt – und just ihn treffen sie in diesem Moment, als sie das Schloss betreten wollen, aber den ihnen bekannten Zugang verschlossen finden. Müssen sie also doch draußen bleiben, wo drinnen doch bald eine spektakuläre Veranstaltung beginnt? Der Briefträger kann weiterhelfen: Er bietet sich an, die Damen an einen Platz zu führen, von dem aus man das kolossale Geschehen bestens beobachten kann. Das lassen sich die fünf Diakonissen nicht zweimal sagen:[585]

> »Wir folgten ihm sofort, er führt uns durch etliche Krankensäle, in denen Verwundete liegen, so gelangen wir in eine Art Vorzimmer, in welchem eben etliche Preußen damit beschäftigt waren, einen langen roten Samtvorhang zu befestigen, der dasselbe von dem Proklamationssaale trennte. Einstweilen begnügten wir uns, hinter dem Vorhang zu stehen und den rotsamtenen Schleier auf den Seiten zu lüften, auf einem erhöhten Platze standen die Fähnriche mit ihren Fahnen im Halbkreise.«

An der Stirnseite des Spiegelsaals ist ein kleines Podest errichtet worden, auf dem nicht nur die militärischen Fahnenträger stehen und das Geschehen feierlich säumen, hier soll später auch der Kaiser – einige Stufen über den meisten anderen Anwesenden stehend – eine kurze Ansprache halten und seine Proklamation huldvoll entgegennehmen. Auf diese Bühne des Geschehens schleichen sich jetzt die fünf Krankenschwestern, da ihnen der Platz hinter dem Vorhang längst nicht mehr ausreicht – sie sehen einfach nicht genug: So schlüpfen sie durch die samtene Abtrennung und lassen sich dabei auch nicht durch den wachhabenden preußischen Soldaten beirren, der ihnen ein »Unverschämt!« zuzischelt. Aber zurückhalten kann er die Frauen offensichtlich nicht, denn er darf seinen Platz auf der Leiter nicht verlassen, von dem aus er vermutlich die Vorhangkonstruktion bewachen muss – es wäre schließlich zu peinlich, wenn diese mitten in der feierlichen Stunde in sich zusammenbrechen würde. Sara Hahn und die anderen Diakonissen jedenfalls stehen jetzt direkt hinter den Fahnenträgern sinnbildlich »auf dem großen kaiserlichen Teppich«. Wahrlich ein exzellenter Beobachtungsposten!

Den prächtigen Spiegelsaal, der sich da vor ihnen erstreckt, kennen die Krankenschwestern. Und sie mögen ihn wie die anderen Deutschen an diesem Tag als Ort für die Ausrufung eines Kaisers durchaus für angemessen halten. Für die Menschen in Frankreich ist das heutige Spektakel hingegen kaum zu ertragen: Dass das Land eine spektakuläre militärische Niederlage erlitten hat, ist eigentlich schon Demütigung genug. Aber dass nun auch auf französischem Boden ein deutsches Kaiserreich ausgerufen wird, und zwar in der Spiegelgalerie des Versailler Schlosses, eines der heiligsten Orte im Geschichtsbewusstsein Frankreichs,[586] ist ohne Frage eine nationale Beleidigung. Kein Zweifel: Die heutige Inszenierung hat das Zeug für ein kollektives französisches Trauma. Das wissen die Preußen und ihre Bundesgenossen genau, und ganz sicher genießen sie es auch.

Das Schloss in Versailles ist schon seit Oktober 1870 ein Ort wichtiger preußischer Entscheidungen: Hier hat König Wilhelm mit seinem Generalstab Quartier aufgeschlagen, hier hält Otto von Bismarck die politischen Fäden in der Hand, auch die anderen deutschen Länder schicken ihre Vertreter und Delegationen nach Versailles. So werden in den letzten Wochen des Jahres die Geschicke des noch gar nicht existierenden Deutschen Reiches von französischem Boden aus gelenkt. Wer immer in dieser Zeit aus Deutschland anreist, schaut sich mit großer Freude in dem Beuteschloss um – augenscheinlich ohne große Hemmungen. Der bayerische Graf von Bray-Steinburg nimmt im November 1870 mit besonderem Interesse das »Privatgemach der Könige und Königinnen von Frankreich« in Augenschein, wie er an seine Frau und seine Tochter daheim schreibt – nicht ohne mit Genugtuung zu erwähnen, »welche Buße« so ein Besuch für das besiegte Königshaus darstellt.[587] Aber auch militärisch wird der Krieg von Versailles aus kommandiert: so die Belagerung der nahen Stadt Paris, die am 19. September 1870 beginnt, die Blockade von Warenlieferungen sowie schließlich der Beschuss der Stadt ab dem 27. Dezember 1870.

Es ist ganz offensichtlich das warme Gefühl des Sieges, das die Preußen bei ihren Besichtigungstouren durch die riesige Anlage durchströmt. Keiner der deutschen Regenten hat ein solches Schloss aufzuweisen, niemand kann daheim solche Pracht sein Eigen nennen. Die Besucher sind fraglos begeistert, dass heute die Proklamation des deutschen Kaisers ausgerechnet hier stattfinden wird. In dieser Prachthalle, in der Ludwig XIV. »seine Feste gefeiert und die Huldigungen der Völker angenommen hat«, so ein Teilnehmer, stehen jetzt die siegreichen Fürsten und Heerführer aus Deutschland. Und über dem Haupt des preußischen Königs wird als größtes Deckengemälde des Saales ausgerechnet die Darstellung des jugendlichen französischen Königs prangen, der zur Götterschar des Olymps hinaufblickt. Die »Selbstherrlichkeit Ludwigs XIV.«, so notiert ein Besucher, sei durch diesen großen Sieg der Deutschen endgültig beendet![588] Der Spiegelsaal, die *Galerie des glaces*, macht die Besatzer und ihr Gefolge ob seiner Pracht sprachlos. In einem Zeitungsbericht heißt es über diesen Saal:[589]

> »Es ist bekanntlich eins der berühmtesten und prachtvollsten architektonisch-dekorativen Hauptstücke des ganzen ungeheuren Baues. Ein Riesensaal von 73 Meter Länge bei 13 Meter Höhe, von halbrundem Tonnengewölbe gedeckt, durch 17 vom Boden zur Decke aufsteigende rundbogig

abschließende Fenster von der Gartenterrasse her beleuchtet, denen ebenso viele von Spiegeln ausgefüllte Bogennischen an der gegenüberliegenden Wand entsprechen.«

Für die Proklamation des Kaisers muss dieser Saal dem Zwecke entsprechend hergerichtet werden. Weil zugleich ein Gottesdienst gehalten werden soll, muss beispielsweise ein improvisierter Altar installiert werden. Aus dem Audienzzimmer Ludwigs XIV. wird dazu ein großer Tisch herbeigeschafft, eine rote und mit dem Eisernen Kreuz versehene Feldaltardecke darübergelegt. Auch ein Kruzifix und Kerzenleuchter sind rasch bei der Hand. Unmöglich ist es hingegen, die auf beiden Seiten des »Altars« befindlichen Standbilder heidnischer Götter kurzerhand verschwinden zu lassen. Sie werden deshalb einfallsreich mit großen Blattpflanzen verdeckt.[590] Doch nicht alles lässt sich verbergen: So steht der Altar pikanterweise einer nackten Venus gegenüber – ein »im Schloß von Versailles schwer zu vermeidendes Verhältnis«.[591]

Es ist heute allerdings nicht das erste Mal, dass der preußische König ausgerechnet den Spiegelsaal für seine Zwecke nutzt. Bereits am 1. Januar 1871 richtet er hier seinen Neujahrsempfang aus, bei dem ihm die Spitzen von Militär- und Zivilbehörden ihre Aufwartung machen.[592] Gemeinsam mit vielen deutschen Fürsten begrüßt er Hunderte Offiziere und lobt ihre militärischen Leistungen. Dass eine solche Ansammlung deutscher Militärs im Spiegelsaal eigentümlich wirkt, fällt auch einigen der Beteiligten selbst auf: So viele Offiziere »in dem langen und glänzenden Saale aus der Zeit des Prunkes und der Verschwendung – und alle Anwesenden in dem einfachen und nun so besonders ehrwürdig gewordenen schlichten Feldanzuge«, so notiert der Großherzog von Baden.[593] So wird die Pracht des Ortes als Signum des Verfalls des alten Frankreichs gewertet, während dem neuen deutschen Reich eine schlichte Ernsthaftigkeit zugeschrieben wird. In solchen Schilderungen wirkt dieses Deutschland strenger, in gewisser Hinsicht eben auch ästhetisch »protestantischer«. Aber im Grunde genommen entspringt eine solche Interpretation zu einem guten Teil schlicht dem Neid der Besitzlosen: Die Kriegsgewinnler reden den Prunk der Besiegten schlecht und überhöhen ihre eigene Schlichtheit. Kein Eigenlob kann darüber hinwegtäuschen, dass die deutschen Offiziere hier einfach falsch angezogen und eigentlich deplatziert sind.

Ist der Ort der Kaiserproklamation schon gezielt gewählt, so ist es auch das Datum. Wenngleich die Verschiebung des Festakts nicht in erster Linie preußischer Regie zu verdanken ist, sondern dem Warten auf die Zustimmung des bayerischen Landtags zu den Versailler Beitrittsverträgen, so bietet es sich jetzt doch an, dafür einen besonderen Tag auszuwählen: An einem 18. Januar hat schon einmal ein preußischer Regent Geschichte geschrieben, nämlich Friedrich I., als er sich im Jahr 1701 selbst vom Kurfürsten von Brandenburg zum König in Preußen befördert hat. Dieser Aufstieg war ihm seinerzeit nur möglich, weil der Kaiser des Heiligen Römischen Reiches deutscher Nation just in dieser Situation auf die politische Unterstützung Brandenburgs angewiesen war und deshalb diesen Schritt des ehrgeizigen Kurfürsten hinnehmen musste.

Der 18. Januar kann also als Symbol für den Aufstieg des preußischen Königtums und für deutschen Erfolg interpretiert werden. Dass viele Franzosen, in deren Land nun die Proklamation eines Preußen zum Kaiser stattfinden soll, dies anders sehen, liegt auf der Hand. Wenn sich jetzt ein Preuße in Versailles zum Kaiser krönen lässt, so kommentiert eine französische Zeitung, wiederhole sich im Grunde genommen geschichtlich ein illegitimer Aufstieg: So wie Brandenburg-Preußen am 18. Januar 1701 widerrechtlich in die Gemeinschaft der europäischen Königreiche eingebrochen sei, so bemächtige sich dieses Preußen am 18. Januar 1871 auch widerrechtlich der kaiserlichen Würde.[594]

Der Vergleich mit der Vergangenheit ist also durchaus eine wackelige Angelegenheit – die Geschichte lässt sich eben auch anders interpretieren. Auch die Person des zukünftigen Kaisers muss sich an den Vorgängern messen lassen. Besitzt er wirklich eine besondere Befähigung zu dieser Würde? Alle wissen, dass Wilhelm von Preußen eben kein Friedrich I. und erst recht kein Friedrich der Große ist, und gerade deshalb haben ihn die preußischen PR-Maschinen in den vergangenen Wochen mit viel Bemühen zum deutschen Helden aufgebaut. In gut zwei Monaten wird er 74 Jahre alt, in diesem Januar 1871 jährt sich seine Thronbesteigung zum zehnten Mal – ein Ereignis, das in Preußen selbstredend große Beachtung findet. Wilhelm ist in Deutschland ein älterer Herr auf dem Thron. Der König von Sachsen ist zwar auch schon 70 Jahre alt, König Karl von Württemberg hingegen erst 47 Jahre und Ludwig II. von Bayern gerade einmal 25 Jahre alt. Die militärischen Siege seit 1864, insbesondere der augenscheinlich schon gewonnene Krieg gegen Frankreich, machen Wilhelm in der offiziösen Presse unter demonstrativer Würdigung seines Alters zum »greisen Heldenkönig« oder auch »königlichen Heldengreis«, der angeblich stets selbstlos die nationale Einheit im Sinn gehabt habe:[595]

> »Nicht durch bloße Vereinbarungen und Verfassungsbestimmungen, sondern in lebendiger That und mächtiger Wirklichkeit sind das deutsche Reich und das deutsche Kaiserthum wieder erstanden. Die Volkskraft und Waffenrüstung, an deren Ausbildung unser König von jeher gearbeitet, haben in dem Kriege gegen Deutschlands Erbfeind ihre höchste Bewährung – die deutsche Einheit, welche das letzte Ziel alles seines Strebens war, hat die erhabenste Weihe erhalten.«

Als Attribute seiner Herrschaft werden die traditionellen Tugenden eines Königs herausgestellt: Fürsorglich und rücksichtsvoll als Mensch, betreibe Wilhelm eine Politik der Mäßigung und der Besonnenheit, im Auftreten sei er ernst, redlich in der Sache, voller Tatkraft und fest verwurzelt im Glauben an seinen Gott, der ja gerade in diesen Wochen und Monaten das Werk des Königs durch große Erfolge segnet.[596] So weit das offizielle Lob. Dass König

Wilhelm allerdings ausgerechnet in diesen Monaten das Heft des Handelns keineswegs in seinen Händen hält, dürfte den meisten Deutschen in der Heimat entgangen sein. Tatsächlich gehen nämlich im Grunde die wichtigsten Ereignisse dieser Monate schlicht über ihn hinweg. Just in einer Zeit, in der eine rasche Beobachtungsgabe und analytische Fähigkeiten ebenso gefragt sind wie die Bereitschaft, womöglich auch einmal ein politisches Wagnis einzugehen, ist Wilhelm mit seinem biederen Charakter und seinem schlichten Auffassungsvermögen weithin überfordert. Seine eigentliche Leistung, so formuliert es der Historiker Jürgen Angelow später einmal, bestand wohl darin, »in entscheidenden Momenten der Geschichte passiv geblieben zu sein und begabteren Köpfen den Vortritt gelassen zu haben«.[597]

Doch offiziell erscheint Wilhelm gerade in diesen Wochen als der siegreiche Feldherr, als der mächtigste Deutsche seiner Zeit, der demonstrativ den historischen Ort nutzt, an dem einst der »Sonnenkönig« Ludwig XIV. residierte. Und er ist vor allem in den Augen vieler preußischer Protestanten ein mächtiger *evangelischer* Herrscher. Immerhin hat es in der deutschen Geschichte noch nie einen protestantischen Kaiser gegeben – das soll sich jetzt ändern. Daran erinnert der königlich-preußische Hofprediger Bernhard Rogge am 18. Dezember 1870, als eine Delegation des norddeutschen Reichstags nach Versailles gekommen war, um Wilhelm die Krone des neuen Reiches anzutragen. An diesem festlichen Tag, dem letzten Sonntag vor Weihnachten, hält er in der Schlosskirche den dafür angemessenen Gottesdienst:[598]

> »Fast allsonntäglich saßen hier die evangelischen Fürsten Deutschlands, wie sie in so großer Zahl und auf so lange Zeit vielleicht seit den Reichstagen von Augsburg und Speyer nicht wieder zu gemeinsamen Gottesdiensten versammelt gewesen waren. Daß sie da saßen, vereint hier in der Kirche saßen, in der einst in dem Herzen Ludwigs XIV. der düstere Fanatismus genährt und geschürt worden war, der in der Aufhebung des

> Edikts von Nantes und der Vertreibung der Hugenotten seinen Triumph feierte – der mächtigste protestantische Fürst der Welt auf dem Sessel, der einst den Thron des Sonnenkönigs zierte, das alles war an sich schon eine gewaltige Predigt!«

Die historische Vertreibung der protestantischen Hugenotten, als Untat eines katholischen französischen Königs im späten 17. und frühen 18. Jahrhundert, wird in den Augen des Hofpredigers jetzt sozusagen wieder wettgemacht durch die symbolische Inbesitznahme des Ortes durch den »mächtigsten protestantischen Fürsten der Welt«. So ist die Kaiserproklamation am 18. Januar 1871 also auch ein Moment protestantischer Genugtuung.

Aber in erster Linie ist es ein Ereignis des deutschen Hochadels: Preußische Prinzen, der Großherzog von Baden, zahlreiche Herzöge und Erbgroßherzöge ebenso wie die Prinzen Luitpold, Otto und Leopold von Bayern oder Georg von Sachsen – insgesamt 30 Fürsten sind gekommen, um der Kaiserproklamation den herrschaftlichen Rahmen zu geben.[599] Zudem sind die führenden Generäle sowie weitere ausgewählte Militärs und die Fahnenträger der einzelnen Regimenter geladen. Vor dem Schloss fahren die Karossen mit den fürstlichen Gästen vor, was allerdings auch an diesem Tag heißt, dass sich die Kutschen zuweilen zwischen Kriegsfuhrwerken und Proviantladungen einen Weg zum Schloss bahnen müssen. Denn in Hörweite verläuft die Front, und die grollenden Donner der Geschütze sind deutlich zu hören, obwohl sich die Deutschen an diesem Tag mit der Beschießung erkennbar zurückhalten.[600]

Was dem einen Kriegslärm ist, womöglich lästig erscheint angesichts der anstehenden feierlichen Zeremonie, ist anderen augenscheinlich Musik in den Ohren. Hofprediger Bernhard Rogge erfreut sich regelrecht, dass nicht Glocken, sondern »die Batterien unserer Belagerungsartillerie« den großen Tag einläuten.[601] Was der protestantische Gottesmann für einen angemessenen Glockenersatz hält, bedeutet für die Menschen im eingeschlossenen Paris hingegen Angst, Verwundung und Tod. Der Schriftsteller Edmond de Goncourt notiert in diesen Stunden, nur wenige Kilometer vom Ort der Kaiserproklamation entfernt, folgende Beobachtung in seinem Tagebuch:[602]

> »Jetzt sind's nicht verirrte Granaten mehr wie in den vergangenen Tagen, es ist ein Regen von Blei, der mich nach und nach umfängt und umschließt. Rings um mich herum platzen, so hundert, nein fünfzig Schritt entfernt, Geschosse, auch am Bahnhof, in der Rue Poussin, wo einer Frau gerade das Bein weggerissen wird.«

Aber mit diesen Details des Krieges wollen sich die Deutschen im Versailler Schloss heute nicht beschäftigen. Ohnehin haben gerade die deutschen Militärs das sichere Gefühl, dass sie im Rückblick auf den Sommer und den Ausbruch des Krieges alles richtig gemacht haben; ihre Kriege seit 1864 haben nach ihrer Einschätzung diesen Tag der Kaiserproklamation letztlich erst möglich gemacht. Es ist eben auch ein großer Tag für die Militärs. Einige Offiziere haben für diesen Anlass neue Ehrenzeichen erhalten und tragen sie stolz, einige Soldaten dürfen die Fahne ihrer Regimenter während der feierlichen Zeremonie präsentieren.

Eine Fahne ist an diesem Tag weit mehr als nur die symbolische Vertretung eines Regiments: die eines Füsilierbataillons des preußischen Königsgrenadier-Regiments. Sie ist innerhalb des Militärs bereits zu einem Mythos geworden, weil sie während der ersten großen Schlacht des Krieges, am 4. August 1870 in der Schlacht von Weißenburg, unter feindlichen Beschuss geriet und beschädigt wurde. Um Major von Kaisenberg, der als Fahnenträger schwer verwundet wurde, ranken sich wahre Heldengeschichten. Als er nach der siegreichen Schlacht von Kameraden sterbend aufgefunden wird, verlangt er nach den Resten der geretteten Fahne, um sie noch einmal küssen zu dürfen, ehe er später stirbt.[603]

Dieser Mythos soll Tapferkeit und Treue vor allem der preußischen Offiziere preisen und damit auch die wahre Geschichte der

Schlacht von Weißenburg verdecken: Bei dieser wie bei anderen Schlachten sterben beim Frontalangriff auf französische Stellungen ungeheuer viele Soldaten, nur durch das schier besinnungslose und skrupellose Ausnutzen ihrer zahlenmäßigen Überlegenheit erringen die Deutschen schließlich den Sieg. Dabei gehen die Offiziere bewusst den einfachen Soldaten voran, aber weil sie eben auch für den Feind besonders gut auszumachen sind, zählen sie oft zu den ersten Opfern. Dass ein Offizier die Fahne seines Regiments verteidigt und zu ihr eine besondere Beziehung hat, ist da nicht nur Propaganda. Die Fahne, vor allem eine im Kampf »verwundete« Fahne, ist in dieser Welt des militärischen Ehrenkodexes mehr wert als das eigene Leben![604] Und solche Fahnen erhalten zuweilen eine eigene Auszeichnung: Die im Krieg von 1866 von Kugeln getroffenen drei Fahnen des königlichen Grenadier-Regiments, so vermerkt es der Kriegsberichterstatter Theodor Fontane, trugen fortan silberne Bande, auf denen der Name der betreffenden Schlacht festgehalten wurde.[605]

An diesem 18. Januar 1871 soll neben anderen auch die »verwundete« Fahne von Weißenburg geehrt werden. Der offiziellen preußischen Überlieferung nach entdeckt sie der preußische König Wilhelm, als er gegen 12 Uhr das Schloss betritt und die Ehrenwache seines Grenadier-Regiments abschreitet. Der Monarch und Oberbefehlshaber bleibt vor dem Fahnenträger stehen, der nur noch »die obere Hälfte mit dem in Fetzen zerschossenen Fahnentuch« in der Hand hält:[606]

> »Der König nahm die Fahne, betrachtete sie und bemerkte, daß das Blut ihrer Verteidiger noch am Schafte sichtbar sei. ›Halte sie ja immer hoch!‹ mahnte der den Fahnen-Unteroffizier und befahl sodann, daß sie sogleich in den Spiegelsaal zu den anderen Fahnen getragen werde.«

Eine blutbefleckte Fahne als Kulisse seiner Ausrufung zum Kaiser – das ist ganz nach dem Geschmack des preußischen Königs.

Begleitet von Regimentsmusik, macht er sich auf den Weg in den Spiegelsaal. Dort soll zunächst eine kirchliche Feier den Festakt eröffnen, der sich dann unter Anwesenheit der Fürsten, der hohen Militärs und der Fahnenträger verschiedener Regimenter die Ausrufung des Kaisers anschließen wird. Wobei es noch in diesen Minuten nicht ganz klar ist, mit welchem Titel dieser Herrscher eigentlich seine neue Würde erhalten soll. Wird Wilhelm jetzt »Kaiser von Deutschland« oder etwas schlichter *nur* »Deutscher Kaiser«? Darüber ist ausgerechnet am Vorabend noch ein so heftiger Streit entbrannt, dass die beiden Hauptbeteiligten noch immer schlecht gelaunt sind: der preußische König Wilhelm und sein Kanzler Otto von Bismarck. Während der große Festakt naht, denken sie mit Schrecken an den vorherigen Abend – recht beigelegt ist der Konflikt auch in diesem Moment noch immer nicht!

Dabei wird der eigentliche Anlass des Disputs, die Frage des kaiserlichen Titels, längst überlagert von persönlichen Animositäten. Die beiden Männer kennen sich ja bereits recht lang, der König setzte Bismarck vor mehr als acht Jahren als Ministerpräsidenten ein, als er sich von diesem seine politische Rettung inmitten der schweren innenpolitischen Krise des preußischen Verfassungskonflikts mit den liberalen Kräften erhoffte – und nicht enttäuscht wurde. Monarch und Ministerpräsident sind in diesen Jahren ein erfolgreiches Duo geworden, auch weil sie sich in ihrer Gegensätzlichkeit ergänzen: Der intelligente Bismarck ist entschlusskräftig, zudem gleichermaßen kreativ wie skrupellos bei der Durchsetzung seiner Politik, während Wilhelm durchaus bereit ist, sich dem Ministerpräsidenten unterzuordnen und ihm auch dann zu vertrauen, wenn der wieder einmal riskante politische Unternehmungen wagt. Allerdings ist der König nicht bereit, einen einmal gefassten Entschluss zu revidieren. Was für ihn persönliche Gradlinigkeit ist, dürfte Bismarck zuweilen als bloße Starrköpfigkeit interpretieren.[607]

So war es auch am vorherigen Abend wieder einmal – jedenfalls wenn man Bismarcks Schilderungen Glauben schenken will. Der kocht noch immer vor Wut: Er sei diese herablassende Behandlung durch den König endgültig satt, klagt er gegenüber dem Großherzog von Baden, und sobald der Krieg endgültig vorbei sei, könne sich Wilhelm getrost einen anderen Kanzler suchen. Er jedenfalls wolle unter diesen Umständen nicht mehr den Büttel machen.[608] Aber es ist nicht das erste Mal, dass Bismarck mehr oder weniger offen mit seinem Rücktritt droht, und pikanterweise denkt auch der preußische König mehr als einmal in diesen Jahren daran, die Krone zugunsten seines Sohnes Friedrich Wilhelm niederzulegen – und das ebenfalls am vorherigen Abend. Er wolle auf jeden Fall »Kaiser von Deutschland« werden, hatte Wilhelm da gegenüber seinem Kanzler erklärt. Doch Bismarck bremst ihn: Aus Rücksichtnahme gegenüber den Bundesgenossen, von denen vor allem die Könige ausgesprochen sensibel auf Eingriffe in ihre Souveränität als Landesherren reagieren, plädiert er für die deutlich zurückhaltendere Bezeichnung »Deutscher Kaiser«. Dass die beiden Männer in dieser Frage uneinig sind, ist schon länger bekannt. Doch am Abend des 17. Januar 1871 muss eine Entscheidung her. So trifft man sich wieder einmal zum Gespräch.

Auch der preußische Kronprinz ist anwesend, wodurch die Stimmung allerdings keineswegs besser wird. Dieser unterstützt nämlich die Position Bismarcks, und dass er sich gelegentlich in das Gespräch zwischen seinem Vater und dem Kanzler einmischt, hilft Bismarck in seiner Argumentation nicht weiter. Vielmehr hat das, wie Bismarck sich später erinnert, nur »eine verschärfte Reizbarkeit des hohen Herrn zur Folge«. Dass der preußische König sich von seinem Ministerpräsidenten in politischen Dingen etwas sagen lassen muss, ist für ihn schon schlimm genug. Aber dass er überdies seinem Sohn – und dies auch noch vor Zeugen! – Konzessionen in einer so wichtigen Frage wie dem Kaisertitel machen soll, ist für Wilhelm als Oberhaupt der Hohenzollern-Familie eine nicht akzeptable Zumutung.[609]

Kein Wunder also, dass die Situation eskaliert. Seiner Frau schreibt Wilhelm am nächsten Tag, er sei in diesem Moment drauf und dran gewesen, »zurückzutreten und Fritz alles zu übertragen«.[610] Einem engeren Kreis ist längst bekannt, dass sich der 74-Jährige mit der neuen Kaiserwürde überhaupt nur schwer anfreunden kann. Auch seinem Hofprediger Bernhard Rogge gegenüber tritt er zwei Tage vor der Proklamation noch ein wenig wehleidig auf:[611]

> »Es wird mir recht schwer, mich in den neuen Titel zu finden, und ich hätte gewünscht, ihn für meine Person vermeiden zu können. Ich habe immer gedacht, daß erst mein Sohn ihn dereinst führen solle; aber die Verhältnisse haben sich nun einmal so gestaltet, daß ich die Annahme nicht umgehen kann.«

Kronprinz Friedrich Wilhelm als preußischer König und neuer Kaiser? Das kann keine ernsthafte Lösung sein. Und doch: Wilhelm ist in dieser Situation so verärgert über die Diskussion mit Bismarck, dass er ihr ein trotziges Ende bereiten will: »Er wolle Kaiser von Deutschland sein«, notiert Bismarck später, »oder gar nicht Kaiser sein.« Doch Bismarck resigniert nicht, sondern erteilt seinem König vielmehr eine sprachliche, dann grammatikalische Lehrstunde:[612]

> »Ich hob hervor, wie die adjectivische Form Deutscher Kaiser und die genitivische Kaiser von Deutschland sprachlich und zeitlich verschieden seien. Man hätte Römischer Kaiser, nicht Kaiser von Rom gesagt; der Czar nenne sich nicht Kaiser von Rußland, sondern Russischer, ›gesammtrussischer‹ (wserossiski) Kaiser. Das Letztere bestritt der König mit Schärfe, sich darauf berufend, daß die Rapporte seines russischen Regiments Kaluga stets ›pruskomu‹ adressirt seien, was er irrthümlich übersetzte. Meiner Versicherung, daß die Form der Dativ des Adjectivums sei, schenkte er keinen Glauben und hat sich erst nachher von seiner gewohnten Autorität für russische Sprache dem Hofrath Schneider überzeugen lassen.«

Der so demonstrativ geschurigelte Kaiser wird immer ärgerlicher, schließlich schlägt er auf den Tisch und sagt, es solle so geschehen, wie er es befiehlt. Das ist kein Ergebnis einer Diskussion, sondern ein königliches Machtwort: Der Herr Reichskanzler dürfe jetzt gern die Zeremonie für die Kaiserproklamation beauftragen, nur habe er unbedingt dafür zu sorgen, dass dabei nicht vom »Deutschen Kaiser« die Rede sein wird, sondern nur vom »Kaiser von Deutschland«. Damit sei die Sache entschieden. Damit ist die Sache entschieden? Der preußische König müsste seinen Kanzler doch eigentlich besser kennen …

Die »peinliche« Unterredung dieses Abends, wie der Großherzog Friedrich I. von Baden den Streit zwischen Wilhelm und Bismarck nennt, hat dermaßen viel Zeit in Anspruch genommen, dass die obligatorische abendliche Teegesellschaft beim König ausfallen muss. Damit allerdings fehlt es just am Vorabend des wichtigen Ereignisses auch an der Möglichkeit, den engeren Kreis von Beratern mit den neuesten Informationen auszustatten. Das betrifft auch den Großherzog von Baden, der hier in Versailles zu den Vertrauten des preußischen Königs zählt. Und er hat am folgenden Tag ja eine besondere Aufgabe, weil er für die versammelten deutschen Fürsten ein Hoch auf seinen preußischen Schwiegervater ausbringen soll. Da wäre es doch wohl das Mindeste, wenn er jetzt wüsste, wie der frischgebackene Kaiser denn nun angesprochen werden soll. Sowohl der preußische König als auch der Kronprinz lassen ihm am Morgen des 18. Januar 1871 mitteilen, dass Otto von Bismarck zwar die Bezeichnung »Kaiser von Deutschland« nicht wolle, seine Majestät aber von Friedrich I. ausdrücklich verlange, doch genau diese Bezeichnung zu gebrauchen, wenn dieser in wenigen Stunden wie geplant das Hoch auf den Kaiser aussprechen wird. Um einen Ausweg aus diesem Dilemma zu finden, hat der Großherzog nur noch wenig Zeit.[613]

Friedrich I. macht sich ratlos auf den Weg Richtung Spiegelsaal und nimmt sich vor, »die betreffenden Personen« noch unmittelbar vor der Feier zu finden. Zuerst läuft ihm – ganz sicher nicht zufällig – Otto von Bismarck über den Weg. Dieser nimmt ihn beiseite und erklärt ihm, der König habe doch dem Titel »Deutscher Kaiser« zugestimmt, als solchen solle man ihn also hochleben lassen. Doch der Großherzog lässt sich nicht so einfach instruieren: Das stimme doch wohl nicht, hält er Bismarck entgegen, der König selbst habe ihm gegenüber ausdrücklich den Wunsch geäußert, als »Kaiser von Deutschland« angesprochen zu werden. Bismarck ist entsetzt, dass sein Manöver augenscheinlich misslingt, er schäumt vor Wut, ist »ganz außer sich vor Ärger und klagte über den König und die Unmöglichkeit, auf solche Art Geschäfte zu machen«. Aber der Reichskanzler scheint an die Grenze seiner politischen Möglichkeiten gekommen zu sein. Es bleibt ihm nur, es dem Ermessen des Großherzogs zu überlassen, »das zu tun, was dieser schwierigen Lage entspricht«.[614]

Friedrich I. will noch einmal vermitteln und spricht kurz vor dem Eintritt in den Spiegelsaal auch den König noch einmal direkt an. Der ist zunächst einmal erbost »und äußert sich in heftigen Ausdrücken« über Bismarck. Aber der Großherzog rettet die Situation, indem er seine Absicht bekundet, das Hoch so auszusprechen, dass weder die eine noch die andere Bezeichnung darin vorkommt. So lasse sich das ganze Problem doch zumindest für den feierlichen Akt elegant umschiffen, oder? König Wilhelm ist zwar nicht begeistert, aber er gibt seinem Schwiegersohn freie Hand: »Du kannst das machen, wie Du willst«, antwortet er ihm, »ich werde mich später doch nur so nennen, wie ich es will, nicht wie Bismarck es bestimmen will.« Friedrich I. ist mit dieser Antwort nur sehr begrenzt geholfen. Er soll machen, was er für richtig hält? Ein letztes Mal unternimmt er den Versuch, sich des richtigen Vorgehens zu versichern. Es ist allerhöchste Zeit, denn der König fordert die inzwischen versammelten Fürsten bereits dazu auf, ihm zum feierlichen Akt in den großen Saal zu folgen. Die erlauchte Gruppe setzt sich in Bewegung, und der Großherzog schreitet neben dem preußischen Kronprinzen. Diesem macht er bei dieser Gelegenheit noch rasch den Vorschlag, einfach nur ein Hoch auf

»Kaiser Wilhelm« auszubringen und damit das Problem des »richtigen« Titels schlicht zu umgehen. Der Kronprinz ist offensichtlich einverstanden, die Situation scheint zunächst gerettet.[615]

Wenn diese Darstellung des Großherzogs von Baden tatsächlich zutrifft, dann wissen zu dieser Stunde weder der König von Preußen noch Otto von Bismarck, wie während des Festakts das protokollarisch so wichtige Hoch auf den neuen Kaiser ausfallen wird. Zudem betreten beide mit einer gehörigen Portion Groll auf den anderen den Spiegelsaal. Aber vielleicht mag die nun anstehende kirchliche Feier versöhnend wirken: Der König positioniert sich vor dem provisorischen Altar, der vor dem mittleren Fenster des Saales aufgebaut ist. In einem Halbkreis hinter ihm versammeln sich die Fürsten, ansonsten ist der Saal vor allem mit Militärs gefüllt. So stehen links und rechts vom Altar zahlreiche Unteroffiziere und Soldaten, die anlässlich dieses Tages mit dem Eisernen Kreuz ausgezeichnet worden sind.[616] Zum Einzug hat sich der König den 66. Psalm gewünscht, und so singt ein Chor von Soldaten »Jauchzet Gott, alle Lande!«. Daraufhin stimmt die gesamte Versammlung das Loblied »Sei Lob und Ehr dem höchsten Gut« an.[617]

Die Stimmung scheint prächtig zu sein, die Soldaten und ihre symbolträchtigen Fahnen sind entsprechen drapiert, Gott wird mit einem kraftvollen Lied gelobt – und jetzt tritt Hofprediger Bernhard Rogge vor, um für den weltlichen Machtanspruch um himmlischen Segen zu bitten. Der 39-jährige Theologe (und Schwager des Kriegsministers Albrecht von Roon) hat als Divisionsprediger schon den Krieg von 1866 und nun wieder den Krieg gegen Frankreich begleitet. Er ist stolz auf die heutige Gelegenheit, mit einer Weiherede seinen Beitrag zur »weltgeschichtlichen Bedeutung jener Feierstunde«, wie er es nennt, leisten zu können. Rogge nimmt das historische Datum des 18. Januar 1701 zum Anlass, um zunächst einmal Gottes konkretes Wirken in der Welt zu loben – nämlich in Form des preußischen Königtums:[618]

> »Die Königswürde, die an diesem Tage dereinst gegründet wurde, Du hast sie zu einer Königsmacht werden lassen, die in der Geschichte ihres Gleichen sucht. Du hast zu Trägern dieser Krone Herrscher berufen, die bald in der eisernen Zucht ernster Strenge und stillen Fleißes, bald im kühnen Adlerfluge hohen Strebens, bald in zäher Ausdauer und ausharrender Geduld in den Bedrängnissen und Kämpfen schwerer Zeiten ihrem Volke vorangegangen sind.«

Das ist geschichtspolitische und theologische Lobhudelei auf höchstem Niveau, und dem preußischen König Wilhelm wird es sicherlich gefallen haben, dass so leidenschaftlich von seinen Ahnen geschwärmt wird. Andere Anwesende mögen in diesem Moment eher schlucken: Nicht erst jüngst haben ja Bayern, Württemberger oder Badener wie zuvor etwa auch die Sachsen den hier zitierten »kühnen Adlerflug« eines preußischen Königs erleben müssen – allerdings in einem von ihnen verlorenen Krieg. Und ob ausgerechnet sie den hier aufgezählten preußischen Tugenden in gleichem Maße etwas abgewinnen können wie der begeisterte Hofprediger? Der hält sich mit derlei Fragen allerdings nicht auf und schwärmt lieber weiter von den alten preußischen Herrschern und ihrer göttlichen Sendung – und dabei ignoriert Rogge geflissentlich den in dieser Ahnenreihe ja nicht unwichtigen Friedrich den Großen, vermutlich weil dieser ja bekanntermaßen nie an einen Gott geglaubt hat:[619]

> »Herrscher, die den Geist der Gottesfurcht und der christlichen frommen Sitte, den Geist der sich selbstverleugnenden Liebe und Hingebung bis in den Tod, des stillen Fleißes und des unermüdlichen Strebens, des pünktlichen Gehorsams und der gewissenhaften Treue in unserm Vaterland gepflegt und großgezogen haben.«

Solche Herrscher wünschen sich nun die Deutschen? Ihre aktuellen Fürsten jedenfalls sind an diesem Tag zunächst einmal wie fremde

Herrscher in diesen Spiegelsaal eingezogen. Doch die hier versammelten Preußen haben der Pracht und der Geschichte des Ortes kaum etwas entgegenzusetzen – wenn man so will, ist dieser Spiegelsaal für sie schlicht eine Nummer zu groß. Als der erste preußische König sich noch aus Sorge vor etwaigen Ansprüchen Polens umständlich »König *in* Preußen« nennen musste und damit an den geschichtsträchtigeren und mächtigeren Höfen Europas spöttische Heiterkeit erregt hatte,[620] residierte in Versailles bereits seit Jahrzehnten Ludwig XIV. Wo einst ein ungeahntes Mäzenatentum eines französischen Königs Wissenschaft und Kunst förderte und der monarchische Absolutismus Macht und Repräsentation zelebrierte, trumpfen nun die Preußen mit ihren Tugenden auf: Gottesfurcht und christliche Frömmigkeit, Fleiß, Gehorsam und Pünktlichkeit. Ob sich der »Sonnenkönig« Ludwig XIV. bei einem seiner legendären Feste mit den Gästen aus Preußen einen schönen Abend hätte machen können? Vermutlich nicht.

Aber die Preußen und ihre Deutschen wollen sich ja gerade abgrenzen. Sie sind anders als die Franzosen mit ihrem historischen Sonnenkönig – aber sie sind ganz sicher von Gott auserwählt. Auch jetzt wieder geben sich die Preußen als wahre Gotteskrieger: Der Herr hat Preußen von »kleinsten und unscheinbarsten Anfängen« zu der heutigen Machtstellung geführt, so predigt Bernhard Rogge weiter. Diesen Ort hätten die französischen Könige einst »zu einem Götzentempel der irdischen Majestät gemacht«, die Preußen hingegen träten hier gegen allen Hochmut und Eitelkeit in tiefer Demut gegenüber Gott und seinem Willen auf. Nicht der Wille eines irdischen Königs geschehe, sondern allein durch Gottes Willen regierten die Könige. Die preußischen Herrscher und mit ihnen alle Deutschen könnten sich dieser Sendung Gottes sicher sein: »Der Herr hat Großes an uns gethan«, so Hofprediger Rogge, »des sind wir fröhlich!«[621] Damit haben die Fremden im Spiegelsaal moralisch den Spieß umgedreht: Sie sind jetzt die Mächtigen, sie sind diejenigen, die vor Gott und der

Geschichte als Sieger dastehen – sie sind »fröhlich«. Und sie werden zu Zeugen, dass sich hier und heute göttlicher Wille vollziehe:[622]

> »In dem Werke, das sich heute in dieser Stunde und an dieser Stätte vor unsern Augen vollziehen soll, sehen wir das Ziel erreicht, auf das Gottes Vorsehung in der Geschichte unseres Vaterlandes und Königshauses seit jener Krönung von Königsberg, der wir heute gedenken, uns hingewiesen hat.«

Abschließend erbittet Rogge noch den Segen Gottes für das Deutsche Reich samt seinen Fürsten und Völker, auf dass Deutschland zu einem Hort des Friedens werde. Doch zuvor möge der Herr weiter mit den deutschen Heeren in die Schlachten ziehen und ihre Waffen bis zur völligen Überwindung des Feindes segnen.[623] Amen.

Für einen gelungenen protestantischen Gottesdienst fehlt noch ein entsprechendes Schlusslied, und so erklingen aus den Männerkehlen, begleitet von den aufmarschierten Musikkorps, die drei Strophen des Chorals »Nun danket alle Gott!«. Die Krankenschwester Sara Hahn, die sich mit den vier anderen Frauen weiterhin hinter den Fahnenträgern versteckt hält, erfreut sich »des bei allen norddeutschen feierlichen Gelegenheiten üblichen Liedes«. Und ihr spricht sicher der Hofprediger Rogge auch aus dem Herzen; allerdings sieht sie ja selbst, dass in diesem Saal nicht nur Preußen, sondern »Deutsche« versammelt sind, und so muss sie sich eingestehen, dass die Predigt sicherlich »für ein hyperpatriotisches Bayernherz zu preußisch« geklungen haben dürfte.[624] Aber gleichwohl – ihr hat sie gefallen. Andere sind da kritischer. Der preußische General Paul Bronsart von Schellendorff hat nach eigenen Worten eine lange, »aber ziemlich schwache Rede« gehört. Nur am Schluss habe sie sich »ein wenig auf die Höhe des Moments« erhoben. Er hat sogar Zeit, sich angesichts der fast vollständig in diesem Saal versammelten Generäle auszumalen, wie ein plötzlich notwendiger militärischer Ausfall die ganze Feier wohl gestört hätte. Doch damit ist ja letztlich nicht zu rechnen, weil auch an der nahen Front aufgrund des einsetzenden Tauwetters »furchtbarer Dreck« herrscht und damit ein französischer Angriff denkbar unwahrscheinlich ist.[625]

So stört kein Feind die weitere Feier, und jetzt kann der Kaiser ausgerufen werden. Dazu müssen sich die Versammelten neu sortieren, denn König Wilhelm schreitet nun vom Altar zum aufgebauten Podest und bittet die Fürsten ebenfalls hinauf, während alle anderen in einem Halbkreis vor dem Podest Aufstellung nehmen. Es entsteht großes Gedränge auf dem Podest, auf dem ja auch noch die zahlreichen Fahnenträger stehen. Zwei von ihnen fordert König Wilhelm zudem dazu auf, sich direkt hinter ihm zu postieren. Die Aufregung ist allen Beteiligten anzumerken. Besonders groß dürfte sie allerdings bei den einzigen Frauen sein, die – unerlaubterweise – dem feierlichen Akt zuschauen: Nur wenige Meter vom neuen Kaiser entfernt verstecken sich noch immer Sara Hahn und die vier anderen Neuendettelsauer Diakonissen hinter den Fahnenträgern. Sie haben Wilhelm die Stufen auf das Podest heraufsteigen und seinen Platz einnehmen sehen. Die Frauen ducken sich ein wenig, damit sie nicht entdeckt werden, und so lauschen sie gebannt dem weiteren Geschehen. Sara Hahn schreibt später:[626]

> »Lautlose Stille! Zum ersten Male in meinem Leben höre ich ihn reden, den Gefeierten, den Geliebten seines Volkes, Wilhelm den Siegreichen! Wir stehen ja keine drei Schritte hinter ihm. Seitwärts gewendet, so daß wir sein Profil sehen können, verkündet der greise Held, daß Bayerns Monarch den anderen Bundesgenossen vorangegangen und im Einverständnis mit jenen ihm die Kaiserkrone angetragen habe. In seiner Hand zittert das Blatt, von dem er liest. Dem aufmerksamen Ohr entgeht auch nicht, wie trotz der männlichen Stärke die Stimme schwankt.«

Wilhelm liest nicht viel, er dankt noch den Fürsten und erklärt, dass er die angebotene Krone des Reiches für sich und seine Erben annehmen wolle und dass alles andere in einem Manifest an das deutsche Volk formuliert sei, das jetzt der Kanzler des neuen Reiches, Otto von Bismarck, vortragen werde. Bismarck, der direkt unter dem Podest steht, tut wie geheißen. Er tritt einige Schritte vor, verbeugt sich vor seinem erhöht vor ihm stehenden König und erklärt in dessen Namen, dass dieser nun bereit sei, die »mehr denn sechzig Jahre ruhende Deutsche Kaiserwürde zu erneuern und zu übernehmen«:[627]

> »Wir übernehmen die kaiserliche Würde in dem Bewußtsein der Pflicht, in deutscher Treue die Rechte des Reiches und seiner Glieder zu schützen, den Frieden zu wahren, die Unabhängigkeit Deutschlands, gestützt auf die geeinte Kraft seines Volkes, zu verteidigen.«

Kaiser Wilhelm verspricht seinen »Deutschen« also, den Frieden zu wahren. Doch noch ist Krieg. Und so bleibt dem Monarchen nur die Hoffnung, dass »dem deutschen Volke vergönnt sein wird, den Lohn seiner heißen und opfermütigen Kämpfe« einst in Grenzen genießen zu können, »welche dem Vaterlande die seit Jahrhunderten entbehrte Sicherung gegen erneute Angriffe Frankreichs gewähren«.[628]

Nach dieser Ansprache kommt der große Moment des Großherzogs von Baden, der sich vor seinem Kaiser und Schwiegervater verneigt und von ihm sodann die Erlaubnis erhält, sich an die Versammlung zu wenden. Jetzt kann er endlich die kaiserliche und königliche Majestät hochleben lassen, nämlich »Kaiser Wilhelm«:[629]

> »Seine Kaiserliche und Königliche Majestät, Kaiser Wilhelm, lebe hoch! hoch! hoch!«

Damit hat Friedrich I. alle Klippen des gestrigen Titelstreits geschickt umfahren, und niemand im Saal dürfte von diesen Differenzen des engsten Kreises etwas gespürt haben. Die Anwesenden lassen den neuen Kaiser ebenfalls lautstark hochleben, dem jetzt alle Fürsten persönlich huldigen. Der preußische Kronprinz fällt vor seinem Vater sogar auf die Knie und küsst ihm die Hand, es folgen Umarmung und ein väterlicher Kuss auf die Wange. Jetzt und auch bei den folgenden Huldigungen fließen dem neuen mächtigen Mann im Reich immer wieder die Tränen, die er mit seiner vom Handschuh bedeckten rechten Hand wegwischt.[630] Gratulation folgt auf Gratulation, majestätisch nimmt Wilhelm sie entgegen. Eine Verbeugung für jeden Gratulanten, das dauert; Krankenschwester Sara Hahn jedenfalls tut der alte Mann fast ein wenig leid:[631]

> »Der deutsche Kaiser stand in fortwährendem Hauptneigen, während alle Anwesenden im Saal nacheinander vortraten, eine tiefe Verbeugung schweigend machten und sich wieder zurückzogen. Es mochte ihm schier sein kaiserliches Genick weh tun.«

Es vergeht viel Zeit mit Glückwünschen und erstem Geplauder, bei dem vor allem der preußische Kronprinz sich mit wachsender Freude daran gewöhnt, jetzt ebenfalls mit »Kaiserliche Hoheit« angesprochen zu werden. Die Gespräche dauern wohl länger als erwartet, denn als im Vorsaal ein Musikkorps den an die Zeiten von Friedrich dem Großen erinnernden »Hohenfriedberger Marsch« anstimmt, stört die erlauchte Musik doch die Unterredungen so sehr, dass die Musikeinlage unterbrochen wird. Erst als wirklich alle Gespräche geführt und alle Glückwünsche ausgesprochen sind und der Kaiser den großen Saal verlässt, darf der Marsch des großen Ahnen wieder intoniert werden.[632]

Auch nach dem Ende des offiziellen Akts ist der Disput zwischen Kaiser Wilhelm und Reichskanzler Bismarck noch immer spürbar. Der Monarch ist immer noch knurrig, und deshalb begeht er ausgerechnet in diesem Moment einen persönlichen Affront: Er steigt vor dem Verlassen des Spiegelsaals die wenigen Stufen von dem Podest herunter, um den vor ihm versammelten Generälen die Hand zu schütteln – an dem dort ebenfalls wartenden Otto von Bismarck, der eben noch seine Deklaration an das deutsche Volk für ihn verlesen hat, geht er allerdings demonstrativ grußlos vorbei. Bismarck beschreibt noch Jahre später in seinen Erinnerungen, wie der Kaiser »beim Herabtreten von dem erhöhten Stande der Fürsten mich, der ich allein auf dem freien Platze davor stand, ignorierte, an mir vorüberging, um den hinter mir stehenden Generalen die Hand zu bieten«.[633]

Doch dies ist Ausdruck einer vor allem persönlichen Animosität – über den grundsätzlichen politischen Kurs sind sich die beiden ja einig, auch wenn die Kaiserproklamation eine schwere Geburt war. Otto von Bismarck, der den Jahreswechsel noch auf dem Krankenlager erlebte, hat in den vergangenen Tagen viel Kraft gelassen. Er ist von seiner Arbeit als »Geburtshelfer« des Kaisertums erschöpft, schreibt er am 21. Januar 1871 seiner Frau:[634]

> »Mein Liebling, ich habe Dir schrecklich lange nicht geschrieben, verzeih, aber diese Kaisergeburt war eine schwere, und Könige haben in solchen Zeiten ihre wunderlichen Gelüste, wie Frauen, bevor sie der Welt hergeben, was sie doch nicht behalten können. Ich hatte als Accoucheur [Geburtshelfer] mehrmals das dringende Bedürfnis, eine Bombe zu sein und zu platzen, daß der ganze Bau in Trümmer gegangen wäre.«

Bismarck ist ein effektiv arbeitender Machtmensch, den unnütze Debatten mit Monarchen oder anderen Zeitgenossen ermüden und zuweilen regelrecht krank machen. Aber sein Einsatz hat sich politisch gelohnt – wenige andere sind von dem königlich-kaiserlichen Spektakel im Spiegelsaal hingegen regelrecht schockiert. Zu ihnen zählt der bayerische Prinz Otto, der der ganzen deutschen

Einheit samt einem preußischen Kaiser ohnehin nichts abgewinnen kann. Seine Eindrücke vom 18. Januar 1871 schildert er in einem Brief seinem Bruder, König Ludwig II. von Bayern:[635]

> »Ach, Ludwig, ich kann Dir gar nicht beschreiben, wie unendlich weh und schmerzlich es mir während jener Zeremonie zumute war, wie sich jede Phase in meinem Innern sträubte und empörte gegen all das, was ich mit ansah … Welchen wehmütigen Eindruck machte es mir, unsere Bayern sich da vor dem Kaiser neigen zu sehen.«

Die ganze Veranstaltung, die andere als prunkvoll und angemessen würdig empfinden, wirkt auf Prinz Otto regelrecht abstoßend. »Alles so kalt, so stolz, so glänzend, so prunkend und großtuerisch und herzlos und leer«, im Grunde meint er: so preußisch eben. Er ist heilfroh, als er sich nach der Proklamation durch die »Knäuel« der Kaiserfreunde hindurchdrängen kann, »eng und schal« ist es im Saale, »erst draußen in der freien Luft atmete ich wieder auf«.[636]

Doch mag der bayerische Prinz auch leiden – das Reich und die Herrschaft des neuen Kaisers sind eine neue politische Realität. Bayern erleidet in diesem Moment auch eine geschichtspolitische Niederlage, weil sich ein spezifisch preußisch-kleindeutsches Geschichtsbild von einem »Reich« durchgesetzt hat. Zentral für die Reichsgründung wird die Erzählung von der »Wiederauferstehung« eines deutschen Reiches, dessen Wurzeln weit ins Mittelalter zurückreichen. Wilhelm I. erscheint in dieser Interpretation als Nachfolger der zahlreichen Kaiser, die deutsche Geschichte gemacht haben sollen – bis zurück zu Karl dem Großen; die Geschichte ist damit ein unverzichtbares Instrument der preußisch-deutschen Reichserzählung. Einen erheblichen Anteil daran hat der Historiker Heinrich von Treitschke, der sich nicht nur fachlich der preußischen Sache verbunden fühlt. Bei Kriegsbeginn 1866 ist er Professor an der Universität Heidelberg, doch er bittet umgehend um seine Entlassung aus dem badischen Staatsdienst, weil es ihm unmöglich scheint, »Staatsdiener zu bleiben in einem Staate, der gegen Preußen, gegen die gute Sache der deutschen Nation Krieg führt«.[637] Treitschke gibt offen zu, dass er selbst die 1870 ausgehandelten Verträge mit den süddeutschen Staaten lediglich als eine Übergangslösung betrachtet. Tatsächlich erwartet er letztlich das Ende der Monarchien in Württemberg und Bayern; diese hätten mit ihrer Zustimmung in Versailles »nur einen kräftigen Lebensversicherungsvertrag geschlossen«, ohne dass sie allerdings neue Zukunftsfähigkeit erworben hätten:[638]

> »Die tüchtigen Leistungen der bairischen und würtembergischen Truppen beweisen nur, wie gewaltig ein starker nationaler Staat Alle die ihm dienen emporhebt und kräftigt; für die Lebensfähigkeit der Königskronen von Baiern und Würtemberg beweisen sie gar nichts. Der Verwesungsproceß der Kleinstaaterei wird fortdauern; nach wie vor werden die freien Geister der Nation den kleinen Kronen feindselig oder gleichgültig gegenüberstehen.«

Treitschke sieht Deutschland von Neidern umzingelt, weil kein anderes Land so großartig sei wie eben der deutsche Nationalstaat. Und weil die anderen die deutschen Leistungen hinsichtlich des Wohlstandes und der Wehrkraft, der Staatsmacht, der Bildung oder des Glaubens sehr genau wahrnähmen – »darum hassen sie uns«. Allein die USA will der Historiker als ebenbürtig anerkennen, weil diese ebenso wie das Deutsche Reich einer »großen und freien Zukunft« entgegenschauten. Aber das verwundert Treitschke in seiner nationalistisch-rassistischen Wahrnehmung auch nicht weiter, schließlich könnten diese »beiden modernsten Staaten« als die »jugendkräftigen Träger germanisch-protestantischer Gesittung« gelten.[639]

In der geschichtspolitischen Begründung des neuen Kaiserreichs werden selbst die alten Germanen beschworen: Ein Berichterstatter des *Augsburger Tageblatts* kann sich beim Anblick der Bevölkerung von Paris mitten im Krieg »des Gedankens nicht enthalten, die heutigen Franzosen mit jenen Römern zu vergleichen, deren Weltherrschaft Germaniens kraftvolle Urväter zertrümmert haben«.[640] Doch diese und andere geschichtliche Konstruktionen überzeugen nicht alle Zeitgenossen. In der sozialistischen Zeitschrift *Der Proletarier* findet sich die Zurückweisung solcher angeblichen Parallelen:[641]

> »Ein deutsches Kaiserthum ist ein geschichtlicher Irrthum: ein solches hat nie bestanden. Am 6. Aug. 1806 legte der österreichische Kaiser Franz seine Würde als König der Deutschen nieder, weil er nicht mehr dem nöthigen Zutrauen entsprechen, noch seine Obliegenheiten erfüllen konnte. Das am 18. Januar etablierte und mit Blut gekittete Versailler-Kaiserthum beruht einzig auf dem Willen, der großentheils in einer Schein-Souveränität belassenen Fürsten, und hat sich selbst zu einem erblichen gestempelt, denn wir wissen, daß die alte deutsche Königswürde einer Wahl der sieben deutschen Kurfürsten unterworfen war.«

Und wer die Würde des preußischen Kaisers infrage stellen will, so wie es die Absicht einer Zeitung in Österreich ist, der erinnert daran, dass ein erheblicher Teil der einstigen Kaiser des Reiches der Herrscherfamilie der Habsburger zuzurechnen ist, dass der Preuße Wilhelm indes geradezu ein dynastischer Em porkömmling sei, »dessen Vorfahren noch vor hundert Jahren Lehensvasallen der damaligen deutschen Kaiser waren«.[642] Überhaupt gibt es Zeitgenossen, die eben nicht wollen, dass sich die Geschichte des Reiches »wiederholt«. Sie wollen nicht den Weg zurück in eine neue Königs- oder Kaiserherrschaft antreten, sondern neue und zeitgemäße, zukunftsgewandte bürgerliche Freiheiten, eine parlamentarische Vertretung des Volkes und eine freie Presse.

Doch solche Debatten werden in der Öffentlichkeit an diesem 18. Januar 1871 und in den Tagen danach nicht geführt. Hier geht es zunächst einmal darum, wie der neue Kaiser in der Heimat gefeiert werden soll. Vor allem in Preußen ist der Jubel groß – in anderen Regionen des Reiches tut man sich hingegen offensichtlich schwerer. In Nürnberg beispielsweise sehen die Einwohner zwar beflaggte Häuser, doch zumindest die sozialdemokratische Presse will darin keine Begeisterung für das neue Kaiserreich sehen, sie spricht lieber von »nationalmiserablen« Hausbesitzern, die das Ereignis »mit zahllosen bunten Lappen« feiern.[643] Aus dem badischen Karlsruhe berichtet die *Freiburger Zeitung*, dass am frühen Abend des 18. Januar Kanonendonner und Glockengeläut den »großen weltgeschichtlichen Moment« in der Stadt verkünden und die Nachricht aus Versailles »die Flaggen in den Straßen« hervorrief. Doch die Zeitung muss mutmaßen, dass die frohe Kunde womöglich noch nicht alle Menschen in der Stadt erreicht hat, denn das Flaggen geschieht »nur vereinzelt«. Womöglich, so der Versuch einer Erklärung, könne es auch daran liegen, dass in Frankreich nach wie vor gekämpft werde.[644] Augenscheinlich trübt das Kriegsgeschehen zu einem gewissen Grad daheim die Begeisterung für das neue Reich und seinen Kaiser. So lästert etwa am 30. Januar 1871 *Das Bayerische Vaterland* über einige der zahlreichen Ehrungen und Geschenke, die auch in Bayern dem frisch gekrönten Kaiser zugedacht werden sollen. Die Idee, Wilhelm I. einen goldenen Lorbeerkranz zu schenken, wird als völlig unangebracht bezeichnet. Denn finanzielle Zuwendung könnten doch in diesen schweren Zeiten sehr viel eher die vielen Soldaten und ihre Familien gebrauchen:[645]

> »Da thut Hilfe noth! Wir wenigstens hielten es für angezeigt, daß es gescheidter, besser und humaner wäre, erst an die dringende Not der Armen, der eigenen Armen, an die gefährdete Existenz ganzer hungernder Familien, deren Ernährer Blut und Leben einsetzen müssen, zu denken und dafür zu sorgen, ehe man an goldene Lorbeerkränze für fürstliche Häupter denkt.«

Um das rechte Feiern der Kaiserproklamation entzünden sich gerade zwischen den Zeitungen der konkurrierenden politischen Lager heftige Konflikte. Mit Empörung etwa reagiert die badische *Freiburger Zeitung*, die sich durch begeisterte Zustimmung für die Erhebung des preußischen Königs zum Kaiser hervortut, auf die Berichterstattung der Kollegen vom *Mannheimer Anzeiger*, dem Sprachrohr der badischen Demokraten. Dort heißt es über das Bekanntwerden der Kaisererhebung:[646]

> »Wenn wir den Eindruck der Kaiserproclamation auf das Volk nach unserer Stadt beurtheilen dürfen, so wird keine Spur von Begeisterung zu verzeichnen sein. Vereinzelte Fahnen und bestelltes Glockengeläute – aber nirgends die freudige Erregung, welche documentierte, daß man einen Aufschwung des Vaterlandes begrüße oder wenigstens erhoffe.«

Für die kleindeutsch-preußisch gesinnte *Freiburger Zeitung* gießt da jemand »einen Tropfen schmutziger Brühe in den Becher der Freude«. Doch das alles sei völlig sinnlos, denn in Wirklichkeit sei dieser Tag doch der Moment, »an welchem ganz Deutschland mit freudigster Hoffnung seiner glänzenden Zukunft entgegenjauchzt«. Wer nicht in diesen Jubel einstimmt, der trete das Volk und dessen wahre Gefühle mit Füßen.[647]

Gleichzeitig erntet der neue Kaiser für seine Proklamation aus Süddeutschland durchaus Spott. In Berlin habe es nicht mehr Jubel gegeben als in den Königsstädten München oder Stuttgart, heißt es da – wohl wissend, dass in beiden Letzteren die Begeisterung begrenzt ist. Vielleicht wüssten die Preußen auch einfach nicht, wie man eine ordentliche Kaiserwahl stilvoll und begeisternd inszeniert – schließlich, so die unausgesprochene Häme, haben sie in ihrer Geschichte ja noch nie eine solche ausrichten dürfen. Deshalb sei der handwerkliche Fehler nachvollziehbar, einen Kaiser mitten im Winter zu krönen, weil das Volk bei grimmiger Kälte eben nicht feiern mag: »Dezemberkaiser enthusiasmieren nun ein- für allemal nicht«, heißt es in einer Stuttgarter Zeitung. Da hätte man die Süddeutschen fragen können – die hätten aufgrund ihrer ruhmreichen Geschichte, was deutsche Kaiser des Mittelalters betrifft, reichlich Erfahrung. Hatte man vor Jahrhunderten einen Kaiser oder König zu proklamieren, wie zum Beispiel den Franken Konrad oder den Staufer Friedrich, dann warteten die Herrscherhäuser klug »bis zum Sommer und zogen aus in die lachende Ebene zwischen Worms und Mainz, waren lustig und guter Dinge, wählten den Kaiser und schlachteten Ochsen und sangen erbauliche Lieder«.[648] Die Preußen, so suggeriert der Zeitungsartikel, seien halt dynastische Emporkömmlinge – ihre Unerfahrenheit in Fragen einer rechten Kaiserherrschaft müsse man ihnen eben nachsehen.

Dieser Versuch süddeutscher Überheblichkeit wirkt indes angesichts der neuen politischen Realität im Reich hilflos. Preußen weiß vielleicht nicht, wie und wann man am besten einen Kaiser ausruft, ganz sicher kann es keine lange dynastische Geschichte aufweisen – aber an diesem 18. Januar 1871 hat die preußische Führung einen entscheidenden politischen Sieg errungen. Und für Sara Hahn und die anderen vier Krankenschwestern der Neuendettelsauer Diakonie geht mit diesem Mittwoch einer der aufregendsten Tage ihres Lebens zu Ende. Sie haben den Kaiser gesehen, sie standen nur drei Schritte von ihm entfernt, sie haben ihn reden gehört und insgesamt einem historischen Moment beigewohnt. Dass sie dabei am Ende nur knapp der Entdeckung entgingen, berichtet Hahn später in einem Brief: Nach der Gratulation durch die Anwesenden im Spiegelsaal dreht sich der neue Kaiser nämlich unvermittelt zu den Fahnenträgern um, die bislang hinter ihm auf dem Podest standen, um nacheinander kurz auch mit diesen Männern zu sprechen, hinter denen sich die Diakonissen verstecken. Den Krankenschwestern wird »etwas schwül zu Mute«. »Wir duckten uns«, sie fürchten, jeden Moment könne ihre unbotmäßige Anwesenheit auffallen – doch schließlich macht der Kaiser wieder kehrt, steigt vom Podest hinunter und verlässt den

Spiegelsaal, der sich jetzt zusehends leert. Die Erleichterung bei den Krankenschwestern ist groß, doch müssen sie gerade in diesem Moment ein letztes Mal aufpassen:[649]

> »Wir standen noch immer hinter den Fähnrichen und machten wieder lange Hälse. Plötzlich wie ein Mann marschierten sämtliche Fähnriche ab durch den Saal. Da standen wir unbedeckt und hatten nichts eiligeres zu tun, als so schleunig wie möglich hinter den rotsamtenen Kulissen zu verschwinden und den Rückzug anzutreten – ein höchst ergötzlicher Moment.«

Aber es ist ja alles noch einmal gut gegangen. Für Sara Hahn und die anderen vier Krankenschwestern, für den neuen Kaiser, der nun nicht »Kaiser von Deutschland« heißt, für den »Geburtshelfer« Bismarck und womöglich auch für die vielen anderen Anwesenden. Die Krankenschwestern müssen außerdem wieder an die Arbeit gehen, denn unweit des Kaiserspektakels geht das Leiden der Verwundeten ja weiter. Die müssen auch nach diesem Festtag gepflegt und mit Medikamenten versorgt werden. Und während im Spiegelsaal die Anwesenden Weltgeschichte schreiben wollen, leiden deutsche und französische Soldaten weiter. Die *Freiburger Zeitung* meldet zwei Tage später über das Geschehen im elsässischen Mülhausen:[650]

> »In der vorgestrigen Nacht kamen ungefähr 70 Wagen aus Viller-Sexel hier an; sie enthielten verwundete Preußen und Franzosen, wie man sie gerade auf dem Schlachtfeld gefunden hatte. Da die bisher hier bestandenen zwei Militärlazarethe bereits überfüllt waren, so mußte in der Eile ein drittes, ganz nahe beim Bahnhofe zu ihrer Aufnahme eingerichtet werden.«

Der Krieg ist noch nicht zu Ende, und die Zustimmung zum Krieg ist bedenklich gesunken – sowohl bei den Soldaten an der Front als auch bei den Zivilisten daheim. Am 18. Januar 1871 ist noch nicht absehbar, wann das Kämpfen endgültig beendet sein wird. Wilhelm von Preußen ist an diesem Tag, auch wenn er sich mit heimischen Fürsten und Soldaten umgibt, ein Fremder im geschichtsträchtigen Spiegelsaal von Versailles. Und sein Reich und seine Herrschaft stehen ja noch am Anfang. Inwieweit den Deutschen daheim das neue Reich und ihr neuer Kaiser fremd bleiben werden, muss sich erst noch zeigen.

»Hier sitzt der Feind zum Theil noch in unserem eigenen Lande, und es erfordert großen Muth, auch diesen Kampf zu Ende zu führen.«

Der nationalliberale Abgeordnete Carl Eckhard 1871 im Deutschen Reichstag[651]

8

21. März 1871

Die Reichsfeinde nehmen Platz

Endlich geht es nach Hause! Nach langen Monaten in Frankreich, nach einem Krieg, der mit größter Härte und Verbissenheit geführt wurde, und nach einem kalten Winter und Weihnachten in der Fremde heißt es nun in die Heimat zurückkehren zu dürfen. Jedenfalls für Wilhelm, den König von Preußen und seit gut zwei Monaten überdies Kaiser des neuen Deutschen Reiches. Während die Soldaten aus Preußen und den anderen deutschen Mitgliedstaaten noch in Frankreich bleiben müssen, kann sich der 73-jährige Monarch nun auf den Weg Richtung Berlin machen. Es ist Mitte März, am 22. des Monats feiert Wilhelm I. seinen Geburtstag – und an so einem besonderen Tag ist verständlicherweise auch ein Kaiser gern bei Frau und Kindern. Und wenn ihn bei der Gelegenheit auch noch sein dankbares Volk als siegreichen Kriegsherrn und Vollender der deutschen Einheit hochleben ließe, wäre ihm das ebenfalls willkommen. Und die Vorbereitungen dafür laufen schon auf vollen Touren …

Doch es gilt nicht nur den kaiserlichen Geburtstagsjubel vorzubereiten. Neben dem geplanten Friedensschluss mit Frankreich muss daheim die deutsche Einheit politisch vollendet werden. Bei einigen Problemen allerdings hat man keine Erfahrungen damit, wie sich diese am besten lösen lassen. »Inzwischen zupft mich alles noch am Rockschoß«, beklagt sich Otto von Bismarck in einem Schreiben an seine Frau, »und plagt mich mit Fragen, die Niemand beantworten kann.«[652] Jetzt im März 1871 würde der Reichskanzler gern einmal nach Berlin reisen, weil die Einberufung des neuen Deutschen Reichstags vorzubereiten ist. Dessen Mitglieder müssen unter anderem noch die Verfassung des neuen Reichs verabschieden. Allein schon die feierliche Eröffnung dieses gesamtdeutschen Parlaments will minutiös geplant sein; Kaiser Wilhelm und Reichskanzler Bismarck sind übereingekommen, den Reichstag am 21. März 1871 zu eröffnen, also einen Tag vor Kaisers Geburtstag.[653]

Doch zunächst will Kaiser Wilhelm in der Fremde noch einmal seine siegreichen Truppen sehen. Er liebt solche Besuche, und Bismarck gegenüber verweist er auf sein hohes Alter und seine »letzte« Chance in dieser Hinsicht: In den nächsten Jahren werde es vermutlich keine weitere Gelegenheit mehr geben, Truppenparaden in einem solchen Umfang wie jetzt in Frankreich veranstalten zu können – und wenn, dann werde er das angesichts seines hohen Alters wohl nicht mehr erleben. Auch wenn Bismarck keinen Grund sieht, weshalb Wilhelm »nicht über 80 werden sollte«,[654] will der Kaiser noch einmal das Gefühl des siegreichen Feldherrn auskosten. Während sich also Otto von Bismarck in wichtigen Staatsgeschäften eiligst auf den Weg nach Berlin macht, nimmt sich Wilhelm I. nach seinem Truppenbesuch in den nun folgenden Tagen die Zeit zu einem regelrechten Triumphzug zurück in das Reich.

Dabei kommt der Kaiser in den imperialen Genuss, dass bei seiner Rückkehr die Grenzen Deutschlands nach Westen verschoben worden sind: Er überschreitet die Grenze bei Metz, das zu Beginn des Krieges noch eine französische Stadt war, in Zukunft aber zum neu geschaffenen Reichsland Elsass-Lothringen gehört. Hier betritt der Kaiser »sein« Reich, unter feierlichem Kanonendonner zieht er in der Stadt ein oder – wie es in der offiziellen deutschen

Propaganda heißt – »in dem neu erworbenen kräftigen Bollwerke Deutschlands«.[655] Dieses »Bollwerk« ist jedoch wie andere ehemals französische Festungen in den annektierten Gebieten kriegsbedingt in einem ziemlich schlechten Zustand, und so machen sich die Sieger und neuen Besitzer des Reichslandes daran, die deutschen Belagerungswerke abzubauen und die ehemals französischen Verteidigungsanlagen wieder instand zu setzen und zu erweitern.[656] Schließlich stellen sich die Deutschen gedanklich darauf ein, in Zukunft möglicherweise »ihre« Stadt gegen französische Angreifer verteidigen zu müssen. Nach dem Krieg ist so gesehen eben immer auch vor dem Krieg ...

Die weitere Fahrt des Monarchen mit der Eisenbahn wird begleitet von Jubel und festlichen Empfängen: in Saarbrücken, Köln oder Mainz ebenso wie in Frankfurt am Main, Eisenach, Weimar oder Magdeburg. Pikanterweise sind in diesen Märztagen in Deutschland übrigens gleich zwei Kaiser unterwegs, denn auch der entthronte Kaiser von Frankreich, Napoleon III., sitzt in einem Sonderzug. Allerdings kehrt er nicht umjubelt heim, sondern geht ins endgültige Exil: Am 19. März 1871 verlässt der »Kaiser«, wie er in der deutschen Öffentlichkeit noch immer weitgehend bezeichnet wird, das Schloss Wilhelmshöhe bei Kassel, wo er seit Anfang September des vergangenen Jahres lebt, und reist zu seiner Gemahlin nach England, wo er knapp zwei Jahre später sterben wird.

In Berlin erwartet indes Wilhelm I. am 17. März 1871 ein opulenter Empfang: Der Potsdamer Bahnhof ist festlich geschmückt, die Fahnen tragen sowohl die preußischen als auch die deutschen Farben, auf Schilder sind die Namen der Orte der siegreichen Schlachten des Krieges gemalt: Sedan, Metz, Straßburg und selbstverständlich Paris. Der militärische und politische Gewinner des nunmehr achtmonatigen Kampfes verlässt seinen Salonwagen schließlich unter den Hurrarufen der versammelten Menschen, um die am Bahnsteig wartenden Mitglieder der kaiserlichen Familie und die Spitzen von Militär und Politik zu begrüßen. In den öffentlichen Verlautbarungen ist dabei von großer Herzlichkeit die

Rede: Wilhelm umarmt seinen Kanzler Otto von Bismarck, den Kriegsminister Roon sowie Feldmarschall Friedrich von Wrangel – und küsst sie.[657]

So viel demonstrative Einheit zwischen den Mächtigen des neuen Reiches muss sein – auch wenn sie nur für die Galerie ist. Das Verhältnis zwischen den Militärs und Bismarck ist seit Wochen massiv gestört, und auch die Beziehung zwischen Bismarck und dem Kaiser ist ja keineswegs von Herzlichkeit geprägt. Der preußische Kronprinz Friedrich Wilhelm notiert in seinem Tagebuch, dass er sich immer wieder die Klagen beider Seiten anhören muss: Der Kaiser beschwert sich bei ihm nicht nur darüber, dass Bismarck wieder einmal »auf ihn gereizt« sei, sondern auch dass dieser sich in politischer Hinsicht wie »der Allmächtige« aufführe. Wenige Tage später beklagt sich wiederum Bismarck beim Kronprinzen über den Kaiser: Der mische sich dermaßen in alle Einzelheiten seines politischen Geschäfts ein, dass »er es nicht mehr aushalten könne«. Denn, so Bismarck weiter, der Kaiser könne doch im Grunde genommen die politischen Dinge nicht mehr in ausreichender Weise überschauen: Körperlich sehe man dem frisch inthronisierten Kaiser seine 74 Jahre vielleicht nicht an, »desto mehr aber merke man das Alter im Geschäfts Leben«.[658]

Umso wichtiger ist, dass Reichskanzler Bismarck die Dinge selbst im Griff hat. Dazu gehört die offizielle Eröffnung des Reichstags. Erstmals haben alle Deutschen gewählt (nur die Bevölkerung im annektierten Elsass-Lothringen ist noch nicht beteiligt) und dabei vor allem den Parteien ihre Stimme gegeben, die die Reichsgründungspolitik Bismarcks unterstützen: den Nationalliberalen, den Freikonservativen sowie der liberalen Reichspartei. Als Sammelbecken der Katholiken erweist sich die neue Zentrumspartei, die zwar noch nicht so gut organisiert war, dass sie schon an allen Orten antreten konnte, aber insgesamt über 18 Prozent der Stimmen erhielt. Vor allem aus dem Rheinland und Westfalen, aber auch aus Teilen Bayern stammen die Abgeordneten, die fortan dieser Partei das parlamentarische Gesicht geben.

Mit diesem Parlament muss die Reichsregierung jetzt zusammenarbeiten, wenngleich die Stellung des Reichstags in dem neuen Staatsgefüge begrenzt ist. Zwar muss er dem jährlichen Staatshaushalt zustimmen und hat damit durchaus ein Druckmittel gegen die Regierung in Händen, doch davon abgesehen ist es ein vergleichsweise schwaches Parlament: Das Budgetrecht ist gerade bei den Ausgaben für das Militär eingeschränkt, die Mehrheitsfraktion kann nicht den Regierungschef stellen (darüber bestimmt der Kaiser), und auch über die Einberufung wie über die Auflösung des Reichstags entscheiden der Kaiser und der Bundesrat, die Kammer der Ländervertretungen, deren Vorsitz ebenfalls Reichkanzler Otto von Bismarck führt.

Am 21. März 1871 tritt dieses gesamtdeutsche Parlament erstmals in Berlin zusammen. Zur Mittagszeit macht sich der Großteil der insgesamt 382 Abgeordneten aus allen Teilen des Reiches zunächst auf den Weg zum Gottesdienst. Zwar besucht selbst ein guter Christenmensch ja keineswegs an einem Werktag die Messe – es ist ein Dienstag –, aber für das heutige Vorhaben bitten die meisten gern um Gottes Segen. So ziehen sie in diesen Stunden durch die Stadt: Lauter Männer – denn für die Frauen gibt es weder das aktive noch das passive Wahlrecht –, gut bestellt und angesehen, in ihren Wahlkreisen als vertrauenswürdig und zugleich als Vertreter ihrer jeweiligen Interessen bekannt. Militärs sind darunter, wie der preußische Generalfeldmarschall Graf Helmuth von Moltke, der mit seinen 70 Jahren den Wahlkreis Heydekrug im Memelland vertritt. Für die Konservativen sind zahlreiche Guts- und Großgrundbesitzer gekommen: etwa Reichsgraf Otto von Keyserlingk zu Rautenburg oder Georg Stein von Kamienski aus Ostpreußen, Fabrikanten wie August Hausmann aus dem Brandenburgischen, Kaufmänner wie Edgar Daniel Roß aus Hamburg, überdies Professoren, Juristen oder Apotheker. Ein wenig exotisch wirkt da der erst 31-jährige August Bebel, der einen sächsischen Wahlkreis gewinnt und als einer der beiden Abgeordneten der Sozialdemokratischen Arbeiterpartei in den Reichstag einzieht.

Aber am heutigen Tag ist Bebel ja ohnehin nicht dabei, denn er sitzt ja wegen seiner Anstoß erregenden politischen Äußerungen immer noch in sächsischer Haft …

Einige der übrigen Herren sind in politischer Hinsicht altgediente Hasen, da sie schon 1848/49 mit dabei waren, als sich in der Frankfurter Paulskirche die erste deutsche Nationalversammlung konstituierte. Doch während jenem Parlament mehr als 20 Jahre später der Beigeschmack des Scheiterns anhaftet, scheint der heutige Tag mit der Eröffnung des Reichstags den Auftakt eines erfolgreicheren Versuchs, die nationale Einheit umzusetzen, zu markieren. Entsprechend groß sind die Erwartungen der Wähler und der Abgeordneten selber, sie wollen nun ihren Beitrag zum Gelingen der Einheit beitragen.

Ein Großteil der Abgeordneten kennt sich in Berlin und an den zentralen politischen Orten der Hauptstadt recht gut aus. Denn sie sind als zum Teil langjährige Mitglieder des preußischen Landtags keineswegs das erste Mal hier – ihnen braucht niemand den Weg zum Schloss zu erklären. Andere hingegen gehen auch an diesem 21. März 1871 noch neugierig durch die Stadt. Sie kommen aus Sachsen, Franken, Bayern und Baden, aus Frankfurt am Main, aus Osnabrück oder Hannover, sie sind keine Preußen oder – wie die Männer aus der »Provinz« Hannover oder der alten Reichsstadt Frankfurt – erst seit 1866 Untertanen des preußischen Königs. Sie mögen sich fremd fühlen in dieser Stadt. Gerade den Männern aus Süddeutschland dürfte bei ihrem Gang zum Schloss das große Reiterstandbild Friedrichs des Großen unter den Linden oder die Siegesgöttin Nike auf der Schlossbrücke besonders auffallen. Die dortigen Statuen wirken wie in Marmor geschlagene Dokumente erfolgreicher preußischer Geschichte. Aber ist das jetzt auch *deutsche* Geschichte, mögen diese Abgeordneten denken, und damit auch *ihre* Geschichte?

Die Reichstagsmitglieder wollen sich zur Mittagsstunde im Schloss der Hohenzollern treffen. Doch vor gemeinsamen Beratungen steht das getrennte Gebet: In diesem Deutschen Reich, in dem sich alle führenden Persönlichkeiten auf Gott und dessen offensichtliche Unterstützung für das Werk der Einheit berufen, können selbst die Abgeordneten des neuen Reichstags nicht gemeinsam, sondern nur nach Konfessionen getrennt Gottesdienst feiern. Es ist irgendwie symbolisch für das mehrheitlich evangelische Reich, dass die Protestanten auch zu dieser Mittagsstunde als Erste da sind: Die protestantischen Abgeordneten treffen sich bereits um 12 Uhr in der Schlosskapelle, während die katholischen Abgeordneten erst eine halbe Stunde später in der Hedwigskirche zusammenkommen, der katholischen Hauptkirche in Berlin. Dort bleiben sie unter sich, während ihre protestantischen Kollegen gemeinsam mit der kaiserlichen Familie den Gottesdienst feiern, denn die gehören ja ebenfalls dem »richtigen«, nämlich dem protestantischen Glauben an. Kaiser und Kaiserin nehmen samt Kronprinz und Kronprinzessin rechts neben dem Altar Platz, auch das diplomatische Korps, Staatsminister und Generäle geben sich die Ehre, gemeinsam mit allen Versammelten stimmen auch sie freudig den Psalm 100 an: »Jauchzt dem Herrn, alle Welt!« Die Gemeinde dankt Gott für das Reich – das ist ganz im Sinne Kaiser Wilhelms.

Es spricht der Hof- und Domprediger Wilhelm Hoffmann, ein Mann mit guten Beziehungen zum preußischen Königshaus – sie sind so gut, dass der machtbewusste Otto von Bismarck Hoffmanns Einfluss auf König Wilhelm längst mit Argwohn betrachtet.[659] Seiner heutigen Predigt legt er einen Abschnitt aus dem Buch Josua zugrunde; es geht um die Gewissheit, dass die Verheißungen Gottes eben schließlich alle wahr werden. In Kapitel 21 erfahren es die Leviten, denen der Herr wie einst versprochen das ganze Land ihrer Väter zur Wohnstatt gibt. Sie waren endlich angekommen, und alles wurde gut, heißt es in Vers 45: »Keine von all den Zusagen, die der Herr dem Haus Israel gegeben hatte, war ausgeblieben; jede war in Erfüllung gegangen.« Die Analogie zur Reichsgründung ist denkbar offensichtlich: Endlich sind die Deutschen im Land ihrer Väter angekommen, jetzt werden sich alle Verheißungen erfüllen.

Dem kirchlichen Segen folgt nun die machtpolitische Weihe des neuen Gebildes. Um 13 Uhr soll der Kaiser im Weißen Saal des Schlosses den Reichstag feierlich eröffnen, was dann mit einer guten Stunde Verspätung auch geschieht.[660] Inzwischen sind auch die katholischen Abgeordneten angekommen, sie haben rasch die kurze Strecke zwischen Hedwigskirche und Schloss zurückgelegt. Und auch die Zuschauer auf der diplomatischen Tribüne sind schon da. Unter ihnen Baronin Spitzemberg, die von hier aus »in netter Gesellschaft alles trefflich beobachten« kann:[661]

> »Dicht vor dem Könige kamen Moltke mit dem Schwert, Roon mit dem Szepter, Peucker mit dem Reichsapfel, Redern mit der Krone, Wrangel, begleitet von Kameke und Podbielski, mit der Fahne.«

Das ist der Aufmarsch der militärischen Macht, der mehr oder weniger sicher einherschreitet. Feldmarschall Wrangel droht auf dem glatten Parkett des Weißen Saales auszurutschen, ausgerechnet als er just an den Stühlen der Fürsten vorbeigeht, doch – so beobachtet ein Zeitungsreporter – »seines Begleiters mächtige Hand stützte ihn im rechten Moment«.[662] So was kann passieren, Freiherr von Wrangel ist ja nicht mehr der Jüngste, er wird im nächsten Monat 87 Jahre alt.

Die Baronin Spitzemberg jedenfalls ist entzückt von dem dynastischen und militärischen Pomp der Szenerie, andere Teilnehmer sind da im Urteil deutlich zurückhaltender. So der Abgeordnete Eugen Richter, der der ganzen Inszenierung wenig abgewinnen kann: voran »der greise Kaiser«, zahlreiche Hofchargen und dann die Träger der Reichsinsignien, zum Schluss »der alte Feldmarschall Graf Wrangel mit dem Reichspanier etwas unsicheren Schrittes«. Und Richter sieht trotz des großen zeremoniellen Aufwands sehr genau, dass hier nicht die Herrschaftssymbole eines historischen »Reichs«, sondern eher die eines erweitertes Preußens zum

Einsatz kommen, handelt es sich schließlich doch durchgehend um preußische Insignien. Damit weist er auf eine weitere Unstimmigkeit in der angeblichen Kontinuität zwischen dem »alten« und dem »neuen« deutschen Kaiserreich hin: Damals trugen nämlich die Reichsfürsten tatsächlich die Reichsinsignien, am heutigen Tag fehlen sie jedoch.[663] Die liegen zu diesem Zeitpunkt übrigens in Wien, aber daran will an diesem Tag selbstverständlich niemand denken …

Eine unerwartete Attraktion der Zeremonie ist übrigens der Kaiserthron: Wilhelm I. hat extra für diesen Tag ein historisches Stück mit großer symbolischer Bedeutung herbeischaffen lassen, das einst in der mittelalterlichen Kaiserpfalz Goslar seinen Platz hatte: den Thron Kaiser Heinrichs III., der im 11. Jahrhundert über das römisch-deutsche Reich herrschte. Dieser Thron ist den deutschen Untertanen allerdings ziemlich unbekannt, so wie jenem Zeitungsreporter, der den Aufbau des wertvollen Stücks beobachtet:[664]

> »Einige Arbeiter … waren bis kurze Zeit vor dieser festgesetzten Stunde beschäftigt, … an der Mitte der Langwand einen Sessel aufzustellen, dessen uralterthümlich seltsame Gestalt und Art denselben der großen Mehrzahl der Anwesenden gewiß zum fragwürdigsten Räthsel gemacht hat. Dieser romanisch schwere Steinsessel in Würfelform, auf vier plumpen Bronceknäufen ruhend, die keineswegs, wie wir behaupten hörten, Kanonenkugeln vorstellen sollen, … ist nichts anderes als der berühmte ›Kaiserstuhl von Goslar‹, auf welchem, nach der kunstgeschichtlichen und der lokalen Domsage, die alten deutschen Kaiser des sächsischen Hauses gesessen haben sollen.«

Demonstrativ will sich der Hohenzollern-Herrscher Wilhelm in die Tradition der mittelalterlichen Kaiserherrschaft stellen und damit das neue Reich als Wiederbegründung der alten Reichsherrlichkeit inszenieren. Doch die Teilnehmer der Zeremonie wirken nicht alle überzeugt von diesem kaiserlichen Sitzmöbel, die Baronin Spitzemberg beschreibt es als einen »Steinsockel mit Lehne und Seitenteilen von eisernem Gitterwerk«[665], der Abgeordnete Eugen Richter zwar als einen Stuhl, »auf welchem einmal ein alter Kaiser gesessen« habe, der aber »gar seltsam anzuschauen« sei.[666] Und ziemlich unbequem dürfte dieses mittelalterliche Herrschersymbol obendrein auch noch sein …

Ob dieser eher schlicht daherkommende Thron diese historische Kontinuität glaubhaft macht? Zuweilen macht man sich – selbstverständlich vor allem außerhalb Preußens – schon ein wenig lustig über das kaiserliche Spektakel. Als einige Tage zuvor darüber spekuliert wird, welcher Mitgliedstaat des Reiches zur Huldigung welche Reichsinsignien stiften könnte, wird auch von einem »Krönungsochsen« gesprochen, mit dem womöglich der Herzog von Coburg sein Amt als Reichstruchsess ausfüllen könnte. »Wo in dieser Historie der Ernst aufhört und der Scherz beginnt«, so kommentiert eine württembergische Zeitung, »wissen wir nicht genau zu sondern.«[667] Und über den mittelalterlichen Thron heißt es spöttisch, dieser habe nun eine »fröhliche Auferstehung« erlebt.[668] Respekt vor einem deutschen Kaiser klingt anders …

Aber Wilhelm I. gefällt die ganze Zeremonie, und zumindest am Anfang seiner Rede wirkt er »sehr bewegt«, wie Baronin Spitzemberg notiert. Und seine Ansprache gerät ihm schließlich zum Erfolg, sie wird »an vielen Stellen von lauten Bravos« unterbrochen.[669] Es ist ein wenig wie bei seiner Proklamation in Versailles acht Wochen zuvor: Wieder ist Wilhelms Stimme anfangs etwas unsicher, wird dann aber immer fester, auch wenn er sich beim Ablesen mehrmals verspricht.[670] Der Liberale Eugen Richter ist wie viele andere Beobachter auch mit dem Inhalt zufrieden: Eine schwungvolle Rede sei das gewesen, notiert er später, »nicht wie sonst wohl zusammengeleimt aus den von den einzelnen Ministerien dazu gelieferten Bruchstücken«. Vor allem die Betonung des »Friedensbedürfnisses« der deutschen Nation hätte bestimmter und feierlicher nicht proklamiert werden können.[671] Denn diesen Punkt betont der Kaiser am Ende seiner Ansprache:[672]

> »Geehrte Herren, möge die Wiederherstellung des deutschen Reiches für die deutsche Nation auch nach Innen das Wahrzeichen neuer Größe sein; möge dem deutschen Reichskriege, den wir so ruhmreich geführt, ein nicht minder glorreicher Reichsfrieden folgen, und möge die Aufgabe des deutschen Volkes fortan darin beschlossen sein, sich in dem Wettkampfe um die Güter des Friedens als Sieger zu erweisen. Das walte Gott!«

Anschließend schreiten die Mitglieder des neuen Reichstags zu ihrer ersten Sitzung. Dazu versammeln sie sich im Sitzungsaal des preußischen Abgeordnetenhauses am Dönhoffplatz. Einigen ist der Saal vertraut, denn hier tagte schon das Deutsche Zollparlament, während die Mitglieder des Norddeutschen Reichstags ihre Sitzung stets im Preußischen Herrenhaus abgehalten haben. Aber dort ist schlicht kein Platz für den neuen Reichstag, weil dieser deutlich mehr Mitglieder hat. An ihrer neuen Wirkungsstätte erfahren die Abgeordneten indes nur zurückhaltende Wertschätzung, wie Eugen Richter notiert:[673]

> »Man hatte sich am Dönhoffplatz zum Empfang des neuen Reichstages nicht gerade besonders in Unkosten gesetzt. Allerdings war die Thür des Abgeordnetenhauses nach der Straße neu angestrichen worden, im Sitzungssaal waren neue Teppiche gelegt. Auch die einst von deutschen Damen in Amerika für den Norddeutschen Reichstag gestickte Fahne war vom anderen Ende der Leipzigerstraße herübergeholt und über dem Präsidium entfaltet worden.«

Die 382 Männer haben zuweilen ihre liebe Not mit ihrem provisorischen Parlamentsgebäude. Schon Karl Marx hatte sich zehn Jahre zuvor, als er eine Debatte des Abgeordnetenhauses verfolgte, über die beengten Verhältnisse und die spärlichen Zuschauerlogen beklagt sowie darüber, dass dieses Haus einen Vergleich mit anderen Parlamenten nicht aushalte.[674] Zudem mangelt es für eine funktionierende parlamentarische Arbeit an den dafür notwendigen und ausreichend großen Nebenräumen. Auf ein gesamtdeutsches Parlament war man in Berlin augenscheinlich nicht recht vorbereitet gewesen. Jedenfalls ziehen die Abgeordneten schon sechs Monate später in ein weiteres Provisorium um, nachdem ihnen die vormalige Königliche Porzellan-Manufaktur an der Leipziger Straße zur Verfügung gestellt worden war; dort wird der Hof so überdacht, dass darin das Plenum Platz findet. Hier sollte das Parlament immerhin 23 Jahre arbeiten, ehe das später neu erbaute Reichstagsgebäude am Spreebogen bezogen werden kann.[675]

Dass Abgeordnete einen Redner nicht verstehen, liegt nicht nur an den akustischen Bedingungen – zuweilen wollen sie sich politisch eben nicht verstehen. Es lässt sich wohl ohne Übertreibung sagen, dass ein Großteil der Parlamentarier sehr gut auf einen kleineren Teil ihrer »Kollegen« verzichten könnte. Dies betrifft in erster Linie die Gegner der preußischen Kriegs- und Einheitspolitik sowie die Kritiker der Monarchie schlechthin. Sie gelten vielen im Hause schlicht als unpatriotische Zeitgenossen, als »Reichsfeinde« oder gar als »Vaterlandsverräter«. Dies ist nicht erst in diesem März 1871 so. Dass das eine Lager Preußens Kleindeutschland als aggressiv und annexionistisch kritisiert und das andere Lager im Gegenzug alle vermeintlichen »Partikularisten« und »Separatisten« als vaterlandslose Gesellen diffamiert, prägt schon seit einigen Jahren die deutsche Debatte. Aber der Ton und die Vehemenz der Auseinandersetzung verschärfen sich jetzt, nachdem das Reich mit dem Kaiser an der Spitze etabliert ist. Der Druck auf die Kritiker ist enorm: Wer jetzt noch gegen diese Form der Einheit ist, wer jetzt noch den offensichtlich geplatzten politischen Träumen und verpassten föderalen oder demokratischen Chancen nachhängt, sollte besser schweigen. Oder zum »Feind im eigenen Land« werden …

Zu denen, die in diesem Reich und in dieser Einheit noch nicht angekommen sind, zählen die Vertreter des politischen Katholizismus, die an diesem 21. März 1871 ebenfalls in den Reichstag einziehen. Das sind beispielsweise Männer wie der Mainzer Bischof Wilhelm Emmanuel Freiherr von Ketteler oder Ludwig Windthorst. Gerade diesen verbindet mit Reichskanzler Otto von Bismarck schon seit den 1850er-Jahren eine erbitterte politische Gegnerschaft – Bismarck selbst spricht von regelrechtem Hass. Der gläubige Katholik Windthorst, der vor 1866 als loyaler Minister dem König von Hannover gedient hat, ist föderal und großdeutsch gesinnt, und die Annexion seines Heimatlandes durch Preußen ist und bleibt für den Juristen ein Unrecht. Als Mitglied des preußischen Abgeordnetenhauses und des Deutschen Reichstags steigt er zum informellen Führer der katholischen Zentrumsfraktion auf und agitiert als populärer »katholischer Volkstribun gegen Bismarck«.[676]

Dass solche politischen Katholiken im Reichstag sitzen, ist für viele protestantisch-kleindeutsche Kollegen eine echte Zumutung. Und für Otto von Bismarck und seine Regierung ist es mehr als lästig, dass das katholische Zentrum, das sich als Fraktion erst am Tag vor der Reichstagseröffnung offiziell konstituiert hat, tatsächlich mit über 18 Prozent der Wählerstimmen die zweitstärkste Fraktion im Parlament stellt. Auch wenn viele Mitglieder immer wieder erklären, das Zentrum sei keineswegs eine konfessionelle Partei – sie ist es gerade in diesen Tagen doch: Hier sammeln sich all jene Katholiken, die gegen ihre konfessionelle Diffamierung vorgehen wollen. Und ihre Vertreter im Reichstag wollen eindeutig nicht den Staat, der einem Otto von Bismarck vorschwebt, auch weil sie den Papst als ihre oberste Entscheidungsinstanz sowohl in religiösen als auch in weltlichen Dingen ansehen. Das ist allerdings mit den Prinzipien moderner Staatlichkeit nicht vereinbar, und der grundsätzliche Konflikt zwischen katholischer Kirche und dem Staat musst ausgefochten werden, in Preußen ebenso wie in Bayern, Baden oder Hessen.

Doch dieser bald immer weiter eskalierende politische Konflikt kann in all seiner Schärfe erst auf der Grundlage des permanenten konfessionellen Glaubenskrieges zwischen Katholiken und Protestanten in Deutschland verstanden werden. Im Verlauf des 19. Jahrhundert hatte sich der mit der Reformation und der anschließenden Glaubensspaltung angelegte Grundgegensatz in dem konfessionell gemischten Land weiter verschärft. Die deutsche Gesellschaft ist geradezu hermetisch segmentiert, selbst kleine Konflikte auf lokaler Ebene können eskalieren, der Streit um die sogenannten konfessionellen »Mischehen« kocht politisch hoch, beschäftigt Gerichte und Regierungen. Endlose Streitigkeiten vergiften die Atmosphäre im Land, die unterschiedliche Konfessionszugehörigkeit durchzieht sämtliche Lebensbereiche in Deutschland: In welche Kirche man sonntags geht, in welchem Bekenntnis die Menschen getauft oder getraut werden, in welchen Vereinen sie sich in ihrer Freizeit zusammenfinden, zuweilen sogar: bei welchem Bäcker oder Schlachter sie einkaufen, in welchem Stadtteil sie leben und wo sie bei den Wahlen ihr Kreuz machen – all das ist eben auch konfessionell bestimmt. Und die Amtskirchen und ihre Amtsträger wirken seit Jahren daran mit, dass sich die Stimmung weiter aufheizt. Verbohrte katholische Bischöfe treffen auf kampfbereite protestantische Landeskirchen, und in den Dörfern und Städten liefern sich Pfarrer samt führenden Laien zuweilen einen regelrechten Kleinkrieg um Politik, Religion und ihren Einfluss auf das örtliche Geschehen. Noch scheinen die Kirchen nicht wahrzunehmen, dass immer mehr Menschen von diesem permanenten Konfliktgebaren abgestoßen werden und auch deshalb langsam Abschied von jeglicher Kirchenmitgliedschaft nehmen …[677]

Seit der Reformation ist Deutschland ein religiös zerrissenes Land, es gibt also keine »deutsche Religion«, die einer politischen

Einheit als gutes Vorbild dienen könnte. Schlimmer noch: Die Christen in diesem Land zeigen Tag für Tag, wie man es eben nicht macht. Sie streiten und bekämpfen sich, von jedweder »Einheit« sind sie Welten entfernt. Die Anhänger einer nationalen Einheit wissen das, und es bleibt ihnen nur der wiederholte öffentliche Appell. In einer Zeitung findet sich bereits 1868 die Mahnung:[678]

> »Es müssen die confessionellen Vorurtheile beseitigt werden, welche bisher der Zerfahrenheit der deutschen Stämme als Nahrung dienten.«

Die Katholiken bilden mit einem Drittel der Gesamtbevölkerung in Preußen wie im Reich eine starke Minderheit, wobei es Regionen gibt, in denen Katholiken oder Protestanten fast nur unter sich sind, da gibt es nur wenige Begegnungen. Gleichwohl lässt sich für das Deutsche Reich sagen, dass die wirtschaftliche und soziale Stellung der Katholiken in ihrer Gesamtheit eher schwach ist: Sie sind in der Elite der Nation deutlich seltener vertreten, die meisten Spitzenvertreter in Wirtschaft und Wissenschaft sind protestantisch. Nicht nur die vielen Katholiken im ländlichen Raum, die Handwerker und die kleinen Bauern, fühlen sich benachteiligt in diesem Reich und erwarten nichts Gutes vom Staat und seiner Mehrheitsgesellschaft.[679]

Die deutschen Protestanten hingegen fühlen sich in diesen Tagen als Sieger der Geschichte. Sie sehen ein evangelisches deutsches Reich entstehen – mit einem der Ihren als Kaiser an der Spitze. Und aus ihrer Sicht ist der deutsche Protestantismus der Garant einer spezifisch preußisch-protestantischen Bildung, die den Siegeszug Preußens und jetzt auch die Reichsgründung maßgeblich mit ermöglicht habe. Die preußische Geschichtsschreibung erklärt den deutschen Protestantismus zur überlegenen Religion, gerade in der Konkurrenz zwischen dem protestantischen Preußen und dem katholischen Österreich hätten sich die Überlegenheit und die Zukunftsfähigkeit der »protestantisch-deutschen

Bildung« erwiesen. Die Frage der deutschen Einheit und der Reichsgründung ist deshalb auch immer eine konfessionelle: Diese Einheit ist eine protestantische Errungenschaft, verkündet die preußische Elite allenthalben. Endlich sei das »heiß erstrebte protestantische deutsche Reich«[680] Wirklichkeit geworden, das zugleich ein Triumph über den antimodernen, den »mittelalterlichen« Katholizismus sei. In dieser Linie bezeichnen protestantische Autoren auch den militärischen Sieg über Frankreich als »eine zweite weltbewegende Reformation«.[681] Und vor diesem Hintergrund sind auch Aussagen zu verstehen, dass mit 1871 endlich das Mittelalter ende. Während sich die Protestanten als Sieger der Geschichte fühlen dürfen, schauen sie abschätzig auf die Katholiken: Diese leben in ihrer Wahrnehmung weiterhin im dunklen Mittelalter, von ihrer Papstkirche in Unfreiheit gehalten, von der Chance auf individuelle oder kollektive Bildung ausgeschlossen.[682]

Die Situation der deutschen Katholiken in der Auseinandersetzung um die Reichsgründung muss zudem im Zusammenhang mit der großen Debatte um das von Papst Pius IX. im Juli 1870 verkündete Unfehlbarkeitsdogma in Glaubensdingen verstanden werden. Dieser Schritt, der den römischen Höhepunkt eines dogmatisch-religiösen Abwehrkampfes des Vatikans gegen die Moderne darstellt, soll die Katholiken enger an Rom binden – und macht sie zugleich in bislang unbekanntem Ausmaß zum Gegenstand von Spott und Verachtung. Gerade im konfessionell gespaltenen und protestantisch dominierten Deutschland haben es *moderne* Katholiken jetzt schwer. Zahlreiche Bischöfe oder auch Politiker wie Ludwig Windthorst agitieren innerkirchlich gegen den geplanten Schritt, letztlich erfolglos.

Da sich die deutschen Katholiken samt ihren kirchlichen wie politischen Spitzen schließlich dem Unfehlbarkeitsdogma unterwerfen – von dem tapferen, aber zahlenmäßig überschaubaren Völkchen der sich abspaltenden Alt-Katholiken einmal abgesehen –, müssen sie es sich gefallen lassen, nicht nur von den Liberalen heftig attackiert zu werden. Der Ultramontanismus, also die

Treue zum Papst jenseits der Alpen, ist längst zu einem Schimpfwort geworden. Seine Anhänger gelten als Feinde des wissenschaftlichen wie des politischen Fortschritts – und damit auch der Reichsgründung unter preußischer und damit protestantischer Führung. Diese Vorbehalte gelten besonders gegenüber den süddeutschen, insbesondere den bayerischen Katholiken, weil ihnen Separatismus in Verbindung mit ultramontaner Verblendung vorgeworfen wird. Sie erscheinen als Feinde des deutschen Willens nach Einheit, heißt es stellvertretend für viele solche Äußerungen in einer Tageszeitung aus dem thüringischen Jena, die die langanhaltende Debatte der bayerischen Abgeordneten über den Eintritt in den Bund kommentiert:[683]

> »Mit Ausnahme eines einzigen … sind alle Gegner des bayrisch-deutschen Bündnißvertrages reine Ultramontane, das heißt: natürliche Gegner des deutschen Staates überhaupt. Aber nicht alle Ultramontanen gehen in dieser Verblendung so weit, sich in die Speichen des vollendeten Rades zu werfen, welches zermalmend über sie und ihre Partei hinweggehen wird.«

Mit einer gewissen Hilflosigkeit versuchen einige katholische Bayern, diesen Vorwurf auszuhebeln, indem sie geradezu stolz darauf verweisen, dass sie sehr wohl gleichermaßen »patriotisch« und »ultramontan« sein können. In der *Neuen Bamberger Zeitung* heißt es in diesem Sinne:[684]

> »Haben wir ein Recht dazu? Ja; wir haben ein Recht dazu; denn unsere Parole lautet: Für Gott, König und Vaterland! … Nicht bloße Nützlichkeitsgründe sind für unser Partheileben maßgebend; sondern die unwandelbaren Grundsätze des Rechtes und der Wahrheit. Wir treiben keine Windfahnenpolitik. Darum werden uns auch die größten politischen Wandlungen, die blendendsten kriegerischen Erfolge nicht wankend zu machen im Stande sein.«

Für jene bayerischen Katholiken ist die diffamierende Bedeutung des Begriffs »Partikularisten« besonders schmerzlich. Ihnen wird ein eigenständiger, katholischer Patriotismus als selbstverständliches Recht abgesprochen, weil sie damit zu Gegnern der Einheit erklärt werden. Insofern trifft die Klage in einer katholischen bayerischen Zeitung am Jahresende 1870 durchaus zu:[685]

> »Der bayer. Patriotismus, ein altes Erbe unserer Väter, wurde und wird nicht blos verkannt, sondern geradezu systematisch verfolgt. Nie, so lange Bayern existiert, ward ein so treues Volk unwürdiger und schimpflicher behandelt; die Flamme reiner Vaterlandsliebe, die unverbrüchliche Eidestreue wurden u. werden noch immer als Verrath an Deutschland bezeichnet und wer nicht seinen Blick nach Preußen wendet, wird als Feind der nationalen Sache abgeurtheilt.«

Dass es im Deutschen Reichstag mit diesen, zuweilen auch noch aus Bayern oder – wie Ludwig Windthorst – aus dem ehemaligen Königreich Hannover stammenden Katholiken zumindest aus Sicht der Liberalen und der preußischen Reichsführung schon bald zu Konflikten kommen wird, ist im Grunde vorherzusehen. Und tatsächlich dauert es nach der Eröffnung des Parlaments nur wenige Tage, und der Ärger ist da. Denn die Abgeordneten des Zentrums scheinen gleich bei ihrem ersten Auftritt nichts Besseres zu tun zu haben, als alle politischen Vorurteile gegen die deutschen Katholiken zu bestätigen. An Selbstbewusstsein jedenfalls mangelt es ihnen nicht, dafür womöglich an dem notwendigen politischen Fingerspitzengefühl. Jedenfalls nutzen sie das neue Forum umgehend dafür, ihre permanente Forderung nach der Wiederherstellung der weltlichen Macht des Papstes vorzutragen – und dies schon bei einer der ersten Amtshandlungen des Hauses. Eigentlich ist es ein Akt der diplomatischen Höflichkeit, dass der Reichstag auf die Thronrede Kaiser Wilhelms zur Eröffnung des Reichstags eine Woche später mit einer offiziellen Adresse antwortet. Doch der kaiserliche Text enthält einen Satz, wonach »die Tage der Einmischung in das innere Leben anderer Völker … unter keinem Vorwande und in keiner Form wiederkehren« mögen.[686] Das Zentrum will sich nicht hinter diese Formulierung, mit der Kaiser Wilhelm gegenüber dem Ausland seinen Friedenswillen betont, stellen und bringt stattdessen einen eigenen Entwurf ein. Dieser soll die Möglichkeit nicht ausschließen, zugunsten des Vatikans in Italien einzugreifen, um so die Wiederherstellung der weltlichen Macht des Papstes zu ermöglichen.

Auch wenn sich die Beobachter einig sind, dass die nun diskutierten beiden Adressentwürfe in Inhalt und Form weitgehend übereinstimmen, so nutzen vor allem die Abgeordneten des Zentrums die Gelegenheit, ihre Position als zweistärkste Fraktion durch ihr Auftreten und die Qualität ihrer Redner zu demonstrieren: Der Mainzer Bischof Freiherr von Ketteler beeindruckt mit seinem Rededebüt, und Ludwig Windthorst, ohnehin als glänzender Parlamentsredner bekannt, fordert bei dieser Debatte wieder einmal mit seiner Beredsamkeit selbst dem politischen Gegner Respekt ab.[687] Er ermahnt die Reichsregierung erneut, dass der äußeren Einheit (der »äußerlichen Begründung«) nun eine innere zu folgen habe – wenn dieses Reich denn Erfolg haben soll:[688]

> »Diese innerliche Begründung wird nicht eher da sein, als bis man das erreicht hat, daß alle Konfessionen und insbesondere auch die katholische Kirche ihre befriedigende Situation in diesem Reiche gefunden hat. Wenn sie das nicht haben, so ist innerlich das deutsche Reich nicht von der Kraft, die man für dessen Bestand nothwendig wünschen muß.«

Und sein Fraktionskollege August Reichensperger nutzt die Gelegenheit, sich noch einmal grundlegend gegen diese Form der Einheitsvorstellungen auszusprechen:[689]

> »Wir wollen nicht eine Einheit, die durch Einerleiheit sich zu erkennen giebt, wir wollen keine starre Symmetrie, … wir wollen harmonische Einheit, wir wollen Harmonie, das heißt Einheit in der Verschiedenheit.«

Diese Adressdebatte zeigt nach Einschätzung Otto von Bismarcks nur zu deutlich, dass das Zentrum »dem speciellen confessionellen Interesse jedes andere nationale und politische Interesse zum Opfer bringen will«. Diese Partei interpretiere es als »Kriegserklärung«, dass die Reichsregierung ihren spezifischen Wünschen, vor allem einer möglichen Intervention zugunsten des Papstes in Italien, nicht nachkommen will. Es sei kein Wunder, dass das Zentrum im Parlament »keine andere Unterstützung als die der hannöverschen Particularisten und der Polen findet«.[690] Für viele Abgeordnete des Reichstags gehören zumindest die Wortführer des Zentrums ohnehin nicht in dieses neue Reich hinein – weil sie sich dieser Einheit und dieses Staates durch mangelnde Mitwirkung oder Gegnerschaft gar nicht würdig erweisen. So hält der Nationalliberale Johannes Miquel dem Zentrumvertreter Hermann von Mallinckrodt vor, dass dieses neue Deutschland »gegen Sie« zustande gebracht worden sei. Das Zentrum und die katholischen Kräfte hätten diesen Staat verhindern wollen, und weil sie damit erfolglos geblieben sind, seien sie heute »die Geschlagenen«:[691]

> »Meine Herren, haben wir denn je von Ihnen und Ihrer Parthei in diesem großen Kampfe, in diesem Ringen der deutschen Nation ein zustimmendes Wort gehört?! Sehen wir Ihre Presse, Ihre Reden durch – nirgendwo ein sympathisches Wort für den großen Kampf und das Ringen der deutschen Nation!«

Gerade die bayerischen Katholiken hätten doch noch wenige Tage vor dem Ausbruch des Krieges mit Frankreich eine Allianz mit Norddeutschland verhindern wollen und damit »den Verrath an Deutschland offen gepredigt«.[692]

In den kommenden Monaten sollte der Konflikt der preußisch-deutschen Reichsführung mit dem deutschen Katholizismus weiter eskalieren und mit dem nun einsetzenden »Kulturkampf« die Grundlage für eine tiefgreifende und lang anhaltende Spaltung der Gesellschaft gelegt werden. Im vor allem in Preußen ausgetragenen Kulturkampf geht der Staat dazu über, sich in die inneren Angelegenheiten der Kirchen einzumischen, etwa durch die Staatsaufsicht über die Priesterausbildung. Der Papst hält mit der Drohung der Exkommunikation dagegen, die alle Katholiken ereile, die sich an die Kulturkampf-Gesetze halten. Doch der Staat bleibt unerbittlich und greift weiterhin hart durch – bald werden Hunderte Kleriker, katholische Redakteure und andere Katholiken zu Geld- und Haftstrafen verurteilt, sechs Jahre nach der Reichsgründung sind acht von zwölf Diözesen vakant, Hunderte Pfarreien ohne Priester.[693]

Was die Vertreter des deutschen Katholizismus im Reichstag noch »verdächtiger« macht, ist ihre angebliche oder tatsächliche Verbundenheit mit den Vertretern der preußisch-polnischen Minderheit – die »Polen« sind ja ebenfalls weithin katholisch. Liegt es da nicht nahe, dass sie als Gegner des preußischen Kleindeutschlands zusammen gegen dieses Reich agitieren? Genauso ist es nämlich, erklärt der nationalliberale Abgeordnete Julius von Hennig am 1. April 1871, als er vom »Mangel an nationalem Sinn auf Seiten der klerikalen Partei« spricht,[694] der sich nach seiner Meinung dadurch zeige, dass sie den Mitgliedern der polnischen Fraktion geholfen hätten, überhaupt in den Reichstag einzuziehen. Deutsche Katholiken und polnische Katholiken sind aus Sicht des protestantischen Rittergutsbesitzers gleichermaßen national unzuverlässig.

Ein besonderes Ärgernis ist vielen die Tatsache, dass die polnischen Abgeordneten erklären, sie gehörten eigentlich einem eigenen Volk an. Ihre Heimat sei allerdings ein besetztes Land, womit sie auf die Geschichte des polnischen Staates verweisen: Die polnische Nation ist seit der ersten von drei »polnischen Teilungen« gut hundert Jahre lang zum Spielball der Nachbarn Preußen,

Russland und Österreich geworden; auch das nach dem Wiener Kongress geschaffene »Kongresspolen« ist inzwischen wieder in den Besitz der Nachbarländer gefallen, zuletzt hatte sich Preußen 1848 das Großherzogtum Posen einverleibt. Vor dem Hintergrund dieser polnischen Leidensgeschichte findet es der Abgeordnete Władyław von Niegolewski in seiner Reichstagsrede dann auch sehr bedauerlich, dass ausgerechnet in dem Moment, da sich die Deutschen angesichts ihrer Reichsgründung mit Stolz auf das Nationalgefühl berufen, der deutsche Reichskanzler dem von den Teilungsmächten geschwächten polnischen Volk vorhalte, es sei gar kein Volk. Für eine friedliche Zukunft sei das eine denkbar schlechte Voraussetzung:[695]

> »Mit der Zeit wird Europa des kriegerischen Zustandes müde werden, und so lange dem polnischen Volke das Recht auf Selbständigkeit nicht zuerkannt wird, ist auch weder an ein Aufhören des kriegerischen Zustandes noch an die Freiheit zu denken; denn wer unterdrückt, kann nicht frei sein.«

Die Polen in Westpreußen oder Posen sind Untertanen des preußischen Königs – ob sie nun wollen oder nicht. Aber in diesem Moment, in dem Preußen im Deutschen Reich aufgeht und dessen Führung übernimmt, wollen die Abgeordneten der polnischen Fraktion im Reichstag diesen Schritt nicht mitgehen: Die Integration in das neue Deutschland lehnen sie schlicht ab. Das macht am 1. April 1871 auch Heinrich von Krzyranowski deutlich. Der 49-Jährige ist Rittergutsbesitzer und hat seinen Wahlkreis in der Provinz Posen mit über 69 Prozent der Stimmen gewonnen. Er nimmt für sich in Anspruch, für die Polen in diesem Gebiet und ihre politische Identität zu sprechen:[696]

> »Wir wollen, meine Herren, bis Gott anders über uns bestimmt hat, unter preußischer Herrschaft bleiben, aber dem deutschen Reiche wollen wir nicht einverleibt sein.«

Der Redner fühlt sich fremd im Deutschen Reich, von »meiner Geburt, meinen Überzeugungen, meinen Überlieferungen gehöre ich nicht dazu«. Das Mandat für seine Mitgliedschaft im Reichstag habe er nur angenommen, weil es dazu »den Wunsch unserer ehrlichen polnischen Bauern« gegeben habe, dass er aus dieser Position heraus in ihrem Namen gegen ihre Einverleibung in dieses Reich protestieren solle. Das tut Krzyranowski mit seiner Rede ausdrücklich, indem er die polnischen Untertanen bewusst als »fremden Bestandteil« in diesem Reich bezeichnet. Wenn dieser Abgeordnete im Namen anderer Polen unter preußischer Herrschaft kein »Deutscher« sein will, dann zeigt sich daran auch die bislang vorherrschende Unterscheidung von »Preußen« und »Deutschland«. Das Königreich der Hohenzollern lässt sich aus polnisch-nationaler Perspektive sogar als »halbdeutsche« Teilungsmacht interpretieren, zu deren Identität sozusagen auch die polnische Bevölkerungsgruppe gehört.[697] Für »Deutschland« gelte dies allerdings nicht. Dabei tritt Krzyranowski mit dem Stolz eines Großgrundbesitzers auf, der sich gleichwohl einer ehrenvollen Geschichte seines, nämlich des polnischen Volkes sicher ist. Er deutet nur an, wie viel Leid den Slawen in ihrer Geschichte von einem alten deutschen Reich schon zugefügt worden sei, erinnert unter anderem an den Anteil der Polen an der Verteidigung Wiens gegenüber den Türken. »Den Dank dafür ist uns Deutschland bis zum heutigen Tage schuldig geblieben«, so Krzyranowski.[698]

Die Deutschen bemühen in diesen Wochen für ihre nationale Einheit die Geschichte von den salischen Kaisern und Friedrich dem Großen bis Sedan. Kein Problem – auch die Polen können historisch argumentieren und sich damit der nationalen Übergriffigkeit des neuen deutschen Reiches zumindest geschichtspolitisch widersetzen. Dies wird bei den Debatten im Reichstag besonders deutlich, als die polnischen Abgeordneten auf die Frage der Annexion von Elsass-Lothringen zu sprechen kommen. Es ist schließlich viel zu offensichtlich, dass die »deutsche« Argumentation, dieses Gebiet sei immer schon deutsch gewesen und nur durch einen Jahrhunderte zurückliegenden Akt des Unrechts dem Reich »verloren« gegangen, auch nur einen geschichtspolitischen Zugriff auf einen bestimmten Abschnitt der Vergangenheit darstellt. Wer einen anderen Ausschnitt wählt, kommt zu einem anderen Ergebnis – da ist Geschichte eben beliebig. Der polnische Reichstagsabgeordnete Alfred von Zoltowski weiß dies, als er seine Einforderung der Rechte für die polnische Nation ausgerechnet mit der Betrachtung der Annexion von Elsass-Lothringen verknüpft. Geschickt beginnt er seine Rede am 1. April 1871 mit den Glückwünschen zum »Wiedererwerb« dieser Gebiete: Er und seine Kollegen teilten grundsätzlich die Freude der Deutschen »von unserem Standpunkte aus«. Elsass-Lothringen werde jetzt »gegen den Willen eines bedeutenden Theils der Bevölkerung« deutsch, weil »das historische Recht« und das Nationalitätenprinzip hier »den Sieg über faktisch und rechtlich jahrhundertelang bestehende Verhältnisse davongetragen hat«. Aber dann dreht Zoltowski den Spieß genüsslich um: Wenn denn dieses Nationalitätenprinzip so mächtig ist, dass »es weder durch Jahrhunderte fremder Herrschaft verjähren noch durch den Willen des einzelnen Menschen selbst verleugnet werden kann« – dann müsse das auf jeden Fall Konsequenzen für die polnische Nation haben.[699]

Im Grunde genommen könnte Zoltowski jetzt mit ebendiesem geschichtspolitischen Argument die Wiederherstellung der Zustände der Frühen Neuzeit einfordern, in der die Königliche Republik Polen-Litauen einer der größten Staaten Europas war, ehe Preußen, Russland und Österreich das Land letztlich ganz unter sich aufteilten. Ganz so weit geht er aber nicht, sondern fordert ein wenig moderater lediglich die Deutschen auf, im Moment ihrer nationalen Vereinigung den Mut aufzubringen, diesem von ihnen bemühten Nationalitätenprinzip zu folgen und daraus für den Umgang mit den Polen Konsequenzen zu ziehen. Und die könnten für ihn und die übrigen Abgeordneten seiner Fraktion nur bedeuten, die unter preußischer Herrschaft stehenden polnischen

Landesteile, die übrigens nie zum ehemaligen Deutschen Bund gehörten, ab sofort nicht zum Staatsgebiet des neuen deutschen Reiches zu rechnen. Die Abgeordneten stellen folgerichtig den Antrag, bei der Beschreibung des Reiches in der Verfassung den Zusatz »mit Ausschluß der unter Preußischer Herrschaft stehenden Polnischen Landestheile« aufzunehmen.[700]

Dieser Antrag ist ein politischer Affront auf hohem Niveau. Zoltowski schafft es sogar, zur Unterstützung seiner Forderung ausgerechnet die Thronrede Kaiser Wilhelms wenige Tage zuvor zu bemühen: Das Deutsche Reich nehme doch in diesem Moment nicht nur die Achtung für seine eigene Selbstständigkeit in Anspruch, sondern zolle genau diese auch »bereitwillig der Unabhängigkeit aller anderen Staaten und Völker, der schwachen wie der starken«. In diesen erhabenen Worten des Kaisers erblicke er als polnischer Abgeordneter des Deutschen Reichstags die sichere Bürgschaft dafür, dass dieses Haus »unsren gerechten nationalen Forderungen« zustimmen werde.[701]

Es ist ein rhetorisches Kunststück, die Loslösung ehemals polnischer Gebiete vom Königreich Preußen und damit die Ausgliederung aus dem Deutschen Reich ausgerechnet mithilfe eines Zitats aus der Thronrede Wilhelms I. zu fordern. Das gerade erst unter so schönen nationalen Klängen geschmiedete Reich sollte gleich nach ein paar Wochen wieder Gebiete verlieren? Das kann im Reichstag selbstverständlich nicht unerwidert bleiben; Reichskanzler Bismarck höchstselbst ergreift das Wort, um den Vertreter der polnischen Fraktion in die politischen Schranken zu weisen:[702]

> »Ich bestreite dem Herrn Vorredner und seinen Mitantragstellern zunächst das Recht, sich hier auf die Worte der Thronrede zu berufen. In der Thronrede ist die Rede von anderen Völkern und Staaten, deren Selbständigkeit geschont werden soll. Die Herren gehören zu keinem anderen Staat und zu keinem anderen Volke als zu dem der Preußen.«

Zugleich erinnert Bismarck die polnischen Abgeordneten an ihre vermeintliche Pflicht, hier nur für das gesamte Preußen sprechen zu dürfen und keineswegs »Specialmandate« für sich in Anspruch zu nehmen. »Ihre Landsleute«, so hält er ihnen entgegen, seien ohnehin nicht mit dem einverstanden, was die Mitglieder der polnischen Fraktion hier beantragten. Das ist zwar nur eine Behauptung, weil Bismarck über den Rückhalt dieser Abgeordneten in ihren Wahlkreisen nur mutmaßen kann, aber er ergänzt sie noch durch eine weitere: Die Polen in seinem Königreich seien »für die Segnungen der preußischen Kultur gerade so dankbar, wie die Bewohner Schlesiens und anderer Provinzen«[703] – es sei also ein Geschenk, unter preußischer Herrschaft zu leben.

Diese preußische Überheblichkeit gegenüber den Polen wird jetzt mit der Reichsgründung zu einer *deutschen* Überheblichkeit. Denn in dem Maße, wie Preußen sich nun zum nationalen Zentrum eines neuen Deutschen Reiches erhebt, wird es »deutscher« – und rigoroser gegenüber den polnischen Untertanen: Die Polenpolitik wird sich nach 1871 im Sinne einer »Germanisierung« des preußischen Ostens deutlich radikalisieren. Auf polnischer Seite führt dies wiederum dazu, dass die Wahrnehmung des »Preußischen« und des »Deutschen« zusammenfallen und ein neues, negatives Deutschland-Bild entsteht. Die preußisch/deutsch-polnischen Beziehungen sind nach 1871 nicht mehr wie vorher, und diese Verschlechterung sollte für die folgenden Jahrzehnte das Verhältnis zwischen den Völkern prägen.[704]

Der Antrag im Reichstag, die polnischen preußischen Gebiete aus dem Staatsgebiet des neuen Nationalstaats auszugliedern, findet selbstverständlich im Parlament keine Mehrheit. Ihm stimmen nur die Antragsteller selbst zu sowie zwei weitere Reichstagsabgeordnete, darunter August Bebel, der nach Monaten endlich wieder auf freiem Fuß ist. Alle anderen Abgeordneten finden das Anliegen in höchstem Maße gefährlich und selbstverständlich unpatriotisch. Und fraglos stellvertretend für die meisten von ihnen reagiert der nationalliberale Abgeordnete Julius von Hennig auf das

Ansinnen der preußisch-polnischen Kollegen mit eigener Rauswurfrhetorik: Wenn es diesen »Herren« in Deutschland nicht gefalle, wenn sie nicht imstande seien, »sich dem Reiche zu assimilieren, in welchem sie wohnen, so wird uns wirklich weiter nichts anderes übrig bleiben, als auf ihre ewigen selben Forderungen ihnen zu antworten: geht doch«![705] Genau: Wer dieses Reich nicht liebt oder nicht will, der soll doch gehen. Doch in der Praxis erweist sich dies erwartungsgemäß als wenig praktikabel. Den »Polen« kann man so etwas im deutschen Parlament zurufen, bei anderen landsmannschaftlichen Gruppierungen in diesem Reich ist das indes schwieriger. Dies gilt beispielsweise für die Untertanen des gut fünf Jahre zuvor annektierten Königreichs Hannover, die »Welfen«, die ebenfalls in diesem Reichstag vertreten sind. Soll man sie auch aus diesem Reich hinauswünschen?

Immerhin sieben Abgeordnete stellt die Deutsch-Hannoversche Partei, in der sich die strikten Gegner des preußischen Reiches versammeln, die von einer Wiedereinsetzung eines eigenständigen Königreichs Hannover träumen. Obwohl die oft adeligen Führungspersönlichkeiten zumeist Protestanten sind, kooperieren sie im Reichstag mit dem katholischen Zentrum – »Reichsfeinde« unter sich, spotten dann viele Beobachter. Die auch so bezeichnete »Welfenpartei« fordert nicht wie die polnisch-preußischen Abgeordneten die Anerkennung einer eigenen Nationalität oder die Schaffung eines eigenen Nationalstaats außerhalb des Reiches, vielmehr stellen ihre Vertreter ausdrücklich klar, dass sie sich als Deutsche fühlen. Wenn sie schon zu diesem kleindeutschen und durch Annexionen geschaffenen Deutschen Reich gehören, dann bitte als Untertanen eines eigenen Königs von Hannover. In diesem Sinne tritt ihr Abgeordneter Carl Ferdinand Nieper zwei Wochen nach Eröffnung des Parlaments ans Rednerpult:[706]

> »Wir stehen sämtlich auf dem deutschen Standpunkt; wir begrüßen freudig den Eintritt der süddeutschen Staaten in den Bund und sind gern bereit, an den Aufgaben der Reichsorgane

> zum Schutze deutschen Rechts und zur freiheitlichen Fortentwicklung mitzuwirken; aber, meine Herren, in unsere Freude über das Errungene mischt sich die Trauer über den Verlust unserer einheimischen Selbständigkeit. … Auch die großartigsten Erfolge des vorigen Jahres haben die Erinnerung an den Verlust unserer Selbständigkeit nicht zu tilgen vermocht.«

Solche Untertanen wünscht sich die preußisch-deutsche Reichsführung nicht: Erkennbar zähneknirschend überbringen diese ihre Glückwünsche zur gelungenen Reichsgründung, aber verlässliche Mitstreiter für die nationale Sache scheinen sie nicht zu sein. Die Verlierer des Kriegs von 1866 – und dies sind ja nicht nur die Hannoveraner – sind vielen im Reich immer noch verdächtig, gegen »Deutschland« zu intrigieren. Zu Recht? Manche Beobachter vor allem österreichischer und französischer Zeitungen sehen angeblich »Freunde und Agenten« des Königs von Hannover oder des Kurfürsten von Hessen am Werk, die im Auftrag ihrer Regenten im Exil gegen den neuen Nationalstaat agieren.[707]

Von den Katholiken der Zentrumspartei einmal abgesehen, die immerhin 60 der insgesamt 382 Männer stellen, die im Parlamentssaal am Dönhoffplatz ihre Sitze eingenommen haben, ist die Zahl der Reichsfeinde in dieser Runde doch gering: Gerade einmal 14 »Polen« und sieben Welfen zählen zu diesem Parlament – wer von ihrer Wahl eine Gefährdung des nationalen Einigungswerks erwartet, muss schon über ein gerüttelt Maß an Misstrauen gegenüber größeren Teilen der Bevölkerung verfügen. Tatsächlich sorgen auch geringe Wahlerfolge für Ängste, dass das Reich von innen gefährdet werden könnte – und je größer solche Ängste, desto heftiger fallen die Reaktionen auf die vermeintlichen »Reichsfeinde« aus. Das zeigt sich besonders eindrucksvoll an der Wahrnehmung der Sozialisten: Von ihnen sind gerade einmal zwei Vertreter in den Reichstag gewählt worden. Und doch geht von ihnen, sozusagen stellvertretend für ihre Genossen, für die Regierung und die übrigen Parteien die wohl größte Gefahr für das Reich aus. Denn die Sozialisten lehnen ja nicht nur die konkrete Konstruktion des Reiches, sondern auch das gesamte politische System ab. Außerdem sind sie erkennbar internationalistisch ausgerichtet – und sie scheuen nicht einmal davor zurück, ihre Sympathie für die Pariser Kommune zu bekunden, die am 18. März 1871 gewaltsam ein sozialistisches Regime in der französischen Hauptstadt errichtet hat. August Bebel sieht darin durchaus ein Vorbild für die deutsche Arbeiterbewegung. Er erklärt am 25. Mai 1871 im Reichstag:[708]

> »Meine Herren, mögen die Bestrebungen der Kommune in Ihren Augen noch so verwerfliche oder ... verrückte sein, seien Sie fest überzeugt, das ganze europäische Proletariat und Alles, was noch ein Gefühl für Freiheit und Unabhängigkeit in der Brust trägt, sieht auf Paris.«

Mit diesen Worten steht August Bebel weitgehend allein da, weshalb auch umgehend große Heiterkeit im Plenarsaal ausbricht. Doch der Führer der deutschen Sozialisten lässt sich nicht verunsichern, sondern fügt noch eine politische Drohung an:[709]

> »Meine Herren, und wenn auch im Augenblick Paris unterdrückt ist, dann erinnere ich Sie daran, daß der Kampf in Paris nur ein kleines Vorpostengefecht ist, daß die Hauptsache in Europa uns noch bevorsteht, und daß, ehe wenige Jahrzehnte vergehen, der Schlachtruf des Paris Proletariats: ›Krieg den Palästen, Friede den Hütten, Tod der Noth und dem Müßiggange!‹ der Schlachtruf des gesammten europäischen Proletariats werden wird.«

Es mögen zwar nur zwei Sozialisten im Deutschen Reichstag sitzen – ihre Gedanken und ihre Reden jedoch erscheinen vielen brandgefährlich. Allen voran dem Reichskanzler. Otto von Bismarck wird später in einem Brief notieren, dass »gerade das neuerliche Auftreten des Abgeordneten Bebel im Reichstage« die Gefahren durch den Sozialismus erneut unter Beweis gestellt hätte.[710] Tatsächlich bilden die Sozialisten die einzige politische Kraft, die seit Monaten die Fortführung des Kriegs gegen Frankreich massiv und öffentlichkeitswirksam kritisiert – das erklärt auch die heftige Reaktion des Staates in Form der Inhaftierung der führenden Genossen. Anfangs überwog im sozialdemokratischen Milieu die Verbitterung über den Ausbruch des Krieges: Nur weil »ein paar Mächtige dieser Welt nicht Raum genug zu friedlichem Zusammengehen nebeneinander zu haben glauben«, fielen sie übereinander her, müssten die einfachen Menschen nun Trauer und Elend ertragen. Als Sozialdemokraten, so heißt es in einer ihrer Zeitungen, »verdammen wir den gegenwärtigen, wie jeden andern nicht durch Volkes-Interessen bedingten Krieg«. Aber dennoch wolle man sich zähneknirschend an diesem Krieg beteiligen, weil man in diesem zugleich den verhassten Kaiser Napoleon vom Thron stoßen und in Frankreich eine Republik proklamieren könne – das lohne den Kampf. Und anschließend könnten die deutschen Sozialisten wieder mit neuem Mut »an die Freiheitsarbeit im Inneren gehen«.[711]

So könnte der Sieg in diesem unerwünschten Krieg der sozialistischen Sache also höchst dienlich sein, findet auch Friedrich Engels, der die Entwicklung vom fernen London aus verfolgt. Er schreibt im August 1871 an Karl Marx, dass mit einem deutschen Sieg »der ewige Krakeel wegen Herstellung der deutschen Einheit endlich beseitigt« sei – und dann könnten »die deutschen Arbeiter sich auf ganz anderem nationalem Maßstab als bisher organisieren«. Außerdem würde durch den Eintritt der süddeutschen Staaten ein parlamentarisches Gegengewicht zu Preußen entstehen, so Engels. Bismarcks Einheitspolitik habe also durchaus ihren Reiz, ohne es zu wollen, tue er »immer ein Stück von unsrer Arbeit«.[712]

Wird das Reich Bismarck'scher Prägung also an sich selbst wieder zugrunde gehen, weil seiner Gründung zu viele politische Fehler vorausgegangen sind? August Bebel hört nicht auf, den

Parlamentskollegen und der politischen Öffentlichkeit genau dies zu prophezeien. Etwa beim Thema Elsass-Lothringen. Diese Annexion, die offiziell als »Rückgewinnung« oder »Heimkehr« uralten deutschen Siedlungs- und Kulturraums gefeiert wird, sei doch bei Lichte betrachtet nichts anderes als »ein Verbrechen gegen das Völkerrecht«, erklärt Bebel am 25. Mai 1871 im Reichstag. Und während seine Gegner diese Annexion stets als großes Werk vor der deutschen Geschichte preisen, nennt er diesen Schritt schlicht »einen Schandfleck in der deutschen Geschichte«.[713]

Dass die übrigen Abgeordneten solche Äußerungen mit Heiterkeit quittieren, ist letztlich bis zu einem gewissen Grad auch ein Versuch, mögliche Sorgen zu überspielen. Denn Bebel prophezeit dem Deutschen Reich, dass sich dieses »Verbrechen gegen das Völkerrecht« in Zukunft gegen die Reichsführung und die politische Ordnung insgesamt wenden werde:[714]

> »Täuschen Sie sich nicht, meine Herren, wenn einmal die Annexion unabänderlich ist, … dann ist der einzige Vortheil, den ich in der Annexion von Elsaß-Lothringen erblicke, der, daß gerade diese revolutionären und republikanischen Tendenzen, die meiner Ueberzeugung nach in einem großen Theile der Bevölkerung von Elsaß-Lothringen leben, jetzt nach Deutschland mit hinübergenommen werden, und daß Elsaß-Lothringen so den Keil bildet, der es uns mit möglich machen wird, nach einiger Zeit das gesammte monarchische Deutschland aus den Fugen zu treiben.«

Das ist eine klare Kampfansage, wie man sie auch im Reichstag nur selten hört, und statt Heiterkeit verzeichnet das Protokoll jetzt »Unruhe«. Der Sozialist am Rednerpult will die Monarchie »aus den Fugen treiben« – dabei ist ein Land ohne monarchische Führung doch schlicht undenkbar. Nicht nur Otto von Bismarck ist sich sicher, dass mindestens 90 Prozent des deutschen Volkes monarchistisch gesinnt sind.[715] Wenn August Bebel und seine Genossen von revolutionären Kräften und Volksherrschaft sprechen, ist das doch reine Utopie, oder? Für einige vielleicht, für andere hingegen keineswegs: Gerade mit der Proklamation der Pariser Kommune am 18. März 1871 wurde innerhalb der Sozialdemokratie die Erwartungshaltung im Hinblick auf eine Revolution noch einmal beflügelt: Die Hoffnung auf einen sozialistischen Zukunftsstaat verdichtet sich just in diesen Tagen und Wochen. Waren die Revolutionserwartungen zuvor teils zeitlich unbestimmt und auf die Zukunft ganz allgemein gemünzt, so nährt die Pariser Kommune den Glauben an eine tatsächlich erwartbare, konkrete revolutionäre Zukunft.[716]

Mit August Bebel hat im Deutschen Reichstag ein »Reichsfeind« ersten Ranges gesprochen, darüber können Unruhe und Heiterkeit der Kollegen nicht hinwegtäuschen. Wer richtig zugehört hat, weiß jetzt um die politische Bedrohung durch die Sozialisten. Otto von Bismarck hat zugehört, und er wird einige Jahre später noch erklären, dass ihm just bei diesem Auftritt Bebels die Gefahr bewusst geworden sei, die von der Sozialdemokratie für die bestehende Staats- und Gesellschaftsordnung ausgehe.[717] Besonders ärgerlich erscheint es vielen, dass sich die Sozialdemokraten zugleich gern als die besseren Sachwalter einer wahren deutschen Einheit bezeichnen, weil nur sie die Freiheit als unverzichtbares Element des neuen Reiches einfordern. Die Machtgier der Fürsten mache doch eine wahre Einheit unmöglich, gerade die Interessen des Hauses Hohenzollern, so erklärt Wilhelm Liebknecht, stehen »im diametralen Gegensatz« zum eigentlichen Interesse des deutschen Volkes. Solange diese Fürstenherrschaft nicht beseitigt ist, »werden wir nie und nimmer eine wirkliche Einigung Deutschlands haben«.[718] Und August Bebel lästert im Reichstag genüsslich über jene Demokraten, die seit Jahren die Menschen mit dem Hinweis »Hätten wir erst die Einheit, bekommen wir auch die Freiheit« vertröstet hätten: Es sei erstens anders gekommen, und zweitens werde jetzt auch keineswegs der Versuch unternommen, die Verfassung und das ganze Reich freiheitlicher zu gestalten.[719] Der

Irrtum, auf den die Sozialisten schon immer hingewiesen hätten, werde jetzt sichtbar, und es sei eine regelrecht kindliche Vorstellung, mehr Freiheit gerade von einer Regierung zu erwarten, an deren Spitze der König von Preußen steht.[720] Wirkliche Freiheit und die wahre Einheit gibt es also nur nach dem Sturz der Könige und Fürsten!

Zahlreiche Reichsfeinde haben also im Reichstag Platz genommen, und die größte Gefahr sehen die Anhänger des neuen Nationalstaats darin, dass diese kooperieren könnten. Als erstes Anzeichen dafür muss die Zusammenarbeit zwischen dem Zentrum, den Welfen sowie den Polen gelten. Gerade diese Verbindung bedrohe das neue Reich, so die Reichsregierung. Diese nehme ja keine feindliche Haltung gegenüber der katholischen Kirche ein, so behauptet Bismarck in einem Schreiben an den Gesandten beim Heiligen Stuhl, Karl Graf von Tauffkirchen-Guttenberg, aber sie müsse energisch gegen das Zentrum kämpfen, weil dieses »sich mit wirklich *staats*feindlichen Elementen verbündet«:[721]

> »Sie hat Elemente in sich aufgenommen oder unterstützt, welche der ganzen staatlichen Ordnung der Dinge, wie sie in Deutschland besteht, feindlich gegenüber stehen. Daß dies bei den Welfen und Polen der Fall ist, wird von ihnen selbst nicht geläugnet. Ja die Parthei ist soweit gegangen, die sozialistische, aller staatlichen Ordnung feindliche Agitation für ihre Zwecke heranzuziehen.«

Ein regelrechter Verfolgungswahn ergreift manche Akteure. So unterschiedlich die Reichsfeinde auch sein mögen, potenziell droht ihre unheilvolle Verbrüderung. Manchmal reichen Gerüchte und Vermutungen, um Ängste vor einem angeblichen Komplott zu schüren. Und immer wieder nährt Otto von Bismarck diese Befürchtungen. Gegenüber dem deutschen Botschafter in Wien schildert er die Gefahren einer internationalen kommunistischen Bewegung:[722]

> »In Deutschland sind die Wirkungen communistischer Arbeiterverbindungen in den größeren Städten und den Centren der Industrie in unsern westlichen Provinzen, namentlich aber in den Sächsischen Fabrik-Distrikten erkennbar, und der Abg. Bebel, von dem daneben behauptet wird, daß er aus dem Vermögen des früheren Königs von Hannover Unterstützungen und Agitationsmittel beziehe, hat den verbrecherischen Bestrebungen seiner Gesinnungsgenossen im Reichstage offen Ausdruck gegeben.«

Gemeinsame Feinde schweißen zusammen. Otto von Bismarck jedenfalls lässt vertraulich in Wien und auch in London anfragen, ob nicht auch dort ein Interesse besteht, nach der Niederschlagung der Pariser Kommune nun die »internationalen Communistenverbindungen« in den Blick zu nehmen und bei der Beobachtung solcher Bestrebungen miteinander zu kooperieren. Schließlich könne »bei der Arbeiter-Bevölkerung Europa's die Bewegung einmal unerwartete Dimensionen erreichen, welche wirkliche Gefahren herbeiführen«.[723]

Allerdings haben die Attacken der preußischen Führung und ihrer Verbündeten auf einen Teil der Verfemten durchaus stabilisierende Wirkung, zumindest auf die Katholiken und die Sozialisten. Sie werden im Moment der Verfolgung gewahr, dass es sie nicht nur in ihrer Region, in ihrem Staat gibt, sondern im gesamten Deutschen Reich: Potenziell können jetzt Passauer Katholiken auch ihre Mainzer oder Osnabrücker Glaubensgenossen wahrnehmen, und die Anhänger der Sozialdemokratie wissen mehr denn je um die Notwendigkeit, auf nationaler Ebene geeint aufzutreten, was 1875 mit dem Vereinigungsparteitag von Gotha schließlich gelingen sollte.[724]

Nicht nur im Reichstag, sondern auch in den öffentlichen Diskussionen zeigt sich, dass der innenpolitische Ton auch nach der Reichsgründung scharf geblieben ist. Vor allem gegen alle Süddeutschen, die dieses Reich eigentlich nicht wollten. Sie müssen sich nun von der siegreichen Seite Hohn und Spott gefallen lassen. So rechnet im Juni 1871 die regierungstreue *Badische Landeszeitung* mit jenen Demokraten ab, die einst – auch dies ein politisches Schimpfwort der Kleindeutschen – »kosmopolitisch« gedacht und der deutschen Nation nie den nötigen Respekt erwiesen hätten:[725]

> »Waren sie es nicht, die im letzten Herbst und Winter, als unsere Brüder auf Frankreichs Schlachtfeldern ihr Herzblut vergossen für die Erhaltung und künftige Sicherung unseres Volksthums, unaufhörlich den Gedanken der Volksindividualität verhöhnten, unaufhörlich die Austilgung der Nationalitätsschranken als das einzig Menschenwürdige predigten? Waren sie es nicht, die den religiösen Zug, welcher unverkennbar die deutsche Erhebung des vorigen Jahres durchweht, mit widerlichem Cynismus bewitzelten?«

Der moralische und politische Druck ist immens. Wer immer in dieser Debatte und auch in den publizistischen Auseinandersetzungen dieser Wochen kritisch das Wort ergreift, tut gut daran, seiner Kritik am offiziellen Regierungskurs sicherheitshalber das Bekenntnis zur Vaterlandsliebe vorauszuschicken. Die Reichsgründung ist das Ergebnis eines Sieges – eines überwältigenden militärischen Sieges über Frankreich und eines Sieges über die innere politische und die territoriale Zerrissenheit Deutschlands. Die deutsche Einheit in ihrer kleindeutschen Form ist ein eindrucksvoller Sieg, diese »Erhebung«, wie es in der *Badischen Landeszeitung* heißt, ist tatsächlich von einem »religiösen Zug« geprägt, der das nationale Geschehen als unhinterfragbar richtig, als wahr und absolut alternativlos erscheinen lässt. Wer dies »bewitzelt«, wer diese Erhebung nicht mittragen will, gehört schlicht nicht dazu. Respekt vor abweichenden Stimmen ist im Sommer 1871 nicht zu erwarten, Kritiker dieser kleindeutschen Einheit werden nicht akzeptiert, sondern denunziert. Der Föderalist wird mit der Reichsgründung endgültig zum vaterlandslosen Gesellen, und so ist die Geburtsstunde des Reiches zugleich die Geburtsstunde des »Reichsfeindes«. So entsteht ein mentales Gift, das in der deutschen Gesellschaft lange fortleben sollte – und die deutsche Einheit wird auch in den nächsten Jahren und Jahrzehnten nicht mehr ohne den »Reichsfeind« auskommen …

»Wie lange werden diese Braven im sichern Hafen bleiben? Haben sie mit ihrem Herzblut das errungen, was sie und das ganze glückliche Vaterland sich ersehnen – einen dauerhaften Frieden?«

Die Schriftstellerin Klara Reichner über die Soldaten, die am 16. Juni 1871 während der Siegesparade durch Berlin marschieren[726]

9

16. Juni 1871

Sieg, Frieden und wieder Krieg?

Der Krieg ist vorbei – und glorreich gewonnen! Das muss angemessen gefeiert werden. Und wie man das macht, glauben zumindest die Preußen ziemlich genau zu wissen, denn sie haben im Gegensatz zu den Bayern oder Württembergern noch vergleichsweise frische Erinnerungen an die letzte Siegesfeier: Fast genau auf den Tag ist es nun fünf Jahre her, dass Nord- und Süddeutschland gegeneinander in den »Bruderkrieg« zogen, und damals feierten der preußische König und sein Volk anschließend den Sieg mit einer standesgemäßen Parade in Berlin. So soll es auch heute sein, am 16. Juni 1871. Doch diese Feier wird selbstverständlich noch viel größer und pompöser, denn in den vergangenen fünf Jahren ist ja auch Großes geschehen: Heute gilt es nicht nur den militärischen Sieg über das mächtige Frankreich zu feiern, sondern auch die Gründung des Deutschen Reiches und damit zugleich die deutsche Einheit. Außerdem wollen die Preußen heute auch ihrem Wilhelm zujubeln, der jetzt nicht mehr »nur« preußischer König, sondern auch deutscher Kaiser ist. Es soll ein Fest der Superlative werden, und so geben sich Berlin und die preußische Regierung alle Mühe, vor der eigenen Bevölkerung und den vielen Gästen aus Deutschland und dem Ausland einen glänzenden Eindruck zu machen. Berlin ist jetzt Hauptstadt einer neuen Macht, und die Stadt und ihre Menschen wollen dieses neue Selbstbewusstsein aller Welt demonstrieren. Sie tun dies indes so offensichtlich, dass der Historiker David Clay Large sehr viel später über diese Siegesparade und die »noch unreife neue Hauptstadt« lästern wird:[727]

> »Sieht man einmal von dem alles beherrschenden militärischen Gepränge der Parade ab, so hatte die Triumphfeier die größte Ähnlichkeit mit einer von einem neureichen Wurstfabrikanten ausgerichteten Einweihungsfeier beim Einzug in seine neue, im Neorenaissance-Stil erbaute Stadtvilla.«

Dieses Urteil ist zugegebenermaßen hart, aber leider ist einiges daran nur allzu wahr: Berlin ist – wenn auch der Vergleich mit einem Wurstfabrikanten dann doch sehr drastisch ist – so etwas wie ein Parvenü, ein Aufsteiger in Sachen europäischer Macht. Jetzt gehört man als politischer Mittelpunkt der neuen großen Nation eben dazu, nun will man eben auch eine richtige Kaiserstadt sein – und eine Siegesparade kommt da gerade recht. Berlin ist jetzt nicht mehr nur das Zentrum Preußens, sondern Hauptstadt des neuen Deutschen Reiches. Für viele mag dies nur konsequent sein, doch unumstritten ist diese Wahl keineswegs. Kaiser Wilhelm selbst hätte sein geliebtes Potsdam vorgezogen, weil ihm Berlin seit den Tagen der Revolution von 1848 als latente Brutstätte von Unruhe und Rebellion verdächtig ist. Kronprinz Friedrich Wilhelm hätte indes lieber Frankfurt am Main vorgezogen, wo sich einst der liberale Geist im Zeichen der Einheit in der Paulskirche versammelt hat. Otto von Bismarck überzeugt dann allerdings in bewährter Manier die königliche Familie davon, dass eine Hauptstadt Berlin in besonderem Maße dazu angetan ist, die Vorherrschaft Preußens im Deutschen Reich zu sichern. Genau das befürchten übrigens viele Nicht-Preußen, eine Entscheidung für Frankfurt oder etwa Leipzig wäre ihnen lieber gewesen.[728]

Nun also Berlin. Hier scheint vielen eben auch der rechte Ort für pompöse nationale Feiern zu sein, und diese passen augenscheinlich gut in diese Zeiten, in denen »unser Volk sich wieder einen Namen gemacht hat auf Erden, da wir etwas gelten unter den Menschen«. So heißt es stellvertretend für viele Stimmen in einem Zeitschriftenartikel dieser Tage.[729] Um diesem Volk mit Anspruch auf Weltgeltung ein gebührendes Siegesfest auszurichten, haben die Berliner über Wochen geplant und gewerkelt, damit die Stadt auch festlich daherkommt und die Tausende von Teilnehmern einen unvergesslichen Tag erleben können. In einigen Schätzungen heißt es, dass weit mehr als eine Million Menschen an diesem Tag auf den Straßen der Stadt unterwegs gewesen sind – Berlin selbst zählt damals nur rund 800 000 Einwohner.[730]

Allein die Zahl der Soldaten, die bei der Parade mitmarschieren sollen, ist immens: Annähernd 42 000 Mann werden erwartet, der Vorbeimarsch am Publikum wird nahezu sechs Stunden dauern.[731] Was kaum jemand an diesem Tag bedenkt: Noch ein wenig höher ist die Zahl der Soldaten, die im vergangenen Jahr im Krieg gegen Frankreich getötet wurden: Rund 44 000 deutsche Soldaten sind dabei gestorben. Auf französischer Seite sind schätzungsweise 140 000 Soldaten getötet worden, in den beteiligten Ländern leben fortan rund 250 000 Männer als Invaliden.[732] Auch von ihnen sind übrigens an diesem Tag einige in Berlin zu sehen, auch sie werden geehrt für ihren Kriegseinsatz. Ob es ihnen ihr Los leichter macht?

Offiziell ist der Krieg jetzt seit gut fünf Wochen vorüber: Am 10. Mai 1871 wird in Frankfurt am Main der endgültige Friedensvertrag unterschrieben, schon seit Wochen schweigen an der Front die Waffen. Die deutschen Sieger diktieren den Franzosen einen bitteren Frieden – und machen reiche Beute: vor allem durch die Annexion des Elsass und von Teilen Lothringens und die hohe Kontributionszahlung von fünf Milliarden Francs in Goldwährung. Mit diesem Friedensvertrag und seinen Regelungen erhält übrigens das Wort »Reich« in der französischen Öffentlichkeit und Politik eine negative Bedeutung, die dort für die folgenden

Jahrzehnte prägend für die kollektive Wahrnehmung werden sollte. Mit »Reichsland« verbindet sich fortan beim Nachbarn der Raub von Elsass-Lothringen, und mit »Reichsbank« die demütigende Erinnerung an die zwangsweise Zahlung von fünf Milliarden Francs. Der Begriff »Reich« bedeutet fortan nicht weniger als die Erinnerung an einen ungerechten Gewaltakt.[733] Bismarck und die preußische Führung gehen zwar davon aus, dass sich Frankreich mit dem Verlust von Elsass-Lothringen abfinden würde, doch das ist ein fataler Irrtum: Tatsächlich sollte die Wiedergewinnung Elsass-Lothringens für die künftige französische Politik zu einem Hauptanliegen werden. Aber viel dramatischer für die Zukunft ist die Tatsache, dass sich dieses Reich fortan der erbitterten Feindschaft und dem einmütigen Rachedurst der Bevölkerung und der politischen Klasse Frankreichs gegenübersieht.[734]

Die Franzosen müssen bereits bei den Verhandlungen zum Vorfrieden von Versailles akzeptieren, dass die deutschen Sieger am 1. März 1871 einen triumphalen Einzug in Paris zelebrieren: 30000 Soldaten marschieren in die Hauptstadt des geschlagenen Feindes, Kaiser Wilhelm I. lässt es sich nicht nehmen, im Bois de Boulogne die Parade seiner Truppen abzunehmen. Was für ein Triumph – und was für eine Demütigung für die Franzosen! Für die mag es ein schwacher Trost sein, dass die Deutschen nach zwei Tagen die französische Hauptstadt wieder verlassen. Im Nordosten des Landes bleiben allerdings die deutschen Soldaten so lange, bis Frankreich die geforderten Kriegsentschädigungen bezahlt hat – erst im September 1873 werden die letzten deutschen Kämpfer Frankreich verlassen.[735]

Dieser Krieg ist also für die Deutschen gewonnen, doch er hat für die allermeisten Menschen im Reich lange genug gedauert. Jetzt ist das Bedürfnis nach Feiern mit Händen zu greifen – vor allem bei dem großen Fest in Berlin. Über sechs Kilometer hinweg marschieren die Teilnehmer, der Weg ist geschmückt mit Ehrensäulen und Siegesmasten, mit Girlanden, Eichenlaub und Lorbeerkränzen. Die führenden Militärs sind anwesend, selbstverständlich der

Kaiser und die Hohenzollern-Familie, es gibt Ansprachen, Musik und vor allem viel Jubel. Die Berliner Zeitungen überschlagen sich in diesen Tagen bei der Berichterstattung, kein Superlativ wird ausgelassen, denn dieser 16. Juni 1871 ist ein Tag, den die Stadt und – nach Ansicht vieler Preußen – auch das ganze Land noch nie gesehen haben: »Kein schönerer Juni-Morgen hat je über Berlin geleuchtet«, so jubelt ein Reporter,[736] und in einer anderem Presseartikel findet sich ebenfalls ein Superlativ:[737]

> »Niemals aber ist von einem großen Volke ein großes Sieges- und Friedensfest mit reinerem Gewissen gefeiert worden: es war vor Allem ein reines und keusches Fest, an dem kein Makel haftet, kein Makel der Selbstüberhebung, der frechen Prahlerei und des Siegesübermuths.«

In einem anderen Zeitungsbericht wird zusätzlich die Freude über die deutsche Einheit herausgestellt. Auf allen Gesichtern der Hunderttausenden spiegele sich das Bewusstsein, dass »Deutschland ein einiges Vaterland« vom Baltischen Meer bis zu den Alpen, von der Mosel bis zur Memel sei. Die Einheit wird auch auf einem der sechs riesigen Bannergemälde gepriesen, die quer über die Promenade Unter den Linden gespannt sind. Es stammt von Ernst Johannes Schaller und trägt den Titel »Vereinigung von Nord- und Süddeutschland«. Darauf ist eine Brücke über den Main zu sehen, auf dem »Preuße und Bayer sich in herzlicher, brüderlicher Umarmung begegnen – Württemberg eilt freudig herzu«, die Gruppe wird eingerahmt von den zwei allegorischen Frauengestalten »Nord« und »Süd«. Sicherheitshalber wird die Botschaft des Gemäldes auch noch einmal mit dem erklärenden Schriftzug versehen: »Ganz Deutschland steht einig zusammen wie nie zuvor.«[738]

So groß die Begeisterung in Berlin und Preußen ist, so zurückhaltend zeigt man sich allerdings zuweilen im Süden des neuen Reiches. Die in München erscheinende katholische Zeitung *Das Bayerische Vaterland* kann es sich nicht verkneifen, auf die vermeintliche mangelnde Kultur der Berliner zu verweisen, die ein solches Spektakel stets zu einem Wagnis machten: Die Behörden seien »voll Angst und Besorgnis, der süße Berliner Pöbel könnte beim Truppeneinzug wieder wie üblich großartigen Scandal anfangen« – welche Art von Skandal das allerdings sein sollte, verschweigt das Blatt indes.[739] Der König von Bayern jedenfalls hat die Einladung zur Parade ausgeschlagen, was vielleicht nicht so viel heißen will, weil Ludwig ohnehin nicht gern solchen preußischen Feiern beiwohnt. Man gönnt den Preußen im übrigen Reich ja die Feier des militärischen Sieges, und auch Vertreter der verbündeten deutschen Armeen sind an diesem Tag an der Spree vertreten, aber zuweilen zeichnen sich die öffentlichen Kommentare doch durch eine gewisse wohlfeile Respektlosigkeit aus. So macht sich ein Autor im *Würzburger Journal* durch seine bewusst knappe Zusammenfassung über das Berliner Spektakel lustig: Die Straßen seien voller Bilder und Schlachtengemälde gewesen, viel Trophäenausstellungen und Häuserschmuck – und überhaupt ein bespielloses Gedränge:[740]

> »Es war ein Zusammenschluß von Menschen aus allen Zonen; Landvolk, Soldaten und Reisende im wühlenden Durcheinander. Der Bürgermeister begrüßte den Kaiser in der bekannten allerunterthänigst kriechenden Herrgottsmanier, der Kaiser antwortete ditto worauf er noch zwei Ansprachen hielt, die jeder unserer Leser sich aus den drei Worten: Gott, König und Armee in dem berühmten Telegrammstyle zusammenfassen kann. Beim Diner toastirte der Kaiser auf Volk und Heer. Weiter ist von dem Feste Nichts zu bemerken … Leider waren bei diesem Siegeseinzuge die Krüppel, Wittwen und Waisen vergessen.«

Die Siegesparade hat ihren Preis – hätte man das Geld nicht klüger ausgeben können? Die Schriftstellerin Klara Reichner fragt in einem Beitrag für eine Münchener Wochenzeitung, ob die für diesen Zweck ausgegebenen enormen Summen nicht »in der Linderung so mancher schwer empfundener Folgewunde des Kriegs eine ungleich wohltätigere Bestimmung gefunden haben würden«.[741] Tatsächlich kostet das Spektakel mehr als 450 000 Taler, eine Summe, die auch Preußen oder das Reich nicht eben aus der Portokasse bezahlen will und kann. Deshalb wird ein Zuschlag auf alle in Berlin erhobenen Einkommensteuern erhoben. Doch die Berliner scheinen sich mit Klagen zurückzuhalten, auch weil das große Fest eine sehr gute Gelegenheit bietet, die zusätzlichen Abgaben wieder hereinzuholen: Für die »Siegestouristen« werden neben kunstvoll gedruckten Führern für das Berliner Nachtleben und Karten für Stadtrundfahrten auch eine »Kriegs- und Siegeschronik 1870–71«, die Familienwappen erfolgreicher Generäle sowie Regimentsfahnen oder duftende Lorbeerkränze angeboten. Und vor den Kneipen und Restaurants stehen bei schönstem Sonnenschein zusätzliche Tische, an denen Einheimische und Auswärtige ein eigens ausgeschenktes »Gedenkbier« genießen können. Das unterscheidet sich zwar in nichts vom herkömmlichen Bier, kostet aber dafür wegen der historischen Bedeutung des Augenblicks gleich ein paar Pfennige mehr.[742]

Ansonsten verläuft das große Fest weitgehend ungestört – mit den üblichen kleineren Zwischenfällen selbstverständlich. Manches hält dem Jubel und den Menschenmassen schlicht nicht stand, so bricht Unter den Linden während des Einzugs der Soldaten eine der kleineren improvisierten Tribünen zusammen. »Herren und Damen fielen unter- und übereinander, Kopf unten und Beine hoch, während unter den kläglichen Brettergerüsten sich ein lautes Geschrei erhob« – aber dennoch, so heißt es bald darauf, habe kaum jemand »erheblichen Schaden genommen«.[743]

Gravierender sind die Folgen allerdings für die Soldaten, die durch die Berliner Sommerhitze marschieren müssen. Zwar werden sie für ihr Erscheinen extra entlohnt: Jeder Soldat erhält für seine Teilnahme ein »Ehrengeschenk« von einem Taler, jeder

Unteroffizier eine Zuwendung von zwei Talern.[744] Aber ist das eine Entschädigung für die Qual dieses Tages? Viele Soldaten leiden unter der Sommerhitze, dem stundenlangen Warten auf die Parade und schließlich dem strammen Marschieren durch die Stadt. Eine Zeitung berichtet später:[745]

> »Es sollen 200 Mann in den Lazarethen liegen und einige bereits gestorben sein. Ein Unteroffizier vom Elisabeth-Regiment sei, so wird erzählt, vor dem Brandenburger-Thor todt zusammengefallen. Die Anstrengung ist in der That eine übermenschliche gewesen, man muß die Soldaten anhören, welche mitmarschirt sind.«

Mehr als drei Stunden hätten einige von ihnen auf dem Tempelhofer Feld in voller Ausrüstung auf den Marschbeginn gewartet, und die meisten waren zuvor schon zu Fuß dorthin gegangen.[746]

> »Kein Wunder, daß die Mannschaften abgespannt waren, als sie auf dem Pariser Platz angelangt waren. ›Hätte ich dort‹, hörte ich einen stämmigen Gardisten sagen, ›eine Kugel im Laufe gehabt, ich hätte meinen Vordermann erschossen, so falsch war ich.‹ In den Seitenstraßen sah man die armen Leute sitzen, welche ›ausgespannt‹ hatten und nicht weiter konnten. Die Umstehenden erfrischten sie mit Selterswasser und Wein. Der Einzug ist für die Theilnehmer, dies hört man von Allen, die größte Anstrengung gewesen, die der Krieg ihnen gebracht. Das ist die Schattenseite der Medaille. Kein Ding ist leider ohne solche.«

Der Sieg ist errungen, der Frieden aber noch frisch und augenscheinlich zerbrechlich. Das ganze Frühjahr hindurch herrscht mit Blick auf Frankreich eine gespannte Ruhe: Zwar haben die geschlagenen Franzosen einem Waffenstillstand und einem vorläufigen Friedensvertrag zugestimmt, aber als am 18. März 1871 in

Paris ein revolutionärer Stadtrat – bald als *Commune* bekannt – die Macht erlangt und ein sozialistisches Herrschaftssystem errichtet, reagiert die reguläre französische Armee zunächst mit der Einschließung sowie der Beschießung der Stadt und schließlich mit der blutigen Niederschlagung der Bewegung Ende Mai. Auch deutsche Truppen sind mittelbar an dem Geschehen beteiligt: Indem sie den Bewachungsring rund um Paris aufrechterhalten, helfen sie der französischen Regierung und schauen dann der grausamen Niederschlagung der Kommune tatenlos zu.[747]

In Deutschland werden die Vorgänge in Paris sehr genau wahrgenommen. Nicht nur fürchten viele eine sozialistische Initialzündung für ganz Europa (was auch deutsche Sozialisten sehnlich wünschen), in der breiten Bevölkerung wächst zudem die Furcht, der Krieg sei doch noch nicht zu Ende. Zumindest stoppt die Reichsregierung jetzt die Rückführung der französischen Kriegsgefangenen in ihre Heimat. Reichskanzler Bismarck lässt die preußischen Gesandten in Bayern, Württemberg und Baden bei den jeweiligen Regierungen vorsprechen, um die weitere Freilassung auszusetzen. Die Lage in Paris sei derzeit sehr unübersichtlich, und deshalb könne auch nicht ausgeschlossen werden, »daß die rückkehrenden Kriegsgefangenen von irgend einer Regierung gegen uns verwendet würden, und daß wir in die Lage kommen könnten, dieselben Truppen, die wir jetzt frei ließen, noch einmal bekämpfen zu müssen«.[748]

Und nur kurze Zeit später muss Otto von Bismarck wieder auflodernde Gerüchte um weitere Kriege gegen Frankreich dementieren. Im Juni 1871 erklärt er seinem Kriegsminister verärgert, er solle doch seine Generäle im Allgemeinen dazu anhalten, bei öffentlichen Ansprachen bitte nicht den Eindruck zu vermitteln, der nächste Krieg gegen Frankreich stehe bereits vor der Tür. Der Grund für die Verstimmung: Der kommandierende General eines preußischen Armeecorps hatte bei der Rückkehr der Truppen nach Posen erklärt, dass »wir eine baldige Wiederholung des Krieges mit Frankreich zu gegenwärtigen hätten«.[749] Bismarck verbittet sich solche Äußerungen, während er gleichzeitig anderen Militärs offen erklärt, dass er bei Nichterfüllung der Friedensbedingungen durch die Franzosen umgehend mit einem neuen Truppenaufmarsch reagieren werde: In kürzester Zeit könnte »wieder eine Streitmacht von 600 000 Mann zwischen Metz und Paris stehen«, wird er im Juni 1871 von seinem Vertrauten Moritz Busch zitiert.[750]

Aber es sind nicht in erster Linie die Vorgänge angesichts der Pariser Kommune, die in Deutschland die Sorgen um einen neuen Krieg nähren. Diese Befürchtungen sind schon während des Kriegs selbst entstanden und wollen seitdem nie mehr recht verschwinden. Ist Frankreich von den Deutschen nicht zu sehr gedemütigt worden? Sind die Bedingungen für den Friedensvertrag nicht überzogen? Wird der Preis für den Sieg nicht die Rache des Verlierers sein? Bereits im Dezember 1870, als der Sieg über Frankreich noch keineswegs vollendet ist, warnt in der ersten Kammer des württembergischen Landtags Constantin Freiherr von Neurath vor den langfristigen Folgen dieses Krieges oder vielmehr dieses Sieges:[751]

> »Wir stehen in dem erbittertsten Kriege gegen Frankreich – und wenn auch der Himmel uns bald zu einem uns glücklichen Ende dieses Krieges verhelfen sollte, so müssen wir nothwendig noch lange darauf gefaßt sein, daß das besiegte Frankreich, von Haß durchglüht, trotz aller seiner Niederlagen und Verluste, trotz aller Schwächung seiner Hilfsmittel nur nach dem Augenblicke lechzt, wo es für die erlittene Demüthigung an Deutschland sich rächen könne.«

Die Annexion von Elsass-Lothringen wird in Deutschland zuweilen von geradezu lärmendem Patriotismus ob der angeblichen historischen Legitimität dieses Vorgehens begleitet. Selbst führende Intellektuelle verfallen hierbei in erschreckende argumentatorische Schlichtheit. So verkündet etwa der Historiker Theodor Mommsen, dass die Elsässer und Lothringer nicht zur »lateinischen Rasse«

gehörten – womit er wohl die Franzosen meint –, sondern vielmehr deutsch seien.[752]

Wie sagte August Bebel noch gut drei Wochen vor der Siegesparade im Deutschen Reichstag? Es sei notwendig, »dass wir uns vergegenwärtigen, welche Zukunft uns bevorsteht« – und die sei alles andere als rosig: Gerade angesichts der Annexion von Elsass-Lothringen, die doch ausschließlich auf dem »Eroberungsrecht« eines siegreichen Staates basiere, dürfe man sich nicht wundern, »wenn der Friede und unsere freiheitlichen Arbeiten für alle Zeiten verloren sind«.[753] Das erklärt der Sozialist keineswegs zum ersten Mal. Schon im November 1870 mahnt er die Mitglieder des Norddeutschen Reichstags, dass sogar der politischen und der militärischen Führung in Deutschland offenkundig klar sei, wie sehr die französische Nation künftig »von dem Gefühl der Wiedervergeltung« erfüllt und geleitet werden wird. Wäre es da nicht ein Akt der Klugheit, »daß wir unsere Gegner nicht unnützerweise verletzen und zur Rache aufstacheln«? Doch statt Zustimmung vermerkt das Protokoll im Norddeutschen Reichstag damals lediglich große Unruhe und Gelächter.[754] Doch zum Lachen ist den meisten Deutschen nicht recht zumute, wenn es um die Angst vor einem weiteren Krieg geht. Ihr Blick in die Zukunft ist geprägt durch die militärischen Erfahrungen der jüngsten Zeit. 1871 ist mit Unterbrechungen das siebte Kriegsjahr, das die Deutschen erleben – und Preußen ist seit dem Schleswig-Holstein-Krieg von 1864 immer maßgeblich daran beteiligt.

Die Sorge um weitere Kriege gebiert auch eine heftige Friedensrhetorik der politischen und der militärischen Führung. Sie begleitet den gesamten Einigungsprozess, und bei jedem festlichen Anlass wird herausgestellt, dass dieses neue mächtige Deutsche Reich und sein Kaiser selbstverständlich nichts anderes als den Frieden wollten. Es sind geradezu formelhafte Beschwörungen: Niemand brauche vor diesem neuen Reich Angst zu haben, es habe keinerlei territoriale Gelüste in Europa, es werde die Rechte aller anderen Völker achten und zu einem Hort des Friedens werden. In der *Ba-*

dischen Landeszeitung heißt es in diesem Sinne unmittelbar nach der Kaiserproklamation von Versailles über die Ziele des neuen Kaisers:[755]

> »Er will bestrebt sein, in deutscher Treue die Rechte des Reiches und seiner Glieder zu schützen, den Frieden zu wahren, die Unabhängigkeit Deutschlands zu stützen. Er gibt sich der Ueberzeugung hin, daß das deutsche Volk den Lohn seiner Kämpfe in dauerndem Frieden und innerhalb gesicherter Grenzen genießen wird. Er und seine Nachfolger wollen sich zum Ziel setzen, allezeit Mehrer des deutschen Reiches zu seyn, aber nicht durch kriegerische Eroberungen, sondern durch Werke des Friedens, auf dem Gebiet nationaler Wohlfahrt, Freiheit und Gesittung.«

Solche Beschwörungen gehören zum offiziellen Grundakkord der Reichsgründung: Dieses Deutschland ist mit seinen Grenzen voll und ganz zufrieden, es wird ganz sicher nie mehr verlangen, als es heute schon besitzt. Es gibt allerdings Menschen in Deutschland und in Europa, die können über solche Sätze nur höhnisch lachen. Preußen-Deutschland eine Friedensmacht? Preußen, Wilhelm I. und sein Kanzler Otto von Bismarck als Garanten für Wohlfahrt und Freiheit? Dass solche Vorstellungen den Erfahrungen der Nachbarländer widersprechen und dass gerade Preußen als neue Führungsmacht eben nicht durch die Garantie bürgerlicher Rechte hervorsticht, wissen selbstverständlich auch die glühendsten Anhänger des neuen Reiches. Gerade deshalb verstärken sie ihre Rhetorik von der Friedfertigkeit des Deutschen Reiches. Für die anderen Länder gibt es indes wenig Grund, den Deutschen Friedenswillen zu unterstellen, auch weil 1871 die Vorstellung triumphiert hat, wonach ein geeintes Deutschland militärisch unbesiegbar sei. Doch nützt diesem Reich all seine Macht, so sinniert während des Krieges schon der preußische Kronprinz, »wenn Haß und Mißtrauen uns überall begegnet« und die europäischen Nachbarn jeden deutschen Schritt argwöhnisch beobachten?[756]

Der Rest Europas schaut nach der Niederlage und der Demütigung der beiden Großmächte Österreich und Frankreich tatsächlich erschrocken und besorgt auf dieses Deutsche Reich. Der liberale Reichstagsabgeordnete Hermann Schulze-Delitzsch spricht von dem erkennbaren »Misstrauen, welches uns von vielen Seiten im Auslande entgegentritt«.[757] Sein ebenfalls liberaler Kollege Rudolf von Bennigsen gibt im März 1871 zu bedenken:[758]

> »Unvergessen ist es bei den übrigen europäischen Völkern, daß dereinst unter dem Namen des deutschen Kaiserthums und des deutschen Reichs die Idee einer Universalmonarchie, eines Schutz- und Schirmrechts über alle Völker christlicher Religion bei den mächtigen Herrschern und in dem kriegerischen Volke der deutschen Länder lebendig war durch die Jahrhunderte … Wir wollen es nicht verschweigen, es hat Zeiten gegeben, … wo die Deutschen in der Zeit der Kraft des mittelalterlichen deutschen Kaiserthums der Schrecken Europas gewesen sind.«

Doch die Nachbarn können unbesorgt sein, so Bennigsen weiter. Jetzt habe man im Westen »entrissene alte Reichslande« wiedererhalten, und damit wolle man sich zufriedengeben. Was vielen als selbstverständlich gilt, wertet der Liberale als Beweis der Friedensliebe dieses neuen Reiches: Schließlich gebe es noch Nachbarn, »deren Länder ganz oder theilweise aus Provinzen zusammengesetzt sind, welche früher Jahrhunderte lang zum deutschen Reich gehört oder doch längere Zeit mit demselben in losem Verbande gestanden haben«. Die kaiserliche Regierung zeige sich an diesem Punkt »offen« und »loyal«.[759] Ganz sicher will der liberale Reichstagsabgeordnete damit beruhigend auf die Nachbarländer wirken, aber gelingt ihm das, wenn er fast in einem Atemzug die Annexion Elsass-Lothringens mit dem angeblich freiwilligen »Verzicht« auf weitere Gebiete verknüpft, die Deutschland trotz deren von ihm beschworener deutscher Tradition nicht besetzen und annektieren will?

Auch bei Annexionen scheint das Sprichwort zu gelten, dass jeder erfüllte Wunsch sogleich den nächsten gebiert. Jedenfalls werden schon vor dem Abschluss des Friedensvertrags Stimmen laut, beispielsweise die britische Insel Helgoland dem neuen Reich einzuverleiben. Aus Marinekreisen wird kolportiert, dass auch der Krieg gegen Frankreich gezeigt habe, wie sehr der Schutz der deutschen Küsten nur dann zufriedenstellend gewährleistet werden könne, wenn die Insel einst in deutschen Händen ist. Und da »Englands formelles Besitzrecht wenig materielle und moralische Begründung« aufweise, sei die Sache doch eigentlich ganz einfach: Wenn die Deutschen ihre Forderung nach Übergabe Helgolands zu einer nationalen Frage erheben und eine »gute Gelegenheit« abwarten, diese energisch vorzutragen, werde sie fraglos auch erfüllt.[760] So haben die Menschen außerhalb Deutschlands wohl aus gutem Grund das Gefühl, dass dieses neue Reich Appetit auf »mehr« hat. Und die Deutschen wissen sehr genau, wer vor ihrer militärischen Stärke jetzt Angst hat. In einer Münchener Tageszeitung heißt es im März 1871:[761]

> »In der Tat zeigen die Blätter in Holland, Dänemark und der Schweiz eine heillose Angst vor dem alles verschlingenden deutschen Lindwurm. Die Idee, als ob wir Annexionsgelüste nach der Schweiz oder Holland oder Dänemark hegen könnten, ist in den Augen jedes Deutschen so unsinnig, daß es uns schwer fällt, zu glauben, diese Angst könne wirklich bestehen. Allein dem ist dennoch so und aus dieser Angst erklärt sich auch der Haß, mit dem man rings um uns her Allem, was Deutsch ist, entgegentritt.«

Der Hass zwischen den Ländern – er ist in dieser Zeit allenthalben zu spüren. Vor allem im Westen des neuen Reiches ist die Sorge vor der Rache Frankreichs groß. So zitiert die *Bonner Zeitung* im

Frühjahr 1871 aus einer vermeintlichen Korrespondenz zwischen einem Deutschen, der wegen des Kriegs seinen Wohnsitz in Paris verlassen musste, und einem französischen Rechtsanwalt, der ihm helfen soll, seinen zurückgelassenen Besitz wieder zu erhalten. Dessen Antwort, so kommentiert die Redaktion, sei ein erschreckendes Zeugnis von »Verwilderung« und Rache. Der Advokat rät dem Deutschen nämlich angeblich davon ab, Paris je wieder zu betreten, weil sein Leben hier gefährdet sei:[762]

> »In Folge der Räubereien und Plünderungen, welche Ihre Landsleute in unserm unglücklichen Lande angestellt haben, darf in Zukunft kein Deutscher mehr den französischen Boden betreten: über diesen Punkt sind wir uns alle einig. Es muß durchaus eine unüberschreitbare Barriere gesetzt werden zwischen unserm Lande und dem Lande dieser Vandalen, die sich mit all unsern Reichthümern vollgestopft und unsere Möbel weggeschleppt haben. Wir hegen nur einen Gedanken: Rache, und hoffentlich wird diese nicht lange auf sich warten lassen.«

Auch konfessionelle Aspekte spielen bei diesen Befürchtungen zuweilen eine Rolle. Es gibt deutsche Katholiken, die sich weiterhin von protestantischer Militanz bedroht sehen. Wenn man unterstellen wolle, dass das protestantische Preußen oder das nunmehr protestantisch dominierte Deutsche Reich bei seinen Expansionsgelüsten eben auch konfessionelle Motive hat, müsse man dann nach dem hart geführten Krieg gegen das katholische Frankreich nicht auch einen weiteren Krieg gegen das katholische Österreich erwarten? Droht Europa womöglich eine riesige Schlacht zwischen zwei Kaiserreichen – für die der Krieg gegen Frankreich ein Vorläufer war? In einer katholischen bayerischen Zeitung liest sich das so:[763]

»Vernichtung Frankreichs als der letzten katholischen Macht und als eines katholischen Volkes – dies ist das Ziel dieser kriegslustigen Leute, und nur von diesem Gesichtspunkt aus verlangen sie, daß die Vormacht des Protestantismus, Preußen, zur Niederwerfung Frankreichs seinen letzten Mann aufbiete.«

Das katholische Österreich möge sich hüten, dass es nicht von Preußen-Deutschland ebenso attackiert und zu einem »Ringkampf« gezwungen werde, den dann der »katholische Kaiser mit dem jüngst geschaffenen protestantischen zu bestehen hätte« – zum Leidwesen ganz Europas:[764]

»Er würde die Welt mit Blut tränken und in Thränen baden und den ganzen Erdkreis in lichterlohe Flammen setzen.«

Österreich ist für viele Katholiken zugleich jene europäische Macht, die fest zum Papst steht, zuweilen erscheint die Donaumonarchie als letzte »Beschützerin des Papsttums«. Der Papst als geistliches Oberhaupt ist für die ultramontanen Katholiken in Deutschland eben fester Bestandteil ihres Alltagslebens. Und ausgerechnet ihn feiern sie just am 16. Juni 1871, als die siegreichen Truppen durch Berlin paradieren, an anderen Orten öffentlich: Pius IX., der sich seit dem Verlust des Kirchenstaates als »Gefangener« im Vatikan sieht, feiert sein 25-jähriges Pontifikat. Statt siegreiche Soldaten zu bejubeln, feiern viele Katholiken ein Fest für ihren Papst: »Ein Fest der Liebe, der Eintracht und Einigkeit Aller in dem einen Glauben und der einen Kirche, der katholischen«, so schreibt *Das Bayerische Vaterland*, »ein Triumph ihrer Weltmacht«.[765] Nicht nur in München feiern die Katholiken an diesem 16. Juni ihren Papst, selbst im preußischen Köln treibt es am Abend dieses Freitags eine »ungeheure Menschenmenge« auf die reich geschmückten Straßen. Besonders groß ist das Gedränge rund um den Dom, der nach Einbruch der Dunkelheit erstmals von allen Seiten angestrahlt wird – mancher Beobachter nennt diese Beleuchtung das Großartigste, »was bisher in Köln zu sehen ward«.[766] Wie gesagt: nicht zu Ehren der heimkehrenden Truppen, sondern des Papstes. Offiziell heißt es am 16. Juni, Berlin feiere diesen Festtag nicht für sich allein, sondern für das gesamte Vaterland«.[767] Für viele Katholiken gilt das nicht …

Sehr wohl gibt es aber auch in anderen deutschen Ländern Siegesfeiern. Die nach Berlin größte findet am 16. Juli 1871 in München mit dem feierlichen Einzug des 1. Bayerischen Corps statt, von dem allerdings eine Division vorerst noch in Frankreich stationiert bleibt. Auch in der bayerischen Hauptstadt kommen Tausende zusammen, um die Soldaten jubelnd zu begrüßen, zudem ist der preußische Kronprinz Friedrich Wilhelm zu Ehren der bayerischen Soldaten aus Berlin gekommen. Und selbstverständlich ist auch König Ludwig mit seiner Familie erschienen und begrüßt, wie es später in Zeitungsberichten heißt, »die kriegserprobten, wettergebräunten Söhne des Vaterlandes in ihren die Spuren der Kriegsstrapazen tragenden Uniformen«, die »auf Helmen und Bajonetten Lorbeerkränze und Blumensträuße tragen«.[768]

Dass sich in den großen Jubel auch »trübe Gedanken« mischen, wird in den bayerischen Zeitungen nicht verheimlicht. Am Nachmittag, als sich die offizielle Parade auflöst, kommt es in den Straßen der Stadt zu so manchem Wiedersehen, »auch manches wehmüthige, wenn eben ein armer zum Krüppel geschossener Soldat auf Krücken daher hinkte«. Ihnen geben die Passanten oft großzügige Spenden, denn das Vaterland zahle bekanntlich für diese Invaliden »nicht allzuviel«. Und auch verzweifelte Frauen sind auf den Gassen unterwegs, auf der Suche nach ihren Verlobten und Ehemännern befragen sie die heimkehrenden Soldaten, ob sie nicht Auskunft über deren Verbleib geben können.[769] Die Versorgung der Veteranen ist auch ein politisches Thema. Deshalb befürwortet der Reichstag noch im Frühjahr eine entsprechende finanzielle Unterstützung der Betroffenen, sie sollen nicht auf Spenden der Bevölkerung angewiesen sein. Die freiwilligen »Liebesgaben«

der vergangenen Wochen und Monate werden nun nicht mehr gebraucht – das denken sich jetzt jedenfalls auch so einige »Schnäppchenjäger«. Dabei geht es zuweilen recht merkwürdig zu. So wird aus Kaiserslautern gemeldet, dass die von den Lazarettzügen übrig gebliebenen Liebesgaben »nämlich in aller Stille ganz unter der Hand verkauft« werden und sich einige wenige zu billigsten Preisen auch an hochwertigen Spenden bedient hätten.[770]

An einigen Orten mischen sich auch kritische Töne in den allgemeinen Jubel der Erleichterung. So berichtet ein Zeitzeuge einer sozialdemokratischen Zeitung von einer Siegesfeier in Nürnberg; dabei geht es ihm um die immensen Kosten der Veranstaltung, bei der seiner Meinung nach »mehrere tausend Gulden verbrannt und verpufft wurden«. Die Kosten würden jetzt in dreister Weise der Bevölkerung abgepresst – und wie das geschehe, könne er jederzeit auch beeiden:[771]

> »Die Unternehmer suchen nun in schamloser Weise von kleinen Vereinen, deren hier eine Legion ist, Beiträge zu erpressen. ›Wenn Ihr Verein Nichts hergiebt‹, sagte der offenbar betrunkene Herumträger solcher fortschrittlicher Bettelexpreßbriefe zu dem Vorstand eines solchen Vereins, ›so kommt er in die Zeitung.‹ Das muß natürlich helfen, denn um Alles in der Welt wollen diese kleinen Vereine nicht für unpatriotisch gelten, und da setzt man schon ein paar Thaler dran.«

Auch die Feiern zum Gedenken an den Sieg bei Sedan werden in den kommenden Jahren immer weniger Unterstützung finden – vor allem und zunächst außerhalb Preußens. Schon drei Jahre nach der Reichsgründung beantragt die Zentrumspartei im Münchener Kommunalparlament, diese Feiern in Zukunft nur noch in einem mehrjährigen Abstand abzuhalten, der Magistrat von Erlangen verweigert 1876 einen finanziellen Zuschuss zu der Sedansfeier, die von sozialdemokratischer Seite überdies als »Nationalschlachtfest« bezeichnet wird. Und auch in Sachsen werden bald schon die

Initiatoren der Feiern eine »allgemeine, größere Beteiligung der Bevölkerung« an diesem Fest vermissen.[772]

Über die Siegesfeier am 16. Juni 1871 in Berlin berichten die süddeutschen Zeitungen entweder vergleichsweise knapp, oder sie echauffieren sich dabei darüber, dass die Berliner Presse in einem ausufernden Maße das Geschehen beschreibt. Und wenn es irgend geht, fließt Spott ein in die bayerische Berichterstattung. So will eine in München erscheinende *Zeitung für die elegante Welt* wissen, dass die durch Berlin paradierten Truppen keineswegs alle »mit dem Feinde zusammengekommen seien«. Zwar hätten durchaus alle anwesenden Truppeneinheiten den langen und schweren Krieg mit allen Strapazen ertragen, »aber ein Theil der heimgekehrten Garde – von den Füsilieren – hatte nie Gelegenheit, sich mit dem Feinde zu messen«. Jedes Detail scheint dieser Zeitung geeignet, den Berliner Jubel ein wenig zu schmälern – und selbst Kaiser Wilhelm wird unterstellt, dass »ihm der 16. Juni 1871 nicht die schönste Erinnerung zurücklassen« wird. Denn auch das »begeisterte Jauchzen seiner Hauptstadt« dürfte ihn doch nicht darüber hinwegtäuschen, dass noch ein Jahr zuvor der Jubel in der Stadt noch viel größer gewesen sei – als er nämlich den Kriegsbeginn verkündete:[773]

> »Das damalige Jauchzen des Volkes, welches darin sein aufopferungsfähiges Vertrauen gegen seinen Monarchen aussprach, war von ungleich höherem Werthe als der Jubel, mit dem es den siegreichen Feldherrn empfängt.«

Das Volk (von Berlin) jubelte mehr über den Kriegsbeginn als über den Sieg? Das klingt nach süddeutscher Propaganda, vermutlich ist das faktisch auch kaum haltbar. Aber solche und andere Berichte machen deutlich, dass die Realität der deutschen Einheit doch nicht so strahlend ist, wie sie auf den Festgemälden in Berlin dargestellt wird. Die deutsche Einheit ist auf den Weg gebracht, der staatliche Rahmen geschaffen – jetzt wird es darum gehen, diesen Zusammenschluss mit Leben zu füllen. Wird dieses »Reich« wirklich halten? Der Schriftsteller Gustav Freytag notiert nach seiner Rückkehr aus Berlin nicht nur, dass nach seinem Geschmack die Feier insgesamt »viel zu lang« gedauert habe. Außerdem habe er in einem Gespräch mit dem preußischen Kronprinzen und der Kronprinzessin den Eindruck gewonnen, dass man gemeinsam durchaus sorgenvoll in die Zukunft schaue:[774]

> »Die neue Organisation des heiligen römischen Reiches ist ein so seltsam durchlöcherter Bau, daß selbst Fürst Bismarck nicht auf die Länge darin hausen kann. Und käme einmal ein Sturm, so mag das provisorische Gebäude zerworfen und zerblasen werden, als wäre es nie dagewesen.«

Vielleicht ist es wirklich so, wie es ein Soldat im Dezember 1870 in einem Feldpostbrief schreibt: »In dem Waffenrock ist Deutschland einig, aber im Fracke hat der Schneider wohl noch zu arbeiten!«[775] Denn was dieses viel umjubelte »Reich« eigentlich ist, darüber gehen die Meinungen auseinander. Viele berauschen sich einfach nur an der Vorstellung von einem »Reich«, weil es Größe und Macht verspricht und weil in diesem Begriff eben auch eine vermeintlich glorreiche Vergangenheit mitschwingt. Kaiser Wilhelm I. selbst hat bei der Eröffnung des Reichstags am 21. März 1871 von der »Wiederherstellung des Deutschen Reiches« gesprochen. Das ist die vorherrschende preußische Geschichtsbetrachtung, und deshalb nimmt der Hohenzollern-Herrscher eben auch auf einem unbequemen steinernen Thron aus dem Mittelalter Platz.

Dabei hat dieses »Deutsche Reich« nach preußischer Vorstellung von seinem Machtanspruch mit dem mittelalterlichen Reich erst einmal recht wenig zu tun: Die deutsche Kurfürsten hatten damals aus gutem Grund eine Erbmonarchie verhindert und die deutsche Königswahl zu einem zentralen Element der politischen Diplomatie und der Interessenausgleichsregelung im Inneren gemacht. Und ein König konnte auch erst Kaiser werden, wenn er in Rom vom Papst dazu gesalbt und gekrönt wurde. Unvorstellbar, dass der Protestant Wilhelm sich mit der Bitte um eine solche Zeremonie an Pius IX. wenden wird – dieser würde sicher auch irritiert ablehnen. So hat dieses »Deutsche Reich« von 1871 sehr viel weniger Vergangenheit, als es sich ihre politischen Wegbereiter wünschen – und seine Zukunft erscheint auch nicht ungefährdet. Es drohen weitere Kriege, vielen scheint es lediglich eine Frage der Zeit zu sein, wann das gedemütigte Frankreich wieder zu den Waffen greift oder Preußen-Deutschland ein weiteres Land attackiert. Berlin hat in diesem Sommer 1871 nach 1866 einen zweiten großen Triumphzug gefeiert, der allerdings nicht nur für einen militärischen Sieg steht. Zugleich hat Preußen einen entscheidenden Erfolg in der Schlacht um die Deutungshoheit der vergangenen Jahre errungen: Fortan wird von den Jahren 1864 bis 1871 als von den deutschen »Einheitskriegen« gesprochen werden, so als sei die Einheit stets das Ziel eines unausweichlichen kriegerischen Vorgehens gewesen. Dass es sich bei den Feldzügen zugleich um preußische Eroberungen handelte, die ein geschlossenes und deutlich vergrößertes preußisches Territorium schaffen und der bewussten Durchsetzung preußischer Machtansprüche dienen, erscheint da in der Erinnerung bald nicht mehr als wesentlich. Es setzt sich die Vorstellung durch, dass diese Kriege schlicht das – leider notwendige – Opfer für die deutsche Einheit waren. Die Berichterstattung über den 16. Juni 1871 ist dafür beispielhaft: So schreibt der Reporter der *Bonner Zeitung* aus Berlin zunächst vom Jubel über die Einheit – und dann über den notwendigen Preis:[776]

> »Auf allen Gesichtern glüht Freude und Begeisterung, und jede Brust fühlt sich gehoben durch das Bewußtsein, daß Deutschland ein einiges Vaterland [ist] … Freilich verlangt ein hohes Ziel große Opfer, und manches thränenumschleierte Auge senkt sich in diesem Augenblicke mit unsäglichem

> Schmerze auf das Trauerkleid, ... aber es gibt Niemand, der diesen Schmerz nicht ehrte, der nicht theilnehmend bereit wäre, das Unglück zu trösten zu versuchen, und der nicht das Opfer des Einzelnen als ein dem ganzen Vaterlande gebrachtes und von dem Vaterland gewürdigtes betrachtete.«

Ist das tatsächlich so? Jedes hohe Ziel verlangt eben große Opfer? Und könnte es sein, dass auch diesmal – wie schon 1866 – nach dem Sieg nur ein vorläufiger Frieden und dann wieder ein Krieg kommen wird? Die Rhetorik von dem notwendigen militärischen Kampf für ein »einiges Vaterland« soll vielleicht auch den aufkommenden Verdacht verdecken, dass der Preis für diese deutsche Einheit von 1871 womöglich zu hoch war.

»Noch nie ward Deutschland überwunden, wenn es einig war.«

Kaiser Wilhelm II., »An das deutsche Volk!«, 6. August 1914

10

In der Vitrine der Erinnerung

Wäre die kollektive Erinnerung der Deutschen ein Wohnzimmer, so hätte die Reichsgründung von 1870/71 ihren Platz darin wohl – gern indirekt beleuchtet – in der besten Vitrine. Als Erbstück der Familie wirkt sie auf den ersten Blick vielleicht ein wenig antiquiert, aber irgendwie noch immer eigentümlich dekorativ und vermutlich auch nicht ganz ohne Wert. Da schwingt beim Betrachten schon ein wenig Stolz auf die deutsche Geschichte mit, weil die Deutschen damit augenscheinlich einmal über ein gelungenes Stück Nationalgeschichte verfügen – ein seltenes Glück, denn das 20. Jahrhundert verlief in nationaler Hinsicht bekanntlich katastrophal. »1871« erscheint somit als Überbleibsel einer vermeintlich guten alten Zeit. Doch dies trifft nur auf den ersten Blick zu. Wer das gute Stück in der Vitrine genauer betrachtet, kann nämlich erkennen, dass es eine Fälschung ist: Da steht gar nicht die »Reichsgründung« in der Vitrine. Vielmehr ist das Original, das Zeugnis ablegen könnte über das Geschehen jener Zeit, schon vor langer Zeit ersetzt worden. Statt seiner steht da ein geschichtspolitisches Duplikat: der Mythos von 1870/71, der Mythos von der deutschen Einheit.

Daraus resultiert, dass in der Erzählung über die deutsche Nationalgeschichte das eigentliche Geschehen vor rund 150 Jahren in den Hintergrund getreten ist. Die Reichsgründung wurde zu einem Gründungsmythos, der seine Wirkung durch das ganze 20. Jahrhundert hindurch bis heute konservieren konnte und dem zufolge Schicksal und Glück der Deutschen aufs Engste mit ihrer Einheit, und damit mit der Existenz ihres Nationalstaats, verwoben sind. Wenn Deutschland nur einig ist, wenn die Menschen unter einem gemeinsamen staatlichen Dach zusammenkommen, dann, so diese Vorstellung, gehe es dem Land und den Menschen gut. Dieses Narrativ ist auch heute noch äußerst wirkmächtig – man beachte nur die Strapazierung des Begriffs »Einheit« im Zusammenhang mit dem wiedervereinigten modernen Deutschland. Aber ist und war die »Einheit« tatsächlich und notwendigerweise des Glückes Unterpfand? Weil die Reichsgründung von 1870/71 in dieser Vorstellung noch immer eine so enorme Wirkung hat, bleibt zunächst festzuhalten, was sie *nicht* war:

Die nationale Einigung von 1871 war nicht die Geburtsstunde einer Nation. Diese hat es nämlich schon vorher gegeben, und Deutschland hatte bis zu diesem Zeitpunkt gezeigt, dass es sehr wohl eine Nation sein konnte, ohne zwangsläufig ein Nationalstaat zu sein. Es gab ein nationales Zusammengehörigkeitsgefühl, eine Gemeinschaft der Deutschen. Dass der Deutsche Bund als Zusammenschluss der deutschen Länder bis heute weitgehend als politisch unwirksames Band zwischen den Deutschen denunziert wird, ist auch das Ergebnis einer erfolgreichen preußisch-kleindeutschen Erzählung.

Die nationale Einigung von 1871 war nicht alternativlos. Auch wenn anschließend das »Reich« so erfolgreich als nationale Verwirklichung deutscher Träume propagiert wurde, war der bis zum deutschen Krieg von 1866 bestehende Deutsche Bund doch sehr viel besser als sein späterer Ruf: Er hatte – ebenso wie die Zollvereine – in Teilen seiner Arbeit einer föderalen deutschen Einheit gedient und den Weg bereitet. Und er hatte stets eine Einigkeit der deutschen Nation zum Ziel – indes ohne einen Zentralstaat. Die Zerschlagung dieses Bundes, von Preußen bewusst herbeigeführt, war ein weiterer Verlust deutscher Vergangenheit, ein Bruch mit bisheriger deutscher Tradition und das Ende nationalpolitischer Alternativen.

Die nationale Einigung von 1871 war nicht die Erfüllung eines historischen Erbes. Mit dem mittelalterlichen Kaiserreich hatte das neue Reich wenig gemein, da mochte sich Wilhelm I. noch so demonstrativ auf einen salischen Thron setzen und mochten seine Bewunderer behaupten, er habe mit dem militärischen Erfolg über Frankreich für sein Volk »dessen altehrwürdige Krone wieder errungen«.[777] Die Hohenzollern etablierten eine Erbmonarchie, im mittelalterlichen Reich hingegen praktizierten die führenden Herrscher ein Wahlkönigtum. Dieses wird zu Unrecht im 19. Jahrhundert als eine der Ursachen der deutschen »Zerrissenheit« denunziert – ein zentraler Teil vor allem preußischer Geschichtspropaganda. Denn tatsächlich beförderte die Tradition der deutschen Königswahl über Jahrhunderte hinweg eine eingespielte und diplomatisch herausfordernde politische Kultur des Interessensausgleichs zwischen den Mächtigen im Reich: Kein Herrscherhaus konnte sich fortgesetzter und unbeschränkter Machtausübung über das Reich sicher sein – diese musste vielmehr immer wieder neu verhandelt werden. Mit der Herrschaftspraxis von Wilhelm I. und später von Wilhelm II. hatte dies wenig zu tun!

Die nationale Einigung von 1871 trat nicht das Erbe von 1848 an. Die Hoffnung, dass der Einheit nun schon irgendwie das Recht und die Freiheit folgen würden, dass die innenpolitischen Ziele sozusagen im Alltag des neuen Reiches erreicht werden könnten, blieb eine Illusion. Unter Preußens Führung war ein politischer Aufbruch zu neuen parlamentarischen und demokratischen Zuständen nicht zu erreichen. Das blieb eine schwere Hypothek für die politische Kultur in Deutschland, über den Zusammenbruch des Kaiserreichs von 1918 hinaus.

Die nationale Einigung von 1871 war nicht der Wille aller Deutschen. Der große Jubel in vielen Städten mag auf den ersten Blick suggerieren, dass die Einheit unumstritten war, doch tatsächlich reichten die Gegenpositionen von Skepsis über Kritik bis zur offenen Ablehnung dieser kleindeutschen Einheit. Dabei war der Chor der Kritiker bunt gemischt: Die Anhänger des bayerischen und des württembergischen Königshauses wollten keinen Kaiser über ihrem König, andere lehnten schlicht eine vermeintliche preußische »Herrschaft« über ihre Heimat ab, andere – wie die Hannoveraner – wollten den gewaltsamen Akt der Zerschlagung ihres Landes durch Preußen 1866 nicht vergessen und trauten deshalb diesem neuen Reich politisch nicht über den Weg.

Die nationale Einigung von 1871 war nicht, wie damals behauptet, Gottes Wille, sondern im konfessionellen Sinne ein protestantischer Sieg. Der Sieg über Frankreich war auch der Triumph selbsternannter protestantischer Gotteskrieger, und der neue Nationalstaat für viele ein »evangelisches Reich deutscher Nation«. Das konnte er aber in einer konfessionell tief gespaltenen Gesellschaft nicht sein, in der sich die Katholiken ausgerechnet zu diesem Zeitpunkt auch noch dem Unfehlbarkeitsdogma des Papstes unterwarfen und sich damit dem Staat als irdischer Entscheidungsmacht verweigerten. Der konfessionelle Konflikt in Deutschland musste angesichts des national-religiösen Überlegenheitsgefühls der Protestanten und des aggressiven Unterlegenheitsgefühls der Katholiken nach 1871 zwangsläufig an Schärfe zunehmen.

Die Reichsgründung von 1871 gelang nicht auf friedlicher Grundlage. Mit den Kriegen von 1864, 1866 und 1870/71, mit Gewalt und weiterer Gewaltandrohung wurden weite Teile des Reiches zusammengebunden. Preußens militärische Überlegenheit war damit das zentrale Instrument der Reichsgründung. Wer sich nicht auf die Seite des Nationalstaats stellte, wurde als »Föderalist«, »Separatist« oder »Reichsfeind« denunziert.

Die Reichsgründung von 1871 schuf keine Einheit nach innen. Stattdessen war sie in vielerlei Hinsicht die Geburtsstunde der Reichsfeinde: Katholiken und Sozialisten, die aus ganz unterschiedlichen Motiven die Hohenzollernherrschaft nicht akzeptieren wollten, »Polen« oder Welfen, die ebenso wie mancher Anhänger der alten süddeutschen Monarchien lieber in einem eigenen Land leben wollten. Die Vorstellung vom »Feind« im eigenen Land sollte für die politische Kultur in Deutschland eine schwere politische Bürde werden.

Die Reichsgründung von 1871 war kein Garant für den Frieden. Das Gegenteil war der Fall: Dem Krieg gegen Frankreich konnte letztlich kein wirklicher Frieden folgen, dagegen sprachen die Art der Kriegsführung inklusive der Bombardierung von Paris und des Kaiserspektakels von Versailles sowie der deutsche Diktatfrieden samt französischer Geldzahlungen und Gebietsabtretungen. Dass nun eine friedliche Zukunft anbrechen würde, glaubten deshalb selbst viele Deutsche nicht. Vielmehr zeigte sich in Umrissen bereits eine heranwachsende Ahnung, wonach ein Krieg kommen werde, der »die Welt mit Blut tränken« und »den ganzen Erdkreis in lichterlohe Flammen« setzen würde.[778]

Aber wenn die Reichsgründung dies alles *nicht* war, was war sie dann? Vor allem wurde »1870/71« rasch zu einem Mythos, dessen Kern die Vorstellung bildet, dass nur die nationalstaatliche Einheit die Deutschen politisch wirklich zufriedenstellen kann. Wenn die Deutschen erst einmal geeint seien, werde ihnen alles gelingen, so die gängige Vorstellung. Und weil das deutsche Kaiserreich nach seiner Gründung tatsächlich über vier Jahrzehnte hinweg eine Zeit des Friedens und des wirtschaftlichen und politischen Aufstiegs zu einer Weltmacht erlebte, schien die Entwicklung diesen Mythos doch zu bestätigen: Weil Deutschland geeint war, konnte ihm »Großes« gelingen. Dieses Kaiserreich lebte fortan in gewisser Weise im Superlativ: Die jüngsten Kriege und die Reichsgründung wurden als die größten Momente der deutschen Vergangenheit interpretiert, sie galten als »welthistorisch«! Die Gegenwart wurde zur glücklichsten Ära in der deutschen Geschichte erhoben, die die großartigste Zukunft eröffnete, die Deutschland je hatte. Und auch die militärische Macht, welche die vereinten deutschen Armeen nun bildeten, wurde als die schlagkräftigste auf dem Kontinent empfunden.

Aus dieser Wahrnehmung einer Geschichte im Superlativ heraus erwuchs dann die Vorstellung, dass Deutschland nahezu alles, auch das unmöglich Erscheinende, gelingen werde – wenn es nur geeint auftrete. Hier hat die Hybris von der Unbesiegbarkeit der Deutschen ihre Wurzel: Wenn wir nur alle zusammenstehen, kann uns auch niemand besiegen. Diese Denkfigur verwirrte die deutschen Köpfe so sehr, dass Kaiser Wilhelm II. den Deutschen bei Ausbruch des Ersten Weltkriegs 1914 allen Ernstes glaubhaft zurufen konnte: »Noch nie ward Deutschland überwunden, wenn es einig war.« Dies war zwar historischer Unfug, aber für die Kriegspropaganda absolut brauchbar! Gegen alle Vernunft erschien vielen ein Kampf gegen eine Vielzahl von Gegnern, womöglich sogar gegen eine ganze Welt von Feinden als vorstellbar und gewinnbar. Von dieser Hybris wurden die Deutschen, allen voran die militärische und große Teile der politischen Elite, bekanntermaßen auch nach 1918 noch nicht geheilt – somit waren die zwei Hauptkatastrophen des 20. Jahrhunderts in Form der beiden Weltkriege der Preis auch für diese Hybris.

Was 1871 grundgelegt wurde, war keine wirkliche deutsche Einheit. Heute ahnen wir, vor allem angesichts des mühevollen europäischen Einigungswerks, dass eine gelungene Einheit in der Regel das Ergebnis eines anspruchsvollen, lang andauernden Prozesses ist, in dessen Verlauf Widersprüche und Kritik ebenso wie kulturelle, religiöse oder politische Differenzen nicht als Probleme empfunden und »beseitigt« werden dürfen, sondern als Herausforderungen und Teil des gemeinsamen Projekts willkommen geheißen, verhandelt und schließlich in Form von Kompromissen für alle akzeptabel gestaltet werden müssen.[779] Dafür war 1870/71 in jeglicher Hinsicht keine Gelegenheit; zudem war der Widerstand gegen diese Reichsgründung bei Weitem nicht stark genug, um den preußischen Siegeszug an die Spitze des Reiches aufzuhalten. So wurden die Weichen für die weitere deutsche Geschichte innen- wie außenpolitisch in verhängnisvoller Weise gestellt, und das alte Deutschland mit seiner Tradition als einer vielgestaltigen Nation fand sein Ende.

Dass die Ereignisse von 1870/71 heute in einem besseren Licht dastehen, als sie es im Grunde verdienen, ist dem mächtigen Mythos der deutschen Einheit geschuldet, der unsere Sicht auf das historische Geschehen lange geprägt hat. Zu lange. Es ist Zeit, die Reichsgründung von 1870/71 aus der geschichtspolitischen Vitrine der Deutschen herauszunehmen.

Anmerkungen

1 Blixen, *Ehrengard*, S. 7.
2 Schreiben Königin Marie an Georg V. vom 20. August 1866, in: Willis: *Schicksalsjahr 1866*, S. 100–102, hier S. 100.
3 Schreiben Georg V. an Königin Marie vom 1. Juli 1866, in: ebd., S. 24–26, hier S. 25.
4 Tatsächlich bewertet nur ein kleiner Teil der historischen Forschung Bismarcks Pläne als Ausdruck einer ernst gemeinten Bundesreform; zumeist werden seine Vorschläge als destruktiv gegenüber dem Staatenbund eingestuft; vgl. Möller, *Preußens Entscheidung*, S. 35.
5 Zit. n. Brosius, »Georg V.«, S. 281.
6 Ebd.
7 Pflanze, *Bismarck*, S. 270.
8 Schreiben Ihering an Julius Glaser vom 1. Mai 1866, in: Ihering, *Briefe*, S. 196–199, hier S. 196.
9 Schreiben Ihering an Bernhard Windscheid vom 14. Juni 1866, in Ihering, *Briefe*, S. 199–202, hier S. 200.
10 Ebd., S. 201 f.
11 Nipperdey, *Deutsche Geschichte 1800–1866*, S. 782.
12 Wehler, *Deutsche Gesellschaftsgeschichte*, Bd. 3, S. 293 f.
13 Nipperdey, *Deutsche Geschichte 1800–1866*, S. 782 f.
14 Schreiben Ihering an Julius Glaser vom 19. August 1866, in: Ihering, *Briefe*, S. 202–205, hier S. 204.
15 Noch heute folgen einige Historiker zuweilen dieser Argumentation.

Wenn beispielsweise Frank Möller (Möller, *Preußens Entscheidung*, S. 36) erklärt, dass dieser Krieg um die Vorherrschaft in Deutschland von Preußen »als Krieg für die nationale Einheit geführt« wurde, so vergisst er den wichtigen Zusatz, dass diese Einheit von Bismarck und Berlin stets nur als eine Einheit unter preußischer Führung verstanden wurde.

16 So etwa in der »Extra-Beilage« zur *Stralsundischen Zeitung* vom 20. Juni 1866.

17 Art. »Deutschland«, in: *Stralsundische Zeitung* vom 19. Juni 1866, S. 1.

18 Art. »Das preußische Kampfziel«, in: *Heidelberger Zeitung* vom 7. Juli 1866, S. 1.

19 Art. »Deutschland/München«, in: *Heidelberger Zeitung* vom 5. Juli 1866, S. 3.

20 Vgl. Art. »Neueste Nachrichten«, in: *Freiburger Zeitung* vom 17. Juni 1866, S. 1.

21 Brosius, »Hannover«, S. 306 f.

22 Ebd., S. 309.

23 Art. »Vom Kriegsschauplatz/Aus Meiningen«, in: *Heidelberger Zeitung* vom 1. Juli 1866, S. 1 f., hier S. 1.

24 Brosius, Hannover, S. 311 f.

25 Schreiben Georg V. an Königin Marie vom 4. Juli 1866, in: Willis, *Schicksalsjahr 1866*, S. 33–41, hier S. 34.

26 Art. »Vom Kriegsschauplatz/Aus Meiningen«, in: *Heidelberger Zeitung* vom 1. Juli 1866, S. 1 f., hier S. 1.

27 Art. »Vom Kriegsschauplatz/Berlin«, in: *Heidelberger Zeitung* vom 4. Juli 1866, S. 2.

28 Art. »Politische Umschau«, in: *Allgemeine deutsche Arbeiter-Zeitung. Organ der deutschen Arbeiterbildungsvereine*, 8. August 1866, S. 1059.

29 Brosius, »Georg V.«, S. 284 f.

30 Art. »Die Feinde Preußens in Süddeutschland«, in: *Provinzial-Correspondenz* vom 4. Juli 1866, S. 4.

31 Art. »Die Ziele des Krieges«, in: *Freiburger Zeitung* vom 3. Juli 1866, S. 1 f.

32 Loch/Zacharias, »Mythos Königgrätz«, S. 163, S. 187 f.

33 Art. »An dem Grabe zweier Gefallenen«, in: *Allgemeine Militär-Zeitung*, hg. von einer Gesellschaft deutscher Offiziere und Militärbeamter, 22. September 1866, S. 1–3, hier S. 3.

34 Wolf, *Götterdämmerung*, S. 68 f.

35 »Auszüge aus Briefen welche von Brüdern der Anstalt, Teilnehmer

als freiwillige Krankenpfleger in den Feldzügen 1866 und 1870/71, aus ihrer Tätigkeit als Felddiakone gesandt wurden«; S. 2 f.; Universitäts- und Landesbibliothek Bonn, urn:nbn:de:hbz:5:1-64224.

36 Schreiben Chr. Günther an Inspektor Richard Engelbert vom 2. Juli 1866, in: »Auszüge aus Briefen welche von Brüdern der Anstalt, Teilnehmer als freiwillige Krankenpfleger in den Feldzügen 1866 und 1870/71, aus ihrer Tätigkeit als Felddiakone gesandt wurden«; Universitäts- und Landesbibliothek Bonn, urn:nbn:de:hbz:5:1-64224.

37 »Auszüge aus Briefen welche von Brüdern der Anstalt, Teilnehmer als freiwillige Krankenpfleger in den Feldzügen 1866 und 1870/71, aus ihrer Tätigkeit als Felddiakone gesandt wurden«; S. 4; Universitäts- und Landesbibliothek Bonn, urn:nbn:de:hbz:5:1-64224.

38 Art. »Vermischte Nachrichten«, in: *Heidelberger Zeitung* vom 3. August 1866, S. 4.

39 Art. »Vom Kriegsschauplatz/Aus Meiningen«, in: *Heidelberger Zeitung* vom 1. Juli 1866, S. 1 f., hier S. 1.

40 Pietsch, *Schriftsteller*, S. 557 f.

41 Ebd., S. 558.

42 Ebd.

43 Vierhaus, *Tagebuch Spitzemberg*, S. 72.

44 Ebd.

45 Wolf, *Götterdämmerung*, S. 69.

46 Art. »Deutschland/Kassel«, in: *Freiburger Zeitung* vom 4. Juli 1866, S. 1 f., hier S. 2.

47 *Stenographische Berichte über die Verhandlungen des Preußischen Hauses der Abgeordneten, 9. Legislatur-Periode 1866–1867*, Bd. 1 (1866), S. 117.

48 Patent wegen Inbesitznahme der vormaligen freien Stadt Frankfurt vom 3. Oktober 1866.

49 Vgl. Art. »Deutschland/Frankfurt«, in: *Heidelberger Zeitung* vom 29. Juli 1866, S. 2.

50 Alberti, *Bürgermeister*, S. 30.

51 Schreiben Ihering an Hermann Fitting vom 18. November 1866, in: Ihering, *Briefe*, S. 209–211, hier S. 210.

52 Ihering, *Briefe*, S. 216.

53 Zit. n. Gruner, »Die süddeutschen Staaten«, S. 255.

54 Deuerlein, *Augsburg* 1866, S. 94.

55 Gruner, »Die süddeutschen Staaten«, S. 254.

56 Langewiesche, *Reich, Nation, Föderation*, S. 232.

57 Kutz, *Bruderkrieg*, S. 7 f.

58 Art. »Nur durch die Freiheit zur Einheit«, in: *Allgemeine deutsche*

Arbeiter-Zeitung. Organ der deutschen Arbeiterbildungsvereine, 8. August 1866, S. 1058 f., hier S. 1059.

59 Ebd.

60 Art. Ludwig Pietsch: »Vom Berliner Siegesfeste«, in: *Königlich privilegirte Berlinische Zeitung von Staats- und gelehrten Sachen*, Zweite Beilage, 23. September 1866, S. 1–7, hier S. 1.

61 Ebd., S. 3.

62 Ullrich, »Bismarck-Bild«, in: ders.: *Das erhabene Ungeheuer*, S. 44–59, hier S. 47.

63 Schreiben Ihering an Bernhard Windscheid vom 19. August 1866, in: Ihering, *Briefe*, S. 205–208, hier S. 207.

64 Art. »Deutschland/Köln«, in: *Heidelberger Zeitung* vom 10. Juli 1866, S. 3.

65 Pietsch, *Schriftsteller*, S. 562.

66 Ebd., S. 566.

67 Ebd., S. 559.

68 Ebd., S. 563.

69 Aschoff, *Welfen*, S. 260.

70 Schreiben Georg V. an Königin Marie vom 7. Juli 1866, in: Willis, *Schicksalsjahr 1866*, S. 46–50, hier S. 46.

71 Dylong, *Herrscher*, S. 186.

72 Schreiben Georg V. an Königin Marie vom 11. August 1866, in: Willis, *Schicksalsjahr 1866*, S. 89–91, hier S. 90.

73 Riotte, *Monarch im Exil*, S. 86 f.

74 *Heidelberger Zeitung* vom 13. Dezember 1866, S. 2.

75 Ebd.

76 Hahn, *Zwei Jahre*, S. 434.

77 Brosius, »Georg V.«, S. 288.

78 Riotte, *Monarch im Exil*, S. 86.

79 *Stenographische Berichte über die Verhandlungen der durch die Allerhöchste Verordnung vom 15. Oktober 1868 einberufenen beiden Häuser des Landtages. Haus der Abgeordneten*, 2. Band, S. 1346.

80 *Die Protokolle des Preußischen Staatsministeriums 1817–1934/38*, S. 15.

81 Riotte, *Monarch im Exil*, S. 88.

82 Vertrauliche Besprechung des Staatsministeriums am 30. Juli 1870, in: *Die Protokolle des Preußischen Staatsministeriums 1817–1934/38*, S. 191.

83 Riotte, *Monarch im Exil*, S. 212.

84 Art. »Notizen aus dem Lande«, in: *Hannoverscher Courier* vom 1. Juli 1867, S. 3.

85 Art. »Gerichtszeitung«, in: *Hannoverscher Courier* vom 1. Juli 1867, S. 3.

86 Aschoff, *Welfische Bewegung*, S. 42.

87 Ebd., S. 41–43.

88 Engels, Vorbemerkung zur dritten Auflage »Der deutsche Bauernkrieg« 1875, in: Marx/Engels, *Ausgewählte Schriften*, Bd. 1, S. 611.

89 Pflanze, *Bismarck*, S. 494.

90 Busch, *Tagebuchblätter*, S. 459.

91 Art »Die Ziele des Krieges«, in: *Freiburger Zeitung* vom 3. Juli 1866, S. 1 f., hier S. 2.

92 Art. Ludwig Pietsch: »Vom Berliner Siegesfeste«, in: *Königlich privilegirte Berlinische Zeitung von Staats- und gelehrten Sachen*, Zweite Beilage, 23. September 1866, S. 1–7, hier S. 7.

93 Vgl. etwa das Schreiben Ihering an Bernhard Windscheid vom 14. Juni 1866, in: Ihering, *Briefe*, S. 200: »Ich bin zu alt dazu, um noch hoffen zu können, den Tag der Abrechnung zwischen Deutschland und Frankreich gleichfalls miterleben zu können.«

94 Art. »Das preußische Kampfziel«, in: *Heidelberger Zeitung* vom 7. Juli 1866, S. 1.

95 Art. »Neue Posten«, in: *Lokomotive an der Oder. Zeitung für alle Stände* vom 7. Juli 1966, S. 3.

96 Schreiben Georg V. an Königin Marie vom 27. Juli 1866, in: Willis, *Schicksalsjahr 1866*, S. 75–80, hier S. 78.

97 Schreiben Georg V. an Königin Marie vom 22. August 1866, in: Willis, *Schicksalsjahr 1866*, S. 103–106, hier S. 104.

98 Riotte, *Monarch im Exil*, S. 90 f.

99 Art. »Georg V. +«, in: *Berliner Tageblatt* vom 13. Juni 1878, S. 1 f., hier S. 1.

100 Art. »Das preußische Kampfziel«, in: *Heidelberger Zeitung* vom 7. Juli 1866, S. 1.

101 Pflanze, *Bismarck*, S. 392–399.

102 Vgl. Clark, *Preußen*, S. 625.

103 Zit. n. Schübelin, *Zollparlament*, S. 97.

104 Ebd.

105 *Stenographische Berichte Zoll-Parlament*, 1868, S. 2.

106 Ebd.

107 Pflanze, *Bismarck*, S. 399.

108 Bebel, *Aus meinem Leben*, S. 290 f.

109 Bamberger, *Vertrauliche Briefe*, S. 32.

110 Bebel, *Aus meinem Leben*, S. 290.

111 So bei der Sitzung am 19. Mai 1868; Stenographische Berichte Zoll-Parlament, 1868, S. 312.

112 Bluntschli, *Denkwürdiges*, S. 217.

113 Ebd., S. 219.

114 Vgl. entsprechenden Bericht der *Frankfurter Zeitung*, zit. in: Art. »Betrachtungen über das Zollparlament«, in: *Bayerischer Kurier* vom 26. Mai 1868, S. 1 f., hier S. 2.
115 Stenographische Berichte Zoll-Parlament, 1868, S. 10.
116 Art. »Das preußische Kampfziel«, in: *Heidelberger Zeitung* vom 7. Juli 1866, S. 1.
117 Bamberger, *Vertrauliche Briefe*, S. 5.
118 Amann, *Patriotenpartei*, S. 116.
119 *Stenographische Berichte Zoll-Parlament*, 1868, S. 95.
120 Ebd. S. 101.
121 Bamberger, *Vertrauliche Briefe*, S. 19 f.
122 Türk, *Jordan*, S. 345.
123 Blum, *Erinnerungen*, S. 26.
124 *Stenographische Berichte Zoll-Parlament*, 1868, S. 260 f.
125 Ebd., S. 261.
126 Ebd., S. 265.
127 Ebd.
128 Bluntschli, *Denkwürdiges*, S. 217.
129 Pflanze, *Bismarck*, S. 400.
130 *Stenographische Berichte Zoll-Parlament*, 1868, S. 265 f.
131 Ebd., S. 266.
132 Ebd.
133 Bluntschli, *Denkwürdiges*, S. 217.
134 Bamberger, *Vertrauliche Briefe*, S. 47.
135 Ebd., S. 46 f.
136 Ebd., S. 48.
137 *Stenographische Berichte Zoll-Parlament*, 1868, S. 267.
138 Ebd.
139 Ebd., S. 279.
140 Ebd.
141 Ebd.
142 Ebd., S. 269.
143 Bamberger, *Vertrauliche Briefe*, S. 6 f.
144 Kreutzmann, *Zollverein*, S. 38.
145 Hahn/Kreutzmann, *Zollverein*, S. 16.
146 Ebd., S. 8–10.
147 Ebd., S. 23.
148 Hahn, *Geschichte*, S. 186.
149 Art. »Zollfrei«, in: *Dortmunder Anzeiger* vom 28. April 1868, S. 1.
150 »Gesetz, die Besteuerung des Tabacks betreffend«, in: *Stenographische Berichte Zoll-Parlament*, 1868, S. 151 f.

151 Art. »Westfälisch-Rheinisches/Minden«, in: *Dortmunder Anzeiger* vom 28. April 1868, S. 2.

152 Art. »Das preußische Kampfziel«, in: *Heidelberger Zeitung* vom 7. Juli 1866, S. 1.

153 Art. »Deutschland«, in: *Bonner Zeitung* vom 23. Mai 1868 (mittags), S. 1.

154 Art. »Berlin, 21. Mai«, in: *Bayerischer Kurier* vom 25. Mai 1868, S. 983.

155 Art. »Deutschland«, in: *Bonner Zeitung* vom 23. Mai 1868 (mittags), S. 1.

156 *Stenographische Berichte Zoll-Parlament*, 1868, S. 372.

157 Art. »Tagesbericht«, in: *Hamburger Nachrichten* vom 26. Mai 1868, S. 3.

158 Hahn, *Geschichte*, S. 188.

159 Bamberger, *Vertrauliche Briefe*, S. 34–36.

160 Türk, *Jordan*, S. 346.

161 Bebel, *Aus meinem Leben*, S. 291.

162 Bamberger, *Vertrauliche Briefe*, S. 9.

163 Blum, Erinnerungen, S. 30.

164 Art. »Vermischte Nachrichten«, in: *Beilage zu den Berlinischen Nachrichten von Staats- und gelehrten Sachen* vom 24. Mai 1868, S. 2.

165 Art. »Tagesnachrichten«, in: *Freiburger Zeitung* vom 20. Mai 1868, S. 3.

166 Art. »Das Fest zu Ehren der süddeutschen Zollparlaments-Mitglieder auf Tivoli«, in: *Berlinische Nachrichten von Staats- und gelehrten Sachen* vom 24. Mai 1868, S. 3.

167 Schübelin, *Zollparlament*, S. 104.

168 Art. »Politische Correspondenz« (1868), S. 483.

169 Ebd.

170 Pflanze, *Bismarck*, S. 401.

171 *Neue Badische Landeszeitung. Mannheimer Anzeiger* vom30. März 1868, S. 1.

172 *Denkschrift*, S. 1.

173 Ebd., S. 62 f.

174 Ebd.

175 Busch, *Übergangsjahr*, S. 3

176 *Stenographische Berichte Zoll-Parlament*, 1868, S. 388.

177 Pflanze, *Bismarck*, S. 400.

178 Ebd., S. 401.

179 Art. »Deutschland/Graf Bismarck«, in: *Bonner Zeitung* vom 22. Mai 1868 (mittags), S. 1.

180 Art. »Von der Zukunft des Zollparlaments«, in: *Berlinische Nachrichten von Staats- und gelehrten Sachen* vom 24. Mai 1868, S. 2.

181 Art. »Betrachtungen über das Zollparlament«, in: *Bayerischer Kurier* vom 26. Mai 1868, S. 1 f., hier S. 1.
182 Art. »Bayern«, in: *Der Volksbote für den Bürger und Landmann* vom 31. Juli 1868, S. 1–3, hier S. 2.
183 Schübelin, *Zollparlament*, S. 121.
184 Amann, *Patriotenpartei*, S. 118.
185 Art. »Bayern«, in: *Der Volksbote für den Bürger und Landmann* vom 31. Juli 1868, S. 1–3, hier S. 1.
186 Art. »Das Zollparlament in Berlin«, in: *Das Vaterland. Zeitung für die österreichische Monarchie* vom 21. Mai 1868, S. 1.
187 Bebel, *Aus meinen Leben*, S. 272.
188 Vgl. entsprechenden Bericht der *Frankfurter Zeitung*, zit. in: Art. »Betrachtungen über das Zollparlament«, in: *Bayerischer Kurier* vom 26. Mai 1868, S. 1 f., hier S. 2.
189 Art. »Wie der heilige Lukas von Regensburg denen Straubingern in ihrem Tageblättlein das Zollparlament abconterfeiet«, in: *Kladderadatsch* vom 24. Mai 1868, S. 1.
190 Bluntschli, *Denkwürdiges*, S. 219.
191 Ebd., S. 214.
192 Bamberger, *Vertrauliche Briefe*, S. 24.
193 Jansen, *Bamberger*, S. 202.
194 Bamberger, *Vertrauliche Briefe*, S. 24.
195 Clark, *Preußen*, S. 625.
196 Pflanze, *Bismarck*, S. 401.
197 Bamberger, *Vertrauliche Briefe*, S. 24.
198 Ludwig Bamberger: »Das Vorspiel zur Kriegserklärung«, in: *Tagebuch des deutsch-französischen Krieges*, Bd. I, Sp. 203–214, hier Sp. 203.
199 Bismarck, *Gedanken und Erinnerungen*, S. 270.
200 Becker, *Bismarcks spanische »Diversion«*, Bd. III, S. XII.
201 Zit. n. ebd.
202 Vgl. dazu Ullrich, »Der hysterische Koloss«, in: ders., *Erhabenes Ungeheuer*, S. 37–43.
203 Pflanze, *Bismarck*, S. 432.
204 Fontane, *Krieg gegen das Kaiserreich*, I. Halbband, S. 4.
205 Pflanze, *Bismarck*, S. 465.
206 Fontane, *Krieg gegen das Kaiserreich*, I. Halbband, S. 4.
207 Zit. n. Pflanze, *Bismarck*, S. 398.
208 Vierhaus, *Tagebuch Spitzemberg*, S. 76.
209 Nonn, *Bismarck*, S. 182 f.
210 Ebd., S. 183.

211 Clark, *Preußen*, S. 627.
212 Pflanze, *Bismarck*, S. 466.
213 Art. »Tagesbegebenheiten/Berlin«, in: *Blätter von der Saale* vom 12. Juli 1870, S. 1 f., hier S. 1.
214 Ebd., S. 2.
215 Ebd.
216 Schreiben Major Roth v. Schreckenstein (Ems) an Fürst Karl Anton (Sigmaringen) vom 12. Juli 1870, in: Becker, *Bismarcks spanische »Diversion«*, Bd. III, S. 11 f., hier S. 11.
217 Art. »Tagesbegebenheiten/Berlin«, in: *Blätter von der Saale* vom 12. Juli 1870, S. 1 f., hier S. 2.
218 Art. »Wien, 12. Juli«, in: *Fremden-Blatt (Morgen-Blatt)* vom 13. Juli 1870, S. 1.
219 Ebd.
220 12. Juli 1870: Tagebuch Kronprinz Friedrich Wilhelm, in: Becker, Bismarcks spanische »Diversion«, Bd. III, S. 21 f., hier S. 21.
221 Vgl. Art. »Telegraphische Witterungsberichte«, in: *Königlich Preußischer Staatsanzeiger* vom 12. Juli 1870 (abends), S. 5.
222 Kronprinz Friedrich Wilhelm (Potsdam) an König Wilhelm (Ems) vom 13. Juli 1870, in: Becker, Bismarcks spanische »Diversion«, Bd. III, S. 39 f. hier S. 40.
223 Tagebuch Innenminister zu Eulenburg (Berlin), in: *Becker, Bismarcks spanische »Diversion«*, Bd. III, S. 23 f., hier S. 23.
224 Aufzeichnungen Herbert v. Bismarcks aus dem Frühjahr 1871 über das Essen bei dem Bundeskanzler am Abend des 12. Juli 1870, in: *Becker, Bismarcks spanische »Diversion«*, Bd. III, S. 29–31, hier S. 29 f.
225 Ebd., S. 31.
226 Ebd.
227 Bismarck, *Gedanken und Erinnerungen*, S. 269.
228 Pflanze, *Bismarck*, S. 468.
229 Kronprinz Friedrich Wilhelm (Potsdam) an König Wilhelm (Ems) vom 13. Juli 1870, in: Becker, *Bismarcks spanische »Diversion«*, Bd. III, S. 39 f. hier S. 39.
230 Art. »Rundschau«, in: *Berliner Gerichts-Zeitung* vom 14. Juli 1870, S. 2 f., hier S. 2.
231 Art. »Zur Lage«, in: *Bayerischer Kurier*, 14. Juli 1870, S. 1.
232 Ebd.
233 Ebd.
234 Aufzeichnungen Herbert v. Bismarcks aus dem Frühjahr 1871 über das Essen bei dem Bundeskanzler am Abend des 12. Juli 1870, in: Becker, *Bismarcks spanische »Diversion«*, Bd. III, S. 29–31, hier S. 31.

235 Becker, »Provozierter Defensivkrieg«, S. 64.

236 [13./14.] Juli 1870: Memorandum König Wilhelms über sein Gespräch mit Benedetti auf der Brunnenpromenade am 13. Juli 1870, in: Becker, *Bismarcks spanische »Diversion«*, Bd. III, S. 67–69, hier S. 68.

237 Ebd.

238 Bericht des Oberst-Lieutenants und Flügeladjutanten Prinz Radziwill über seine drei Missionen bei Benedetti am 13. Juli 1870, in: Becker, *Bismarcks spanische »Diversion«*, Bd. III, S. 65–67.

239 So auch die offizielle Begründung in »Abekens ›Depesche aus Ems‹ an Bismarck«, in: Becker, *Bismarcks spanische »Diversion«*, Bd. III, S. 58–61, hier S. 60 f.

240 [Zum 13. Juli 1870:] Tagebuch Innenminister zu Eulenburg (Ems), in: Becker, *Bismarcks spanische »Diversion«*, Bd. III, S. 55 f., hier S. 55.

241 »Abekens ›Depesche aus Ems‹ an Bismarck«, in: Becker, *Bismarcks spanische »Diversion«*, Bd. III, S. 58–61, hier S. 61.

242 14. Juli 1870, 2 Uhr 30: »Dritte Expedition« der »Emser Depesche« an die Vertreter des Norddeutschen Bundes in London, St. Petersburg, Florenz, Brüssel, Den Haag, Wien, Bern, Konstantinopel, Madrid, in: Becker, *Bismarcks spanische »Diversion«*, Bd. III, S. 63 f.

243 Vgl. dazu Becker, »Provozierter Defensivkrieg«, S. 44.

244 Art. »Deutschland« in: *Königlich privilegirte Berlinische Zeitung von Staats- und gelehrten Sachen* vom 15. Juli 1870, S. 2.

245 Art. »So scheint denn der Krieg unvermeidlich«, in: *Bonner Zeitung* vom 15. Juli 1870 (mittags), S. 1.

246 Art. »Tagesbegebenheiten/Norddeutscher Bund«, in: *Blätter an der Saale* vom 18. Juli 1870, S. 1.

247 Becker, *Bismarcks spanische »Diversion«*, Bd. III, S. XIII.

248 Art. »Der Krieg ist erklärt«, in: *Bonner Zeitung* vom 16. Juli 1870 (mittags), S. 1.

249 Art. »Tagesbegebenheiten/Leipzig«, in: *Blätter an der Saale* vom 18. Juli 1870, S. 1 f.

250 Art. »Preußen und Frankreich«, in: *Deutsche Volks-Zeitung* vom 15. Juli 1870, S. 1 f., hier S. 1.

251 Vierhaus, *Tagebuch Spitzemberg*, S. 93.

252 Nonn, *Bismarck*, S. 182 f.

253 Ebd.

254 Pflanze, *Bismarck*, S. 462.

255 Wehler, *Deutsche Gesellschaftsgeschichte*, Bd. 3, S. 321.

256 Clark, *Preußen*, S. 628.

257 Wehler, *DeutscheGesellschaftsgeschichte*, Bd. 3, S. 318.

258 Vierhaus, *Tagebuch Spitzemberg*, S. 94.

259 Telegramm Bismarck an Werthern vom 13. Juli 1870, zit. n. Baumgart, *Gesandter*, S. 318.

260 Telegramm Bismarck an Werthern vom 14. Juli 1870, zit. n. Baumgart, *Gesandter*, S. 318.

261 Art. »Der Krieg ist fertig!«, in: *Das Bayerische Vaterland* vom 16. Juli 1870, S. 1 f., hier S. 1.

262 Ebd., S. 1 f.

263 Art. »Deutschland/München«, in: *Das Bayerische Vaterland* vom 16. Juli 1870, S. 2 f., hier S. 3.

264 Art. »Gelyncht!«, in: *Das Bayerische Vaterland* vom 19. Juli 1870, S. 1.

265 Art. »1813–1870«, in: *Neueste Nachrichten aus dem Gebiete der Politik* vom 17. Juli 1870, S. 1.

266 Ebd., S. 3.

267 Zit. n. Fox, *Integration*, S. 257 f.

268 Ebd., S. 258.

269 *Stenographischer Bericht über die Verhandlungen der bayerischen Kammer der Abgeordneten*, Bd. III, 19. Juli 1870, S. 383.

270 Ebd., S. 384.

271 Ebd., S. 383.

272 So der Angeordnete Fischer; *Stenographischer Bericht über die Verhandlungen der bayerischen Kammer der Abgeordneten*, Bd. III, 19. Juli 1870, S. 386.

273 So der Abgeordnete Sepp, ebd., S. 388.

274 Ebd., S. 393.

275 Gödde-Baumanns, *Ansichten*, S. 189

276 Arand, 1870/71, S. 115.

277 *Stenographischer Bericht über die Verhandlungen der bayerischen Kammer der Abgeordneten*, Bd. III, 19. Juli 1870, S. 409.

278 Fox, *Integration*, S. 259.

279 So Werthern am 19. Juli 1870 in seinem Tagebuch; Baumgart, *Gesandter*, S. 89 f., hier S. 90.

280 Schreiben Werthern an Holnstein vom 25. August 1870, in: Baumgart, *Gesandter*, S. 328–332, hier S. 330.

281 Werthern am 19. Juli 1870 in seinem Tagebuch; Baumgart, *Gesandter*, S. 89 f., hier S. 90.

282 Arand, *1870/71*, S. 115–117.

283 Vgl. Artikel »Aufruf«, in: *Karlsruher Tagblatt* vom 18. Juli 1870, S. 1.

284 Verhandlungen der Württembergischen Kammer der Abgeordneten in den Jahren 1868 und 1870 (22. Juli 1870), Protokollband, S. 441.

285 Ebd., S. 445.

286 Art. »Baden/Schwetzingen«, in: *Schwetzinger Wochenblatt. Amts-Verkündigungsblatt für den Bezirk Schwetzingen. Badische Hopfenzeitung* vom 21. Juli 1870, S. 2.

287 Art. »Bayern«, in: *Wochenblatt für das christliche Volk* vom 24. Juli 1870, S. 1 f., hier S. 2.

288 Art. »Deutschland/Aus der Rheinprovinz«, in: *Königlich privilegirte Berlinische Zeitung von Staats- und gelehrten Sachen* vom 20. Juli 1870, S. 3.

289 Art. »Baden«, in: *Schwetzinger Wochenblatt* vom 23. Juli 1870, S. 1.

290 Art. »Aus Stadt und Land/Schwetzingen«, in: *Schwetzinger Wochenblatt* vom 22. Juli 1870, S. 2.

291 Art. »Bekanntmachung«, in: *Karlsruher Tagblatt* vom 18. Juli 1870, S. 1.

292 »Bekanntmachung. Die Presse betreffend« vom 16. Juli 1870, in: *Gesetzes- und Verordnungs-Blatt für das Großherzogtum Baden*, 16. Juli 1870, Nr. XLVIII, S. 600.

293 Schreiben Werthern an Holnstein vom 25. August 1870, in: Baumgart, *Gesandter*, S. 328–332, hier S. 329.

294 Art. »Zur Lage«, in: *Freiburger Zeitung* vom 16. Juli 1870, S. 1.

295 *Verhandlungen des Außerordentlichen Reichstages des Norddeutschen Bundes 1870*, S. 2.

296 Baumgart, *Gesandter*, S. 91.

297 Bismarck, *Gedanken und Erinnerungen*, S. 268.

298 Ebd., S. 272 f.

299 Pflanze, *Bismarck*, S. 472.

300 Art. »Wien, 12. Juli«, in: *Fremden-Blatt (Morgen-Blatt)* vom 13. Juli 1870, S. 1.

301 Art. »Nichtamtliches«, in: *Königlich Preußischer Staatsanzeiger* vom 20. August 1870, S. 1 f., hier S. 1.

302 Deuerlein, *Augenzeugenberichte*, S. 92.

303 Immediatbericht Bismarcks vom 2. September 1870, in: Deuerlein, *Augenzeugenberichte*, S. 95–99, hier S. 95.

304 Ebd., S. 96 f.

305 Zit. n. Fontane, *Krieg gegen das Kaiserreich*, II. Halbband, S. 618.

306 Schreiben König Wilhelm an Königin Augusta vom 3. September 1870, in: Deuerlein, *Augenzeugenberichte*, S. 99–101, hier S. 100.

307 Art. »Die Vernichtung der Mac Mahonschen Armee und ihre Folgen«, in: *Provinzial-Correspondenz* vom 7. September 1870, S. 2–4, hier S. 3.

308 Zit. n. Rumpler, »Das Deutsche Reich im österreichischen Urteil«, S. 17.

309 Willms, *Napoleon III.*, S. 263.
310 Schreiben König Wilhelm an Königin Augusta vom 3. September 1870, in: Deuerlein, *Augenzeugenberichte*, S. 99–101, hier S. 100 f.
311 Clark, *Preußen*, S. 631.
312 Schreiben Ihering an Oskar Bülow vom 5. August 1870, in: Ihering, *Briefe*, S. 248–250, hier S. 250.
313 Legewitt, *Erinnerungen*, S. 7.
314 Zit. n. Arand, *1870/71*, S. 199.
315 Schäfer, *Tagebuch 1870/71*, S. 2.
316 Art. »Allgemeine Berichte über die Schlacht/Fortsetzung«, in: Tagebuch des deutsch-französischen Krieges, Bd. 1 (18. August 1870), Sp. 1198–1208, hier Sp. 1198 f.
317 Mehrkens, *Statuswechsel*, S. 43.
318 Meteling, *Binnenperspektive*, S. 120.
319 Schäfer, *Tagebuch 1870/71*, S. 5 f.
320 Arand, *1870/71*, S. 279.
321 Clark, *Preußen*, S. 630 f.
322 Zit. n. Brandt/Grothe, *Quellen*, S. 221.
323 Arand, *1870/71*, S. 272–275.
324 Meteling, *Binnenperspektive*, S. 120.
325 Mehrkens, *Statuswechsel*, S. 44.
326 Legweitt, *Erinnerungen*, S. 14.
327 Ebd., S. 15.
328 Ebd., S. 13.
329 Ebd.
330 Meteling, *Binnenperspektive*, S. 124.
331 Schäfer, *Tagebuch 1870/71*, S. 5.
332 Vgl. zur Vernichtung von Bazeilles: Mehrkens, *Statuswechsel*, S. 112–127.
333 Art. »Das Schlachtfeld«, in: *Tagebuch des deutsch-französischen Krieges*, Bd. 2, Sp. 1834 f.
334 Zit. n. Fontane, *Krieg gegen das Kaiserreich*, II. Halbband, S. 605.
335 Vgl. Art. »Karlsruhe«, in: *Badische Landeszeitung* vom 19. August 1870, I. Blatt, S. 3.
336 Art. »Der Niedergang des Hauses Bonaparte«, in: *Neueste Nachrichten aus dem Gebiete der Politik* vom 21. August 1970, S. 1.
337 Schreiben Ihering an Oskar Bülow vom 23. August 1870, in: Ihering, *Briefe*, S. 251–256, hier S. 253.
338 Schreiben König Wilhelm an seine Königin vom 3. September 1870, in: *Tagebuch des deutsch-französischen Krieges*, Bd. 2, Sp. 1661–1664, hier S. 1661.
339 Tagebuch des deutsch-französischen Krieges, Bd. 2, Sp. 1824.

340 Brief Heinrich Begemann an seine Eltern vom 7. August 1870, in: Briefsammlung der Museumsstiftung Post und Telekommunikation, http://www.museumsstiftung.de/briefsammlung/feldpost-19tes-jh/brief.html?action=detail&what=letter&id=2254; Zugriff: 3.12.2018.

341 Schreiben Friedrich Wilhelm Unold an seinen Vater und seine Schwestern am 21. November 1870; Universitäts- und Landesbibliothek Bonn, urn:nbn:de:hbz:5:1-58418.

342 Schäfer, *Tagebuch 1870/71*, S. 6.

343 *Verhandlungen des Außerordentlichen Reichstages des Norddeutschen Bundes*, 1870, S. 8.

344 Art. »Nichtamtliches«, in: *Königlich Preußischer Staatsanzeiger* vom 20. August 1870, S. 1 f.

345 Art. »Ein Kapitel über Landesverräter«, in: *Das Bayerische Vaterland* vom 17. Januar 1871, S. 1.

346 Wehler, *Deutsche Gesellschaftsgeschichte*, Bd. 3, S. 297.

347 Rak, *Krieg, Nation und Konfession*, S. 138 f.

348 Ebd., S. 137–143.

349 Ebd., S. 142 f.

350 Ebd., S. 145.

351 Ebd., S. 357–363.

352 Zit. n. ebd., S. 371.

353 Art. »Von Sieg zu Sieg!«, in: *Provinzial-Correspondenz* vom 24. August 1870, S. 1.

354 Zit. n. Pflanze, *Bismarck*, S. 485.

355 Art. »Vom Kriegsschauplatz«, in: *Bayerisches Volksblatt* vom 6. September 1870, S. 973 f.

356 Art. »Tagesereignisse«, in: *Dortmunder Anzeiger* vom 5. September 1870, S. 1.

357 Art. »Westfälisch-Rheinisches«, in: *Dortmunder Anzeiger* vom 5. September 1870, S. 1 f., hier S. 2.

358 Art. »München«, in: *Neues bayerisches Volksblatt* vom 7. September 1870, S. 979.

359 Art. »Deutschland/Bayern«, in: *Landshuter Zeitung* vom 6. September 1870, S. 927.

360 Meteling, *Binnenperspektive*, S. 119.

361 Meteling, *Ehre*, S. 107.

362 Zweite Beilage zur *Königlich privilegirten Berlinischen Zeitung von Staats- und gelehrten Sachen* vom 9. September 1870, S. 1.

363 Art. »Die Vernichtung der Mac Mahonschen Armee und ihre Folgen«, in: *Provinzial-Correspondenz* vom 7. September 1870, S. 2–4, hier S. 4.

364 Art. »Tagesbegebenheiten/Erfurt«, in: *Blätter von der Saale* vom 4. September 1870, S. 2.
365 Meteling, *Ehre*, S. 139 f.
366 Zit. n. Deuerlein, *Augenzeugenberichte*, S. 63.
367 Art. »Die gefangenen Turcos«, in: *Neueste Nachrichten aus dem Gebiete der Politik* vom 18. August 1870, S. 3.
368 *Neueste Nachrichten aus dem Gebiete der Politik* vom 20. August 1870, S. 2.
369 Art. »Rastatt«, in: *Badische Landeszeitung* vom 19. August 1870, S. 3.
370 Brief einer unbekannten Frau an ihren Mann im Feld (Arrenberg) vom 3. Januar 1871; Universitäts- und Landesbibliothek Bonn, urn:nbn:de:hbz:5:1-58382
371 Art. »Vom Elsaß«, in: *Augsburger Tageblatt* vom 25. August 1870, S. 3011.
372 Vgl. Arand, *1870/71*, S. 408.
373 Busch, *Tagebuchblätter*, Bd. 2, S. 3.
374 Art. »Pont-à-Mousson«, in: *Augsburger Tageblatt* vom 25. August 1870, S. 3011.
375 Pflanze, *Bismarck*, S. 486.
376 Schäfer, *Tagebuch* 1870/71, S. 11.
377 Art. »Pont-à-Mousson«, in: *Augsburger Tageblatt* vom 25. August 1870, S. 3011.
378 L.[udwig] P.[ietsch]: Art. »Kriegsbilder/Mannheim 3. August«, in: *Königlich priviligirte Berlinische Zeitung von Staats- und gelehrten Sachen* vom 10. August 1870, S. 3–5, hier S. 4.
379 Schreiben Theodor Crummenerl vom 2. November 1870 (Abschrift), S. 1; Universitäts- und Landesbibliothek Bonn, Abschriften von Briefen aus dem Feldzuge 1870/71, urn:nbn:de:hbz:5:1-58973.
380 Meteling, *Ehre*, S. 115.
381 Mehrkens, *Statuswechsel*, S. 231.
382 *Tagebuch des deutsch-französischen Krieges*, Bd. 3, Sp. 4220.
383 Busch, *Tagebuchblätter*, Bd. 2, S. 26.
384 *Freiburger Zeitung* vom 21. Januar 1871, S. 1.
385 Goncourt, *Tagebuch*, S. 115 f.
386 Art. »Der Feldzug«, im: *Im neuen Reich. Wochenschrift für das Leben des deutschen Volkes in Staat, Wissenschaft und Kunst*, S. 77–80, hier S. 77.
387 Rogge, *Bei der Garde*, S. 113.
388 Schreiben Bismarck an seine Frau vom 27. Februar 1871, in: Bismarck, *GW*, *Schriften 1871–1873*, S. 1.

389 Rogge, *Bei der Garde*, S. 88.

390 *Verhandlungen der Württembergischen Kammer der Abgeordneten von 1870 bis 1872*, (4. Januar 1870), 1. Protokoll-Band, S. 122.

391 Ebd., S. 122 f.

392 Mehrkens, *Statuswechsel*, S. 231.

393 Deuerlein, *Augenzeugenberichte*, S. 93.

394 Rogge, *Sedan-Büchlein*, S. 4.

395 Art. »Welch ein ergreifender Augenblick!«, in: *Provinzial-Correspondenz* vom 7. September 1870, S. 1.

396 Rogge, *Bei der Garde*, S. 115.

397 Art. »Welch ein ergreifender Augenblick!«, in: *Provinzial-Correspondenz* vom 7. September 1870, S. 1.

398 Schreiben Fürst Karl Anton an Fürst Karl von Rumänien vom 10. August 1870, in: Becker, *Bismarcks spanische »Diversion«*, Bd. III., S. 168–170, hier S. 168.

399 Zit. n. Deuerlein, *Augenzeugenberichte*, S. 237.

400 So die Beschreibung im Tagebuch von Moritz Busch, in: Hacker, *Ludwig II.*, S. 189.

401 Hilmes, *Ludwig II.*, S. 192.

402 Schreiben Prinz Otto an König Ludwig II. vom 25. November 1870, in: Deuerlein, *Augenzeugenberichte*, S. 241.

403 Rumschöttel, *Ludwig II.*, S. 59.

404 Zit. n. Art. »Deutschland/Berlin«, in: *Bonner Zeitung* vom 13. November 1870 (mittags), S. 2.

405 Art. »Deutschland/München«, in: *Allgemeine Zeitung* vom 12. September 1870, S. 4052.

406 Ebd.

407 Vgl. Art. »Deutschland/München«, in: *Beobachter am Main* vom 15. September 1870, S. 2.

408 Art. »Die Deutschen vor 1800 Jahren und die heutigen Deutschen. Von einem Münchener Fabrikarbeiter (Fortsetzung und Schluß)«, in: *Der Proletarier* vom 15. Januar 1871, S. 1.

409 Art. »Vom Staufen«, in: *Bayerischer Kurier* vom 16. September 1870, S. 2594 f., hier S. 2594.

410 Ebd., S. 2594 f.

411 Art. »Tagesbericht/München«, in: *Der Beobachter* vom 4. Januar 1871, S. 1.

412 Vgl. Art. »Mannigfaltiges/Berlin«, in: *Beobachter am Main* vom 11. September 1870, S. 3.

413 Vgl. *Augsburger Tageblatt* vom 26. August 1870, S. 3018.

414 Gruner, *Die süddeutschen Staaten*, S. 285.

415 Art. »Was man in Schwaben meint«, in: *Das Bayerische Vaterland* vom 6. Dezember 1870, S. 1111 f., hier S. 1111.

416 Ebd., S. 1112.

417 Busch, *Tagebuchblätter*, S. 420.

418 Pflanze, *Bismarck*, S. 496.

419 Ebd., S. 496 f.

420 Vgl. Deuerlein, *Augenzeugenberichte*, S. 233.

421 Art. »Süddeutschlands Anschluß an den Bund«, in: *Die Grenzboten. Zeitschrift für Politik, Literatur und Kunst*, II. Semester, II. Band, 1870, S. 190–196, hier S. 193.

422 Schreiben des württembergischen Gesandten in München an Staatsrat v. Taube vom 12. November 1870; in: Schneider, Württembergs Beitritt, S. 177 f., hier S. 177.

423 Vgl. Telegramm Bismarck an Werthern vom 13. November 1870, in: Baumgart, *Gesandter*, S. 333.

424 Pflanzen, *Bismarck*, S. 497.

425 Blum, *Erinnerungen*, S. 106 f.

426 Art. »Ein Rückblick auf Bayern«, in: *Die Grenzboten. Zeitschrift für Politik, Literatur und Kunst*, I. Semester, I. Band, 1871, S. 36–40, hier S. 36.

427 Zit. n. Art. »Deutschland/Berlin«, in: *Bonner Zeitung* vom 13. November 1870 (mittags), S. 2.

428 Ebd.

429 Art. »Deutschland«, in: *Bonner Zeitung* vom 15. November 1870 (abends), S. 2.

430 Busch, *Tagebuchblätter*, S. 427.

431 Ebd., S. 427 f.

432 Deuerlein, *Augenzeugenberichte*, S. 227.

433 So der Abgeordnete Otto Elben am 22. Dezember 1870; *Verhandlungen der Württembergischen Kammer der Abgeordneten von 1870 bis 1872*, 1. Protokollband, S. 35.

434 Pflanze, *Bismarck*, S. 500.

435 Ebd., S. 500 f.

436 Rumschöttel, *Ludwig II.*, S. 66.

437 So die Erinnerung des Grafen Friedrich von Frankenberg an das Gespräch mit Bismarck am 23. November 1870, in: Deuerlein, *Augenzeugenberichte*, S. 220 f, hier S. 221.

438 Pflanze, *Bismarck*, S. 501.

439 Hilmes, *Ludwig II.*, S. 193 f.

440 Hacker, *Ludwig II.*, S. 118 f.

441 Baumgart, *Gesandter*, S. 100.

442 Art. »Deutschland/Aschaffenburg«, in: *Beobachter am Main und Aschaffenburger Anzeiger* vom 11. September 1870, S. 2.
443 Reaktion Bray-Steinburg auf den Erlass des Königs Ludwig II. am 15. September 1870, in: Deuerlein, *Augenzeugenberichte*, S. 231.
444 Schreiben Großherzog Friedrich I. an den bayerischen König vom 31. Oktober 1870, in: Deuerlein, *Augenzeugenberichte*, S. 235 f., hier S. 236.
445 Bismarck, *Gedanken und Erinnerungen*, S. 286.
446 Schreiben Bismarck an Ludwig II. vom 27. November 1870, in: Deuerlein, *Augenzeugenberichte*, S. 240 f., hier S. 240.
447 Deuerlein, *Augenzeugenberichte*, S. 244.
448 Bismarck, *Gedanken und Erinnerungen*, S. 286.
449 Hacker, »Kaiserbrief«, S. 920
450 Deuerlein, *Augenzeugenberichte*, S. 242 f.
451 Zit. n. Deuerlein, *Augenzeugenberichte*, S. 244.
452 Hilmes, *Ludwig II.*, S. 191 f.
453 So eine Notiz von Moritz Busch, zit. n. Deuerlein, *Augenzeugenberichte*, S. 245.
454 Deuerlein, *Augenzeugenberichte*, S. 246.
455 Zit. n. Baumgart, *Gesandter*, S. 105.
456 Drohbrief an König Ludwig II., in: Botzenhart, *Regierungstätigkeit*, S. 222.
457 Zit. n. Doeberl, *Bayern*, S. 312.
458 Pflanze, *Bismarck*, S. 503.
459 Art. »Politische Übersicht/Bayern«, in: *Rheinisches Volksblatt zunächst für die Kreise Düsseldorf und Mettmann* vom 27. Mai 1868, S. 2.
460 Baumgart, *Gesandter*, S. 93 f.
461 Ebd., S. 94.
462 Ebd., S. 100.
463 Ebd., S. 22.
464 Wolf, *Götterdämmerung*, S. 86.
465 Botzenhart, *Regierungstätigkeit*, S. 195.
466 Ebd., S. 194.
467 Pflanze, *Bismarck*, S. 503.
468 *Verhandlungen der Kammer der Abgeordneten des Bayerischen Landtages im Jahre 1870/71*, *Stenographische Berichte*, IV. Band (11. Januar 1871), S. 113.
469 Ebd., S. 127.
470 Ebd., S. 127 f.
471 Ebd.

472 Ebd., S. 123.
473 Ebd. (21. Januar 1871), S. 361.
474 Ebd. (11. Januar 1871), S. 119.
475 Ebd., S. 122.
476 Ebd., S. 126.
477 Ebd., S. 127.
478 Schreiben Bismarck an Werthern vom 24. Dezember 1870 sowie vom 6. Januar 1871, in: Baumgart, *Gesandter*, S. 338.
479 Art. »Ein Rückblick auf Bayern«, in: *Die Grenzboten. Zeitschrift für Politik, Literatur und Kunst*, I. Semester, I. Band, 1871, S. 36–40, hier S. 40.
480 Art. »Bayern«, in: *Darmstädter Zeitung* vom 21. Januar 1871, S. 81.
481 Art. »München«, in: *Badischer Beobachter* vom 5. Januar 1871, S. 2.
482 Art. »Tagesbericht/München«, in: *Der Beobachter* vom 24. Januar 1871, S. 2.
483 Art. »Deutschland«, in: *Das Bayerische Vaterland* vom 21. Januar 1871, S. 70 f., hier S. 71.
484 *Verhandlungen der Kammer der Abgeordneten des Bayerischen Landtages im Jahre 1870/71, Stenographische Berichte,* IV. Band (20. Januar 1871), S. 317.
485 Art. »München«, in: *Bayerischer Kurier* vom 21. Januar 1871, S. 197 f.
486 Art. »Tagesbericht/München«, in: *Der Beobachter* vom 24. Januar 1871, S. 2.
487 Art. »Aus München«, in: *Der Beobachter* vom 26. Januar 1871, S. 3.
488 *Verhandlungen der Kammer der Abgeordneten des Bayerischen Landtages im Jahre 1870/71, Stenographische Berichte,* IV. Band (20. Januar 1871), S. 317.
489 *Verhandlungen der Kammer der Abgeordneten des Bayerischen Landtages im Jahre 1870/71, Stenographische Berichte*, IV. Band (11. Januar 1871), S. 113.
490 Art. »Aus München«, in: *Der Beobachter* vom 26. Januar 1871, S. 3.
491 *Verhandlungen der Kammer der Abgeordneten des Bayerischen Landtages im Jahre 1870/71, Stenographische Berichte*, IV. Band (21. Januar 1871), S. 356.
492 Gruner, Die süddeutschen Staaten, S. 297.
493 *Der Proletarier* vom 29. Januar 1871, S. 528.
494 Art. »Tagesbericht/München«, in: *Der Beobachter* vom 26. Januar 1871, S. 1 f., hier S. 2.
495 *Verhandlungen der Kammer der Abgeordneten des Bayerischen Landtages im Jahre 1870/71, Stenographische Berichte,* IV. Band (21. Januar 1871), S. 375.

496 Art. »Aus München«, in: *Der Beobachter* vom 26. Januar 1871, S. 3.
497 Langewiesche, *Reich, Nation, Föderation*, S. 32.
498 Schreiben Werthern an Bismarck vom 18. Februar 1871, in: Baumgart, *Gesandter*, S. 339 f.
499 Schreiben Ludwig II. an Johann Krahl vom 15. August 1871, in: Botzenhart, *Regierungstätigkeit*, S. 208 f.
500 Ebd., hier S. 210.
501 Art. »Zu Weihnachten«, in: *Freiburger Zeitung* vom 25. Dezember 1870, S. 1.
502 Pietsch, *Von Berlin bis Paris*, S. 364.
503 Fontane, *Krieg gegen Frankreich*, Bd. II, 1. Halbband, S. 424.
504 Arand, *1870/71*, S. 525.
505 *Tagebuch des deutsch-französischen Krieges*, Bd. 3, Sp. 4168.
506 Busch, *Tagebuchblätter*, Bd. 1, S. 558.
507 *Großherzog Friedrich I. von Baden*, Bd. 2, S. 270.
508 Schreiben Robert Vogelsang vom 25. Dezember 1870, in: Feldzugsbriefe des Reserve-Unteroffiziers Robert Vogelsang zu Elberfeld; Universitäts- und Landesbibliothek Bonn; Bestand Kriegsbriefe, Signatur Kriegsbriefe 296; http://digitale-sammlungen.ulb.uni-bonn.de/ulbbnhans/content/titleinfo/2530926; Zugriff: 3.12.2018.
509 *Tagebuch des deutsch-französischen Krieges*, Bd. 3, Sp. 4171.
510 Ebd., S. 4167.
511 Ebd., Sp. 4176.
512 Ebd., Sp. 4169.
513 *Großherzog Friedrich I. von Baden*, Bd. 2, S. 270.
514 Brief einer unbekannten Frau an ihren Mann im Feld vom 3. Januar 1871; Universitäts- und Landesbibliothek Bonn; Bestand Kriegsbriefe, Signatur Kriegsbriefe 292:3; http://digitale-sammlungen.ulb.uni-bonn.de/ulbbnhans/content/titleinfo/2527087; Zugriff 3.12.2018.
515 Art. »Hülfs-Verein für Bielefeld u. Gadderbaum-Sandhagen«, in: Beilage zum *Wächter* vom 23. Dezember 1870.
516 Art. »Die Pflicht des Augenblicks«, in: *Nationalzeitung* vom 24. Dezember 1870, 2. Beiblatt.
517 Vgl. Annoncen in: *Der Wächter* vom 23. Dezember 1870, S. 4.
518 Art. »Literarisches«, in: *Echo der Gegenwart*, 23. Dezember 1870 (1. Blatt), S. 3.
519 Art. »Tagesneuigkeiten/Durlach«, in: *Durlacher Wochenblatt* vom 24. Dezember 1870, S. 2.
520 Art. »Berliner Nachrichten«, in: *Nationalzeitung* vom 23. Dezember 1870, 1. Beiblatt.

521 Annonce »Baracken-Lazareth-Verein«, in: *Echo der Gegenwart* vom 23. Dezember 1870 (1. Blatt), S. 3.

522 Art. »Lokale und vermischte Nachrichten (Christbescherung)«, in: *Pfälzische Volkszeitung* vom 24. Dezember 1870, S. 3.

523 Art. »Der Krieg«, in: *Rhein- und Ruhrzeitung* vom 24. Dezember 1870 (2. Ausgabe), S. 1.

524 Art. »Rothe Weihnachten«, in: *Wiener Sonn- und Montags-Zeitung* vom 26. Dezember 1870, S. 1 f., hier S. 1.

525 Art. »Weihnacht«, in: *Der Proletarier* vom 24. Dezember 1870. S. 1.

526 Art. »Weihnachten 1870«, in: *Provinzial-Correspondenz* vom 21. Dezember 1870, S. 1.

527 Art. »Zu Weihnachten«, in: *Freiburger Zeitung* vom 25. Dezember 1870, S. 1.

528 Art. »Badischer Landtag«, in: *Badischer Beobachter* vom 23. Dezember 1870, S. 1 f., hier S. 1.

529 Art. Weihnachten 1870« [W. Molitor], in: *Echo der Gegenwart* vom 23. Dezember 1870, S. 3.

530 Art. »Weihnachten«, in: *Pfälzische Volkszeitung* vom 24. Dezember 1870, S. 1.

531 Langewiesche, *1848*, S. 624.

532 Weber/Wehling, *Baden-Württemberg*, S. 58 f.

533 *Verhandlungen der Württembergischen Kammer der Abgeordneten von 1870 bis 1872, 1. Protokollband* (22. Dezember 1870), S. 22.

534 Ebd.

535 Ebd.

536 Ebd., S. 23.

537 Zit. n. Langewiesche, *Reich, Nation, Föderation*, S. 33.

538 Zit. n. Schübelin, *Zollparlament*, S. 92 f.

539 Art. »Moderne Hexerei«, in: Beilagen zum *Volksboten für den Bürger und Landmann* vom 3. August 1868, S. 1.

540 Large, Berlin, S. 25.

541 *Verhandlungen der Württembergischen Kammer der Abgeordneten von 1870 bis 1872, 1. Protokollband* (23. Dezember 1870), S. 49 f.

542 Ebd., S. 66.

543 So ein Beitrag im *Uracher Amtsblatt*, zit. n. Schübelin, *Zollparlament*, S. 93.

544 *Verhandlungen der Württembergischen Kammer der Abgeordneten von 1870 bis 1872, 1. Protokollband* (22. Dezember 1870), S. 34.

545 Ebd., S. 48.

546 Ebd., S. 51.

547 Schneider, »Chauvinismus«, S. 393.

548 Art. »Tagesbericht/Frankfurt«, in: *Der Beobachter* vom 1. Januar 1871, S. 2.

549 *Verhandlungen der Württembergischen Kammer der Abgeordneten von 1870 bis 1872, 1. Protokollband* (23. Dezember 1870), S. 58.

550 Ebd., S. 42.

551 Bebel, *Aus meinem Leben*, S. 246.

552 Vgl. Weichlein, Nation und Region, S. 227.

553 Art. »Deutschland«, in: *Blätter von der Saale* vom 24. Dezember 1870, S. 2 f.

554 Vgl. Bebels Forderung im Norddeutschen Reichstag am 26. November 1870, in: *Stenographische Berichte über die Verhandlungen des Reichstages des Norddeutschen Bundes*, 1867/70, 15, S. 12 f.

555 Vgl. Ullrich, Großmacht, S. 64, sowie Groh/Brandt, *Vaterlandslose Gesellen*, S. 17–19.

556 Art. »Tagesbericht/Leipzig«, in: *Der Beobachter. Ein Volksblatt aus Schwaben* vom 3. Januar 1871, S. 1.

557 *Der Proletarier* vom 24. Dezember 1870, S. 2.

558 Schröder, *Liebknecht*, S. 205.

559 Vgl. *Stenographische Berichte Deutscher Reichstag, I. Session*, I. Band (29. März 1871), S. 37.

560 Zit. n. Langewiesche, *Reich, Nation, Föderation*, S. 32.

561 Art. »Badischer Landtag«, in: *Badischer Beobachter* vom 23. Dezember 1870, S. 1 f., hier S. 2.

562 Zit. n. »Neujahrsbetrachtungen der Presse«, in: *Der Beobachter. Ein Volksblatt aus Schwaben* vom 4. Januar 1871, S. 1.

563 Ebd.

564 *Verhandlungen der Württembergischen Kammer der Abgeordneten von 1870 bis 1872, 1. Protokollband* (22. Dezember 1870), S. 33.

565 Ebd., S. 40.

566 *Verhandlungen der Württembergischen Kammer der Abgeordneten von 1870 bis 1872, 1. Protokollband* (23. Dezember 1870), S. 49.

567 Ebd., S. 66.

568 Art. »Bremen, 23. December«, in: *Bremer Handelsblatt* vom 24. Dezember 1870, S. 1.

569 Art. »Bremen, 20. December«, in: *Bremer Handelsblatt* vom 21. Dezember 1871, S. 1.

570 *Verhandlungen der Württembergischen Kammer der Abgeordneten von 1870 bis 1872, 1. Protokollband* (23. Dezember 1870), S. 52.

571 Art. »Neujahr 1871«, in: *Pfälzische Volkszeitung* vom 31. Dezember 1871, S. 1.

572 Art. »Bremen, 30. December«, in: *Bremer Handelsblatt* vom 31. Dezember 1870, S. 1.
573 Art. »Zum Jahresschluß«, in: *Bayerischer Kurier* vom 31. Dezember 1870, S. 3738.
574 Ebd.
575 Art. »Vermischte Nachrichten/Aachen«, in: *Echo der Gegenwart* vom 24. Dezember 1870 (1. Blatt), S. 3.
576 Art. »Was will das deutsche Volk? (Fortsetzung)«, in: *Nürnberger Tagblatt* vom 30. Dezember 1870, S. 1 f., hier S. 2.
577 *Großherzog Friedrich I. von Baden*, Bd. 2, S. 279.
578 Ebd.
579 Ebd., S. 309.
580 Ebd., S. 280.
581 Art. »Vom Kriege/Aus Orleans«, in: *Badischer Beobachter* vom 29. Dezember 1870, S. 2.
582 Pietsch, *Von Berlin bis Paris*, S. 366.
583 Rogge, *Bei der Garde*, S. 119.
584 Rößler, »Heil Dir im Siegerkranz«, S. 186. Der Autor dankt Matthias Honold vom Zentralarchiv der Diakonie Neuendettelsau für die kollegiale Unterstützung.
585 Ebd.
586 Bariérty, »Das Deutsche Reich im französischen Urteil«, S. 204.
587 Schreiben Bray-Steinburg an seine Frau und seine Tochter vom 17. November 1870, in: Deuerlein, *Augenzeugenberichte*, S. 212.
588 Zit. n. Deuerlein, *Augenzeugenberichte*, S. 290.
589 L.[udwig] P.[ietsch]: Art. »Kriegsbilder XXXV.«, in: *Königlich privilegirte Berlinische Zeitung von Staats- und gelehrten Sachen*, 2. Beilage, 19. Januar 1871, S. 2.
590 Wischmeyer, *Buße*, S. 17.
591 Zit. n. Deuerlein, *Augenzeugenberichte*, S. 305.
592 Vgl. L.[udwig] P.[ietsch]: Art.: »Kriegsbilder XXXV.«, in: *Königlich privilegierte Berlinische Zeitung von Staats- und gelehrten Sachen*, 2. Beilage, 19. Januar 1871, S. 2 f.
593 *Großherzog Friedrich I. von Baden*, Bd. 2, S. 282.
594 Bariéty, »Das Deutsche Reich im französischen Urteil«, S. 207.
595 Art. »Zehn Jahre«, in: *Provinzial-Correspondenz* vom 28. Dezember 1870, S. 1.
596 Ebd.
597 Angelow, *Wilhelm* I., S. 244.
598 Rogge, *Bei der Garde*, S. 116.
599 Vgl. Deuerlein, *Augenzeugenberichte*, S. 296 f.

600 Ebd., S. 288.

601 Rogge, *Bei der Garde*, S. 119.

602 Goncourt, *Tagebuch*, S. 112.

603 Vgl. Fontane, *Krieg gegen Frankreich*, Bd. 1, S. 152 f.

604 Vgl. Arand, *1870/71*, S. 227–229; dort findet sich auch der wichtige Hinweis auf die spätere Pervertierung des Ehrenkanons unter den Nationalsozialisten – so in der Parole: »Die Fahne ist mehr als der Tod«.

605 Fontane, *Krieg gegen Frankreich*, Bd. 1, 153.

606 So die rückblickende Darstellung von Theodor Toeche-Mittler im *Militär-Wochenblatt* im Jahr 1896, zit. n. Deuerlein, *Augenzeugenberichte*, S. 288 f.

607 Angelow, *Wilhelm I.*, S. 256.

608 *Großherzog Friedrich I. von Baden*, Bd. 2, S. 326.

609 Bismarck, *Gedanken und Erinnerungen*, S. 287.

610 Zit. n. Deuerlein, *Augenzeugenberichte*, S. 303.

611 Zit. n. Rogge, *Bei der Garde*, S. 118.

612 Bismarck, *Gedanken und Erinnerungen*, S. 287 f.

613 *Großherzog Friedrich I. von Baden*, Bd. 2, S. 321.

614 Ebd., S. 322 f.

615 Ebd., S. 323.

616 Ebd., S. 323 f.

617 Deuerlein, *Augenzeugenberichte*, S. 289 f.

618 Rogge, *Bei der Garde*, S. 121.

619 Ebd., S. 121 f.

620 Bendikowski, *Friedrich der Große*, S. 13.

621 Rogge, *Bei der Garde*, S. 122.

622 Ebd., S. 123.

623 Ebd., S. 124.

624 Rößler, »Heil Dir im Siegerkranz«, S. 188.

625 Rassow, *Geheimes Kriegstagebuch*, S. 298.

626 Rößler, »Heil Dir im Siegerkranz«, S. 188.

627 Deuerlein, *Augenzeugenberichte*, S. 299.

628 Ebd.

629 Zit. n. Deuerlein, *Augenzeugenberichte*, S. 299.

630 Ebd., S. 300.

631 Rößler, »Heil Dir im Siegerkranz«, S. 189.

632 Deuerlein, *Augenzeugenberichte*, S. 301.

633 Bismarck, *Gedanken und Erinnerungen*, S. 288 f.

634 Zit n. Deuerlein, *Augenzeugenberichte*, S. 308.

635 Zit. n. ebd.

636 Ebd.

637 Art. »Deutschland/Köln«, in: *Heidelberger Zeitung* vom 8. Juli 1866, S. 2.

638 Treitschke, *Parteien und Fractionen II*, S. 356 f.

639 Treitschke, *Parteien und Fractionen I*, S. 186.

640 Art. »Paris«, in: *Augsburger Tageblatt* vom 26. August 1870, S. 3023 f., hier S. 3024.

641 Art. »Sozial-politische Rundschau«, in: *Der Proletarier* vom 29. Januar 1871, S. 527 f., hier S. 527.

642 Art. »Gedanken eines patriotischen Oesterreichers über das preußische Kaiserthum«, in: *Das Vaterland* vom 28. Dezember 1870, S. 1.

643 *Der Proletarier* vom 29. Januar 1871, S. 528.

644 Art. »Deutschland«, in: *Freiburger Zeitung* vom 20. Januar 1871, S. 2.

645 Art. »Bayern«, in: *Das Bayerische Vaterland* vom 31. Januar 1871, S. 102.

646 *Freiburger Zeitung* vom 21. Januar 1871, S. 1.

647 Ebd.

648 Art. »Tagesbericht/Von der Kaiser-Proclamation«, in: *Der Beobachter* vom 24. Januar 1871, S. 1 f.

649 Rößler, »Heil Dir im Siegerkranz«, S. 189.

650 Art. »Elsaß und Lothringen«, in: *Freiburger Zeitung* vom 20. Januar 1871, S. 2.

651 Stenographische Berichte Reichstag, 1871, Bd. 4 (15. November 1871), S. 54.

652 Schreiben Bismarck an seine Frau vom 5. März 1871, in: Bismarck, *GW, Schriften 1871–1873*, S. 5 f., hier S. 5.

653 Vgl. Immediatbericht Bismarck an Wilhelm I. vom 15. März 1871, in: Bismark, *GW, Schriften 1871–1873*, S. 7 f.

654 Schreiben Bismarck an seine Frau vom 5. März 1871, in: Bismarck, *GW, Schriften 1871–1873*, S. 5 f., hier S. 5.

655 Art. »Des Kaisers Heimkehr«, in: *Provinzial-Correspondenz* vom 22. März 1871, S. 3 f., hier S. 3.

656 Vgl. Art. »Tagesübersicht/Metz«, in: *Bonner Zeitung* vom 21. März 1871 (zweites Blatt, abends), S. 1.

657 Art. »Des Kaisers Heimkehr«, in: *Provinzial-Correspondenz* vom 22. März 1871, S. 3 f., hier S. 3.

658 Einträge vom 20. April 1871 und vom 29. April 1871, in: Baumgart: *Kaiser Friedrich III., Tagebücher*, S. 173.

659 Fausel, Heinrich: Art. »Wilhelm Hoffmann«, in: *Neue Deutsche Biographie*, Bd. 9, Berlin 1972, S. 394.

660 Art. »Die Eröffnung des ersten deutschen Reichstags«, in: *Königlich privilegirte Berlinische Zeitung von Staats- und gelehrten Sachen*, Beilage zur Ausgabe vom 22. März 1871, S. 3–4, hier S. 3.
661 Vierhaus, *Tagebuch Spitzemberg*, S. 123.
662 Art. »Die Eröffnung des ersten deutschen Reichstags«, in: *Königlich privilegirte Berlinische Zeitung von Staats- und gelehrten Sachen*, Beilage zur Ausgabe vom 22. März 1871, S. 3–4, hier S. 4.
663 Richter, *Reichstag*, S. 1 f.
664 Art. »Die Eröffnung des ersten deutschen Reichstags«, in: *Königlich privilegirte Berlinische Zeitung von Staats- und gelehrten Sachen*, Beilage zur Ausgabe vom 22. März 1871, S. 3–4, hier S. 3.
665 Vierhaus, *Tagebuch Spitzemberg*, S. 123.
666 Richter, *Reichstag*, S. 2.
667 Art. »Tagesbericht/Berlin«, in: *Der Beobachter* vom 21. März 1871, S. 1.
668 Ebd., S. 2.
669 Vierhaus, *Tagebuch Spitzemberg*, S. 123.
670 Richter, *Reichstag*, S. 2.
671 Ebd.
672 *Stenographische Berichte des Deutschen Reichstages*, 1871, Bd. 1 (Eröffnungssitzung 21. März 1871), S. 2 f.
673 Richter, *Reichstag*, S. 2 f.
674 Dlubek, *Wirkungsmöglichkeiten*, S. 167 f.
675 Ogiermann, *Reichstag*, S. 7–9.
676 Drews, *Ludwig Windthorst*.
677 Vgl. Bendikowski, *Glaubenskrieg*, zum Kaiserreich: S. 142–212.
678 *Germania. Politische Wochenschrift für deutsche Interessen*, 1. Juli 1868, S. 2.
679 Drews, *Windthorst*, S. 120 f.
680 Zit. n. Baumgart, *Gesandter*, S. 105.
681 Art. »Ein Rückblick auf Bayern«, in: *Die Grenzboten. Zeitschrift für Politik, Literatur und Kunst*, I. Semester, I. Band, 1871, S. 36–40, hier S. 39.
682 Bendikowski, *Glaubenskrieg*, S. 175.
683 Art. »Tagesbegebenheiten«, in: *Blätter von der Saale* vom 22. Januar 1871, S. 3.
684 Art. »Ultramontane und Patrioten«, in: *Neue Bamberger Zeitung* vom 1. August 1869, S. 1.
685 Art. »Zum Jahresschluß«, in: *Bayerischer Kurier* vom 31. Dezember 1870, S. 3738.
686 *Stenographische Berichte des Deutschen Reichstages*, 1871, Bd. 1 (30. März 1871), S. 49.

687 Vgl. Art. »Tagesbericht/Berlin«, in: *Der Beobachter* vom 4. April 1871, S. 1 f., hier S. 1.

688 *Stenographische Berichte des Deutschen Reichstages*, 1871, Bd. 1 (3. April 1871), S. 120.

689 Ebd. (30. März 1871), S. 54.

690 Schreiben Bismarck an Werthern (München) vom 17. April 1871, in: Bismarck, *GW, Schriften 1871–1873*, S. 56 f.

691 *Stenographische Berichte des Deutschen Reichstages*, 1871, Bd. 1 (3. April 1871), S. 131.

692 Ebd.

693 Nipperdey, *Deutsche Geschichte 1866–1918*, Bd. 2, S. 374 f.

694 *Stenographische Berichte des Deutschen Reichstages*, 1871, Bd. 1 (1. April 1871), S. 99.

695 Ebd., S. 100.

696 Ebd., S. 98.

697 Lemberg, »Das Deutsche Reich im polnischen Urteil«, S. 72 f.

698 Ebd.

699 *Stenographische Berichte des Deutschen Reichstages*, 1871, Bd. 1 (1. April 1871), S. 97.

700 Vgl. »Verbesserungs-Antrag zum Art. 1 des Gesetz-Entwurfs, betreffend die Verfassung des Deutschen Reichs«, in: *Stenographische Berichte des Deutschen Reichstages*, I. Legislatur-Periode, I. Session 1871, 3. Bd.: Anlagen zu den Verhandlungen des Reichstages Nr. 1–199, S. 77.

701 *Stenographische Berichte des Deutschen Reichstages*, 1871, Bd. 1 (1. April 1871), S. 97.

702 Ebd., S. 98.

703 Ebd.

704 Lemberg, »Das Deutsche Reich im polnischen Urteil«, S. 72 f.

705 *Stenographische Berichte des Deutschen Reichstages*, 1871, Bd. 2 (25. Mai 1871), S. 933.

706 Ebd. (30. März 1871), S. 55.

707 Art. »Die publicistische Welfenlegion«, in: *Allgemeine Zeitung* vom 12. September 1870, S. 4054.

708 *Stenographische Berichte des Deutschen Reichstages*, 1871, Bd. 2 (25. Mai 1871), S. 921.

709 Ebd.

710 Schreiben Bismarck an Gesandten Friedrich Christoph Eichmann vom 7. Juni 1871, in: Bismarck, *GW, Schriften 1871–1873*, S. 118 f., hier S. 119.

711 Art. »Unsere Stellung zur Lage«, in: *Der Proletarier. Sozialdemokratische Wochenschrift* vom 24. Juli 1870, S. 1.

712 Schreiben Engels an Marx vom 15. August 1870, in: Marx/Engels, *Briefwechsel*, Bd. IV., S. 438–441, hier S. 438 f.

713 *Stenographische Berichte des Deutschen Reichstages*, 1871, Bd. 2 (25. Mai 1871), S. 921.

714 Ebd.

715 Pflanze, *Bismarck*, S. 667.

716 Hölscher, *Weltgericht oder Revolution*, S. 208–213.

717 Ebd., S. 213.

718 Groh/Brandt, *Vaterlandslose Gesellen*, S. 20 f.

719 *Stenographische Berichte des Deutschen Reichstages*, 1871, Bd. 1 (3. April 1871), S. 130.

720 Zit. n. Art. »Deutscher Reichstag«, in: *Pfälzische Volkszeitung* vom 5. April 1871, S. 1 f., hier S. 2.

721 Schreiben Bismarck an Tauffkirchen vom 16. Februar 1872, in: Bismarck, *GW, Schriften 1871–1873*, S. 281–283, hier S. 282 f.

722 Schreiben Bismarck an Botschafter Schweinitz vom 7. Juni 1871, in: *GW, Schriften 1871–1873*, S. 117 f., hier S. 118.

723 Schreiben Bismarck an Botschafter Albrecht Graf von Bernstorff vom 7. Juni 1871, in: *GW, Schriften 1871–1873*, S. 120.

724 Weichlein, *Nation und Region*, S. 372.

725 Art. »Die Internationale«, in: *Badische Landeszeitung* vom 18. Juni 1871, S. 1.

726 Reichner, Klara: Art. »Charlottenburg«, in: *Puck. Montags-Zeitung für die elegante Welt* vom 19. Juni 1871, S. 92–94, hier S. 94.

727 Large, *Berlin*, S. 24.

728 Ebd., S. 24 f.

729 Art. »Ein Bild aus der deutschen Gegenwart« (Alfred Dove), in: *Die Gartenlaube* Nr. 25/1871, S. 410–412, hier S. 410.

730 Art. »Deutschland/Berlin«, in: *Bonner Zeitung* vom 19. Juni 1871, Erstes Blatt (mittags), S. 1.

731 Vgl. Art. »Lokales«, in: *Königlich privilegirte Berlinische Zeitung von Staats- und gelehrten Sachen* vom 15. Juni 1871, S. 5.

732 Arand, *1870/71*, S. 603.

733 Bariéty, »Das Deutsche Reich im französischen Urteil«, S. 209.

734 Rovan, *Geschichte der Deutschen*, S. 487.

735 Arand, *1870/71*, S. 593–603.

736 Art. »Das Berliner Sieges-Fest. II. Der Einzug«, in: *Königlich privilegirte Berlinische Zeitung von Staats- und gelehrten Sachen* vom 17. Juni 1871, S. 7.

737 Art. »Der Tag in Berlin«, in: *Deutsche Blätter. Literarisch-politische Feuilleton-Beilage zur Gartenlaube*, Nr. 26 (1871), S. 102 f., hier S. 103.

738 Art. »Triumphzug und Einzugsfeier in Berlin am 16. Juni 1871«, in: *Bonner Zeitung* vom 18. Juni 1871 (mittags), S. 1 f. hier S. 1.
739 Art. »Europa/Preußen«, in: *Das Bayerische Vaterland* vom 18. Juni 1871, S. 567.
740 Art. »Zur Tagesgeschichte«, in: *Würzburger Journal* vom 19. Juni 1871, S. 2.
741 Reichner, Klara: Art. »Charlottenburg«, in: *Puck. Montags-Zeitung für die elegante Welt* vom 19. Juni 1871, S. 92–94, hier S. 94.
742 Large, *Berlin*, S. 23 f.
743 Art. »Vermischte Nachrichten«, in: *Kölner Nachrichten* vom 20. Juni 1871, S. 2.
744 Reichner, Klara: Art. »Berlin«, in: *Puck. Montags-Zeitung für die elegante Welt* vom 12. Juni 1871, S. 84 f., hier S. 85.
745 Art. »Tagesereignisse/Berlin«, in: *Dortmunder Anzeiger* vom 22. Juni 1871, S. 1.
746 Ebd.
747 Arand, *1870/71*, S. 602.
748 Schreiben Bismarck an die preußischen Gesandtschaften in München, Stuttgart und Karlsruhe vom 27. März 1871, in: Bismarck, GW, Schriften 1871–1873, S. 18.
749 Schreiben Bismarck an Roon vom 19. Juni 1871, in: *GW, Schriften 1871–1873*, S. 136 f., hier S. 136.
750 Vgl. Busch, *Tagebuchblätter*, Bd. 2, S. 259.
751 *Verhandlungen der Württembergischen Kammer der Standesherren von 1870 bis 1872*, 1. Protokollband, S. 23
752 Rebenich, *Mommsen*, S. 168.
753 *Stenographische Berichte des Deutschen Reichstages*, 1871, Bd. 2, S. 920.
754 *Stenographische Berichte des Reichstages des Norddeutschen Bundes*, II. außerordentliche Session 1870, S. 11.
755 Art. »Die Erneuerung der deutschen Kaiserwürde«, in: *Badische Landeszeitung* vom 20. Januar 1871, S. 2.
756 Kaiser Friedrich III., *Kriegstagebuch*, S. 302 f.
757 *Stenographische Berichte des Deutschen Reichstages*, 1871, Bd. 1, S. 55.
758 Ebd., S. 50.
759 Ebd.
760 Art. »Tagesbericht/Bremen«, in: *Der Beobachter* vom 21. März 1871, S. 2.
761 Art. »Deutsches Reich«, in: *Münchener Bote für Stadt und Land* vom 25. März 1871, S. 313.
762 Vgl. Art. »Tagesübersicht/Paris«, in: *Bonner Zeitung* vom 21. März 1871 (Zweites Blatt, abends), S. 1.

763 Art. »Ein Kapitel über Landesverräther«, in: *Das Bayerische Vaterland* vom 17. Januar 1871, S. 1.

764 Ebd.

765 Art. »Nach dem Feste«, in: *Das Bayerische Vaterland* vom 20. Juni 1871, S. 571.

766 Art. »Locale Nachrichten«, in: *Kölner Nachrichten* vom 17. Juni 1871, S. 3.

767 Vgl. Art. »Berliner Wochenschau«, in: *Kölner Nachrichten* vom 18. Juni 1871, S. 1.

768 Art. »Der Truppeneinzug in München«, in: *Bayerischer Kurier* vom 18. Juli 1871, S. 1982.

769 Ebd.

770 Art. »Eingesandt«, in: *Pfälzische Volkszeitung* vom 18. Juni 1871, S. 1.

771 Art. »Ein Arbeiter, zum Eide für Gehörtes bereit«, in: *Der Proletarier* vom 24. März 1871, S. 552.

772 Weichlein, *Nation und Region*, S. 347–355.

773 *Puck, Montags-Zeitung für die elegante Welt* vom 26. Juni 1871, S. 97 f.

774 Zit. n. Deuerlein, *Augenzeugenberichte*, S. 343 f.

775 Zit. n. *Tagebuch des deutsch-französischen Krieges*, Bd. 3, Sp. 4173 f.

776 Art. »Triumphzug und Einzugsfeier in Berlin am 16. Juni 1871«, in: *Bonner Zeitung* vom 18. Juni 1871 (mittags), S. 1 f. hier S. 1.

777 Art. »Die Eröffnung des ersten deutschen Reichstags«, in: *Königlich privilegirte Berlinische Zeitung von Staats- und gelehrten Sachen*, Beilage zur Ausgabe vom 22. März 1871, S. 3 f., hier S. 3.

778 Art. »Ein Kapitel über Landesverräther«, in: *Das Bayerische Vaterland* vom 17. Januar 1871, S. 1.

779 Vgl. dazu in jüngster Zeit so zentral und inspirierend: Bauer, *Vereindeutigung der Welt*.

Literatur

Alberti [Pseud.]: *Der letzte Bürgermeister der freien Stadt Frankfurt a. M. Charaktergemälde in 3 Akten*, Passau 1867.

Amann, Freya: *»Hie Bayern, hie Preußen«. Die Bayerische Patriotenpartei/ Bayerische Zentrumspartei und die Konsolidierung des Deutschen Kaiserreichs bis 1889*, München 2013.

Angelow, Jürgen: »Wilhelm I. (1861–1888)«, in: Kroll, Frank-Lothar (Hg.): *Preußens Herrscher. Von den ersten Hohenzollern bis Wilhelm II.*, München 2000, S. 242–264.

Arand, Tobias: *1870/71. Die Geschichte des Deutsch-Französischen Krieges erzählt in Einzelschicksalen*, Hamburg 2018.

Aschoff, Hans-Georg: »Die welfische Bewegung und die Deutsch-Hannoversche Partei zwischen 1866 und 1914«, in: *Niedersächsisches Jahrbuch für Landesgeschichte*, Bd. 53 (1981), S. 41–64.

Aschoff, Hans-Georg: *Welfische Bewegung und politischer Katholizismus 1866–1918. Die Deutschhannoversche Partei und das Zentrum in der Provinz Hannover während des Kaiserreichs*, Düsseldorf 1987.

Aschoff, Hans-Georg: *Die Welfen. Von der Reformation bis 1918*, Stuttgart 2010.

Bamberger, Ludwig: *Vertrauliche Briefe aus dem Zollparlament (1868–1869–1870)*, Breslau 1870.

Bariéty, Jacques: »Das Deutsche Reich im französischen Urteil«, in: Hildebrand, *Das Deutsche Reich*, S. 203–218.

Bauer, Thomas: *Die Vereindeutigung der Welt. Über den Verlust an Mehrdeutigkeit und Vielfalt*, Stuttgart [7]2018.

Baumgart, Friedrich (Hg.): *Kaiser Friedrich III., Tagebücher 1866–1888*, Paderborn/München/Wien/Zürich 2012.

Baumgart, Winfried (Hg.): *Ein preußischer Gesandter in München. Georg Freiherr von Werthern. Tagebuch und politische Korrespondenz mit Bismarck 1867–1888*, Berlin 2018.

Verhandlungen der Kammer der Abgeordneten des Bayerischen Landtages im Jahre 1870/71.

Bebel, August: *Aus meinem Leben*, Bonn 1997.

Becker, Josef (Hg.): *Bismarcks spanische »Diversion« 1870 und der preußisch-deutsche Reichsgründungskrieg. Quellen zur Vor- und Nachgeschichte der Hohenzollern-Kandidatur für den Thron in Madrid 1866–1932*; Band III: *Spanische »Diversion«, »Emser Depesche« und Reichsgründungslegende bis zum Ende der Weimarer Republik, 12. Juli 1870–1. September 1932*, Paderborn/München/Wien/Zürich 2007.

Becker, Josef: »›Provozierter Defensivkrieg‹ 1870, ›Emser Legenden‹ und ›Sybel-Syndrom‹ in der Bismarck-Historiographie«, in: *Forschungen zur Brandenburgischen und Preußischen Geschichte*, Neue Folge, 21. Bd. (2011), H. 1, S. 5–72.

Bendikowski, Tillmann: *Der deutsche Glaubenskrieg. Martin Luther, der Papst und die Folgen*, München 2016.

Bendikowski, Tillmann: *Friedrich der Große*, München 2011.

Bismarck, Otto von: *Schriften 1871–1873*, bearbeitet von Andrea Hopp (Otto von Bismarck, *Gesammelte Werke, Neue Friedrichsruher Ausgabe*, Abt. III, Schriften Bd. 1), Paderborn/München/Wien/Zürich 2004.

Bismarck, Otto von: *Gedanken und Erinnerungen*, bearbeitet von Michael Epkenhans und Eberhard Kolb (Otto von Bismarck, *Gesammelte Werke, Neue Friedrichsruher Ausgabe*, Abt. IV), Paderborn/München/Wien/Zürich 2012.

Blixen, Tania: *Ehrengard*, Frankfurt am Main 1990.

Blum, Hans: *Persönliche Erinnerungen an den Fürsten Bismarck*, München 1900.

Bluntschli; Johann Caspar: *Denkwürdiges aus meinem Leben*, 3. Teil, 2. Hälfte, Nördlingen 1884.

Botzenhart, Christof: *»Ein Schattenkönig ohne Macht will ich nicht sein«. Die Regierungstätigkeit König Ludwigs II. von Bayern*, München 2004.

Brandt, Hartwig/Grothe, Ewald (Hgg.): *Quellen zur Alltagsgeschichte der Deutschen 1815–1870*, Darmstadt 2005.

Brosius, Dieter: »Georg V. von Hannover – der König des ›monarchischen Prinzips‹«, in: *Niedersächsisches Jahrbuch für Landesgeschichte* 51 (1979), S. 253–291.

Brosius, Dieter: »Hannovers politische und militärische Rolle im Krieg von 1866«, in: Heinemann u.a., *1866*, S. 303–314.
Busch, Moritz: *Das Übergangsjahr in Hannover*, Leipzig 1867.
Busch, Moritz: *Tagebuchblätter*, 2. Bd.: *Graf Bismarck und seine Leute während des Krieges mit Frankreich 1870–1871*, Anhang, Leipzig 1899.
Busch, Moritz: *Tagebuchblätter*, 3. Bd.: *Denkwürdigkeiten aus den Jahren 1880–1893*, Anhang, Leipzig 1899.
Clark, Christopher: *Preußen. Aufstieg und Niedergang. 1600–1947*, München 2007.
Deuerlein, Ernst: *Augsburg 1866. Die Auflösung der Bundesversammlung des Deutschen Bundes*, Augsburg 1967.
Deuerlein, Ernst (Hg.): *Die Gründung des Deutschen Reiches 1870/71 in Augenzeugenberichten*, München 1977.
Tagebuch des deutsch-französischen Krieges 1870–1871, 3 Bände, Berlin 1871.
Dlubek, Rolf: »Auf der Suche nach neuen politischen Wirkungsmöglichkeiten. Marx 1861 in Berlin«, in: *Marx-Engels Jahrbuch* 2004, Berlin 2005, S. 142–175.
Doeberl, Michael: *Bayern und die Bismarcksche Reichsgründung*, München 1925.
Drews, Rüdiger: *Ludwig Windthorst. Katholischer Volkstribun gegen Bismarck. Eine Biographie*, Regensburg 2011.
Dylong, Alexander: *Hannovers letzte Herrscher. König Georg V. zwischen welfischer Tradition und politischer Realität*, Göttingen 2012.
Effner, Bettina: »Das schwierige Erbe der Revolution. Die Auseinandersetzung mit 1848/49 in liberaler Politik und Publizistik der Bismarckzeit«, in: Winkler, Heinrich August (Hg.): *Griff nach der Deutungsmacht. Zur Geschichte der Geschichtspolitik in Deutschland*, Göttingen 2004, S. 41–66.
Fausel, Heinrich: Art. »Wilhelm Hoffmann«, in: *Neue Deutsche Biographie*, Bd. 9, Berlin 1972, S. 394.
Fischer, Michael/Senkel, Christian/Tanner, Klaus (Hgg.): *Reichsgründung 1871. Ereignis – Beschreibung – Inszenierung*, Münster/New York/München/Berlin 2010.
Fontane, Theodor: *Der Krieg gegen das Kaiserreich*, I. und II. Halbband, Berlin 1873.
Fontane, Theodor: *Der Krieg gegen Frankreich 1870-1871*, 2 Bände (in 4 Halbbänden), Berlin 1873–76.
Fox, Angelika: *Die wirtschaftliche Integration Bayerns in das Zweite Deutsche Kaiserreich. Studien zu den wirtschaftspolitischen Spielräumen eines deutschen Mittelstaates zwischen 1862 und 1875*, München 2001.
Großherzog Friedrich I. von Baden und die deutsche Politik von 1854–1871, bearb. von Hermann Oncken, Bd. 2, Berlin/Leipzig 1927.

Kaiser Friedrich III.: *Das Kriegstagebuch von 1870/71*, hg. von Heinrich Otto Meisner, Berlin/Leipzig 1926.

Denkschrift Sr. Königlichen Hoheit des Kurfürsten Friedrich Wilhelm I. von Hessen, betreffend die Auflösung des Deutschen Bundes und die Usurpation des Kurfürstenthums durch die Krone Preußen im Jahre 1866, Prag 1868.

Gesetzes- und Verordnungs-Blatt für das Großherzogtum Baden, 16. Juli 1870, Nr. XLVIII

Gödde-Baumanns, Beate: »Ansichten eines Krieges. Die ›Kriegsschuldfrage‹ von 1870 in zeitgenössischem Bewußtsein, Publizistik und wissenschaftlicher Diskussion 1870–1914, in: Kolb, Eberhard (Hg.): *Europa vor dem Krieg von 1870. Mächtekonstellation – Konfliktfelder – Kriegsausbruch*, München 1987, S. 175–201.

Goncourt, Edmond de: *Tagebuch der Belagerung von Paris 1870/71*, München 1969.

Groh, Dieter/Brandt, Peter: *»Vaterlandslose Gesellen«. Sozialdemokratie und Nation 1860–1990*, München 1992.

Gruner, Wolf D.: »Die süddeutschen Staaten, das Ende des Deutschen Bundes und der steinige Weg in das deutsche Kaiserreich (1864–1871)«, in: Heinemann u. a., *1866*, S. 241–301.

Hacker, Rupert (Hg.): *Ludwig II. in Augenzeugenberichten*, München [2]1980.

Hacker, Rupert: »König Ludwig II., der Kaiserbrief und die ›Bismarckschen Gelder‹«, in: *Zeitschrift für bayerische Landesgeschichte*, Bd. 65 (2002), S. 911–990.

Hahn, Hans-Werner: *Geschichte des Deutschen Zollvereins*, Göttingen 1984.

Hahn, Hans-Werner/Kreutzmann, Marko: »Der Deutsche Zollverein in der Geschichte des 19. Jahrhunderts. Neue Perspektiven der Forschung«, in: Hahn, Hans-Werner/Kreutzmann, Marko (Hgg.): *Der Deutsche Zollverein. Ökonomie und Nation im 19. Jahrhundert*, Köln/Weimar/Wien 2012, S. 1–32.

Hahn, Ludwig (Hg.): *Zwei Jahre preußisch-deutscher Politik 1866–1867, Sammlung amtlicher Kundgebungen und halbamtlicher Aeußerungen von der Schleswig-Holsteinischen Krisis bis zur Gründung des Zoll-Parlaments*, Berlin 1868.

Heinemann, Winfried/Höbelt, Lothar/Lappenküper, Ulrich (Hgg.): *Der preußisch-österreichische Krieg 1866*, Paderborn 2018.

Hildebrand, Klaus (Hg.): *Das Deutsche Reich im Urteil der Großen Mächte und europäischen Nachbarn (1871–1945)*, München 1995.

Hilmes, Oliver: *Ludwig II. Der unzeitgemäße König*, München 2013.

Hölscher, Lucian: *Weltgericht oder Revolution? Protestantische und sozialistische Zukunftsvorstellungen im deutschen Kaiserreich*, Stuttgart 1989.

Ihering, Rudolf von: *Rudolf von Ihering in Briefen an seine Freunde*, Leipzig 1913.

Jansen, Christian: Ludwig Bamberger: »Mit Dampf und Elektrizität für ein modernes Deutschland.« In: Freitag, Sabine (Hg.): *Die Achtundvierziger.* München 1998, S. 200–213.

Kreutzmann, Marko: *Die höheren Beamten des Deutschen Zollvereins. Eine bürokratische Funktionselite zwischen einzelstaatlichen Interessen und zwischenstaatlicher Integration (1834–1871)*, Göttingen 2012.

Kutz, Jens Peter: *Vom Bruderkrieg zum* casus foederis. *Die Schutz- und Trutzbündnisse zwischen den süddeutschen Staaten und Preußen (1866–1870)*, Frankfurt am Main u.a. 2007.

Langewiesche, Dieter: »1848 – ein Epochenjahr in der deutschen Geschichte?«, In: *Geschichte und Gesellschaft* 25 (1999), S. 613–625.

Langewiesche, Dieter: *Reich, Nation, Föderation. Deutschland und Europa*, München 2008.

Large, David Clay: *Berlin. Biographie einer Stadt*, München 2002.

Legewitt, Karl: *Erinnerungen an den Feldzug 1870/71*, Essen 1900.

Lemberg, Hans: »Das Deutsche Reich im polnischen Urteil 1871–1945«, in: Hildebrand, *Das Deutsche Reich*, S. 69–84.

Loch, Thorsten/Zacharias, Lars: »Mythos Königgrätz: Zum politischen Konstrukt der Schlacht von 1866. Eine operationsgeschichtliche Analyse«, in: Heinemann u.a., *1866*, S. 161–188.

Marx, Karl/Engels, Friedrich: *Briefwechsel*, IV. Bd.: 1868–1883, Berlin 1950.

Marx, Karl/Engels, Friedrich: *Ausgewählte Schriften in zwei Bänden*, Berlin 1982.

Mehrkens, Heidi: *Statuswechsel. Kriegserfahrung und nationale Wahrnehmung im Deutsch-Französischen Krieg 1870/71*, Essen 2008.

Meier, Niklaus: *Warum Krieg? Die Sinndeutung des Krieges in der deutschen Militärelite 1871–1945*, Paderborn/München/Wien/Zürich 2012.

Meteling, Wencke: *Ehre, Einheit, Ordnung. Preußische und französische Städte und ihre Regimenter im Krieg, 1870/71 und 1914–19*, Baden-Baden 2010.

Meteling, Wencke: »Zur Binnenperspektive von Armeen im Krieg. Französische und preußische Regimenter1870/71 und 1914–1918«, in: Echternkamp, Jörg (Hg.): *Kriegsenden, Nachkriegsordnungen, Folgekonflikte. Wege aus dem Krieg im 19. und 20. Jahrhundert*, Freiburg/Berlin/Wien 2012, S. 109–134.

Möller, Frank: »Preußens Entscheidung zum Krieg 1866«, in: Heinemann u.a., *1866*, S. 19–37.

Mommsen, Wolfgang J.: *1848. Die ungewollte Revolution. Die revolutionären Bewegungen in Europa 1830–1849*, Frankfurt am Main 1998.

Neue Deutsche Biographie, Bd. 9, Berlin 1972.

Nipperdey, Thomas: *Deutsche Geschichte 1800–1866. Bürgerwelt und starker Staat*, München [4]1987.

Nipperdey, Thomas: Deutsche Geschichte 1866–1918, Bd. 2: *Machtstaat vor der Demokratie*, München 1992.

Nonn, Christoph: *Bismarck. Ein Preuße und sein Jahrhundert*, München 2015.

Stenographische Berichte über die Verhandlungen des Reichstages des Norddeutschen Bundes.

Verhandlungen des Außerordentlichen Reichtages des Norddeutschen Bundes 1870.

Ogiermann, Jan Martin: *Der Reichstag. Vom Parlament des Kaiserreichs zum Symbol der Berliner Republik*, Berlin 2017.

Pflanze, Otto: *Bismarck. Der Reichsgründer*, München 2008.

Pietsch, Ludwig: *Von Berlin bis Paris. Kriegsbilder (1870–1871)*, Berlin 1871.

Pietsch, Ludwig: *Wie ich Schriftsteller geworden bin. Der wunderliche Roman meines Lebens*, hg. von Peter Goldammer, Berlin 2000.

Art. »Politische Correspondenz«, in: *Preußische Jahrbücher*, Bd. 21 (1868), S. 476–487.

Die Protokolle des Preußischen Staatsministeriums 1817–1934/38, Band 6/I: 3. Januar 1867 bis 20. Dezember 1878, Hildesheim/Zürich/New York 2004.

Ra, Christian: *Krieg, Nation und Konfession. Die Erfahrung des deutsch-französischen Krieges von 1870/71*, Paderborn/München/Wien/Zürich 2004.

Rassow, Peter (Hg.): *Geheimes Kriegstagebuch 1870–1871 von Paul Bronsart von Schellendorff*, Bonn 1954.

Rebenich, Stefan: *Theodor Mommsen. Eine Biographie*, München 2002.

Stenographische Berichte über die Verhandlungen des Deutschen Reichstages.

Richter, Eugen: *Im alten Reichstag. Erinnerungen*, Berlin 1894.

Riotte, Torsten: *Der Monarch im Exil. Eine andere Geschichte von Staatswerdung und Legitimismus im 19. Jahrhundert*, Göttingen 2018.

Rogge, Bernhard: *Bei der Garde. Erlebnisse und Eindrücke aus den Kriegsjahren 1870/71*, Hannover 1895.

Rogge, Bernhard: *Sedan-Büchlein. Gedenk- und Festgabe für das deutsche Volk. Zur Erinnerung an die fünfundzwanzigste Wiederkehr des Tages von Sedan*, Dresden 1895.

Rößler, Hans: »›Heil Dir im Siegerkranz, Herrscher des Vaterlands!‹ Neuendettelsau und der Krieg 1870/71«, in: ders.: *Unter Stroh und Ziegeldächern. Aus der Neuendettelsauer Geschichte*, Neuendettelsau 1982, S. 184–191.

Rovan, Joseph: *Geschichte der Deutschen. Von ihren Ursprüngen bis heute*, München/Wien 1995.

Rumpler, Helmut: »Das Deutsche Reich im österreichischen Urteil«, in: Hildebrand, *Das Deutsche Reich*, S. 13–25.

Rumschöttel, Hermann: *Ludwig II. von Bayern*, München 2011.

Schäfer, Fr.: *Aus meinem Tagebuch von 1870/71*, o. O., o. D.; Universitäts- und Landesbibliothek Bonn; Bestand Kriegsbriefe, Signatur Kriegsbriefe 380; http://digitale-sammlungen.ulb.uni-bonn.de/ulbbnhans/content/titleinfo/2792333.

Scheuer, Ulrich: »Der Staatsgedanke Preußens«, in: Büsch, Otto/Neugebauer, Wolfgang (Hgg.): *Moderne preußische Geschichte*, Berlin/New York 1981, S. 26–73.

Schneider, Erich: »Gegen Chauvinismus und Völkerhass. Die Berichte des Kriegskorrespondenten Hermann Voget aus dem deutsch-französischen Krieg von 1870/71«, in: *Francia, Forschungen zur westeuropäischen Geschichte*, hg. vom Deutschen Historischen Institut in Paris, Bd. 14 (1986), Sigmaringen 1987, S. 389–434.

Schneider, Eugen: »Württembergs Beitritt zum Deutschen Reich 1870«, in: *Württembergische Vierteljahreshefte für Landesgeschichte*, Neue Folge, 29 (1920), S. 121–184.

Schröter, Wolfgang: *Wilhelm Liebknecht. Soldat der Revolution, Parteiführer, Parlamentarier. Ein Fragment*, hg. von Dreßler-Schröder, Renate/Kinner, Klaus, Berlin 2013.

Schübelin, Walter: *Das Zollparlament und die Politik von Baden, Bayern und Württemberg 1866–1870*, Berlin 1935.

Schüßler, Wilhelm (Hg.): *Die Tagebücher des Freiherrn Reinhard v. Dalwigk zu Lichtenfels aus den Jahren 1860–71*, Stuttgart/Berlin 1920.

Treitschke, Heinrich von: Art. »Parteien und Fractionen I«, in: *Preußische Jahrbücher*, Bd. 27 (1871), S. 175–208.

Treitschke, Heinrich von: Art. »Parteien und Fractionen II«, in: *Preußische Jahrbücher*, Bd. 27 (1871), S. 347–367.

Türk, Henning: *Ludwig Andreas Jordan und das Pfälzer Weinbürgertum. Bürgerliche Lebenswelt und liberale Politik im 19. Jahrhundert*, Göttingen 2016.

Ullrich, Volker: *Das erhabene Ungeheuer. Napoleon und andere historische Reportagen*, München 2008.

Ullrich, Volker: *Die nervöse Großmacht 1871–1918. Aufstieg und Untergang des deutschen Kaiserreichs*, Frankfurt am Main [2]2010.

Vierhaus, Rudolf (Hg.): *Das Tagebuch der Baronin Spitzemberg, geb. Freiin v. Varnbüler. Aufzeichnungen aus der Hofgesellschaft des Hohenzollernreiches*, Göttingen [5]1989.

Weber, Reinhold/Wehling, Hans-Georg (Hgg.): *Baden-Württemberg. Gesellschaft, Geschichte, Politik*, Stuttgart 2006.

Wehler, Hans-Ulrich: *Deutsche Gesellschaftsgeschichte*. Dritter Band: *Von der »Deutschen Doppelrevolution« bis zum Beginn des Ersten Weltkriegs 1849–1914*, München 1995.

Weichlein, Siegfried: *Nation und Region. Integrationsprozesse im Bismarckreich*, Düsseldorf 2004.

Weis, Eberhard: »Vom Kriegsausbruch zur Reichsgründung. Zur Politik des bayerischen Außenministers Graf Bray-Steinburg im Jahr 1870«, in: *Zeitschrift für bayerische Landesgeschichte* 1970, Bd. 33, H. 2, S. 787–810.

Willis, Geoffrey Malden (Bearb.): *Hannovers Schicksalsjahr 1866 im Briefwechsel König Georgs V. mit der Königin Marie*, Hildesheim 1966.

Willms, Johannes: *Napoleon III., Frankreichs letzter Kaiser*, München 2008.

Wischmeyer, Johannes: *Buße, Andacht, patriotische Erhebung. Protestantische Inszenierungen der Reichsgründung 1871*, in: Fischer u.a., *Reichsgründung*, S. 15–37.

Wolf, Peter/Loibl, Richard/Brockhoff, Evamaria (Hgg.): *Götterdämmerung. König Ludwig II. und seine Zeit* (Katalog zur Bayerischen Landesausstellung 2011), Augsburg 2011.

Verhandlungen der Württembergischen Kammer der Abgeordneten von 1870 bis 1872, 1. Protokollband.

Verhandlungen der Württembergischen Kammer der Standesherren von 1870 bis 1872, 1. Protokollband.

Stenographische Berichte über die Verhandlungen des durch die Allerhöchste Verordnung vom 13. April 1868 einberufenen Deutschen Zoll-Parlaments, Berlin 1868.

Zeitungen

Allgemeine deutsche Arbeiter-Zeitung. Organ der deutschen Arbeiterbildungsvereine

Allgemeine Militär-Zeitung

Augsburger Neueste Nachrichten

Augsburger Tagblatt

Badischer Beobachter

Bayerischer Kurier

Beobachter am Main und Aschaffenburger Anzeiger

Berliner Gerichts-Zeitung

Berliner Tageblatt

Blätter von der Saale. Organ für Thüringen, Osterland und Franken

Bonner Zeitung

Bremer Handelsblatt

Darmstädter Zeitung

Der Beobachter. Ein Volksblatt aus Schwaben

Das Bayerische Vaterland

Das Vaterland. Zeitung für die österreichische Monarchie
Der Proletarier
Der Volksbote für den Bürger und Landmann
Der Wächter. Wochenschrift für Minden-Ravensberg
Deutsche Blätter. Literarisch-politische Feuilleton-Beilage zur Gartenlaube
Deutsche Volks-Zeitung
Die Gartenlaube.
Die Grenzboten. Zeitschrift für Politik, Literatur und Kunst
Dortmunder Anzeiger
Durlacher Wochenblatt
Echo der Gegenwart
Freiburger Zeitung
Fremden-Blatt
Germania. Politische Wochenschrift für deutsche Interessen
Hamburger Nachrichten
Hannoverscher Courier. Allgemeine Zeitung für das Königreich Hannover
Heidelberger Zeitung
Im neuen Reich. Wochenschrift für das Leben des deutschen Volkes in Staat, Wissenschaft und Kunst
Karlsruher Tagblatt
Kladderadatsch. Humoristisch-satirisches Wochenblatt
Kölner Nachrichten
Königlich privilegierte Berlinische Zeitung von Staats- und gelehrten Sachen
Landshuter Zeitung
Lokomotive an der Oder. Zeitung für alle Stände
Münchener Bote für Stadt und Land
Nationalzeitung
Neue Badische Landeszeitung. Mannheimer Anzeiger
Neue Bamberger Zeitung
Neueste Nachrichten aus dem Gebiete der Politik
Nürnberger Tagblatt
Pfälzische Volkszeitung
Provinzial-Correspondenz
Puck. Montags-Zeitung für die elegante Welt
Rhein- und Ruhrzeitung
Rheinisches Volksblatt zunächst für die Kreise Düsseldorf und Mettmann
Schwetzinger Wochenblatt. Amts-Verkündigungsblatt für den Bezirk Schwetzingen. Badische Hopfenzeitung
Stralsundische Zeitung
Wiener Sonn- und Montags-Zeitung
Wochenblatt für das christliche Volk

Register

Orts- und Sachregister

Personenregister

Bildnachweis

1 akg-images
2 Stadtmuseum Bad Langensalza, Inv.-Nr. III 425 K, Foto: Harald Jadke
3 Schloss Marienburg, Foto: Diana Frohmüller
4 bpk/Nationalgalerie, SMB/Jochen Remmer
5 akg-images/DRK
6 akg-images/De Agostini Picture Library
7 bpk
8 bpk/adoc-photos
9–12 akg-images
13 bpk
14 akg-images
15 bpk/Hamburger Kunsthalle/Elke Walford
16–18 akg-images
19–21 bpk
22/23 akg-images/historic-maps
24/25 akg-images
26 ullstein bild/Süddeutsche Zeitung Photo/Scherl